天亡之秋

甲申国变纪事

刘鹤·著

山西出版传媒集团　山西人民出版社

17世纪的东北亚以一种耐人寻味的方式同时发生着两件影响和改变了亚洲乃至世界的大事。得益于从西欧得到的火器技术，摆脱了"蒙古-鞑靼枷锁"的沙皇俄国得以反客为主，开始大肆蚕食昔日旧主蒙古帝国的亚洲遗产。曾经在铁蹄下颤抖、在马鞭下哭泣、在贩奴之路上蹒跚而行的斯拉夫种地人，不但依靠火绳枪和四轮马车在草原上站住了脚，而且跨上经过育种技术改良的战马，成为内陆亚洲所有游牧人的天灾。

而同样通过摆脱"蒙古-鞑靼枷锁"建立起来的明帝国，尽管也通过不同的路径得到了西欧火器，却正在经历着一个完全不同的过程。

万历三十年（1602），明朝御史何尔健在《按辽御珰疏稿》中向皇帝告警，朝廷的边疆统治已是民心尽失，岌岌可危，有辽东百姓称："我等上天无路，入地无门，再看几时不罢，也都钻入夷地自在过活去罢！"

同样是在这一年，一小股来自乌拉尔的哥萨克仿佛从土里钻出来的一样，突然出现在希瓦汗国的重镇玉龙杰赤城下并迅速夺取了这座大城，尽管希瓦统治者动员了大量兵力，最终消灭了这股哥萨克，但这一事件仍带给后帖木儿时代的中亚诸国以极大的震撼，这不仅是俄国人第一次如此深入内陆亚洲，更标志着仅仅凭借火绳枪和四轮马车，这些一贯是希瓦人掠奴目标的俄国人，就可以深入中亚反过来劫掠希瓦人了。

万历三十四年（1606），明朝放弃了经营数十年的宽甸六堡，边疆日益萎缩。几乎在同一时间，沙俄在彻底消灭西伯利亚汗国后，在叶尼塞河下游修筑了一系列的军事要塞，以此为基础加速消化从乌拉尔山到贝加尔湖的广袤土地。

俄国凭借火器技术的优势占领西伯利亚的过程，和同样拥有火器技术优势的明朝彻底失去辽东的过程，几乎是在同一个时间段发生的。1644年，清军进入了明帝国的首都北京，也正是在这一年，沙俄第一次越过松花江口，侵入了外东北。

同一区域内的明朝和沙俄之间这一系列"巧合"固然耐人寻味，但如果跳出东北亚，从整个世界的角度来审视这个问题，就会发现沙俄的扩张并非个例，以火药武器为代表的近代军事技术的发展和完善在不断提升欧洲殖民者武力水平的同时，也在不断削弱着"野蛮人"在冷兵器时代形成的优势，使得前者在与后者的冲突中常常可以以少胜多。而同样拥有火药武器技术，且幅员辽阔、人口众多的明帝国却在面对落后、弱小得多的对手时屡战屡败，最终走向灭亡，成为一个时代的"逆行者"。

在学习和研究世界史的过程中，我逐渐对这一现象产生了兴趣。我意识到，或许明清易代并不仅仅是一个中国史的问题，某种意义上说，也是东北亚区域史，甚至世界史上的一个有趣的问题，如果改换视角，重新审视明清易代中的某些历史细节，也许会有新的、不一样的思考和答案。带着这样的动机，我写下了这部国变史论集《天亡之秋》，希望能将自己的一些不成熟的思考，分享给各位读者。

在写作《天亡之秋》的过程中，我秉承着同样的思路，以这段历史为背景，构思完成了一部历史小说《甲申前夜：大晦》，因此也可以将其视为文学版的《天亡之秋》，各位读者如果同时阅读这两本书，也许能够得到更多的思考和乐趣。

刘　鹤

2024年5月27日夜

目 录

引 子

天崩地裂——萨尔浒之战四百年祭 ·················· 003

一、善料敌者 ···························· 003

二、孤家寡人 ···························· 004

三、文治天下 ···························· 007

四、赳赳武夫 ···························· 011

五、泰西之银 ···························· 015

六、天亡之秋 ···························· 018

天

岂是天意——从王恭厂奇灾看明末的灾与异 ·········· 023

一、每逢灾异免三公 ······················ 024

二、岂知瑞应非祸端 ······················ 027

三、莫言变异非人召 ······················ 030

四、自古奇灾衰世多 ······················ 034

五、不由天意在人心 ······················ 042

地

决裂的帝国——晚明在辽东的白银战争 …………… 049

　　一、银钞易位 …………………………………… 049

　　二、南粮北上 …………………………………… 051

晚明困局——社会性腐败下的官与民 …………… 056

　　一、重典难治贪 ………………………………… 056

　　二、民与官共腐 ………………………………… 058

　　三、中心与边疆 ………………………………… 061

人

奔车朽索——大明末日中的君与臣 ……………… 065

　　一、葭莩之亲 …………………………………… 065

　　二、君臣天下 …………………………………… 070

　　三、攀蟾折桂 …………………………………… 074

　　四、士道悲歌 …………………………………… 090

　　五、党恶佑奸 …………………………………… 105

　　六、抱薪救火 …………………………………… 116

　　七、魑魅魍魉 …………………………………… 135

　　八、亡国明君 …………………………………… 227

　　九、天下罪臣 …………………………………… 291

辽土、辽人、辽兵——明末辽东汉人的历史抉择 ……… 322

　　一、塞上健儿 …………………………………… 322

　　二、辽土辽人 …………………………………… 325

　　三、南戚北李 …………………………………… 327

四、生辽走胡 ……………………… 330

五、北望故乡 ……………………… 336

梦里不知身是客——明末党争在清初的终结 ………… 341

一、亡国之臣 ……………………… 341

二、积习难改 ……………………… 346

三、如梦方醒 ……………………… 352

四、噤若寒蝉 ……………………… 356

神

倒戈之神——明清战争中的"大炮救国"运动始末 …… 363

一、国之长技 ……………………… 363

二、停滞的神 ……………………… 370

三、神自西来 ……………………… 379

四、沉疴难救 ……………………… 385

五、见骥一毛 ……………………… 404

六、回光返照 ……………………… 421

七、病入膏肓 ……………………… 437

八、倒戈之神 ……………………… 447

九、天地倒悬 ……………………… 454

十、无穷杀运 ……………………… 462

阴阳错忤鬼神涌——明末社会异动及灵异恐慌 ……… 468

一、塔儿变色 ……………………… 468

二、龙蛇异动 ……………………… 470

三、鬼妖之威 ……………………… 472

四、"天命"难逃 ························ 474

五、无救危亡 ························ 480

鬼

服妖、物妖、人妖——晚明江南社会的畸变风潮 ······· 489

一、人弃常，则妖兴 ···················· 490

二、俗风入世，僭礼越制 ················ 493

三、国之将亡，倒转阴阳 ················ 495

四、天灾未见，人祸难逃 ················ 507

五、乱世孤岛，无根浮萍 ················ 512

万户萧疏鬼唱歌——明末大瘟疫中的众生相 ······· 516

一、大战、大灾、大疫 ················ 517

二、官救、自救、天救 ················ 521

三、无官、无兵、无人 ················ 526

引子

天崩地裂——萨尔浒之战四百年祭

一、善料敌者

在自然界残酷的生存斗争中，越是弱小的动物，对灭顶之灾的预感就越是敏锐，在比自然界的斗争更为残酷的人类社会斗争中，历史上也常有孱弱而敏感的势力，扮演着非洲草原大火中，伸长鼻子闻到第一丝烟味的象鼩的角色，他们或许未能逃过大难，却成功地预言了那天崩地裂的一刻。

碧蹄馆之战后，均感到无力再战的明日双方于万历二十三年（1595）议和，惊魂未定的李朝君臣终于回到残破的朝鲜旧都，却又陷入了新的北方危机之中。7月，朝鲜备边司咨文报："老乙可赤（努尔哈赤）有名与建州鞑子之中，浸浸有强大之势，今已十余年矣……待此胡难可以北道藩胡视之矣。"❶8月，朝鲜君臣朝堂议论曰："且老乙可赤事亦大可忧。古之善料敌者预图于未形前，况此兆朕已萌，爻象已动。若俟河冰合，虏骑充斥，是我腹背受敌，天亡之秋，不能支吾矣！"❷

此时正处于明日第一次议和期间，明朝尚在朝鲜半岛和辽东驻有重兵，并且正在调集天下精兵汇集西南准备平定播州之乱，国力

❶《李朝实录》，宣祖二十八年七月，国家图书馆出版社，2011年。
❷《李朝实录》，宣祖二十八年八月，国家图书馆出版社，2011年。

和军事势力似乎都在巅峰，对整个东北亚地区都拥有控制力和影响力。

就在朝鲜君臣做出"天亡之秋，不能支吾矣"这等"大逆不道"言论的前一年（1594），让朝鲜君臣忧心忡忡的老乙可赤（努尔哈赤）还忠心耿耿地向万历皇帝上书"情愿拣选精兵，待严冬冰合，即便渡江征杀倭寇，报效皇朝"❶，虽努尔哈赤渡江抗倭一事因朝鲜君臣强烈反对而作罢，大明朝廷还是嘉许努尔哈赤"忠顺"。这种情况之下，因为抗倭战争而疲于"辩污"（明朝内部一直有一股猜疑朝鲜和日本联合侵犯明朝的声音）的朝鲜君臣，自然不可能把自己的战略判断送入万历皇帝的耳中。

此时距离萨尔浒天崩地裂的那一场大战，尚有24年，距离真正的天（朝）亡之秋，尚有49年。常年被敌人追成东北亚流浪者的李朝君臣，不愧是"善料敌者"，但是故事真正的主角，还对这场惊涛骇浪一无所知。

二、孤家寡人

16世纪后半叶，支撑着整个农业帝国近两千年的秦制度好像衰败的太阳，开始不受控制地膨胀，逐步吞噬着它曾经维系的整个"天下"。朱元璋绞尽脑汁设计的那些消灭一切潜在敌人、永葆江山万万年的"巧妙"制度，表面上把皇权推上了史无前例的巅峰，并大大增强了其控制力，实际上也把之后的明朝皇帝真正推入了孤家寡人的深渊。

朱元璋永久地废除了宰相辅政制度，一劳永逸地解决了权臣危机

---

❶《李朝实录》，宣祖二十五年九月，国家图书馆出版社，2011年。

的隐患，之后的明朝皇帝却不得不面对中枢机构行政能力日益低下的痼疾，进而衍生出许多新的辅政机构来，当一套机构被证明低效或无用之后，就立即用一套新的机构取代它，在内阁制度完善之前，整个官僚体系已经以层层嵌套的方式空前膨胀到无以复加的地步。然而，成熟的内阁制度下，"票拟"决定了整个内阁中有一个最终的决策者，"首辅"制度应运而生，首辅成了实际上的丞相，一旦首辅强势，又构成了对皇权的威胁。这套看似巧妙的制度走了一个大圈，最终回到了原点，留下的却是一个庞大到前所未有的官僚集团。

那些侥幸在明初兔死狗烹式的政治构陷中活下来的功臣之后，在百年的皇权高压和文官监视下，早已将家族传承的政治才干和武德自我阉割，除云南沐家等少数天高皇帝远的幸存者尚能维系自身之外，其余均成了帝国豢养的家禽，温驯却不可信赖和依靠。

皇帝把自己的绝大多数男性亲属都养成了尊贵的囚徒，亲情在皇帝的家庭中扭曲变态到无以复加的地步，他们中绝大多数人的命运一出生就注定了，封地就是他们无所事事和醉生梦死的囚笼，既是他们的皇宫，也是他们的监狱，他们出生在那里，也死在那里，终其一生也无法离开那里。他们享有种种特权，即使这种特权给整个国家带来沉重的经济负担，皇帝也毫不在意，他们只需要履行唯一的义务，就是不要让自己的皇族身份给皇帝添麻烦。

明朝皇帝把自己的亲人养成了猪，在他的最后时刻里，他的亲人对他和他的帝国起到的作用，也和猪相去不远。

在日益膨胀的文官集团面前，既没有勋贵集团支持，也没有亲人可以依靠的明朝皇帝，成了真正的孤家寡人，他不得不继续走入历史的怪圈，借助宦官集团来平衡政治格局，然而又产生了新的问题，正如利玛窦所见的那样：

几乎全国的行政事务都操纵在这类半男半女的人的手中，单单在皇宫里这类人的数目就达万人之多，他们样子很瘦弱，未受过教育，在终身的奴役中长大，呆头呆脑，根本没有能力听懂一项重要的指示，也没有办法去执行。❶

　　根据一种不确切的说法，猫狗在什么年龄接受阉割，心智就会停留在什么年纪，因此人们在猫狗很小的时候阉割它，以保留其活泼的性格。这种说法是否可以套用在人类身上无从考证，但古装电影里诡计多端、武艺高强的形象绝不是明朝太监的真实面目，他们绝大多数是文盲或半文盲，因为幼年时的残害，身体和心理均属残缺，他们大多出身贫寒，家乡远离帝国的权力中心，也正是因为这些特点，皇帝相信这些残疾人和文官集团天然无法相容，事实证明他的判断基本是对的，即使在"阉党"势力最大的时候，他们也没能形成一个结构稳固的政治集团，以至于皇帝认为这股势力威胁到自身权力的时候，只要消灭为首的太监，就能轻而易举地清除整个集团。

　　皇帝倚重太监的另外一个难以启齿的原因是，太监没有受过教育，不受道德束缚，也没有后代不怕祸及子孙，因此行事没有底线，在打击文官集团时手段狠毒，为文官所忌惮。由太监执掌的特务机构，在事实上营造了一种针对文官集团的恐怖，皇帝乐见掣肘的文官在这种恐怖之下瑟瑟发抖，当他认为太监的行为过了火，或是这种恐怖已经足够的时候，又能够轻而易举地除掉一些代表性的人物，让文官集团对明君的天威感激涕零。

　　这套权力平衡的把戏固然高明，但是当皇帝委派这类智力低下又

---

❶ 利玛窦、金尼阁著，何高济等译：《利玛窦中国札记（上）》，中华书局，1983年，第93页。

缺乏教育的阉人参与军政大事时，往往产生灾难性的后果，他们既不能理解政策施行的后果，也不能理解军事部署的意图，只会一味地运用手中的权力催促和逼迫文武官员，机械地遵循皇帝和上级太监的旨意办事，在皇帝看来，这种绕过文官制度冗长流程的行政手段更能快速地贯彻皇帝本人的意志，然而有明一代，因为这种恶习造成的政治、军事和经济灾难数不胜数。

当头脑清醒的皇帝下定决心拔除太监势力的时候，却发现自己又回到孤身一人面对文官集团的悲惨境地，在明朝最后的时间里，皇帝在多数时候都是这样的孤家寡人。

后世在评论清朝在晚期仍能渡过多重危机，甚至在太平天国占据南部一半以上的国土，北方受到英法联军威胁时仍能维系自身统治的时候常常忽略这样一个事实，清朝皇帝虽然依靠文官集团治理天下，然而其统治的暴力背书是由八旗军事集团提供的，这个集团的核心是爱新觉罗皇族和与其联姻的蒙古王公，外围是满洲八旗，再外围是蒙古八旗，最外层是汉军八旗。

所以无论是郑成功兵临南京城下，吴三桂饮马长江，还是洪秀全定都天京，清朝总能翻盘，只有整个满蒙军事集团彻底崩溃，后继无人，清朝皇帝才会走到绝境，正如1912年抱头痛哭的孤儿寡母。

明朝皇帝只能依靠洪承畴和吴三桂，却注定不能拥有僧格林沁和恭亲王奕䜣。

三、文治天下

除了皇帝所倚重的残疾人太监，利玛窦神父在长期伪装儒生的过程中，也对太监的对手——官僚，进行了深刻而细致的观察：

有时候，被告给大臣一笔巨款，就可以违反法律和正义而买得活命。大臣们作威作福到这种地步，以致简直没有一个人可以说自己的财产是安全的，人人都整天提心吊胆，唯恐受到诬告而被剥夺他所有的一切。正如这里的人民十分迷信，所以他们也不大关心什么真理，行事总是十分谨慎，难得信任任何人。❶

随着官僚制度一同到达巅峰的，还有官僚的选拔制度——科举，空前繁荣的科举制度在表面上提高了整个社会的受教育程度，实际上却产生了一系列恶果。

其一，以科举为终极目标的读书并不是为了受教育，而是为了做官，因此那些天生注定不能做官的人——几乎占总人口一半的女性、最底层的赤贫农民、罪犯的后代，就自动断绝了受教育的途径。

当做官代替受教育成了读书的终极目的，读书人熟记于心的那些儒家先贤关于自身修养和行为操守的道德哲学，就成了一种僵死的、仅存于纸面和口头的理论。读书人自身奉行的道德行为准则表面上处处遵循圣贤的教诲，实际上却与之相去甚远，驯服和笼络他们也变得越来越容易，无论是什么被他们痛恨和诅咒的"蛮夷"，以何等暴力血腥的方式劫夺天下，只要开科取士，就能立即获得他们的拥戴和认同。1645年，南明尚有半壁江山之时，清朝已经迫不及待地开始第一次开科取士，他们对"读书人"本质的认识可谓清晰明了：

开科取士，则读书者有出仕之望，而从逆之念自息。❷

---

❶ 利玛窦、金尼阁著，何高济等译：《利玛窦中国札记（上）》，中华书局，1983年，第93—94页。
❷《清世祖实录》卷十九，中华书局，1985年。

日本儒学家、"武士道"理论的奠基人山鹿素行就鄙夷地评价明清儒生"胸中并无大义，唯有做官的贪念，口中像和尚念阿弥陀佛一样重复圣贤的话，全都是为自己的贪生怕死开脱"。

极为讽刺的是，在清朝开科取士之时，那些对"建奴"深恶痛绝、唯恐避之不及的读书人，除少数有节操者外，纷纷从深山和地窖里走了出来，欣欣然参加了科举。他们仇恨清朝并不是因其蹂躏国土，屠戮人民，而是因为清朝入关带来的混乱断绝了他们做官的通途，而他们为清朝效力，也是基于相同的动因。

其二，以做官为目的的读书自动屏蔽与做官无关的知识和技能，所有读书人的知识结构都完全一样，千篇一律的圣贤篇章把他们培养成了千人一面的帝国官僚，黄宗羲就尖锐地指出"数百年亿万人之心思耳目，俱用于揣摩抄袭之中"❶，人才队伍的多样性和差异化根本无从谈起，当他们走上形形色色的工作岗位时，因为缺乏相关的工作经验和能力，往往被复杂的政务和民情搞得焦头烂额。

将他们选拔出来的也是和他们一样的人，利玛窦评价道：

> 主考或监考都总是从哲学元老中选出，从不增加一位军事专家或数学家或医生。擅长于伦理学的人，其智慧受到极高的崇敬，他们似乎能对任何问题做出正当的判断，尽管这些问题离他们自己的专长很远。❷

帝国体制内充斥着这类身居高位的废人，以至于各级官僚不得不

❶《黄宗羲全集·第10册》，《宋元学案·八》，浙江古籍出版社，1985年。
❷ 利玛窦、金尼阁著，何高济等译：《利玛窦中国札记（上）》，中华书局，1983年，第43—44页。

向体制外寻求援助，其结果就是自宋以来科举日益昌盛，产出的预备官僚越来越多，体制外的临时工"吏"的数量和权力反而越来越大，没有熟悉具体业务的吏的指点，很多官员根本无法开展行政工作，某些资质和能力过于平庸的官员甚至将核心业务外包，让吏掌握了地方官的行政权力，自己蜕化为吏的掌印官，只管盖戳。

吏往往也是读书人，但通常是科举的失败者，因此当他们掌握权力之后，几乎必然走上贪赃枉法之路并以此为生，因为其临时工的性质，当政府财政紧张时就将他们开除了事，他们随之就变成李自成和张献忠。

其三，文官集团虽大却不能无限膨胀，而天下读书人做官的欲望却无尽无穷。因此，一方面朝廷难以通过科举制度选拔出自身需要的优秀人才，任由恶吏摆布昏官。另一方面，许多有能力的读书人却始终不能通过科举进入体制，随着一次又一次的科举失败，他们内心里的怨恨日益滋长，在体制稳固时，他们只能压抑这种怨恨，从事教书先生或小吏一类毫无前途的职业，一旦体制的强势挑战者出现，他们就化身宁完我和范文程，借助外敌的力量，对体制进行致命的反噬。

其四，皇权系于一人，宦官是皇帝的鹰犬和夜壶，文官不能直接抗衡皇权，往往选择宦官作为对手。为了进行这种政治斗争，散沙化的文官个体通过同乡之谊和师生关系结成利益集团，在这个内部，又有许多小的文官集团，他们平时互相争斗不休，以党争的方式加剧内耗，又以科举出身互相辨识抱团，共同排斥体制内非科举出身的官员，武官首当其冲。

在文官集团的刻意打压、排斥之下，有明一代，武官地位江河日下，像戚继光这样的杰出军事将领，尚且要靠行贿委身于文官的庇护之下，到了利玛窦的时代，他已经看见"（军人）无论是官是兵，也无论官阶大小，都像小学生一样受到文官鞭打"❶，毫无军人的尊严。讽刺的是，皇帝不认可权力应该关进笼子，但深信暴力必须关进笼子，"以文驭武"是他乐意见到的，因此在军事形势不那么严峻的帝国腹地，他本人默许甚至纵容文官集团对武人的打压。

利玛窦目睹大明军人的尊严被文官剥夺殆尽之时，距离萨尔浒天崩地裂的那一刻，已经时日无多。

四、赳赳武夫

随着军人的地位和尊严一起江河日下的，还有武官的军事才能和文化水平。元朝灭亡之后，明与以北元为首的蒙古残余势力两相对峙长达两个世纪之久，多数时候蒙古入寇的根本原因既不是要入主中原，也不是要歼灭明军有生力量，而是迫使明朝解除贸易封锁，或是单纯地劫掠物资，因此除中前期的少数几次大规模正面冲突外，双方在整个边境进行的都是一系列规模不大而绵密的伏击战、破袭战和骚扰－反骚扰作战。

在这种"敌来我守、敌退我追、关门打狗"的小规模防御作战中，那种指挥千军万马两军对阵的能力变成了可有可无的技能，反之，个人勇武和指挥小规模灵活精锐部队长距离奔袭作战的能力变得更为重要，随着卫所兵制度的彻底腐烂，豢养精锐家丁在明中期之后成为风潮，这种主奴模式的军队作战时，家奴只跟随主人，听从主人命令行事，也只为了保护主人拼死作战，主人往往需要亲率军队直接进行奔袭和捣巢作战，将领个人的勇猛和武艺就成了决定胜负的关键

---

❶ 利玛窦、金尼阁著，何高济等译：《利玛窦中国札记（上）》，中华书局，1983年，第96页。

性因素，主帅一旦阵亡，军队顷刻间就会覆灭，在萨尔浒战役中，刘铤和杜松的战死最具有代表性。

刘铤在阿布达理冈遭到大贝勒、四贝勒伏击时，应该敏锐地判断出有人（朝鲜军元帅姜弘立）出卖了他，然而刘铤不以为意，反而以一敌二，从巳时打到酉时，甚至亲自纵马追逐四贝勒，结果中伏后左臂先中一箭，一边拔箭犹自挥刀猛战，面部又中一箭，才在精疲力竭后阵亡，其义子（家丁）背着刘铤的尸体死战，被四贝勒乘机当胸一箭杀死。杜松战死的过程也与刘铤相仿。

刘铤、杜松战死的过程不可谓不壮烈，然而不过是明朝整体军事能力退化的一个缩影，二人殉国二十年前，辽东总兵李如松就在一次轻率的捣巢作战中，阵亡在离萨尔浒不远的地方。

从李如松到刘铤、杜松，这些高级将领不得不亲自作战，最终丧命于自己的鲁莽和好勇斗狠的陷阱里，不难看出明朝将领军事素质的退化过程，作为高级将领他们却只具备低级军官的素质和能力（勇猛顽强），因此他们也以低级军官的方式阵亡。

因为中央集权的空前加强和整体军事能力的退化，明帝国在处理规模稍大的边疆危机时，也不得不调集全国精兵千里辗转汇集一处，此时的高级将领不再具有指挥千军万马的能力，无法将来自帝国各个方向，体系、战法和装备都迥然不同的部队整合成一支大军，甚至无法产生一位能够服众的统帅，因此皇帝往往委派一位"知兵事"的文官来统领诸位领兵的将领，这种文官统帅通常安全地待在距离战场数十到数百里的地方，仅靠书面报告和命令来指挥整场军事行动。

在帝国拥有王守仁这样不世出的人才时，自然能够顺利地平息事态，当朝廷不得不从矮子里面拔将军的时候，杨镐这种平庸之辈就被推上了历史的舞台，万历皇帝用人不当的表象背后，是大明帝国所面临的有将无帅、无人可用的尴尬境地。

在历史上，如果两支军队连年交战，那么双方的思想、战法、装备势必互相影响，相对弱的一方会向强的一方趋同，蒙古势力的衰弱，使明军失去了明初和北元那种大兵团交战的机会，在规模越来越小、烈度越来越低的高频度作战中，明朝的北军骑兵变得越来越像退化后的蒙古军队，丧失了组织性和纪律性，转而片面地追求灵活性和机动性，善打顺风小仗，大规模正面野战时难以硬战，战事稍有不利就望风而逃，把步兵丢给敌人屠戮。

以明辽东军为例，明军剿灭盘踞辽东的北元势力时，明军能做到"云及指挥周鄂、吴立等建大旗城中，严兵不动，寂若无人"❶，大军在风雪中伏击元丞相纳哈出，一动不动像没有人一样安静，然而到了万历年间，这种纪律已经不复存在，壬辰战争中的第一战里：

> 承训军攻入平壤，时在拂晓，战线不清，骤遇敌人，马惊跌长嘶，兵惊慌失措，列随之溃乱。❷

祖承训为辽东祖家名将，以勇猛著称，祖家为辽东军功世家，其军队核心为夷丁（蒙古家丁）组成的轻骑兵，骑射技艺娴熟，作战骁勇异常，然而遭遇日军埋伏时，其表现却也与低水平的游牧军队并无二致。

在整个壬辰战争中，明军缺乏大兵团作战能力，诸兵种、各部队之间协同能力差，南北军不合，军队纪律差，军人素质低下的致命弱点暴露无遗，北军骑兵在继承蒙古骑兵技战术的同时，也继承了其剽

---

❶《明史》卷一百三十四·列传第二十二。
❷《中国历代战争史》明卷，中信出版社，2013年，第402页。

掠无度的传统，朝鲜接伴使李德馨曾向宣祖汇报：

> 天兵退回之后，将卒多不检摄到处生事，及驻安东宣、大兵
> 马及麻提督标下鞑兵尤甚作孽。托以讨取马草，散出闾巷，抢掠
> 财产，刮奸妇女，远近闻风窜走，环三四十里，人家一空，所见
> 极为惨骇。❶

在壬辰战争中，因为日军忌惮明军骑兵，所以尽量避免和明军野
战，双方主要以城、堡攻防战为主，因此明军这些弱点并未被日军所
利用，反而让大明用一场稀里糊涂的胜利维护了最后的颜面。

而在萨尔浒之战中，长于野战且熟悉明军的后金军，从故意抛弃
村寨物资给明军抢掠焚烧拖慢明军进度，到利用刘铤好勇斗狠的性格
特点埋伏诱杀，几乎击中了明军的每一根软肋，"分进合击"的几路
大军相互不和、兵丁不听号令争抢后金兵的首级、撤退时草木皆兵互
相踩踏，失败的病毒自明中期埋下，在壬辰战争集中爆发，到萨尔浒
时，已是病入膏肓。

纵观萨尔浒全役，明军将士并非都是贪生怕死之辈，几位将领的
殉国过程不可谓不壮烈，即使是战前与后金暗通款曲、出卖明军情报
的朝鲜军中，也不乏"依柳将军"金应河这样的英雄：

> 贼以铁骑躐之，左营兵遂败，死亡殆尽。应河独倚大树，以
> 三大弓迭射，应弦穿札，死者甚众。贼不敢逼，乃从后刺之，铁
> 抢（枪）洞胸，犹执弓不释，虏人亦皆叹惜，相谓曰："若有如

---

❶《李朝实录》，宣祖三十一年二月丁巳，国家图书馆出版社，2011年。

此数人，实难抵当。"称之曰"依柳将军"。❶

金应河在主帅姜弘立暗通后金，出卖明军决意投降的情况下依然决意死战到底，背靠柳树射击后金军，后金兵绕到树后将他刺穿，他依然抓着弓不放，被后金军称为"依柳将军"。

金应河和杜松、刘铤一样，都是在那个无解的死局里，英勇武将在平庸文官拙劣指挥下，即便以命许国也无法力挽狂澜的悲剧缩影。

五、泰西之银

催促杜松和刘铤走入萨尔浒死局的，除了急切的皇帝和平庸的文官，还有大明的血液——白银。

在明代以前，历代通用的货币主要是圆形方孔的铜钱，铜钱是一种贱金属铸币，它的"面值"和价值都很小，这种细碎性非常符合小农经济的生产特点。当商品经济发展起来之后，铜钱的局限性就显现出来——中国的铜储量并不丰富，而用铜钱进行贸易需要的货币量太大，这一矛盾在宋朝就非常尖锐，宋朝政府甚至为此大量铸造更贱的铁钱来应急。

明朝立国后一段时间，主要的铜产区云南依然在元梁王把匝剌瓦尔密的控制下，明朝政府没有足够的铸料，转而采取宝钞本位来解决这个问题，然而明代的宝钞是一种早熟而不成熟的产物，它采取的是纸币本位制，没有货币准备金，无本无额，放支无度，发行量多少全看朝廷支出情况，通常都远超朝廷实际收入，造成严重的货币收支赤字。

---

❶《光海君日记》卷一百三十八，光海君十一年三月十二日，第542页。

这种毫无信用的货币几乎在一开始就受到了天下商民的抵制，明朝政府一边使用行政手段强制推行宝钞，一边停止铸造铜钱，试图用无钱可用来迫使民众使用宝钞，民众则使用宋、元旧钱和私铸钱交易，终于逼迫朝廷在1394年下诏禁止铜钱流通：

> 令军民商贾所有铜钱，有司收归，官依数换钞，不许行使。❶

然而即使抵制宝钞的刑罚上升到死刑，这种钱与钞的斗争依然贯穿整个明朝中前期，到了宣德十年（1435），朝廷不得不默认宝钞制度彻底崩坏，民间重新回到了白银、铜钱混用的时代。

到了成化、弘治年间，宝钞早已成为废纸，而白银、铜钱均严重短缺，朝廷陷入了空前的经济危机，按理说明朝应在十数年的混乱之后亡于经济崩溃，但地球另一端的一件改变整个人类命运的大事，却意外拯救了明朝。

西班牙人和葡萄牙人在美洲的地理大发现为欧洲带来了巨量的金银，也捎带着为身患经济贫血症的大明输入新的生命，从1550年到1645年，从西属美洲经马尼拉流入明朝的白银约合3250万两，同一时间段内自日本流入的白银也达2500万两。足量的白银通过贸易源源不断流入使明朝在悄然间完成了"银钞易位"的过程，金银不是天然的货币，但货币天然是金银，白银稳定了明朝被宝钞搅乱的经济局势，也让铜钱自动退化为白银的辅币，解决了贫铜的问题。

然而农业帝国的统治者在经济上天然的迟钝，让其无法在货币政策上具备风险评估的远见，明朝流通的不是白银铸币，而是天然或

---

❶《明会典》卷三十一《户部十八·库藏二·钞法》，中华书局，1989年，第224页。

人工的银块，这种放任天然白银作为一般等价物的做法，实际上等于自动放弃部分货币主权，且必然承担天然白银在流通过程中产生的折色、分割、改铸造成的一系列麻烦和成本，以及丧失货币主权造成的经济混乱。

明代的银块和银锭在使用时用剪子和錾子分割，然后称量，买卖双方对白银的成色意见不一时，往往引发纠纷和争吵。欧洲银币的重量、成色、信用均有保证，朝廷无意模仿，反其道而行之，把东南沿海流入的西班牙银币改铸成银锭，这种怪异的反向操作其实只是病入膏肓的大明朝廷另一难以启齿的顽疾。在改铸的整个过程中，必然会产生损耗，而这种损耗是官僚体系的一种例行的灰色收入，各级官员借口这种损耗，在征税时恶意勒索，如果国家统一铸造足值贵金属铸币，则大小官员的这项灰色收入必然受到影响，这种顽固的阻力决定了明朝无法进行任何白银货币改革。清代也承袭了明代这种弊病，到了雍正年间才通过"火耗归公"的办法得到了部分解决。

前文已经提到，因为军事能力的退化，晚明帝国解决任何边境危机都需要倾全国之力，这种客兵千里辗转异地作战的模式对朝廷的经济压力是巨大的，所谓的"万历三大征"几乎都是以这种模式进行的，大明的战争模式就像一辆烧银的机器，随着机器愈发破败不堪，每前进一尺都要消耗比从前更多的白银。

此时，"白银红利"的副产物——通货膨胀和投机活跃的作用开始凸显，因为农业社会没有多少投资渠道，因此商人和地主得到白银后，仅将一小部分投入再生产，而将大部分用于置地和贵金属贮藏，尽管输入的白银已经超过了整个社会的总需求，但因为其缺乏真正的流动性，社会的总财富并未明显增加，用多得多的白银来追逐总量没有太大变化的实物，输入性通胀就不可避免。物价上涨最大的受害者，是社会底层——农民，农民的困苦和农业的残破，动摇了传统农业帝国的根本，使大明不得不耗费更多的白银去驱动其不堪重负的战争机器，加上其糟糕的税收政策，大明尽管身处白银大海，却始终处于乏银的困局之中。

因为粮食体积大运转不便，直接以白银的方式折算军粮，就近补给的方法就成为主流，然而辽东地区的农业生产并不算发达，连绵不断的军事行动必然造成粮价的水涨船高。万历三年（1575），辽东一石米价0.3-0.4两，到了万历四十六年（1618）萨尔浒之战前夕，一石米已值银3两，参加萨尔浒战役的明军在集结时，缺粮乏饷的问题已经很严重，在勉强完成集结后，朝廷急切地催促杨镐出师正是因为银子不够了，朝廷无法支撑如此规模的军队这样耗下去等待战机。而杨镐兵分四路的决策，也是因为他深陷补给难以为继的困境，根本无法保障合兵后的后勤。这种靡费巨大的战争模式要求萨尔浒的明军必须速胜，而完整观察了壬辰战争全过程的努尔哈赤也非常清楚这一点，更何况他早已从朝鲜军那里得到了明军缺粮这一重要信息。

乏银魔咒就这样成了数万大明将士的催命符，一道接一道地在那个大雪初晴的日子，把他们送进了萨尔浒的修罗场。在白银大量流入的时代，明朝政府几乎什么也没做，在白银红利消耗殆尽的时候，它也就只能束手待毙。

六、天亡之秋

回溯萨尔浒之战的整个战役过程，似乎在每一步都充满着可能性，如果主帅不是平庸的杨镐，如果大军等待一个更合适的时机出兵，如果大军没有兵分四路，如果朝鲜人没有出卖明军，如果杜松没有冒进，如果李如柏能够救援一下刘铤，每一个可能性都指向了明军还有胜利（至少不会输得这么惨）的希望。

然而脱离了纯粹军事的角度，从整个时代来观察这场战役之后，自然会把这些可能性一一否决。对萨尔浒战役中的明军来说，因为国家的财政体系和军事体系都已经出现了严重的问题，所以打仗的钱是临时凑的，这支军队本身也是临时凑的，凑出来的钱和凑出来的军队都不能维持很久，所以最明智的办法就是把凑出来的钱和凑出来的军队全部压上赌局一把定胜负，这种策略看似愚蠢而荒唐，却有其内在的逻辑和道理。因为体量差距悬殊，明朝在这种"梭哈"式的赌局中可以输很多次，只要赌赢一次就能结束一切，而后金-清朝只能输一次。因此从萨尔浒到松锦，明朝一次又一次地凑出白银和军队，进行了一次又一次豪赌，但结果都是一样。正如李洁非的《黑洞·弘光纪事》的序言里描述的明末气象那样：

> 它所散发出来的朽烂，是这历史整体的行将就木，难以为继。你仿佛感到有一条路走到了头，或一只密闭罐子的空气已耗尽。这次的死亡，真正无解。所谓末世，就是无解。❶

谨以此文祭奠萨尔浒之战四百周年

---

❶ 李洁非：《黑洞：弘光纪事》，人民文学出版社，2013年，第37页。

天

岂是天意——从王恭厂奇灾看明末的灾与异

天启六年（1626），即使在灾害频发的晚明历史上也是极不寻常的一年，仅这一年间发生的三十四起灾害，在数量上就超过了万历皇帝在位四十八年间灾害最多的一年 [万历十九年（1591），二十七起]。这一年春季即有瘟疫肆虐北直隶，入夏后京师又遇大水，江北、山东大旱，蝗灾接踵而至。在这种灾难绵延的凄惨乱世中，如日中天的魏忠贤和掌权的阉党集团屠戮清流士大夫的腥风血雨和大江南北此起彼伏的水、旱、蝗、瘟造成的遍野哀鸿"交相辉映"，勾勒出一幅大厦将倾的末世图景。与此同时，明王朝的经济中心和赋税重地江南地区民变四起。徽州、黄州、苏州相继生变，时人哀叹"国朝三遭大变，皆属古来所未有"。

而在这种举国上下人心惶惶，不知天灾人祸何者先至的暗暗末世之中，唯一志得意满的只有魏忠贤和他的追随者们，在彻底打垮东林党集团，杀得政敌人头滚滚之后，魏忠贤愈发恣意放荡，"凡出外之日，先期十数日庀治储偫于停骖之所，赍发赏赐银钱，络绎不绝。小民户设香案，插杨柳枝花朵，焚香跪接。冠盖车马缤纷奔赴，若电若雷，尘埃障天，而声闻于野。有狂奔死者，有挤踏死者，燕京若干大都人马，雇赁殆尽"❶。其"干儿""干孙"亦各显神通，不遑多让。在这样群魔乱舞的社会氛围之下，是年五月初六发生在城西南王恭厂的一场充满了超自然色彩的神秘大爆炸，也自然而然地在当时普遍信奉

---

❶ 刘若愚：《酌中志》卷十四《客魏始末记略》，北京古籍出版社，1994年，第70页。

"天人感应"学说的民间和朝堂之上，具有了"神异"的属性。

一、每逢灾异免三公

早在先秦时期，古人将种种无法解释，亦不能掌握其规律的"天兆"和人类社会发展中的"兴衰治乱"现象联系起来的天人感应思想就已经萌发。《周易·系辞》里的"天垂象，见吉凶"实际上就是最早的天人感应思想，认为物质世界在运行中出现的种种超出一般认知规律的"异象"，是上天对人类社会运行状况，尤其是统治者在政治上的得失而表达出的态度。

在春秋时期，"天垂象，见吉凶"已经成了一种被普遍接受的观念，鲁史《春秋》中记载灾异一百二十二次，表面上看起来春秋时代相较于商和西周，灾异显得异常频繁，然而这又何尝不是孔子借对"灾异"的书写表达对"礼崩乐坏"的哀叹和对"三代之治"一厢情愿的美好想象呢？到了无日不战的战国时代，这种"天兆"多到疲于战争的诸侯无法及时"感应"的地步，而将"抟人"作为国策的秦王朝不会允许有任何可能对至高无上的皇权造成潜在威胁的理论得以发展。因此在这一阶段，"天人感应"并无太大建树，直到西汉时期，其理论才真正得以由董仲舒进行完善，实现了体系化。董仲舒的《春秋繁露》在解释"仁义法"时提出：

> 天地之物，有不常之变者，谓之异，小者谓之灾，灾常先至，而异乃随之，灾者，天之谴也，异者，天之威也，谴之而不知，乃畏之以威，诗云"畏天之威"，殆此谓也。凡灾异之本，尽生于国家之失，国家之失乃始萌芽，而天出灾害以谴告之；谴告之，而不知变，乃见怪异以惊骇之；惊骇之，尚不知畏恐，其殃

咎乃至。以此见天意之仁，而不欲陷人也。❶

很显然，董仲舒通过构建一个内部自洽的逻辑体系，将自然现象和现实中的政治运行状况联系起来，认为自然现象是对统治者政治得失的外在反映，如果统治者施政得当，政治清明，则上天会降下"祥瑞"表示嘉许和肯定，如果统治者荒淫无道，国无宁日，则上天会降下"灾异"表示警示和告诫。建元元年（公元前140年）冬十月，汉武帝亲自主持策问，向诸学者咨询治国理政之道，董仲舒以"天人三策"进言，得到汉武帝的认可和采纳，自此之后，"天人感应"理论便成为历代帝王处理天人关系的基本原则。

"天人感应"是在先秦儒学的天命观和灾异观的基础上发展起来的理论学说，其在建立之初就带有比较鲜明的政治契约性质。君主至高无上的权力在得到"皇权神授"背书的同时，也受到"天人感应"的制约，必须在合乎儒家道德准则的轨道上运行，最终君主的政治权力和儒家的道德权威之间达到一种平衡的状态。这种基于权力平衡的政治契约关系正是先秦儒家政治理想在汉代的延续，但董仲舒在设计这一理论体系时显然低估了秦王朝对汉王朝的政治影响力，在汉王朝从秦继承的这一套政治体系和权力结构中，君主与一切可能威胁集权的理论天然对立，这让任何基于"契约平衡"的权力理论都显得水土不服。简单地讲，在这一政治体制下，皇权的本能是追求至高无上且不受任何约束的权力，他们只想要"皇权神授"，而不可能完全接受"天人感应"的制约。

因此，在汉代及之后封建王朝的政治实践中，"天人感应"学说仅仅在非常有限的程度上对君主起到了警示和约束的作用，君主对

---

❶ 董仲舒：《春秋繁露》卷八《必仁且智》。

"天人感应"的态度是相当功利的，在未涉及皇权等核心利益时，君主尚能够对"天兆"和"灾异"保持一定程度的敬畏，并调整自身在政治和私人领域的行为，但一旦涉及其核心利益，君主对"天兆"和"灾异"置之不理的情况也司空见惯。更有甚者，权力无限膨胀的君主反而往往将"天人感应"作为加强其统治和政治斗争的手段，通过垄断对"天兆"和"灾异"的最高解释权，将政治斗争中的失败者作为"灾异"的替罪羊，同时也利用这一手段清除令自己不满的臣子。而当皇权衰弱或旁落时，掌权的权臣、外戚和宦官也有样学样，借机垄断对"天兆"和"灾异"的最高解释权，将"天人感应"作为打击政敌的武器，这使得"天人感应"这一理论体系完全背离了董仲舒的设计初衷，异化为统治和斗争工具。从西汉中晚期开始，统治阶级内部争夺对"灾异"的解释权，借自然灾害和一些异常天象互相倾轧、争权夺利的现象就屡见不鲜，至东汉则愈演愈烈。

古代人很早就注意到了这一政治规律，并将其总结为"每逢灾异免三公"，即以丞相、太尉、御史大夫为代表的官僚集团，往往在与更加接近权力中心的宦官、外戚集团围绕着"灾异"展开的权力斗争中沦为失败的一方，《后汉书·徐防传》云："凡三公以灾异策免，始自防也。"说明最晚从汉安帝永初元年被免职的太尉徐防开始，"每逢灾异免三公"就成为一种政治惯例了。

而以"三公"为代表的儒家士大夫沦为自身发明的"天人感应"理论的主要打击对象，也侧面证明了这一理论体系在其成型不久就已开始失效。这一理论体系非但没有让儒家士大夫实现自身政治理想，反而异化而走向其反面。其根本原因正在于前文提到的，在中央集权的政治体制下，皇权不可能接受儒家士大夫制度化地掌握对"天兆"和"灾异"的最高解释权，进而对自己形成制约。在皇权足够强大的时候，最高解释权牢牢地控制在君主手里，当皇权衰弱和旁落时，最高解释权则落在能够掌握皇权或离皇权最近的人手里。儒家士大夫即使在政治斗争中处于上风，暂时掌握了最高解释权，其身份也依然是皇权的代行者，"权臣"之权依然来自君主的授予，或是自身对皇权的僭用，这与儒家士大夫试图利用道德权威制衡皇权的理想已经完全背道而驰了。因此在君臣地位较为平等、关系较为和睦的宋代，儒家士大夫集团内部反而开始对"天人感应"理论进行反思，欧阳修、王安石相继提出"书人不书天"和"天变不足畏"，公开质疑和批判"天人感应"理论，这并不是什么"自废武功"，因为从东汉至宋的历史业已证明，"天人感应"理论在制约皇权方面的作用甚微，反而常常使儒家士大夫在政治斗争中陷入不利的境地，正是因为宋代这种相对"和睦"的君臣关系，促使儒家士大夫开始反思，试图移除这种对自身有害无益的机制。

二、岂知瑞应非祸端

明代中央集权空前加强，高度完善和发达的科举制度几乎将整个社会的知识分子织入了一张严密的权力之网中，基于功名的身份制度的施行，使得皇权对知识分子的思想和人身控制力都大大加强了。这使得儒家士大夫借助"天人感应"理论对君王进谏变得很难，即使是借"灾异"表达对政治环境的不满，也往往为自己引来祸端，甚至延及家人、同僚。但这并没有阻止儒家士大夫借"灾异"上疏言事的风气，因为在这个皇权空前膨胀的时代，"灾异"已经是极少数能够立刻引起君主重视，并可能促使其进行自我审视和行为调整的机会了。

但在君主强势、皇权巩固的时代，关于"天兆"和"灾异"的解释权为君主所垄断，君主不仅不允许他人任意解读"灾异"借机发表对政治的观点，也不允许他人随意进献"祥瑞"邀功市赏、谄媚君上，因为这两种行为虽看似完全相反，但却有着完全一致的内在逻辑，即试图掌握"天人感应"的理论解释权，这是为专制皇权所绝对不容的。唐贞观年间有马屁精向唐太宗李世民献媚称白鹊筑巢于宫中，李世民闻言反斥"瑞在得贤，此何足贺"，反而命人捣其巢。明朝初年也有类似的事件，洪武三年（1370）陕西凤翔、宝鸡献"瑞麦"（即一根茎上结了多个穗的麦子，古人以为祥瑞），但朱元璋不予认可，说：

> 向者凤翔饥馑，朕闵其民，故特遣人赈恤。曾未数月，遽以瑞麦来献。借使凤翔民未粒食，虽有瑞麦何益？苟其民皆得所养，虽无瑞麦何伤？朕尝观自古以来，天下无金革斗争之事，时和岁丰，家给人足，父慈子孝，夫义妇德，兄爱弟敬，风俗淳美，此足为瑞。若此麦之异，特一物之瑞耳，非天下之瑞也。❶

唐太宗、明太祖都是强势君主，具有高超的政治智慧和权力手腕，故其对"祥瑞"的本质有着比较清醒的认识，能够做到"重人事而轻天命"，但作为专制帝王他们的认知水平也不可能超越历史局限性，因此在其任内，借"祥瑞"加强皇权的举动虽然不多，但也并非没有。如同样是"瑞麦"，洪武六年（1373）明太祖就认为盱眙县民所献的"瑞麦"为"天产嘉祥，皆所以兆国家之福，而为圣世之徵"，在接受群臣表贺后将之荐于宗庙。

然而在面对民间"滥进祥瑞"，却于己无用时，强势君主采取的排斥手段虽激烈程度不同，但本质上都持不认可态度。在"滥进祥瑞"的举动没有威胁到皇权时，君主往往吩咐给点钱打发了事，或是像李

---

❶《明太祖宝训》卷一《谦德》，洪武三年五月丁巳。

世民那样，基于厌恶干脆把"祥瑞"消灭掉。然而君主一旦感到此类行为对权威产生威胁，往往采取非常酷烈的手段应对，如洪武十五年（1382），同样是盱眙县民进献祥瑞，献的却是"天书"，结果被斩首。盖因"瑞麦"不易有"祥瑞"之外的解释，且朱元璋出身农民，对农作物有天然的感情，更根本的原因在于盱眙临近朱元璋故乡，此地出现"瑞麦"对于神化其出身，加强其统治权威更有好处。而对"天书"的解释则具有高度的不确定性，很可能被"别有用心"之人向着灾异的方向解释，威胁到皇权，即所谓的*"臣下诈伪瑞应，以恣矫诬至于天灾垂戒"*❶，因而对其进行毫不留情的镇压。同时，这种对待同一类事物反复无常、恩威难测的态度也时刻警告着试图揣测和利用君主的宵小，客观上用一种"不可知的恐怖"加强了君主的威严。

强势君主对"祥瑞"和"灾异"的这种态度，正是因为其权力足够强大且稳固，对用"祥瑞"加强"君权神授"的需求并不迫切。相反，"灾异"和"祥瑞"在天人感应中是一体两面的概念，允许官民滥进祥瑞的同时，官民借灾异指桑骂槐、批评朝政的风险也随之上升，这非但不能加强反而可能削弱皇帝的权威。然而对相对"弱势"的君主来说，其对"祥瑞"的需求要迫切得多，因此往往造成本来试图加强皇权，反而削弱皇权的政治闹剧。如中国古代向来以白兔为祥瑞，是因为中国本土的野兔多是兔科兔属的华南兔和蒙古兔，其白化种较为罕见，故而能够成为"祥瑞"。但进入大航海时代后，欧洲人驯化的兔科穴兔属的红眼白兔大量进入明朝，使得"祥瑞"的门槛大大降低。恰逢世宗迷信宗教，官民为迎合其心理竞相求购白兔"献瑞"，使得朝廷疲于嘉奖，应接不暇，又有市井无赖从中诈伪，引发社会混乱，使得皇帝本人不得不劝谕进献白兔的臣子："白鹊鹿兔屡行献贺，

---

❶《明太祖实录》卷六十七，洪武四年七月壬子。

自后有叠至重出者，不必举献贺之礼。礼部宜明示天下，果非正瑞者勿来献"❶。嘉靖年间的这场"白兔闹剧"非但没能加强皇帝"受命于天"的权威，反而让臣子和百姓看出了统治集团内部高层的虚弱和愚蠢，为明朝晚期的政治混乱埋下了伏笔。

三、莫言变异非人召

天启时代皇权旁落，内有党争不断、阉宦擅权诛戮大臣，外有后金虎视眈眈，这种黑暗而混乱的政治氛围，为"天人感应"理论的实践提供了巨大的空间，各股政治势力都按照自己的政治立场和意图解读灾异，并试图将"天谴"的目标指向其政治对手。士大夫开始或明或暗地将连绵不断的天灾人祸和魏忠贤祸乱朝政联系起来，计六奇的《明季北略》中评价："熹庙登极以来，天灾地变，物怪人妖，无不叠见，未有若斯之甚者。思庙十七载之大饥大寇，以迄于亡，已于是乎兆之矣，而举朝若在醉梦中，真可三叹"❷，比较能够代表当时士大夫的普遍心态。在朝的士大夫因为恐惧魏忠贤及阉党集团的打击报复，只能效仿孔子采取"述而不作"的方式在官方和私人著作中记录这一时期的灾异，其对时局愤懑不满的心理也使得这一时期的灾异记录特别多，这也正是本文开头提到的"天启六年灾异多"的真正原因。而在野的士大夫则顾忌较少，他们在学院、书院等场所公开评议朝政，褒贬官员，其关于灾异的言论流向社会后，又往往演变成带有强烈谶纬色彩的流言，在某种程度上加剧了社会的动荡。在这种人心惶惶的气

❶ 俞汝楫等编撰：《礼部志稿》卷八十八《献白兔白鹿》。
❷ 计六奇撰，魏得良、任道斌点校：《明季北略》卷二《丙寅五月初六纪异》，中华书局，1984年，第76页。

氛下，王恭厂大爆炸成了积聚已久的政治矛盾和社会矛盾爆发的契机。

王恭厂大爆炸在灾异不断的晚明时期能够被称为"天变"并成为政治风波的焦点事件，与其本身的神秘性和复杂性，以及其巨大的破坏力给目击者带来的巨大心理震撼密不可分。时人对于王恭厂大爆炸的记载和原因分析很多，但没有一个能够比较合理地解释整个事件，例如最为普遍的"火药爆炸说"，如《明通鉴》中记载："戊申，王恭厂灾，火药局也。是日雷震，火药自焚，地中霹雳声不绝，烟尘障空，白昼晦暝，被灾及辜仆死者无算。"❶王恭厂设立于宣德年间，是工部下属的兵工机构之一，主要负责制造火药、铅子、铳炮，供京营领用，日常贮存有大量火药。从万历时代开始，皇帝为避免官僚机构的掣肘，往往使用宦官监管一些重要部门，以绕开正常的行政程序，开了极坏的先河。至天启年间，王恭厂虽仍属工部，却由宦官监管，这些宦官权势滔天，骄横跋扈，又根本没有兵器制造的常识，这样的"多头领导"势必带来管理上的混乱。如王恭厂在设立之初，东、北两面人口不多（西、南两面是城墙），但至天启年间，王恭厂附近人口已相当稠密，而且这一阶段因战事频繁，王恭厂贮存的火药数量远超前代，在人口稠密的区域存在这么一所贮存着大量火药的兵工厂本来就是巨大的隐患，却始终无人有搬迁之动议。再如王恭厂既生产火药、铅子，又生产铳炮、刀枪、盔甲，本身就极不合理，因为铳炮、刀枪、盔甲需要铸造和锻造，必须用到火，而火药的制造和贮存又要远离火源，当生产要求和安全要求完全矛盾的时候，安全问题就不可避免了。早在万历三十三年（1605），王恭厂就发生过火药爆炸。王恭厂爆炸之后京师各火药厂又多次发生爆炸，后来为明朝政府铸炮的日耳曼传教士汤若望对明朝兵工机构这种管理混乱、违规生产造成安

---

❶ 夏燮撰、沈仲九点校：《明通鉴》卷八十《熹宗天启六年》，第3157—3158页。

全事故的习气深恶痛绝，诟病极深。因此，王恭厂发生火药大爆炸并非偶然，而是晚明朝廷积弊造成的必然结果之一而已。

而真正使王恭厂大爆炸变成"奇灾"的，是在事件中出现的那些迥异于火药爆炸的现象，首先是灾变的范围极广："震声南自河西务，东自通州，北自密云、昌平，告变相同"❶，距离京师三百里外的遵化都听得见巨响。其次是灾变的威力极大："平地陷二坑，约长三十步，阔十三四步，深二丈许"❷；"东自顺城门大街，北至刑部街，长三四里，周围十三里，尽为齑粉。屋数万间，人数万计"。❸再次是景象极为骇人："俄顷，有声如震雷，西北起，振撼天地，黑云乘之簸荡，坏民居室，数里无存。巨石从空飞注如雨，男女死者以数万计，驴马鸡犬皆尽断臂、折足、破额、抉鼻者，枕籍街衢咸满。"❹这样恐怖的描述在时人的笔记中比比皆是，许多还是目击者的一手记录，让人不得不重新审视"火药爆炸说"的合理性。前文已提到，在天启大爆炸之前的万历时代和之后的崇祯时代，京师各兵器制造机构因管理不善，发生过多次贮存火药爆炸事故，但从未有过这样的威力和破坏，尤其是崇祯年间因辽东战事不利，京畿地区军事压力陡然加大，京师各库贮藏火药较天启年间更多，但历次事故均远逊于王恭厂爆炸。而且明朝制造黑火药的水平有限，其配方与近代的最佳配比差距较大，且很多时候并不严格区分爆破药和发射药，进一步限制了黑火药爆炸的威力。而且黑火药要发挥较大的爆炸威力，需要在封闭环境中进行，

❶ 计六奇撰，魏得良、任道斌点校：《明季北略》卷二《丙寅五月初六纪异》，中华书局，1984年，第73页。

❷ 吴长元：《宸垣识略》卷七《内城三》，北京出版社，2018年，第127页。

❸ 计六奇撰，魏得良、任道斌点校：《明季北略》卷二《丙寅五月初六纪异》，中华书局，1984年，第73页。

❹ 金日升：《颂天胪笔》卷二十二《附纪》，明崇祯二年刻本。

以当时王恭厂的贮存数量和方式，单纯的黑火药爆炸不可能达到这种夷平十数里、地陷两丈余、巨石乱飞、声闻百里的威力。其次，爆炸中出现的很多奇异现象，不符合黑火药爆炸的特点，《帝京景物略》中对爆炸有这样的描述：

> 天启六年五月初六日巳刻，北安门内侍忽闻粗细乐，先后过者三，众惊而迹其声，自庙出。开殿审视，忽火如球，滚而上于空。众方仰瞩，西南震声发矣。望其光气，乱丝者，海潮头者，五色者，黑灵芝者，起冲天，王恭厂灾也。东自阜成门，北至刑部街，亘四里，阔十三里，宇坍地塌，木石人禽，自天雨而下。屋以千数，人以百数，燔臭灰眯，号声弥满。死者皆裸，有失手足头目，于里外得之者，物或移故除而他置之。❶

从这段描述来看，王恭厂奇灾并非单纯的黑火药爆炸，更像是在地震的同时发生了爆炸。而另一些描述，如"长安街空中飞堕人头，或眉毛和鼻，或连一头，纷纷而下。大木飞至密云。石驸马街有大石狮子，重五千斤，数百人移之不动，从空飞出顺城门外"❷，"凡死伤俱裸露，衣服飘挂西山之树，昌平教场衣服成堆"❸，则使人更多地联想到龙卷风。当代科学工作者综合历史、地质、气象等多项研究共同分析推断出的结论是："王恭厂大爆炸应是由于地震（包括震前静电异常，可燃气体溢出、地光）、火药爆炸、可燃气体爆炸、爆炸后冲击波产生

---

❶ 刘侗、于奕正著，孙小力校注：《帝京景物略》卷一《城北内外·火神庙》，上海古籍出版社，2001年，第67页。

❷ 计六奇：《明季北略》卷二《丙寅五月初六纪异》，中华书局，1984年，第76页。

❸ 谈迁撰、张宗祥点校：《国榷》卷八十七《熹宗天启六年》，中华书局，1958年，第5326页。

的强静电力和旋风（火龙卷）共同肆虐、综合作案所产生的结果。"❶

对几百年前的晚明士大夫们来说，不仅在自然科学和社会科学知识方面与现代人无法相比，而且身处摇摇欲坠之末世，其特殊心态亦非现代人能够轻易想象，因此他们无力也不太可能作出比较客观和理性的推断。

在无法从现实层面作出合理解释的前提下，士大夫使用"天人感应"这一斗争武器，对这种起因神秘、成因复杂、过程诡异、结果惨烈的"奇灾"进行各种神异化书写，以抒发对黑暗时局的忧心和愤懑，进而表达自身的政治主张的做法，也就是理所当然了。因此，王恭厂奇灾就从一起带有超自然色彩的神秘灾变，演变成一场各方势力竞相争夺"灾异"的最高解释权，打击整治对手的政治事件。

四、自古奇灾衰世多

在王恭厂大爆炸发生前，魏忠贤已经通过其党羽罗织的"封疆通贿案""六君子案""七君子案"等冤案完全控制了朝政，因为组成阉党的士大夫成分复杂，动机多样，因此这些冤案延祸极广，远远超出了东林党集团的范围，而是覆盖了几乎所有不肯附阉的士大夫。其时熊廷弼、汪文言以及"六君子"已经受戮，"七君子"危在旦夕，内阁首辅顾秉谦曾上疏建议将缪昌期、周宗建、李应升三人移送法司审理，试图用这种方式避免他们在诏狱中遭受阉党毒手，熹宗对上疏置之不理。首辅尚且如此，其他官员更不敢拂熹宗之逆鳞，天启一朝迎

---

❶ 耿庆国等：《王恭厂大爆炸——明末京师奇灾研究》，地震出版社，1990年，第96页。

来了至暗时刻。

奇灾的发生使得情况发生了微妙的变化。王恭厂距皇城直线距离不足十里，灾变之时，"皇极殿最高危之处一木先陨。乾清宫大殿皇驾所居之东暖阁，将窗格扇震落二处，打伤内宫二人"❶，熹宗第三子也因为受到惊吓，于灾变次日"薨逝"。熹宗在震惊之余下旨："朕以渺躬，御极值此变异非常，饮食不遑，栗栗畏惧。念上惊九庙列祖，下致中外骇然，朕当即斋戒虔诚，亲诣袤太庙，恭行问慰"❷，似乎大为触动。同时，骄横跋扈的魏忠贤也在灾变中受到了不小的惊吓，史载"忠贤与其党密谋宫中，意更有所罗织。时忽地震，当坐处鸱吻无故自坠，所幸二小珰皆击死，而逆贤得免"❸。灾后钦天监周司历占奏："地鸣者，天下起兵相攻，妇寺大乱。地中汹汹有声，是谓凶象，其地有殃。地中有声混混，其邑必亡。"❹魏忠贤勃然大怒，认为其影射其专权乱政，客氏祸乱宫闱，以"妖言惑众"为名将周司历杖死。魏忠贤对灾变的敏感，说明灾变也在其内心留下了恐惧，而杖死钦天监的凶残行为，某种程度上正是为了掩饰这种恐惧。

平时浑浑噩噩的熹宗在灾变后出现的"惊醒"和"振作"之举，以及对魏忠贤慑服于"天谴"的想象，使得本来噤若寒蝉的士大夫们看到了一丝在朝堂之上与阉党势力抗争的希望。内阁首辅顾秉谦为代表的阁臣集体上疏求罢，并以"天任德不任刑为政，而任刑不顺于天"为由，再次提出将系狱的东林党人移送法司审理。

这实际上是早已对魏忠贤心怀不满的文官集团对皇帝的一次试

❶ 刘若愚：《酌中志》卷三，北京古籍出版社，1994年，第21页。

❷ 《明熹宗实录》卷七十一，天启六年五月己酉。

❸ 文秉：《先拨志始》，上海书店，1982年，第1976页。

❹ 计六奇撰，魏得良、任道斌点校：《明季北略》卷二《丙寅五月初六纪异》，第73页。

探，他们并不都与东林一心，甚至还有仇怨。如再三建议将在押东林党人移送法司的内阁首辅顾秉谦，本身就与魏忠贤走得很近，也有学者认为他是阉党。但他们将魏忠贤自内廷引入外朝的政治斗争是为了利用他打击政治对手，而不是为了匍匐在宦官的脚下。对他们来说，东林党人虽是政敌，亦是同类，而胸无点墨的市井无赖魏忠贤则是异类。失控的魏忠贤大肆屠戮士大夫的腥风血雨使得他们对国家前途忧心忡忡的同时，也产生了兔死狐悲式的焦虑，这迫使他们开始转变立场。但他们还不敢和魏忠贤公开对抗，因此采取这种方法试探熹宗的态度，通过熹宗的反应决定下一步的行动。熹宗对内阁进行了慰留，但对将东林党人移送法司的请求没有批答。文官集团的这种举动，未必有所组织，以晚明士大夫党争习气之重，即同党也往往不能相能，更何况很多人素来政见相左。因此士大夫们的行为，更像是在感受到严重威胁之后，不约而同的本能爆发。熹宗晦暗不明的态度让士大夫集团不得不用更激进的言辞进言，五月初九，兵部尚书王永光上《备陈修省之实疏》，直接将王恭厂奇灾归因为"上天垂戒"，对朝政进行了严厉的批评，甚至批评了熹宗在国家内外交困时期兴修宫殿的行为，指出了司礼监侵占内阁票拟权的事实，提出"票拟还归政府"，实际上暗中将矛头对准了控制熹宗、把持朝政的魏忠贤本人：

> 诸臣谓王恭厂不过火药延烧已耳，何能使坤维震撼数十里，作霹雳之声，若徒诿火药之力也。目前稽查失火，甚非上天垂戒意矣。今我皇上减膳撤乐，诸臣素服角带，遂足当修省乎？臣试问之诸臣招权纳贿者已伏其辜矣，今果能大法小廉否？断送封疆者已伏其辜矣，今果能协力敌忾否？骗官盗饷者已伏其辜矣，今果能清白自砥否？修省职业端不外此，即我皇上方祖述尧舜，宁

有缺事，然一二剥复之过亦有可得而言者。刑狱至重事也，乃累囚半归诏狱，追赃即已毕命，甚至秋后与不时并律囊首与绞斩同毙，痛快之事每足于和请，自今以往，轻重罪囚悉付法曹，使罹法者瞑目，附比者徼恩，或开其渐除，减之一线，仍念其子孙父母之无辜，肃杀继以阳春，此其时矣。至于急土木不如急军储，议搜括不如议节省，今无可搜括，凌杂入告，窃恐焚林竭泽之后，宁无鱼惊鸟散之忧，请自皇极工程暂停工作，悉以海内之物力并于军前之输挽，寝其屑瑟之诛求，益见圣心之敦大，俟疆宇廓清，再完堂构，未为晚也。若夫传宣诏旨，或以误而成讹，不如以票拟归还政府，甄别流品，或以疑而成渑，不如以邪正尽付公评，此皆举朝所欲言者，臣受先帝凭几之命与皇上特达之知，故敢沥血陈之。❶

兵部尚书王永光是一个较为复杂的人物，和东林、阉党都有过合作，但总体而言与魏忠贤的关系更近，此时也站在了魏忠贤的对立面，足见局势的败坏和灾变的惨烈对士大夫震动之大，使得相当一部分附阉或中立士大夫开始反思，并直接导致本来就矛盾重重的阉党阵营进一步发生松动和分裂。

熹宗对奏疏中对"天谴"进行"修省"的建议不置可否，批答"这修省事宜知道了"，但对王永光指责其兴修宫殿，以及魏忠贤侵占票拟权一事进行了辩解，批答称："三殿渐已就绪，不碍军需，票拟自属阁臣原未讹误。"言辞虽然温和，但明显站在魏忠贤一边。

但焦虑的王永光五月二十六日再上一疏，言辞愈发激烈：

---

❶《明熹宗实录》卷七十一，天启六年五月初九。

今者以四方辐辏之地半属丘墟，千官呼祝之场尽归煨烬，即行路为惋惜，况臣子能无疚心，因思水旱盗贼之变，犹待章疏之奏闻，即日月薄蚀，星辰逆行，亦烦太史之占验，独谴告于都城之内，叠徵于旬日之间，甚至雨泽未沛，冰雹随之，乖庆之象显示相左，皇上亦既耳闻目击，悚惕不宁矣，亦既传示诸臣共图消弭实政矣。自诸臣条上封事，自停刑罢税之外卒未能恩免何项，宽恤何人，概已知道了三字应之，夫委之不知，犹俟有悔悟之日，知而不改，何时是苏息之期？皇上当思天变之可忧，或兆于人情之未畅，今能使人情帖服，便可望天意挽回，若圣意未回，天威愈赫，为臣子者即欲耕食凿饮，以农夫没世亦不易得，而况能保有崇阶，长与皋夔稷契共事尧舜之主哉？ ❶

王永光在这一封奏疏中，直接指出熹宗故意对关键性问题避而不答，一概以"知道了"三字应付，实际上就是回避和掩饰问题。熹宗对此相当愠怒，但鉴于王永光的地位，以及灾变之后朝堂之上群情汹汹的态势，仍表现出克制，批答称："今疆圉未靖，你部能悉心运筹，矢图安攘，即系修省实政，何必合词求罢？"但同时也不忘警告以王永光为代表的群臣："况进言有体，大臣尤宜详慎，疏内以危言激聒，明是要君，为首的姑不究。"熹宗的态度非常明确，即将魏忠贤与自身视为利益共同体，不接受群臣关于灾变是对魏忠贤乱政的"天谴"的说法。

但内阁首辅顾秉谦、大学士冯铨、兵部尚书王永光、礼部尚书李思诚、吏部尚书王绍徽、刑部尚书徐兆魁这些被视为阉党或"附阉"的文官仍不断借王恭厂奇灾上疏批评朝政，试图以此迫使熹宗

---

❶《明熹宗实录》卷七十一，天启六年五月二十六日。

"修省"，即与魏忠贤进行彻底切割，使日趋失控的朝政重新回到"皇帝－文官"二元政治的正常轨道上去。可见魏忠贤及其党羽对明朝本已危机重重的权力结构造成的进一步破坏，已经造成政治完全失序和机制失灵，引起了行政官员的极度不满。他们"附阉"的政治投机，本身是为了借阉宦之手打击政治对手或在政治斗争中求取庇护，以期在体制内占据更高的主导地位。但是当阉宦的肆意妄为已经对体制造成了结构性破坏，以至于他们已经无法正常履职时，他们也就自然而然地站到了魏忠贤的对立面。王永光担任兵部尚书期间，辽东巡抚袁崇焕请求留用军事家茅元仪，王永光从大局出发拟覆疏同意，但魏忠贤从私怨角度坚决不允，被视为阉党的王永光不惜与魏忠贤发生冲突，并受到魏忠贤的呵斥，即证明了这一点。而吏部尚书王绍徽、刑部尚书徐兆魁这些负责职能部门的大臣，也同样面临着正常工作受到魏忠贤和阉党干涉、无法正常开展的问题，因而成为王恭厂奇灾后上疏请求"修省"的主力。但也应当看到，这些上疏请求"修省"的士大夫仍停留在以"天人感应"劝诫熹宗与魏忠贤切割的层面，包括王永光在内的诸臣之所以敢于批评熹宗，在于他们清楚熹宗的底线所在，知道自己不会因为批评皇帝而失去生命。他们不敢直接挑战魏忠贤的原因也一样，他们清楚魏忠贤的底线就是没有底线，那些死在诏狱里的士大夫就是最好的证明。

而阉党在灾后谎报灾情、粉饰太平的行为在民间激起了极大的愤慨，在当时"民变""奴变"频发的社会环境下，更加重了士大夫集团对时局的危机感。

灾变发生后，负责勘察灾情的御史李灿然奏报：

> 照依查明塌房一万九百三十一间，部议每房一间给银五钱，今量加三钱三分三厘。压死男妇五百三十七名口，部议每名口优

恤银一两，今应量加银六钱六分六厘。**❶**

　　这是一封明显存在问题的奏疏，其一，如此大规模、高烈度的混合式灾害，发生在京师人口稠密的地区，却只造成了五百三十七人死亡，是极其不合理的。多方文献均指出，灾变的伤亡人数至少在万人以上。其二，结合明代北京城的建筑和人口分布，奏疏里说的坍塌房屋一万九百三十一间，应该较为贴近实情，但这么多的房屋坍塌，却只压死了五百多人，两个数字显然对不上。而李灿然有意谎报、瞒报灾情的动机也很简单。灾变之惨，使得亲历灾变且有丧子之痛的熹宗开始对上天的"震怒"担忧和警觉起来。这对当时控制朝政的魏忠贤和阉党集团来说是危险的信号，因为魏忠贤虽号称"九千岁"，但其本质仍是奴才，权力来源仍是皇帝，一旦皇帝收回滥授的权力，魏忠贤及其阉党的覆灭也不过在瞬息之间。而在正德年间权倾朝野的"大阉"刘瑾，也曾号称"立皇帝"，然而当皇帝警觉起来，也只能束手就擒，能够滥用皇权但从来不能真正地掌握皇权，这正是高度集权的明代阉宦政治的特点。而这些前车之鉴即使半文盲的魏忠贤自己不清楚，依附他的阉党士大夫也不可能不清楚。瞒报灾情、粉饰太平有利于麻痹熹宗，打消他的担忧和警惕情绪，使他重新沉溺于他的木匠游戏中去。而瞒报灾情的御史李灿然，正是给魏忠贤建过生祠的阉党士大夫，他瞒报灾情的举动可能是得到了魏忠贤的直接授意，也可能是他揣测"上意"，讨好魏忠贤的谄媚之举。明太祖朱元璋对元末"自生自灭"式的荒政有切肤之痛，因而在明初便建立了严格的勘灾制度，通过多部门联合勘灾、交叉审核的方法避免谎报、瞒报损失，而

---

❶《明熹宗七年都察院实录》卷十一，天启六年六月十三，历史语言研究所，1962年，第1392页。

李灿然提交的这一份明显存在常识和逻辑漏洞的奏疏在朝堂上居然无人公开质疑，敢于直接指责皇帝的王永光、王绍徽、徐兆魁也未发一言，足见当时朝政之坏，阉党淫威之盛。

另一方面，朝廷的救灾抚恤银是按照房屋倒塌数量和伤亡人数下发的，对魏忠贤控制下的朝廷来说，瞒报损失可以减少救灾支出，而"节省"出来的那部分银两流向何处就不言而喻了。之所以会出现房屋倒塌一万多间，却只压死五百多人这样互相矛盾的数据，在于房屋的补偿标准要比人命的抚恤标准低得多。

与投鼠忌器的朝臣相比，在野士大夫和一般民众的态度要鲜明得多，民间普遍流行着关于王恭厂奇灾是上天对魏忠贤倒行逆施的警示的说法："说者为魏忠贤杀戮忠良之感，犹六月飞霜之异，上天示警焉。"❶而一些以此为题材的文学作品的流行，更是加深了这一观念，如成书于这一时期的《梼杌闲评》第四十回题目就叫《据灾异远逐直臣假缉捕枉害良善》，开篇就直接将矛头对准了魏忠贤以及阉党集团：

> 普天有怨不能平，致使灾殃处处生。烈焰乱飞宫观尽，横涛怒卷室庐倾。堪嗟修省成闲事，多把忠良逐远行。可恨奸雄犹肆志，只言天道是如盲……到了五月六日巳刻，京师恰也作怪。但只见：横天黑雾，遍地腾烟。忽喇喇霹雳交加，乱滚滚狂风暴发。砖飞石走，半空中蝶舞蜂翻；屋坏墙崩，遍地里神嚎鬼哭。在家的当不得梁摧栋折，胆丧魂飞；行路人苦难支石压土埋，尸残肢解。莫言变异非人召，自古奇灾衰世多。

---

❶ 朱长祚撰、仇正伟点校：《玉镜新谭》卷五《灾沴》，第79页。

五、不由天意在人心

然而，在朝堂和民间一致希望熹宗远离佞臣，重振朝纲，恢复政治秩序和国家正常运行的时候，熹宗却出人意料又理所应当地做出了与朝野期望完全相反的姿态，他不但连续罢斥借灾异上疏请求"修省"的大臣，而且变本加厉，以"扑灭雷火有功"为名对魏忠贤进行赏赐，又下旨为魏忠贤修立生祠，《明史纪事本末》载：

> 五月，王恭厂灾，兵部尚书王永光请宽讼狱，停工作，慎票旨。给事中彭汝楠、御史高弘图亦言之，俱削籍。未几，降敕奖忠贤扑灭雷火功，从尚书薛贞之请也。❶

从王恭厂奇灾次月开始，上疏请求"修省"的大臣以各种方式被陆续逐出朝堂：天启六年闰六月，吏部尚书王绍徽被劾免，同月，刑部尚书徐兆魁闲住；天启六年七月，兵部尚书王永光乞休得免，同月，户部尚书李起元辞免；十二月，礼部尚书李思诚被削籍为民。在王恭厂奇灾发生后半年多的时间里，几乎所有就灾变上疏言事的大臣都被清洗，由对魏忠贤更加死心塌地的阉党官员予以替换。而文官们试图借"天人感应"而曲线解救的"东林七君子"除高攀龙一人自杀外，其余六人全部被杀。士大夫集团以王恭厂奇灾为契机，试图拯救危局的全部努力，就此烟消云散。

之所以说熹宗的反应既出人意料又理所应当，是因为出人意料是相对士大夫来说的。士大夫错误地判断了形势，误以为是魏忠贤和客氏蛊惑和操纵了熹宗，因此才得以窃据皇权，祸乱朝政，因此他们的

---

❶ 谷应泰：《明史纪事本末》卷七十一，中华书局，1977年，第1155页。

策略是借助"天人感应"理论使熹宗"修省",与魏忠贤和客氏彻底切割。然而熹宗和魏忠贤之间的关系远比士大夫集团认知的要复杂得多,在表面上看起来,熹宗作为"至愚至昧之童蒙"沉溺于魏忠贤营造的游乐场之中乐不思蜀,才导致"太阿倒持"。在某种程度上这的确是事实,然而熹宗在很多场合的政治表现,又足以说明他虽然受教育程度较低,但仍有较高的智力水平和正常的思维能力,在"天人感应"为最高政治正确之一的古代社会,熹宗敢于冒天下之大不韪坚定地站在魏忠贤一方,甚至侮辱式地以"扑灭雷火有功"赏赐魏忠贤来表明态度,足以说明二者之间的关系并非佞臣惑昏主这么简单。熹宗因政治动荡,在童年时代未能接受很好的教育,在东林士大夫的拥戴下以少年之龄即位,但始终与士大夫集团缺乏亲近感,对士大夫集团控制自己的企图始终保持高度警惕,因此与魏忠贤之间的密切关系,不仅是因为他更亲近同样是半文盲,又精通玩乐的魏忠贤,也是因为他需要利用魏忠贤作为工具,保证他远离士大夫集团的道德绑架和控制,确保他以他自己喜欢的那种方式继续他的帝王生活。摒弃和除掉魏忠贤,按照儒家士大夫的道德标准成为一个模范君主,并时时刻刻受到这些道德准则的约束,显然不符合他的个人意志。与其说他在王恭厂灾变引发的这场政治风波中偏袒魏忠贤,倒不如说是他在捍卫他自身的利益和生活方式。而无法认清形势的士大夫们始终不明白一个道理,并不是因为先有奸佞蒙蔽了圣主才有了昏君,某种程度上,昏君和奸佞是相伴相生的产物,甚至可以说,奸佞只不过是昏君自愿"昏"过去的某种工具罢了。

这场发生在朝堂之上的政治风波虽然以魏忠贤大获全胜而告终,然而在民间,儒家士大夫和民众却以一种特别的方式继续着反抗,对灾变时的种种奇异景象进行神异化书写的现象层出不穷。当时民间流行的报纸《天变邸抄》说在王恭厂灾变前,"鬼火见于前门之楼角,青色荧荧如数百萤火。俄而合并，大如车轮"；灾变当天"后宰门火神庙栋宇殊巍焕，初六日早，守门内侍忽闻音乐之声，一番粗乐过，又一番细乐，如此三迭，众内侍惊怪。巡缉其声，出自庙中，方推殿门跳入，忽见有物如红球从殿中滚出，腾空而上，众共瞩目，俄而东城震声发矣。哈哒门火神庙庙祝，见火神飒飒行动，势将下殿，忙拈香跪告曰：'火神老爷，外边天旱，切不可走动。'火神举足欲出，庙祝哀哭抱住，方在推阻间，而震声旋举矣。张家湾亦有火神庙，积年扃锢不开，此日锁钥俱断。"

王恭厂灾变发生后，紧接着又发生了朝天宫火灾，火灾发生时"遥见紫衣神排空而起。先是，正殿一向锁闭，不爇香火。至是，突然火从正殿起，延烧毁前后两殿，并廊房一百一十间"❶。

这些神异化的书写不像钦天监的占语那样有明确的指向和暗示意味，而是利用灾变成因的复杂性和灾变结果的惨烈性，极力营造种种充满诡异色彩的异象，这些异象既满足了大众的猎奇心理，又便于大众按照个人立场和好恶进行随意解读，乘机发泄对时局和魏忠贤的愤懑和不满。同时，这些神异化的书写又因为没有明确的指向性和攻击性，难以被官府追究和定罪，因此在灾变之后迅速在民间流行起来。时人朱长祚描述当时的社会心理称：

> 甲子以来，逆珰肆恶，凶焰益炽。恣杀忠良，天日为之无光，是以市曹怨鬼长号；褫夺冠裳，国士因而无色，系之旦夕身家莫保。海内震动，灾异迭见，人心恐惧，寝食相忘。朝廷屡下修省之明诏，逆珰全不转念于天警。❷

---

❶ 张怡撰、魏连科点校：《玉光剑气集》卷二十八《微异》，第1004页。
❷ 朱长祚撰、仇正伟点校：《玉镜新谭》卷五《灾沴》，第80页。

可见一开始，解读异象的矛头指向的是"逆珰"，即魏忠贤。但随着时局的进一步崩坏，越来越多的人对朝廷彻底失去了希望，因此解读异象的针对目标也从魏忠贤和阉党，逐步转向了明王朝本身，王恭厂奇灾不再被单纯地视为上天对魏忠贤乱政的警示和谴责，而是越来越多地被视为明王朝气数已尽的某种征兆，此类神异化书写在民间的广泛流行，严重地动摇了明王朝的统治合法性。以至于次年明思宗即位时，也出现了诸多"亡国之兆"，如谈迁的《国榷》里说明思宗即位时"午刻，御殿受朝，命群臣毋贺。朝时，候天鸣"❶，终崇祯一朝，对灾害的记录和书写更多，神异化程度更高，而所有的记录均指向了明朝灭亡是天意和必然。王汝楠的《续补明纪编年》载："十七年（崇祯）正月癸丑（二十四）夜，星入月中。占曰：国破君亡。"❷冯梦龙的《燕都日记》甚至"精准"地预测了崇祯皇帝的死亡："十七年三月十九日，是午，白光起东北，闪烁久之。人皆以为帝之灵气达于天也。"这两条神异化的记录，明显是明亡之后明朝遗民附会的结果。

所有基于"天人感应"理论，对灾异和天兆的解读和书写，反映的都是当事人自身的心理状态和利益考量，这一点在王恭厂灾变，以及由灾变而引发的政治风波中，表现得再明显不过。如果要总结从王恭厂灾变之后到明朝灭亡之前，历史文献中越来越多也越来越神异化的灾异记录和书写所反映的时人的普遍心态和发展趋势，那么最合适的词必然是：绝望。

---

❶ 谈迁：《国榷》卷八十八，天启七年八月丁巳，中华书局，1958年，第5386页。
❷ 王汝楠：《续补明纪编年》卷二，戴笠《怀陵流寇始终录》卷十七。

地

决裂的帝国——晚明在辽东的白银战争

一、银钞易位

16世纪的明帝国无疑是这个世界机缘巧合的最大受益者。从14世纪开始，明朝政府就因为其奇特而糟糕的货币政策而深陷财政困难之中，因为贫铜而无法提供足量的铸币，大明不得不捡起元末的纸币本位，开始滥发无本无额、放支无度的大明宝钞。

底层贫民出身的帝国统治者对金融的认识始终停留在小农经济的细碎性层面，自然也无法理解北宋时就由周行己提出的纸币发行准备金理论，大明宝钞没有准备金，自然也不可能有任何信用可言，几乎一发行就开始不可挽救地贬值。到洪武二十三年（1390），面值为一贯的钞票只能兑换铜钱250文，在经济发达的两浙地区，只能兑得160文，这种早熟而不成熟的纸币在明代中期造成了灾难性的后果，最为严重的就是江南地区。

江南地区在宋、元时代，商品经济和海外贸易就已经相当发达，货币的流通量和需求量都非常大，明朝政府用强制力推行毫无信用可言的纸币，等于一种变相的经济掠夺，经济上越活跃，被掠夺得也就越狠，经济最为发达的江南地区商民自然首当其冲，损失最为惨重。

此外，根据一种不确切的说法，朱元璋强力推行宝钞制度，正是为了打击政治上不可靠的江南商民，因为这些人怀念元代宽松的经济政策和文化氛围，因此在明初怨言颇多。

江南商民面对经济掠夺自然不肯坐以待毙，他们的反抗方式就是广泛使用金银来交易，因为中国传统的圆形方孔铜钱是一种贱金属货币，符合小农经济"仨瓜俩枣"的特点，一旦商品经济发展起来，这种货币就难以满足需求，较高价值或较大量的货物贸易需要大量的铜钱，不但铸币的铸料难以保证，大量沉重的铜钱也难以交易和运输，宋代铸造比铜钱还贱的铁钱，以及发行纸币，都是为了解决这个问题。

金银天然不是货币，但货币天然是金银，金银具有体积小而价值高的特点，适合充当一般等价物流通。那些受宝钞荼毒最深的地区，也是最早反抗宝钞制度的地区，到永乐年间，两浙、福建、两广就出现了"钞法不行"❶的局面。

尽管抵制宝钞的罪名一再加重到了杀头，宝钞废纸化的趋势却不可避免。正统十三年（1448），监察御史蔡愈济上奏"每钞一贯折铜钱二文"❷，只能换到面值的500分之一；到成化二年（1466），宝钞终于成为扔在街头也无人问津的废纸。

> 时钞法久不行，新钞一贯，时估不过十钱，旧钞仅一二钱，甚至积之市肆，过者不顾。❸

全面失败的货币政策使明帝国濒临经济崩溃的边缘，也使朝廷和江南商民的经济对立达到了非常尖锐的地步。此时，发生在地球另一

---

❶ 顾炎武：《日知录之馀（上）》卷二，第5页。
❷ 《明英宗实录》，历史语言研究所，1962年影印本。
❸ 稽璜等：《钦定续文献通考》卷十《钱币考·钞·附银》。

端的一件改变世界命运的大事，却无意中使大明这个大航海时代里最为懒惰和被动的参与者，变成了最大的受益者之一。

从16世纪中叶到17世纪中叶，从西属美洲经马尼拉由贸易输入大明的白银在1亿两左右，此外还有美洲输入欧洲，再由欧洲输入大明的白银无法统计。同时期，日本石见银山、佐渡金山的开采，也使超过5000万两白银经贸易输入大明，巨量的白银天外飞仙般涌入大明，满足了市场对货币的需求，取代了宝钞的法定货币地位，使铜钱自动退化为辅币，构建了新的货币体系。"银钞易位"挽救了濒临崩溃的经济，也暂时缓和了朝廷和江南及广东、福建商民的尖锐矛盾，但随之又产生了新的矛盾。

二、南粮北上

日本列岛多火山、地震的地理特点带来了频繁的地质灾难，也带来了丰富的金银储量，但日本同古代中国一样，使用铜钱本位制度，从公元8世纪开始仿造唐朝"开元通宝"铸造了"皇朝十二钱"，但当货币的需求量越来越大，铸料和铸造技术却跟不上，"十二钱"的后几个版本越铸越小，又轻又薄，而且掺入大量的铅、锡。熟悉金属工艺的都应当清楚，青铜里铅、锡含量越高，青铜就越硬越脆。当日本钱劣质到掉在石头上都会碎的地步时，也就自动退出了流通，日本转而使用米和"渡来钱"作为货币。

所谓"渡来钱"，就是宋、元和部分朝鲜铸造的铜钱，宋钱是当时东亚的"美元"，日本流通的铜钱里，宋钱占大多数，中国商人利用日本金银贱而铜钱贵的特点，利用季风往来明州和博多，可以获利百倍。到16世纪，日本已经长达600年不再铸币，对铜钱的需求却与日俱增，而此时中国已经完成了"银钞易位"，白银贵而铜钱贱，日本人通过勘合贸易将日本刀、扇子、漆器等特产运往明朝，获得大量铜钱，同时将白银输入大明，暴利程度不下于宋代。然而勘合贸易终究规模有限，且商民难以获利，走私就大行其道，白银贸易的暴利程度足以让普通的百姓铤而走险成为走私犯，也足以让规矩的商人化身嗜血的倭寇，于是轰轰烈烈的"嘉靖大倭寇"时代开始了，士大夫指责浙、闽、粤的百姓"通倭之奸民"❶，却不明白百姓甘为"奸民"，既是暴利所使，也是恶政相逼。

隆庆开关之后，曾经非法的海外贸易终于转为合法，猖獗一时的倭寇也在军事打击和经济和解下基本平息，但持小农思想的统治者和仰赖商品经济的南方百姓之间长达百年的矛盾和隔阂，却使这个国家在事实上分裂成两个不同的区域，即北方的农耕区和南方的农-商区。明朝在建国之初将首都迁移至农耕区和游牧区交界的北京，是出于国家安全的考虑，然而随着南北在生产方式上差异的不断扩大，实际上造成了国家政治中心和经济中心的不统一，南方不但是经济和文化中心，还是主要的产粮区，要维持北方政治中心的正常运转，全靠由南向北的长途运输，在交通不发达的古代，要维系这种政治架构，会付出极大的成本。因此，直到清末，漕运都是整个国家经济生活中的重要主题。

当"明—清（后金）战争"开始后，明朝这种南北分裂的政治格局产生的后果开始逐步显现出来。明代在辽东只设卫所，不设郡县，卫所制崩溃之后，用兵的耗费全部仰仗朝廷。而空前加强的中央集权之下，地方残破，无兵、无钱、无粮，任何一点微小的边疆危机，也要倾全国之兵去解决。辽东是比广义上的北方更北的北方，经济上更

---

❶ 郑若曾：《筹海图编》卷四第三册，嘉靖四十一年（1562）刻本，中国国家图书馆藏，善本书号：12758，第15页b。

加落后，根本无法供应云集在辽东的各路军队，后勤保障就成了一个很大的问题。

南方的粮食要通过漕运先到华北，之后再由陆路或经山东半岛由海路输入辽东，成本极高。《明史》记载：

> 其输边塞者，粮一石费银一两以上，丰年用粮八九石，方易一两。若丝绵布帛之输京师者，交纳之费过于所输，南方转漕通州至有三四石致一石者。❶

可见路途消耗占到所运货物价值的三分之一到四分之一，粮食体积大而价值低，向辽东运粮显然是不划算的。于是朝廷转而向辽东运体积小而价值高的白银，让各军自行解决一部分军粮问题，然而这种缺乏经济学常识的举动，在辽东酿成了惨烈的大祸。

从1618年参加萨尔浒战役的明军向辽东集结开始，到1620年，在不到3年的时间里，明朝向辽东输送军饷20188366两，其中大部分白银从南方而来，2019年在四川开始挖掘的张献忠"江口沉银"遗址中，就出土了大量被张献忠在湖广劫去的50两一锭的"辽饷"。

将巨量的白银从南方投放到人口稀少、农业欠发达的辽东，引起了灾难性的输入通胀，到1621年后金攻克沈阳为止，辽东的米价较萨尔浒之战之前增长了6倍之多，海量的白银没有解决军士的生计问题，反而让他们陷入了"抱金而死"的境地。有时人指出：

> 今日辽东之患不在无银，而在无用银之处，何也？辽自用兵

---

❶《明史》卷一百八十二《马文升传》，第4842页。

以来，米粟踊贵，加以荒旱之余，石米四两，石粟二两。其一石尚不及山东之四斗。通计一百万之费分十五万之军，每名约得六两，于银不为不多，而此六两籴米才一石五斗耳。纵是富人，未免抱金饿死。❶

这种有钱买不到粮的困境下，辽东的军士状况极为凄惨：

（后金克沈阳后）彻日大雨，河上低湿，兵坐立泥淖中，腿皆生蛆。得升斗粮安置地上，风雨骤至，粮化为沙。❷

比军士更惨的是土生土长的辽民，他们不但同样受到输入性通胀的冲击，生计困难，还要受到饿急了的军士的劫掠，为了活命，富人逃向山海关内，或由海路逃入山东半岛，中等人家或逃入辽东诸海岛，或逃入朝鲜。穷人只能等死，或干脆投入后金。在袁崇焕之前，就有人主张"以辽守辽"，熟知辽事的熊廷弼针对辽人迫于生计大量逃亡的状况尖锐地反问：

为"以辽守辽"之说甚美听，而辽人余几？❸

明朝摇摆的辽东政策始终让自己处于战不能战、和不能和的尴尬境地，一加再加的辽饷不但害苦了辽民，也催生出李自成和张献忠，然而大明在生命中的最后几年，依然在竭力地将白银输往关外苦苦支

---

❶《明光宗实录》卷七，历史语言研究所，1962校印本，第188—189页。

❷《明熹宗实录》卷十三，天启元年八月甲戌。

❸ 熊廷弼：《熊经略书牍》卷一《前经略书牍·与李玄白中丞》，第2—3页。

撑，辽东像一个吸取白银的黑洞，源源不断地将大明从大航海时代中获得的生命力吸收殆尽，最终灭亡。

而辽东的百姓无法想到，某种程度上是南方百姓用血汗换来的白银使他们陷入了如此困苦的境地，南方百姓也无法想到，那些被他们的白银害惨的辽东人，最后会跟着清军挥刀南下，征服整个中国。

晚明困局——社会性腐败下的官与民

结构性腐败是古代封建王朝覆灭前不可避免的宿命。腐败是秦制帝国的润滑油，统治者默许有限程度的腐败以换取官僚的作为和忠诚，同时利用针对职务犯罪的严刑峻法作为一种政治威胁和打击手段来清除异己，警示其他官员，维持整个帝国的运转。在帝国如日中天的上升期，经济社会发展和开疆扩土带来的资源增长压过了腐败造成的内耗，但在生产技术难以取得新突破的古代，资源增长的时间和总量都是相当有限的，而由源于贪欲的腐败造成的内耗的增长却是无限的，"被默许的有限腐败"发展成为结构性腐败只是时间问题，一旦帝国陷入停滞、紧缩和倒退，统治者不再有足够的"忠诚报偿"支付给官僚，他们就会在暴乱和民变中投入新东家的麾下，而新东家在对旧资源进行洗牌再分配以犒赏打天下的功臣和新贵之后，又不可避免地走上这条老路。

一、重典难治贪

在这种"历史周期律"的无限循环中，普通民众作为腐败榨取链的最下一环，无疑是腐败最大也最直接的受害者，本应是贪官污吏最大的对立面，自古类似《诗经·硕鼠》那样对贪官污吏进行诅咒的民谣、诗歌数不胜数，然而在明朝中后期，却出现了一种奇特的现象，就是官僚集团和机构性腐败蔓延并侵蚀了整个社会，出现了"官民共腐"的奇观，带来了"究竟是腐败的官员造就了腐败的人民，还是腐败的人民造就了腐败的官员"这样一个政治学难题。

正如上文提及，底层民众是腐败最直接的受害者，对贪官污吏的仇恨也最深，即使成为统治者本身，这种骨子里的仇恨依然根深蒂固，贫苦出身的明太祖朱元璋深谙"官逼民反"的道理，为了打击腐败，甚至不惜在严刑峻法的基础上采取恐怖手段，抽筋扒皮、剁骸之类的残酷肉刑在《大诰》中不但司空见惯，因不甚严重的职务犯罪而被枭首、凌迟的官员也比比皆是，洪武十八年（1385）的"秦升受赃妄奏水灾案"❶中，涉事者一百四十一人，一百四十人都被处死，用刑不可谓不严，杀戮不可谓不重。

后来虽因过于严酷而弃用《大诰》，但以《唐律》为蓝本的《大明律》依然要比《唐律》治罪重，然而有明一朝，腐败如影随形，在明中后期随着国家财政吃紧，开捐纳先河，开始卖官鬻爵之后，整体的结构性腐败也就自然发生，那些骇人的严刑峻法也就失去了大部分效力，毕竟连反腐的法律和刑罚本身都成为腐败的一环。例如，《大明律》中对"官吏受财"（受贿）的刑罚是，受贿一贯（枉法）就要杖七十，受贿十五贯就要杖一百，受贿八十贯就是死刑，死刑的门槛非常之低。最讽刺之处在于，受一百杖者"几无生理"，大概率活不下来，而受贿的贪官挨完一百杖是生是死，却往往取决于是否有人行贿施杖者，使钱留下他的性命，或是使钱令他速死。因受贿而被治罪领受的刑罚，却要靠行贿来决定其轻重，这种荒唐又吊诡的现象正是明中后期结构性腐败的一个典型。

---

❶《续修四库全书》第862册《大诰续编》第八十三，明洪武内府刻本，上海古籍出版社，2002年。

二、民与官共腐

在"士农工商"的社会权力结构下，这种从上到下、从里到外的溃烂也逐步从官僚集团侵蚀到了知识分子阶层，进而侵蚀了整个社会，并和晚明社会金钱至上、崇尚奢侈、以富为荣、以贫为耻的风气结合起来，形成了一种独特的全社会腐败现象。随着海外贸易大量涌入的白银极大地满足和刺激了商品经济的发展，也动摇了等级森严的社会结构和"万般皆下品，唯有读书高"的社会观念，商人阶级社会地位的提高将消费主义生活方式推向整个社会的同时，也让财富逐步代替门第和学识，成为衡量社会地位的重要指标。描绘明代社会的市井小说《金瓶梅》中对这一社会风气有大量写实描写，让我们得以一窥当时士民的心态。

在"金钱至上"的观念成为整个社会的共识之后，百姓对贪官污吏的看法和态度也悄然发生了变化，因为贪官污吏的钱虽然在道德和法律上不干净，却也是真金白银，金钱的魔力让百姓对贪官污吏一贯的仇视态度里平添了几分艳羡，百姓不恨贪官贪赃枉法，夺取自己所得，只恨自己不能做贪官，拥有贪赃枉法的机会，像贪官一样对其他百姓巧取豪夺。

当然了，在明朝的制度设计中，百姓除科举一途之外，也不可能拥有这样的机会，而明代乡试的录取率不过4%，会式录取率不过10%，在南直隶、浙江、江西这样的科举大省，这个比例还要更低，绝大多数读书人皓首穷经也难登明堂，客观上限制了这些"贪官崇拜者"实现梦想。但从明中期开始，朝廷迫于财政困窘开了捐纳先河之后，卖官鬻爵之风就愈演愈烈，至晚明时已不可收拾，明人周顺昌在书信中感叹道：

> 最恨方今仕途如市，入仕者如往市中贸易，计美恶，计贫富，计迟速。❶

官场变成了市场，这实际上给了新兴的商人阶级一个将财富转化为社会地位，完成阶层跃升的机会。这一通道打开之后，大量的商人和富民进入官僚集团，将自带的商业头脑和新得的权力结合起来，疯狂攫取财富以补偿自己在取得官位过程中的付出，《万历野获编》载：

> 一切徒隶辈，俱得以白锸授勇爵，披金紫，戴黄盖，充塞道路，而无如之何。❷

在过去，尽管官僚和商人有着这样那样的利益勾连，但二者之间的阶层隔离依然十分明显，官僚虽然收受商人的贿赂，但在内心里是看不起商人的。在商人通过捐纳、行贿买官完成"阶层同化"之后，便出现了"市猾之子，遂为秀孝；豪右之庸，登之荐书"❸的景象，官僚身上最后的神圣外衣也被扯去，平民第一次得以以较为平视的角度审视官员。发现高高在上的大人也不过和自己一样是利欲熏心的俗人，便很容易地得出了"天下乌鸦一般黑""无官不贪"的结论来。既然"贪"是官员的天然属性，那么百姓就自然把官分为"贪而作为的好官"和"贪而不作为的坏官"，因为既然民众在"贪"与"不贪"上没得选，那就只能在"作为"和"不作为"上选，明代话本小说里有

---

❶ 周顺昌：《周忠介公烬余集》卷二《与朱德升孝廉书》，中华书局，1985年，第9页。

❷ 沈德符：《万历野获编》卷十三《礼部·褐盖》，中华书局，1989年。

❸ 黄省曾：《五岳山人集》卷二十一《语苑·拟诗外传》六十一章，《四库全书存目丛书》集部第94册，齐鲁书社，1997年，第693页。

句话，大意是这样的：

> 如今这官家老爷每谁家不得勾兑，不须使钱？他若拿了钱，
> 又肯照顾地方，怎得不是好官，商民怎得不拥护他？

拿钱办事的便是"好官"，拿钱不办事的则是"坏官"，这是何等现实又荒谬的认识，在金钱至上的消费主义社会中，官与商的结合如此紧密，以至于普通百姓根本不可能监督权力的运行，那么唯一的希望只能是两害相权取其轻，祈求一个"为官一任，造福一方"的"好贪官"了。比如某县索贿一千两，倘肯拿出五百两来为当地修桥，便是百姓眼中能干的好官了。

这种"笑贫不笑娼""恨庸不恨贪"的民间氛围，和整个官僚集团从上到下的结构性腐败一起，共同挤压着为数不多的清官最后的生存空间。通过科举正途做官的士子如果坚守清廉，在当时崇奢侈简的风气下，其微薄的法定薪俸连维持正常的人情世故都做不到，比如当时的官员招待客人时：

> 每鸡羹一盏，非腿不食，疱人必杀三鸡充之，余肉皆抛弃。
> 又烹鱼时，必先置燕窝腹内方食。❶

否则便以为招待不周，甚至失礼。这绝不是一般官员的薪俸可以轻易达到的生活水平，故清官往往为上司所不喜，为同僚所疏远，为胥吏所厌恶，最终被官场边缘化。

而与传统观念里老百姓爱戴清官不同，清官在社会上也并未得到

---

❶ 李清：《三垣笔记》卷下《弘光》，上海古籍出版社，1997年。

广泛的认可和尊重，官员如果因为清廉而家贫，反而会被认为是没本事捞钱，"以迂腐诮之"❶。如果官员被派往没有油水的穷乡僻壤，不但自己垂头丧气，家人也如丧考妣，如果官员被委以肥差，则不仅家人神色飞扬，连左邻右舍也欢喜踊跃，争相巴结，希望能够分一杯羹。在这种官场排挤、民间鄙夷的氛围中，明中后期以清廉著称的官员大多下场不好，晚景悲凉。

三、中心与边疆

百姓对贪官污吏复杂态度的另一个重要因素，是亲眼看见了在商品经济空前发达的江南地区，社会性的腐败在一定程度上刺激了消费，使自明中后期开始大量涌入明朝的美洲和日本白银流动起来，赋予社会一种病态的活力，使之呈现出物欲横流的混乱繁荣，人们担心一旦腐败消失，依附其上的产业和生计也会随之消亡，正如陆楫在其著作《禁奢辩》中写道：

> 只以苏杭之湖山言之，其居人按时而游，游必画舫肩舆，珍羞良酿，歌舞而行，可谓奢矣。而不知舆夫、舟子、歌童、舞妓，仰湖山而待爨者不知其几。故曰，彼有所损，则此有所益。❷

然而，古代封建王朝的统治结构是无数个同心圆彼此嵌套的图景，位于外圈的边疆地区不但是政治上的边缘地带，而且在经济上也处于一种贫瘠的次要地位，经济发展水平和经济总量与中心地带不可

---

❶ 冯从吾：《少墟集》卷三，上海古籍出版社，1993年。
❷ 陆楫：《兼葭堂杂著摘抄》，沈节甫编《纪录汇编》，明万历刊本（影印本）。

同日而语，腐败不但不可能给贫瘠的边疆带来半点经济活力，只会让本就尖锐的官民、官兵矛盾愈演愈烈，而在社会性腐败之下，官员的贪欲不可能因为自己所处的地区贫瘠或富庶而改变。一个贪官可能在富甲天下的苏湖地区三年间悄无声息地攫取了十万两，商民不但没有感受到利益明显受损，反而交口称赞他治理有方。而当他来到边疆，三年间敲骨吸髓不过榨取了一万两，却已经害得无数百姓和军户卖儿卖女，甚至举家自杀了。

就是边疆这样一个存量紧缩的次要社会里，结构性腐败和其他天灾人祸纠缠在一起，最终引燃了明末农民战争的熊熊烈火。

人

奔车朽索——大明末日中的君与臣

一、葭莩之亲

崇祯十四年（1641），是崇祯皇帝自缢前遭受沉重打击最多的一年。这一年正月，李自成称"闯王"，攻占洛阳，杀死福王朱常洵，拥众五十万。张献忠攻克襄阳，杀死襄王朱翊铭，继而流窜湖广一带攻城略地，诸将不能制。同年八月，洪承畴兵败松山，明王朝最后的精锐军事力量在山海关外丧失殆尽。相比之下，荷兰在这一年击败西班牙、占据台湾简直是微不足道的小事，以至于都没有被明朝君臣公开讨论过。

在日薄西山、大势已去的既定败局里，崇祯皇帝反而一反祖制，开始与"家人"们异常亲近起来，不但频繁给几个表弟刘文炳、刘文耀、刘文焰加官进爵，而且常召表弟刘文炳以及与其交好的驸马巩永固入宫议事，这种让外戚进入核心决策圈的举动，在明朝历史上都是罕见的。有明一朝，皇权不仅对藩王防备极严，不惜耗费大量人力、物力、财力圈养、监视他们，对与皇帝亲戚关系较远的外戚，也保持着很高的警惕性。清人评价："有明一代，外戚最为屠弱。明太祖立国，家法严。史臣称后妃居宫中，不预一发之政，外戚循理谨度，无敢恃宠以病民，汉、唐以来所不及"❶，认为明代对外戚管理有方，外戚始终"屠弱"，从未形成过危害百姓的势力。除严禁外戚参政、干

---

❶《明史》卷三百《外戚传》，中华书局，1974年，第7659页。

政，即清人所说的"家法严"之外，明代自宣德之后，多从中下级武官乃至平民人家选妃，利用其地位低微的特点，最大限度防止其通过与勋贵和文官联姻而坐大。同时，明中期之后，因宗藩占有耕地过多，朝廷在赐予外戚"养赡田"时，往往将应赐予的土地按照每亩三分银的标准征银后折成养赡银由户部发给外戚使用，避免外戚直接控制土地，从经济上限制外戚。

让崇祯皇帝突然亲近起来的表弟们，就出自这样卑微的武人家庭，崇祯皇帝的生母刘氏出身海州刘氏家族，其父刘应元为和阳卫正千户，这在当时是非常低微的官职。刘氏在万历中期应选入宫，万历三十八年（1610）生下后来的崇祯皇帝朱由检，但很快遭到朱由检之父、后来的明光宗朱常洛的嫌恶，年纪轻轻就死了，等到朱由检被封为信王，才将她追封为贤妃，朱由检登基后才将她追封为孝纯皇太后，并一并加封了他的亲舅舅刘效祖为新乐伯、刘继祖为锦衣卫都指挥同知，这样一来，刘氏才真正进入了"贵族"的行列，并享有七百里"养赡田"，算是登上了政治舞台。可见刘家不仅出身卑微，家底贫薄，而且发迹很晚，不可能有巨大的财富和势力，崇祯皇帝仰仗这样一个外戚家族，完全是因为他们在这个注定的败局里，对众叛亲离的皇帝的那种出人意料的主动和忠诚。

崇祯二年（1629）十月，后金汗皇太极率大军绕过关宁锦防线，以喀喇沁部为先导从蒙古方向突破长城，攻入关内，连克遵、永多城，紧逼京师，十一月初一京师戒严，即"己巳之变"。朝廷恐惧京杭运河这一命脉被后金军切断，急忙调遣人手运输粮饷物资，以应对可能发生的围城战，当时运河结冰，漕运受阻，情急之下，朝廷动员了文武百官助运，同时也想起了被长期像防贼一样戒备的"家里人"，也组织在京的勋贵、内臣和外戚"一体助运"，在这个过程中，海州刘氏一族表现得尤为积极，新乐伯刘效祖不但出力助运，而且捐了脚价银（即雇佣民夫运粮的工钱），事后受到了朝廷的嘉奖，这并不是刘效祖第一次为国效力，在他被封新乐伯的第一年，他就协助朝廷运粮三百一十石，而他从朝廷得到的"养赡银"不过每年两千两，这种积极的表现，显然是受到了"家国一体"思想的影响，因为出身低、发迹晚，因而格外感怀君恩，刘效祖的妻子就经常教育儿子："吾家无功德，直以太后故受此大恩，当尽忠报天子。"❶因此，刘家将自身的命运与皇帝、国家的命运视为一体，在参与国事的过程中尽心尽力，进而一步步获得了皇帝的信任。

但绝不是所有将国家当自家的皇亲都能够获得皇帝的信任和嘉奖，与出身低微的外戚相比，藩王对皇权的威胁显然更大，受到的限制和监视也更多，不但没有参与朝政的机会，连离开封地都很难。历代明朝皇帝都致力于将藩王规训成与国家隔绝的圈养动物，即使他们在地方上胡作非为鱼肉百姓，但只要不是太过分，皇帝都会睁一只眼闭一只眼。但一旦藩王有稍许威胁或挑战皇权的举动和行为，必将遭到最为严厉的惩罚，这条戒律即使在明王朝已经摇摇欲坠之时，也没有放松过。崇祯九年（1636），后金汗皇太极称帝，改国号为"清"，派阿济格经喜峰口再次攻入明朝京畿地区，清军连下昌平、房山、顺义，再次威胁京师。明朝藩王中少有的有志之士，唐王朱聿键（即后来的南明隆武帝）年轻气盛，不顾藩王禁令，率领护军上京勤王，结果惹得崇祯皇帝大怒，将朱聿键囚禁在凤阳承奉司达七年之久。在皇帝的眼里，率领着仅有千人军队，前来保卫他的"家人"，比在关内横行千里、攻破城池十六座、击溃官军四五万、掳掠人畜十几万的清军还要可怕和可恨。

从专制君主的角度来看，这种不可理喻的做法其实很好理解，中

---

❶《明史》卷三百《外戚传·刘文炳》，中华书局，1974年，第7683页。

国古代封建专制的政治传统"家天下"走到了明朝，已经从"家天下"变成了"家中一人天下"，如果家庭的其他成员将自己的命运与国家的命运视为一体，无疑是对皇权的威胁和挑战。鉴于崇祯皇帝对待藩王这样的态度，也就不难理解后来多位藩王死到临头，不但不肯"毁家纾难"，甚至连拿出一点点财产协助守城都不肯，因为这个"家"根本不是他们的家，只是一个囚禁他们的大监狱罢了。

与藩王相比，外戚的威胁显然小得多，当文武官员集团都看出皇帝的绝望和颓势，日渐与他离心离德的时候，崇祯皇帝也开始越发倚重他那些忠诚而孱弱的舅舅和表弟，崇祯十七年（1644），李自成军日益逼近京师之时，崇祯皇帝再次召见表弟刘文炳、巩永固，询问二人关于时局的意见，二人建议尽早让定王朱慈炯、永王朱慈照就藩，意在保存明朝火种，以免不测。皇帝表示同意，但因时局纷乱未能成行。三月初一，李自成军攻克大同，北京岌岌可危，作为一个生来将以"家人"为敌作为生存策略和政治传统的明朝皇帝，崇祯皇帝在他生命的最后时刻，所仰仗的却是他的家人，这实在是个极大的讽刺，在众叛亲离之中，崇祯皇帝命令勋贵守城，而刘氏一族作为皇帝最信任的外戚，其子弟负责守卫皇城的各门。三月十八日，李自成军开始围攻北京城，刘文炳和驸马巩永固受召入宫，皇帝让他们组织各自的家丁，护送太子逃往南方，但为时已晚，史载："京军出御，闻炮声溃而归。贼长驱犯阙，守陴者仅内操之三千人，京师遂陷。"[1]外戚刘氏一门除个别战死、南逃外，其余四十二口阖门自尽，为崇祯皇帝殉葬，也算忠实履行了"尽忠报天子"的承诺。清人所修的明史在明里暗里贬低"贰臣"的同时，评价刘效祖等："惠安、新乐，举宗殉国，

---

[1]《明史》卷八十九《兵志一》，中华书局，1974年，第2183页。

呜呼卓矣！"❶当然有颂扬忠烈、维护自身统治的因素，但甲申之变时，官员多或降或逃，而勋戚则殉国者众确实是客观事实。

在崇祯即位之初铲除魏忠贤宦官集团并清除其党羽之后，长期受宦官集团压制的文官/士人集团势力一度空前膨胀，尤其是长期自诩为清流的东林党势力一度受到崇祯皇帝的支持，把持朝政，但其长于空谈、短于实干、忙于党争的天然缺陷在这个天亡之秋显得尤为致命，因此国事日坏的趋势并未扭转，反而有加速的迹象，文官集团很快遭崇祯嫌恶和抛弃，宦官势力再次登上政治舞台，几番折腾之后，崇祯皇帝和文官集团逐渐君臣离心，皇帝对大臣则机关算尽，正如刘宗周所说："今陛下圣明天纵、卓绝千古，诸所擘画，动出群臣意表，遂视天下为莫若己若，而不免有自用之心"，不但没有丝毫的信任，而且不愿承担任何决策责任，随时准备将责任推卸给大臣，而大臣自然也不可能为其输心用命，凡事不过虚与委蛇，面对心急如焚的皇帝实在对付不过去的时候，干脆默契地集体缄默，这种君臣"互相抛弃"的现象，后人称之为"有君无臣"，造成这一现象的原因，固然有崇祯皇帝刚愎自用、刻薄寡恩的个人性格因素，但更多源于明代的科举制度和官员选拔任用体系的异化，孟心史先生也评价说：

> 熹宗，亡国之君也，而不遽亡，祖泽尤未尽也；思宗，自以为非亡国之君也，及其将亡，乃曰有君无臣。夫臣果安往？昔日风气未坏，正人君子，屠戮之而不能遽尽，故无君而犹有臣；至崇祯时，则经万历之败坏，天启之椓丧，不得挽回风气之君，士大夫无由露头角矣。思宗而在万历以前，非亡国之君也；在天启之后，则必亡而已矣。❷

---

❶《明史》卷三百《外戚传》，中华书局，1974年，第7659页。

❷ 孟森：《明史讲义》，中华书局，2009年，第247页。

可见"有君无臣"并非崇祯皇帝一个人的责任，明末少数马革裹尸、壮烈殉国的文武官员的事迹，不能掩盖大多数官僚，尤其是文官集团抛弃君主和国家的事实，而造成这一事实的深层次原因，并不在崇祯一朝风雨飘摇的十七年里，也远比孟先生说的亡国之君明熹宗时代要早得多。

二、君臣天下

自汉以降，无论中央王朝还是地方政权的统治者，均在表面上将儒家思想奉为官方最高意识形态，但此时的儒家思想已经与先秦时期的儒家思想有了本质上的区别。在先秦时期，构成国家或者"天下"的基本单位是由血缘、道德和根土（即生活环境）连接的小共同体（家庭），由这样的小共同体组成的大共同体（社会和国家）同样由血缘、道德和根土连接，在这种宗法制礼俗社会中，"父、君、圣"各有层级，保持着密切联系又相互独立的关系。

然而秦汉之后，君权不断得到强化，皇帝的意志取代了原有的血缘、道德、根土，成为贯穿整个权力结构的新的连接，"父"与"圣"原有的空间和位置受到"君"的挤压和侵蚀，失去了原有的独立性，使得父不父，圣非圣，唯有君权至高无上。"事亲则孝，事君则忠，交友则信，居乡则悌。穷不失义，达不离道"❶变成了"君要臣死，臣不得不死"，使得道德实践在外在世界难以实践，只能向内求，也就是林安梧先生所说的"道的错置"。儒家思想在政治层面异化成了一种为君权提供合理性解释和合法性背书的苟且之学，完全失去了先秦时期的

---

❶ 陈奇猷：《吕氏春秋新校释》卷16《先识览第四·正名》，上海古籍出版社，2002年，第1030页。

思想灵性和人性光辉，沦为一种专门服务专制统治的思想工具。

君权的不断强化和儒家思想的不断异化是一个同时进行、相互促进的过程，而科举制度的根本目的，在于为君主提供受过完善儒家教育、符合专制需要的预备官员，因此科举制度的不断发展和完善，也在加速促进着君权的强化和儒家思想的异化。纵观中国古代历史，科举制度的巅峰、君主专制的巅峰在时间轴上重合于一点，而这个点，就是明清。

而在明清之前，科举制度的第一个巅峰出现在宋代，而宋代也是儒家思想异化最为明显，君、臣、父、圣、儒之间关系变化最为剧烈的一个时代。这种变化最为直观的表征，就是士大夫阶层代替业已消亡的贵族阶级，成为与君主分享权力的"共治者"。

宋神宗熙宁四年（1071）的一次关于王安石变法的朝堂讨论就是典型的例子，在讨论中，文彦博向宋神宗进言："祖宗法制俱在，不须更张以失人心。"❶宋神宗曰："更张法制，于士大夫诚多不悦，然于百姓何所不便？"❷在这段对话中，文彦博认为，变法会使朝廷失去民心，而宋神宗则答，变法只会损害士大夫的利益，对百姓有什么负面影响？（怎么会失去民心呢？）而文彦博毫不避讳地说出了那句千古名句：

为与士大夫治天下，非与百姓治天下也。❸

---

❶ 李焘：《续资治通鉴长编》卷221，熙宁四年三月戊子，中华书局，1995年，第5370页。

❷ 李焘：《续资治通鉴长编》卷221，熙宁四年三月戊子，中华书局，1995年，第5370页。

❸ 李焘：《续资治通鉴长编》卷221，熙宁四年三月戊子，中华书局，1995年，第5370页。

而神宗则回答："士大夫岂尽以更张为非，亦自有以为当更张者。"❶意思是士大夫难道都反对（变法）吗，也有支持的吧，这句无力的驳斥实际上建立在承认"为与士大夫治天下，非与百姓治天下也"是事实的基础上。文彦博这句话不但与传颂千古的"横渠四句"（为天地立心，为生民立命，为往圣继绝学，为万世开太平）背道而驰，而且也揭穿了与他一同反对变法的旧党同僚的虚伪嘴脸，在文彦博说出这句名言之前，这些反对变法的旧党同僚一直都在拿"民"说事，比如枢密副使吴充就说："朝廷举事，每欲便民，而州县奉行之吏多不能体陛下意，或成劳扰。"❷而参知政事冯京则说："府界既淤田，又修差役，作保甲，人极劳敝。"❸他们在出于维护自身利益的目的而反对变法的过程中并不直言，而是以"为民请命"作为借口，试图对皇帝进行道德绑架，因为在儒家思想中，"仁"是统治者最为重要的美德之一，皇帝"不仁"则为暴君，这是极大的道德指控，吴充和冯京二人以"仁"作为"大义"掩盖自己的"小利"对神宗进行道德绑架，神宗也从相同的角度给予了回击，他说："百姓岂能知事之曲折，知计身事而已。但有实害及之则怨，有实利及之则喜。虽五百人为大保，于百姓有何实害而以为劳扰乎？"❹可见君臣双方的意见交锋，是在儒家道德体系内，围绕着"仁政"和"为民"而展开的。

❶ 李焘：《续资治通鉴长编》卷221，熙宁四年三月戊子，中华书局，1995年，第5370页。

❷ 李焘：《续资治通鉴长编》卷221，熙宁四年三月戊子，中华书局，1995年，第5370页。

❸ 李焘：《续资治通鉴长编》卷221，熙宁四年三月戊子，中华书局，1995年，第5370页。

❹ 李焘：《续资治通鉴长编》卷221，熙宁四年三月戊子，中华书局，1995年，第5370页。

而文彦博这句"与士大夫治天下"则撕下了这张虚伪的画皮，直接指出了事情的本质，那就是自宋以来，通过科举考试进入统治阶级的士大夫群体取代了门阀贵族，成为政治舞台上一股新的力量，并作为一个政治集团逐步形成了模糊的自我意识。因为皇帝的亲朋故旧，也就是勋戚们在唐和五代演绎了多次"地方强，中央亡"的皇权悲剧，而皇帝显然无法独立一人治国，使得皇权转而依靠士大夫集团治国，为稳固士大夫集团，皇权赐予，或者说让渡了大量政治、经济特权，使士大夫阶层牢牢地与官僚和土地绑定在一起，对官员不可谓不优。同时通过拓宽科举途径，为更多的平民子弟提供了上升通道，以北宋之版图，极盛时不过唐的三分之二，但科举录取的人数十倍于唐，待读书人不可谓不厚。两宋农民起义可谓此起彼伏，有士大夫阶层成员参与其中的起义极少，这种"优待"在其中起到的作用极大。但随之而来的代价就是两宋的冗官冗政现象极为严重，国家财政压力极大，百姓负担沉重。这种现象也说明，在专制统治之下，"士"既是统治者统治人民的工具，也是与统治者共治的次级统治者，他们不可能像先秦儒学中的理想状态一样，成为君和民之间的平衡力量。因为失去了血缘、道德与根土的意识连接，"民"对他们来说不是具体的"吾乡吾土吾民"，而成了一个抽象化的概念，这个抽象化的概念没有具体的人类血肉和喜怒哀乐，而是一个意识形态符号，这个符号可以帮助他们在维护自身和所属阶级、集团的利益时占据道德高地，得以以"大义"进行党同伐异，除此之外并无太大实际上的意义。因此在政治上，汉以后的儒生和士大夫离君权越近，也就离"为天地立心，为生民立命，为往圣继绝学，为万世开太平"的至圣理想越远。❶以"春种一粒粟，秋收万颗子，四海无闲田，农夫犹饿死"的《悯农》

---

❶ 张岱年：《试谈"横渠四句"》，《中国文化研究》1997年第1期，第5页。

传世的李绅，发迹后成了一个骄奢淫逸、鱼肉百姓的大贪官，就是一个典型的例子。以至于自宋以后，所有接近"以天下为己任"这一理想的士大夫，大都是以远离权力核心的"在野"状态才得以完成他们的思想专著的。葛兆光先生的《中国思想史》对此评价道：

> 当一种本来是作为士绅阶层以文化权力对抗政治权力，以超越思想抵抗世俗取向的，富于创造性和革命性的思想学说，当它进入官方的意识形态，又成为士人考试的内容后，它将被后来充满了各种世俗欲念的读书人复制，这时，它的本质也在被逐渐扭曲。❶

而这个"共治"体系的一个重大问题或者说天然的缺陷在于，皇帝和士大夫的关系类似所有者和管理者的关系，当国家处于上升期时，所有者和管理者之间的大部分矛盾都被不断增长的资源（土地、财富、人民）所稀释，二者的利益方向一致，表现出君臣一心、励精图治的"盛世"状态。然而当国家走上下坡路，处于内忧外患之时，资源总量往往处于一个不断收缩的状态，皇帝和士大夫集团也会逐渐出现分歧，当这种分歧和矛盾日渐激化到不可调和的状态时，往往也到了改朝换代的历史节点，明末显然就处于这样一个节点上。

三、攀蟾折桂

一般来说，士大夫阶层主要由两类人组成，即未获得功名的士子和已经获得功名和官职的官员（大夫）。"士"是先秦时的低级贵族，

---

❶ 葛兆光：《中国思想史》（第2卷），复旦大学出版社，2001年，第252页。

"大夫"则是中级贵族。将多为平民出身的读书人和官员冠以古代贵族之名，显示出"士大夫"其实是贵族消亡之后的替代阶级。但是"士大夫"缺乏贵族之间天然存在的血缘和家族纽带，因此他们要结成具有利益一致性的政治集团时，需要外在的纽带。读书人的终极目标是通过科举考试成为官员，而绝大部分官员都是通过了科举考试的读书人，因此科举考试就成为士大夫集团形成的制度基础。

不过科举高度发达、王朝后半截始终被层出不穷的科场案和由此引发的党争所困扰的大明王朝，在建立之初并没有将科举制度作为选拔任用官员唯一的途径，这与明王朝的开国君主朱元璋在不同时期对科举制度的不同态度有关。在洪武元年（1368），朱元璋就表示：

> 躬擐甲胄，决胜负于两阵之间，此武夫之事，非儒生所能。至于承流宣化，绥辑一方之众，此儒者之事，非武夫所能也。❶

可见在建国之初，朱元璋并未因为其底层出身而忽视文化和教育在国家治理中的作用，恰恰相反，其对科举选官和儒生治国是充满信心和期待的。但这时天下未定，还不具备举办科举考试的条件，因此选拔任用官员仍以举荐为主，史载：

> 时中外大小臣工皆得推举，下至仓、库、司、局诸杂流，亦令举文学才干之士。其被荐而至者，又令转荐。以故山林岩穴、草茅穷居，无不获自达于上，由布衣而登大僚者不可胜数。❷

---

❶ 过庭训：《本朝分省人物考》，《续修四库全书》第534册，上海古籍出版社，2003年，第68—70页。
❷ 《明史》卷七十一《选举志三》，中华书局，1974年，第1712—1713页。

及洪武三年（1370），徐达北征解决了北元扩廓帖木儿势力对明朝北方的威胁后，明朝就立即举行了第一次科举考试，确立了乡试、会试、殿试三级考试制度。第一次参加考试的童生先在州县级参加考试，考中者称"秀才"或生员，可以参加进一步的省级选拔考试，称为"秋闱"，考中者称"举人"，第一名称"解元"。乡试次年的春天举行会试，称为"春闱"，考中者被称为"进士"，第一名称"会元"。所有的"进士"再经过由皇帝亲自担任主考的"殿试"，由皇帝亲自提点，考中者分为三甲，一甲只取三名，"赐进士及第"。一甲第一名为"状元"，一甲第二名、第三名分别为"榜眼""探花"，二、三甲若干人，分别"赐进士出身""赐同进士出身"。

然而刚刚通过科举选拔出第一批人才后，朱元璋就在洪武六年（1373）下诏停止科举，理由是"（科举）所取多后生少年，观其文词，若可与有为，及试用之，能以所学措行者甚寡"❶，可见科举选拔出的人才普遍存在夸夸其谈、缺乏实干能力的缺点，这让底层出身、了解民间疾苦、重实务、厌浮华的朱元璋感到很不满意，他懊恼地说："朕设科举，求天下贤才以资任用。今所司多取文词，及试用之，不能措诸行事者众。朕以实心求贤，而天下以虚文以应之，甚非所以称朕意也。"❷颇有"我本有心向明月，奈何明月照沟渠"的错付之感。

而在二百多年后，从欧洲来到明朝的传教士利玛窦，则完全从一个"外人"和"学者"的角度，得出了类似的结论。在详细观察了科举考试的全过程后，利玛窦一面称赞"（明朝）由知识阶层，即一般

❶《明太祖实录》卷七十九，洪武六年二月乙未，历史语言研究所，1962年影印本，第1443页。

❷《明太祖实录》卷七十九，洪武六年二月乙未，历史语言研究所，1962年影印本，第1443页。

叫做哲学家（儒生）的人来治理的。井然有序地管理整个国家的责任完全交付给他们来掌握"❶，肯定了科举制度以知识分子治国的优越性；另一方面，他也注意到这一制度存在的致命缺陷：

> 主考或监考都总是从哲学元老中选出，从不增加一位军事专家或数学家或医生。擅长于伦理学（儒学）的人，其智慧受到极高的尊敬。他们似乎能对任何问题做出正当的判断，尽管这些问题离他们自己的专长很远。❷

科举制度以道德哲学（儒学）作为主要考试内容，首先是破坏了人才选拔的多样性，科举考试选拔出的人才受到完全一致的教育，自然也拥有完全一致的知识结构，不可能完全满足治理国家的需求。而在面对完全陌生的专业领域时，未经实务历练的儒生只能从本专业的角度对其进行空泛的分析和评价，这就导致大量技术层面的治理问题，变成了关于道德和伦理的空谈。当然，科举制度选拔的官员中也有一部分在实务历练中锻炼出了相当的能力和素质，积累了丰富的经验，但一来这一类所谓的"能臣"数量太少，另一方面，他们在政治竞争中也并不一定比那些通过科举考试直接进入核心部门，不具备实干经验，却能对任何帝国事务夸夸其谈的同僚更有优势。

更为糟糕的是，因为科举制度几乎是唯一能够让平民跻身新贵族（士大夫）行列的上升途径，因此科举考试的主要内容——儒学，也就

---

❶ 利玛窦、金尼阁著，何高济等译：《利玛窦中国札记（上）》，中华书局，1983年，第59页。

❷ 利玛窦、金尼阁著，何高济等译：《利玛窦中国札记（上）》，中华书局，1983年，第43页。

自然成为社会上最为显赫的学问。这种"唯一性"和"至高性"使得异化的儒学挤压和妨碍了其他学科，尤其是自然科学的发展，因为天然趋利性决定了多数人只会将精力和时间投入能够给其带来最多和最大实际好处的活动，利玛窦对此评价道：

> 在这里（明朝）每个人都很清楚，凡有希望在哲学领域成名者，没有人会愿意费劲去钻研数学或医学。结果是几乎没有人献身于研究数学或医学，除非由于家务或才力平庸的阻挠而不能致力于那些被认为是更高级的研究。钻研数学和医学并不受人尊敬，因为它们不像哲学研究那样受到荣誉的鼓励，学生们因希望着随之而来的荣誉和报酬而被吸引。这一点从人们对学习道德哲学（儒学）深感兴趣上，就可以很容易看到。在这一领域被提升到更高学位的人，都很自豪他实际上已达到了中国人幸福的顶峰（做官）。❶

因此，即使统治者意识到科举制度产出的人才并不能完全适应国家治理的需要，对科举考试的内容进行相应调整时，比如永乐二年（1404），明成祖朱棣下令调整科举考试的内容，将一些自然科学内容加入考试内容之中，但这一调整的效果对人才质量的影响可以说没有，因为科举考试的特权吸引而产生的路径依赖，已经阻碍了其他学科的发展，以及相关人才的产生。作为第一个对科举制度进行了细致入微观察的"外人"，利玛窦也记录了科举考试带来的阶层跃升对一个平民子弟带来的巨大影响：

---

❶ 利玛窦、金尼阁著，何高济等译：《利玛窦中国札记（下）》，中华书局，1983年，第34页。

考试结束后，新博士（进士）立即穿戴上他们特殊的服装和特定的帽子和靴子以及官吏的其他标志，并提升到官员品级中较富较高的薪俸。从这个时候起，他们就属于取代硕士地位的另一个社会阶层，并被算作是全国高等公民之列。一个外人很难体会他们的地位比他们昨天的同事们高出多少，而那些人却总是让他们上座并以最奉承的称呼和礼貌来款待他们。❶

利玛窦观察到的已经是较高层次的科举考试（会试、殿试）对士子的影响，而实际上科举制度对平民在阶层跃升和境遇改善方面的巨大吸引力远不止于此。相较于前代科举，明代科举的一大特点是制度化，而"功名"制度则是科举制度中最重要的一种，明代科举分为童试、乡试、会试、殿试、庶吉士五级考选，通过考试可以获得秀才(生员)、举人、进士三种功名。功名不仅仅是人才选拔和官员任用的依据，也是一种被赋予的"身份"和与"身份"配套的特权。功名具有终身性，一旦获得非经剥夺则会伴随一生。这使得功名除了无法继承之外，在其他方面都与"公、侯、伯、子、男"的贵族秩禄制度具有很高的相似性。

当一个平民通过考试成为秀才，或通过各种途径进入国子监成为监生的时候，他就成为"生员"，生员是最低一级的功名，但已经进入了"士"的阶层。海瑞说："见一秀才至，则敛容息口，曰此某斋长也。人情重士如此，岂畏其威力哉？"❷可见生员虽是最低微的"士"，但在平民面前仍有高人一等的特权。生员在地方上见到官员可以免于

---

❶ 利玛窦、金尼阁著，何高济等译：《利玛窦中国札记（下）》，中华书局，1983年，第42页。
❷《海瑞集上编·规士文》，中华书局，1981年，第58页。

下跪；生员可以直接给官员写禀帖；生员犯罪必须先革去功名，方可用刑，可以视为贵族时代"刑不上大夫，礼不下庶人"的一种变体；生员如果犯错，地方官也不可施以有辱斯文的杖刑，必须交由学校官员处理。生员还可以免除户内两丁的差役，一部分生员还可以得到国家的补助。甚至生员的家门都可以高于平民三寸，因此家庭富裕的生员家庭往往一获得功名就立即更换大门，以示脱离了平民身份，这也就是"改换门庭"这一成语的本意。

举人是功名体系中的中间层级，也是最重要的一级，因为与生员相比，他们的上升空间更大，特权更大。而跟进士相比，他们的数量多出几个数量级，遍布全国各地。举人不但有资格参加会试考取进士，而且可以直接任低级官职，这使得举人还具有"预备官员"的身份，在地方上具有和知县平起平坐的权力。也正是因为这一点，举人这一功名具有非常鲜明的政治资本性，一旦考中举人，就有拜考官、叙师门的资格，正式成为政治集团的一员，也因此有了结交和攀附的价值，会迅速引来地方势力的勾结。《范进中举》中消息刚传到范家，张静斋便接踵而至。而这"张老爷"一到范家，老百姓就全跑了，连范进凶狠的岳父胡屠夫都躲了起来，可见举人在百姓面前的威权，远不止秀才让百姓"敛容息口"的程度。

如果说秀才是平民跻身"士"的标志，那么举人就是士跻身"大夫"的标志，成为举人意味着正式成为统治集团的一员，是真正的"一命之荣"。

而作为最高功名的进士，就像利玛窦所观察到的那样，在个人层面，是一个读书人所能达到的人生最高目标；在社会层面，是一个平民所能取得的最高社会地位；在国家和社会层面，是统治阶级中的最上层一级。

"成为贵族"并享有种种特权，对平民子弟的吸引力几乎是不可抵抗的，而这种特殊的贵族身份的不可世袭性，也意味着那些通过科举实现阶层上升的人，其子孙后代也必须获得功名保住这份殊荣，因此贯穿整个社会的科举狂热，以及因此而引发的种种弊病，几乎是不可避免的结果。

尽管科举考试在选拔治国人才方面存在种种缺陷，统治者本身也对这种缺陷心知肚明，但科举制度还是在明朝迅速地确立和发展起来。洪武十五年（1382），朱元璋下诏恢复科举。洪武十七年（1384），"始定科举之式，命礼部颁行各省，后遂以为永制"❶。

朱元璋在科举问题上的反复，与明初的政治格局变动有关，一方面举荐制存在缺乏统一标准，举才唯近、任人唯亲的问题，另一方面明初的勋戚势力过大，存在威胁皇权的隐患。这两个方面问题的结合，就体现为勋戚通过举荐官员形成朋党政治、把控朝政的问题，其典型即为"明初四大案"之一的胡惟庸案，朱元璋极力扩大胡惟庸案的波及范围，借机大肆屠戮大臣和勋戚，就是为了消除勋戚与其朋党对皇权的潜在威胁。同时，按照朱元璋的设计，"清洗"之后建立的新的文官集团，应当与勋戚保持一种天然的隔离，以防止二者再次勾结。

同时，朱元璋通过对元末农民战争的反思，也逐渐深刻地认识到，科举开而复停，使得大量受过教育的读书人失去奋斗目标和上升途径，这一人群中日益积累的不满情绪，对皇权的稳固同样是一种威胁。

基于这些更为重大的问题，科举制度选拔的人才质量问题就显得不那么重要了，而且最重要的是，在当时也不可能有代替科举制度的更佳方案，于是恢复科举、形成制度也就顺理成章了。自宣德之后，其他的人才选拔途径均衰落消亡，科举成为选拔官员的唯一"正途"。其在明初就存在的缺陷，直至明末也未能解决，而这些缺陷衍生出的

---

❶《明史》卷七十一《选举志三》，中华书局，1974年，第1696页。

一系列问题，导致朱元璋为了子孙后代而在明初屠杀和消灭的勋戚，却在明末成了他的子孙唯一可以依靠的势力。科举制度从治国工具走向无用的冗政，最终成为亡国的催化器，标志着科举制度在明代的彻底异化。

朱元璋恢复科举制度、引为定例的目的之一，是打击朋党政治，但他忽略了科举制度本身也是朋党政治的温床，既然科举是跻身新贵的唯一途径，"新贵"和"预备新贵"也就自然而然地将科举作为彼此识别、认同和联系的集体意识，士大夫集团就此产生。在士大夫集团的内部，士大夫又根据各自的出身、地域、所代表的地方势力抱团，结成更小的利益集团，即所谓的"党"，这种"党"并非后世那种组织严密、秩序森然，有统一纲领和施政方针的政党，而是一种松散的利益共同体，在这个共同体之中，个体因利而聚，利尽则散，彼此之间的一致性只在关乎共同利益时才显现，即所谓的"有事则党现，无事则党隐"，这就导致某人被他人指为"某党"时，自己可能完全不知道。

但在先秦时期，结党是为儒家思想所不齿的行为，《论语》里说"君子矜而不争，群而不党"❶。但明代的士大夫自有办法处理这种冲突。因为明朝的乡试、会试两级考试都是以行政区划为单位举行的，因此地域也就成为结党的天然纽带，在考试中获得功名的士子，往往将主持考试的考官拜为老师，而对同乡同年同科者，均以同门相称，而对同一"师门"，但同乡异年同科者，则以师兄弟相称，这样一来，在"神圣"的师生关系的掩盖下的利益共同体的雏形就形成了。

《儒林外史》里范进中举后，张乡绅前来与他攀附时说："适才看

❶ 转引自王功龙：《"矜而不争"考辨》，《孔子研究》2002年第4期，第114—116页。

见题名录，贵房师高要县汤公，就是先祖的门生，我和你是亲切的世弟兄。"❶房师是主持乡试的考官，和范进并没有实际上的教学关系，在范进中举之前，张乡绅是绝不会主动结交范进的，而在范进中举之后，立刻就能用这种"师门"关系与范进攀上关系，范进也对此表示了认可，足见这种"师门"关系不过是士大夫掩饰结党行为、自欺欺人的幌子而已。

而明朝发达的中央、地方两级教育体系，也无意中使学校成了孕育政治集团的温床。洪武二年（1369），朱元璋下诏称："治国之要，教化为先。教化之道，学校为本。今京师虽有大学，而天下学校未兴，宜令郡县皆立学。"之后逐渐在全国形成了南北两京有国子监，地方有府、州、县学，基层有社学的三级文教体系。《明史》评价明代的学校"盖无地而不设之学，无人而不纳之教。庠声序音，重规叠矩，无间于下邑荒徼，山陬海涯。此明代学校之盛，唐、宋以来所不及也"❷。各级学校教授的内容都以四书五经为代表的儒家思想为主，只是水平和深度不同，人才培养的目标和方向也完全一致，就是逐步提升学生受教育程度和水平，最终通过科举考试达到做官的终极目标。基于这种利益目标的一致性和唯一性，学校成为"预备官员"们结党的最初场所，也就不奇怪了。同一"师门"者如能顺利考取功名并被授予官职，也会竭力帮助"后辈"获得功名入仕，这种相互勾结、彼此攀附的两大后果一是无处不在的朋党政治和党派斗争，二是层出不穷的考试舞弊，即延续明清两朝的"科场案"。

利玛窦在描述这种关系时写道：

❶ 吴敬梓著、李汉秋辑校：《儒林外史汇校汇评》，上海古籍出版社，2010年，第43页。
❷《明史》卷六十九《选举志一》，中华书局，1974年，第1686页。

在这样考取学位（科举）的过程中，确实有某些值得称道的东西，那就是在同年的候选人之间发展起来的关系。那些在争取更高学位当中被命运带到了一起的人们，在此后的一生中都彼此以兄弟相待。他们之间相互有着和谐和同情，以各种可能的方法互相帮助，甚至惠及亲属。❶

利玛窦见到了士大夫们彼此建立纽带的过程，但显然还未能认识到，他们之间的"同门之谊"远远不止"惠及亲属"这个程度。他们在未成为官员时，彼此以师门结为师兄弟，在获得功名之后，则结成利益同盟，党同伐异，成了党争之祸的源头。相比之下，清朝的顺治皇帝，显然对明代士大夫们的门道认识得更为透彻，他在解决明代党争遗祸蔓延至清初的问题时，首先就从源头上禁止士大夫彼此以师门结交攀附，他说：

今观风俗日移，人心习于浇薄，遇幼年受业之师，略不致礼，惟以考试官为师，终身加敬。夫以理论，则自幼教育之师，受其诲导，自宜始终敬礼；若考试官员，朕所遣也，岂受业者比哉！自后此等悉直明示禁革之！❷

顺治皇帝指出，士子道德败坏，见到真正对自己有传道受业之恩的启蒙教师礼节有亏，反而对科举考试的主考官尊敬有加，终生奉为恩师，这是何其荒唐的现象，按理来说，士子的启蒙和授业老师才是

---

❶ 利玛窦、金尼阁著，何高济等译：《利玛窦中国札记（下）》，中华书局，1983年，第42—43页。
❷《清世祖实录》卷九十八，顺治十三年二月丙子，中华书局，1985年。

最应该受到尊敬的，科举考试的主考官不过是皇帝派遣的官员，怎么能和授业老师相比，以后不准士子再拜主考官为师。

然而，利益目标和实现途径一旦固定且唯一化，人类结成共同体追求利益的天性就无法压制。即使清代吸取了明亡的教训，采取了严厉的压制措施，但这种压制措施解决不了科举制度的天然弊病与人性中天然趋利的部分结合的问题。仿佛给病因不明的高烧病人服用了强力退烧药，一旦药效退去，病人就会再次发起烧来。最迟不过至乾隆中后期，拜师门的习气又在清代科场流行起来，满洲贵族、官员亦沉沦其中不能自拔。

因此，朱元璋在对科举选拔机制极为不满的情况下，却又在胡惟庸案后选择重启科举，试图借此给文官集团"换血"，解决勋戚"举贤不避亲"带来的朋党政治问题，却引发了新的、更为严重的朋党政治。其本人必然十分懊恼，因此出现了一些泄愤式的报复行为，洪武三十年（1397）为丁丑年，这一年的科举也被称为"丁丑会试"，录取进士五十一人，朱元璋亲自主持了殿试，在考试前对士子们说了这样一段话：

> 朕闻古之造理之士，务欲助君，志在行道，受君之赐而民供之，所以操此心、固此志，以待时机之来，张君之德，布君之仁，补其不足，而节有余，妥苍生于市野，于斯之士，古至于今，历代有之，载之方册，昭如日月，流名千万世不磨。朕自为王、为帝三十四年，尚昧于政事，岂不思古？然叹抑志士之难见，叹诸生敷陈其道，朕亲览焉。❶

---

❶《明太祖实录》卷一百四十七，洪武十五年八月丁丑朔，历史语言研究所，1962年影印本，第3629页。

这段话意味深长，感叹"士心不古""志士难见"，委婉地表达对科举考试选拔出的人才质量不满意的态度，然后又对学子进行劝诫和鼓励，希望他们能够拿出"真才实学"来服务自己，可见虽然不满，朱元璋依然对这次考试寄予了厚望。但考试的结果大出所有人的意料，所选的五十一名进士全部是南方出身，没有一个北方士子，群情激愤的北方士子遂上疏指控主考官刘三吾为南方人，因此徇私舞弊庇护乡党，将功名私相授受，朱元璋勃然大怒，在缺乏明确证据的情况下，指控主考刘三吾、白信蹈为"胡、蓝余党"，不分青红皂白将考试官员和复核官员杀的杀、流放的流放，又推翻殿试结果，重新钦点了六十一名北方士子为进士。

以今之眼光看"南北榜案"，尽管"丁丑会试"录取的五十一人全是南方士子这一结果过于离奇，但将这一结果直接归罪于南方出身的主考官徇私舞弊也不客观。事后的调查并未发现主考有徇私舞弊的确切证据，试卷的复核也表明入围士子的学问没有问题。明代的科举考试，考生所答之卷称"墨卷"，考试结束后，由誊录官组织人手将试卷誊录后，称之为"朱卷"，由试卷官校对后，将墨卷封存，将朱卷呈考官审阅，其中流程复杂，牵涉人员甚多，以主考官刘三吾的资历和能力，要操纵所有考试官员共同完成舞弊，呈现出这样一个离奇的结果，然后又操纵所有考试、复核、调查官员掩盖自身"罪行"，是比考试结果更为"离奇"的臆想。因此最可能的一种原因是，经过宋末元初和元末明初两次大的战乱对北方的破坏，自南宋以来形成的南方文教较北方昌盛的格局得以强化，使得南方士子的受教育水平普遍超过了北方士子，"丁丑会试"看似离奇的结果，不过是这一大势之下的一次机缘巧合而已。

朱元璋的大怒与滥杀，以及之后泄愤式的颠覆考试结果，与其说是对北方士子的一种回应和安抚，倒不如说是对朋党政治的深恶痛绝，和对科举制度天然弊病的无能狂怒。他寄予厚望的一场考试，没能消除朋党政治影响，也没能选出让他满意的治国理政之才，反而加剧了朋党政治，而他试图寻找责任人时居然没能抓住确凿的把柄，这种气急败坏的表现也就不难理解了。但这对解决科举制度带来的结党问题无济于事，根据《明清进士题名碑录索引》统计，朱元璋统治时期录取的进士中，出身南方的占到七成以上，南方文官集团掌控朝政的大势不可逆转，这不仅对皇权是一个隐患，也不利于朝廷对北方的统治。

至明仁宗统治时期，针对这一趋势，杨士奇对明仁宗说："长才大器，俱出北方，南人虽有才华，多轻浮。"❶建议效仿宋代"逐路取士"的方法，在试卷上标明南北卷，按照固定比例兼取南北士子。这种将宽泛地域概念和人的个体品性直接对应的说法，无疑是一种缺乏根据的"刻板印象"，朱元璋就曾反驳过"南北人性论"，他说：

> 地有南北，民无两心，帝王一视同仁，岂有彼此之间，汝谓南方风气柔弱，故可以德化，北方风气刚劲，故当以威制。然君子小人何地无之？君子怀德，小人畏威，施之各有攸当，乌可既以一言乎？❷

可见，"北人大器而不谙试，南人有才而性轻浮"不过是实施南北分卷、分榜的一个借口而已，这个借口背后隐藏的事实之一是朝廷未能在科举制度选拔出的人才中获得足够多满意的人才，其次是教育和文化"南强北弱"之势难以扭转，南方士子入仕者日益增多，南官

---

❶ 谷应泰：《明史纪事本末》，中华书局，1977年，第420页。
❷《明太祖宝训》卷四，历史语言研究所，1962年影印本，第46页。

集团势力日强，有尾大不掉之势，急需从科举制度入手给予干预。

洪熙元年（1425）九月，礼部奏呈称：

> 凡乡试取士，南京国子监及南直隶共八十人，北京国子监及北直隶共五十人，湖广、广东各四十人，河南、四川各三十五人，陕西、山西、山东各三十人，广西二十人，云南、交趾各十人，贵州所属有愿试者，于湖广就试，礼部会试所取，不过百人。❶

明宣宗下诏称：

> 科举之士须南北兼收，南人虽善文词，而北人厚重，近累科所选北人，仅得什一，非公天下之道，自今科场取士，南取六分，北取四分，尔等其定公议，各布政司名数以闻。❷

在明宣宗亲自确定了"南六北四"的会试比例后，宣德二年（1427）明朝首次实行"南北分卷"政策，从此基本形成定制。有学者认为，"南北分卷"政策的实行，体现了一定的教育公平性，即从政策层面对教育基础和教育条件不同的地区的考试和录取情况进行人为的干预，对落后地区给予一定的倾斜。但也应当看到，明代士子受教育的目的主要是通过科举考试做官，受教育只是做官的一种必要的手段和途径，"南北分卷"制度和现代教育制度下分省设置招录名额与比例有着根本上的不同，其本质是统治者缓解帝国内部矛盾，同时

---

❶《明宣宗实录》卷九，洪熙元年九月丁酉，历史语言研究所，1962年影印本。
❷《皇明大政记》卷九，洪熙元年四月庚戌，《续修四库全书》第353册，上海古籍出版社，2002年，第655页。

调整文官集团来源结构，消灭威胁皇权隐患的一种手段。

从政策效果来看，"南北分卷"制度的实施，也确实起到了"掺沙子"的作用，自宣德以后，尽管南直隶、浙江、江西、福建等几个南方的"科举大省"依然在考试中表现强势，但北直隶、山东、河南等北方省份的进士人数逐年增多，客观上起到了"以党抑党"的作用，减缓了南方士子掌控朝政的进程。但从另一方面来看，"南北分卷"只是用"制衡"代替了"独大"，避免了南官集团独大掌控朝政威胁皇权的风险，但"南北制衡"机制毫无疑问会加剧党争。因此，从明中期以后，以出身地域为单位的党争逐渐成为朝政的主要主题之一。

同时，"南北分卷"制度"南六北四"的录取格局确立后，事实上使南方士子的上升渠道变窄，但南方自宋至明数百年间积淀的文教基础和教育传统不可能因"南北分卷"政策而短时间内发生改变，这就造成录取人数减少而读书人日多，科举之路壅塞，《儒林外史》中的范进自二十岁开始应考，一直考到五十四岁才中秀才，五十五岁终于中举，与无数士子皓首穷经，终身应考而难得一功名相比，已是万幸。

南方士子的科举之路壅塞问题，一方面造成大量士子无法取得功名，或取得低级功名后难以继续进步，无法进入仕途，只能退而求其次从事教育工作，使书院、讲学之风兴起，同时，这部分"在野"或"乡居"的士大夫有政治抱负而没有机会施展，逐渐在南方，尤其是在经济发达的江南社会形成了一个公共知识分子群体，以书院、学校为活动场所，利用朝廷赋予士大夫的特权，积极地参与到地方政治活动中去，逐渐形成了一股与"在朝"的官僚集团时而呼应、时而对抗的政治势力。

另一方面，朝廷对"南北卷"的区域范围进行了明确的划分，

"南卷，应天及苏、松诸府，浙江、江西、福建、湖广、广东；北卷，顺天、山东、山西、河南、陕西；中卷，四川、广西、云南、贵州及凤阳、庐州二府，滁、徐和三州也"❶。这样一来，南、北、中三区的士子只需要与自己区域中水平相当的对手竞争，大大提升了教育落后地区士子成功的机会。南、北、中卷的分区没有细致到规定省级行政区划的录取比例和录取名额，这就导致被划入南卷的南直隶、浙江、江西、福建、湖广几个科举大省士子之间的竞争空前激烈起来，在明朝"非进士不入翰林，非翰林不入内阁"的政治传统下，各省之间的科举竞赛不仅仅是考试水平上的竞争，更是朝中地方政治势力的竞争，某省有权臣在朝，则通过前文所述的那种"师门"关系，该省士子不仅更容易获得功名，在获得功名之后也更容易被授予官职，这一现象从张居正理政时期开始明显起来，此后愈演愈烈，最后在明末演变成阉党、东林党、浙党、齐党、楚党等政治集团之间的激烈斗争。竞争的白热化也导致科场舞弊之风大起，科场案频发，各党也将科场案作为打击敌对势力的有效手段，往往围绕科场案大做文章，故晚明的最大的政治主题之一是党争，而党争中最重要主题之一就是科举、授官和用人。

四、士道悲歌

张居正是湖广江陵人，嘉靖二十六年（1547）进士，隆庆元年（1567）入阁，他在任期间权倾朝野，主持的一系列改革取得了卓越的成效，在财政和军事上尤为突出，一定程度上缓和了帝国内部的结构性矛盾，推迟了矛盾激化和爆发的时间节点，使得明王朝直到17世

---

❶《明史》卷七十《选举志二》，中华书局，1974年，第1698页。

纪将改革成果彻底消耗殆尽后才在内忧外患中灭亡。虽然在张居正死后，改革最终失败，未能挽救明王朝最终走向灭亡的命运，张居正之死也被视为晚明衰败之世的开端，但其主持的改革依然广泛而深远地影响了明王朝甚至中国古代历史的进程和方向。而张居正本人在执政过程中犯下的一些错误，以及其性格和处事方式中饱受诟病的成分，也对晚明社会产生了很大的影响，其中最典型的，就是结社与党争。

张居正改革时，明代言官乱政的现象已经非常严重，明初统治者在设计言官制度时基于"广耳目、防壅蔽、通下情"的目的，赋予言官"位卑权重"的特点，希望以此对大臣进行有效监督和牵制，这种小官言大事的办法收到了比较好的效果。

> 明自太祖开基，广辟言路。中外臣寮，建言不拘所职。草野微贱，奏章咸得上闻。沿及宣、英，流风未替。虽升平日久，堂陛深严，而逢掖布衣，刀笔掾史，抱关之冗吏，荷戈之戍卒，朝陈封事，夕达帝阍。❶

但言官制度经过数百年的发展，至张居正执政时期，已经成为行政和改革的强大阻力，言官乱政现象十分严重，造成朝廷内耗严重，政府行政效率低下。究其原因，言官"位卑"的特点意味着他们有扳倒上位者的原始动力，也意味着他们很容易被上位者控制。而言官"权重"的特点则意味着他们非常适合作为政治斗争的工具，被上位者用于攻击异己。至明末，言官已经完全沦为权贵的斗争工具，史载：

> 今则权铛反藉言官为报复，言官又借权铛为声势，此言路之

---

❶《明史》卷一百六十四，中华书局，1974年，第4661页。

又一变而风斯下矣。❶

而言官往往没有处理具体事务的经验和能力，他们受到的全部教育和训练都来自异化的儒家思想，因此他们几乎是本能地将所有问题都上升到政治与道德的高度，用以攻击和弹劾官员。而正因为朝廷将儒家思想奉为官方正统思想和最高意识形态，才使得这种攻击方式无往而不利，因为皇帝一旦对此置之不理，就变成了意识形态层面的"昏君"。可以说，言官制度在明中期之后，已经异化成了明朝君臣之间的一种双向道德绑架。皇帝和大臣固然对言官无休止的"碎碎念"疲惫厌烦不堪，但是又需要其作为斗争工具，去打击和消灭自己的政治敌人。同时因为言官"位卑权重"，具备"打完就扔"的一次性武器特征，因此在"皇权－相权－部权"的斗争中，各股势力往往让言官冲锋在前，同时也用言官承担斗争失败的结果，言官的廉价性导致政治斗争成本的下降，也是明中期之后"言官战争"愈演愈烈的一个重要原因。

这使得言官制度固然对整顿官场风气、揭发问题官员能够起到一定作用，但这种无论大小都上纲上线、攻讦不休的检举方式被作为政治斗争的有效手段，被皇帝、宦官、权臣等各方政治势力广泛使用时，整个朝廷的大部分精力就自然陷入了无休止的争辩、吵闹，这些争辩和吵闹往往由具体的人或事而起，但最后却离题万里，导致政府效率低下，政事经年拖沓。

被这些人的聒噪困住手脚，是张居正所不能接受的局面，因为他所主持的改革，所依赖的是自上而下的行政强制力和独断专制的行政手段，他必须通过限制皇权、削弱部权、扩大阁权来达到这一目标，

---

❶ 赵翼：《廿二史札记》卷三十五，中华书局，1984年，第803—806页，"明言路习气先后不同"条。

如果他处处受到言官的攻讦，掣肘于无休无止的朝堂论争，是不可能完成改革的，因此，掌控朝政必须从打击言官集团入手。赵翼《廿二史札记》认为：

> 万历中，张居正揽权久，操下如束湿，异己者辄斥去之，科道皆望风而靡。夺情一事，疏劾者转出于翰林、部曹，而科道曾士楚、陈三谟等且交章请留，及居正归葬，又请趣其还朝，迨居正病，科道并为之建醮祈祷，此言路之一变也。继以申时行、许国、王锡爵先后入相，务反居正所为，以和厚接物，于是言路之势又张。❶

在张居正大权独揽，万历皇帝因少年时代的心理阴影对他既畏惧仰仗又嫌恶而在表面上对其采取支持和尊敬态度的情况下，张居正对言官集团进行了一系列无情严酷的打击，肃清了朝中舆论，又通过禁毁书院、限制讲学和结社等措施，压制地方舆论，在为改革创造了一个比较清朗的政治舆论空间的同时，也深刻地触犯和伤害了言官集团和一部分地方士大夫的利益。于是在改革人亡政息之后，受到压制的皇权和言官，以及其他反张居正势力结合起来，进行了矫枉过正式的反弹，在张居正时代膨胀的阁权被削弱到空前的地步，而长期受到压制的言官集团再次活跃起来。同时，阁权的过分削弱也意味着明朝"皇权－相权－部权"三位一体的权力制衡体系遭到了彻底的破坏，之后上位的阁臣惮于张居正被严酷清算的下场，在施政方面因循守旧、避事避祸的心理很重，明人陈子龙说：

---

❶ 赵翼：《廿二史札记》卷三十五，中华书局，1984年，第803—806页，"明言路习气先后不同"条。

自江陵得罪，而政体始变。上不能无以擅权市恩之意重疑其下，而为政者务于矫前人之失，每阳为推远权势以释上疑，而时时能因人主之喜怒小为转移以示重于下。于是下之疑辅臣者愈深责辅臣者愈重，至于揣摩摘衅，舛午胶戾。❶

长期独断专行的内阁权力下降后，"阁内"与"阁外"的对立情绪空前激烈起来，顾宪成与王锡爵有这样一段谈话："娄江谓先生曰：近有怪事知之乎？先生曰：何也？曰：内阁所是，外论必以为非；内阁所非，外论必以为是。先生曰：外间亦有怪事。娄江曰：何也？曰：外论所是，内阁必以为非；外论所非，内阁必以为是。"❷

"阁内"与"阁外"这种水火不容的态势导致"为了反对而反对"的敌对态度在朝政中成为常态，只要是内阁赞同的，阁外诸臣必然百般反对，凡是阁外诸臣提议的，内阁必然百般阻挠，这使得任何政务无论缓急，都不可避免地陷入冗长的争执与辩论，而最终都要依赖皇帝的"圣断"来决定，而各个政治集团为了左右皇帝的意志，想方设法利用言官对皇帝进行道德绑架和试探，导致皇帝对政务的极度厌烦和倦怠，以及对整个文官集团的极度失望和反感，而言官为了让倦怠的皇帝注意到自己的奏疏，便愈发言辞激进，危言耸听，使得皇帝对他们的厌恶与日俱增，万历皇帝在位期间的懒政惰政问题，很大程度上是因为厌烦了这种孩童式的无聊争吵。在这种情况下，在嘉靖时期受到打击和有效压制的宦官势力再次抬头，成为皇帝对付文官集团的

❶ 陈子龙：《安雅堂稿》卷二《太保朱文懿公奏议序》，《续修四库全书》集部第1387册，第680页。
❷ 黄宗羲：《明儒学案》卷五十八《东林学案一·端文顾泾阳先生宪成》，中华书局，1985年。

工具，最终形成了"皇帝－宦官－文官"的新型三位一体权力制衡体系，如果说"阁内"和"阁外"之争还是文官集团内部的权力斗争，彼此遵循着一定的规矩和底线的话，宦官和文官之间从出身到教育背景、理想抱负和行为方式的根本性差异，导致更加激烈的党争，成为明朝最终灭亡的重要诱因。

党争之祸的加剧，除了内阁权力的下降、言官集团的反弹、阁内与阁外的尖锐对立，另一个重要原因是作为政治集团的"党"的明晰化。

张居正改革是一个涉及吏治、财政、经济、军事、外交的全方位结构性体制改革。仅靠张居正一人，要完成这样一个宏大的整体性的改革计划是不可能的，在组建自己的政治势力时，张居正自然而然地以科举出身为依据，大力提拔湖广出身的士子与官员。王士性说：

> 江陵（张居正的字）作相，九列公卿半翳楚人，如吕相国调阳、方司马逢时、李司空幼滋、曾司空省吾、刘司寇一儒、王少宰篆、谢司徒鹏举、陈宗伯恩育、汪冢宰宗伊，各据要路。❶

张居正死后，张居正政治集团的成员也一同遭到了清算，明人说，"江陵败后，楚党坐斥殆尽，诸御史攻楚党者气亦盛，引绳批根，抨击不止"，"江陵没，乡人株累无遗"。❷可见，在张居正改革失败后，主要由湖广籍官员组成的张居正政治集团被冠以"楚党"的名号，这是之前的明朝历史所未曾有过的，在万历之前，官员以出身地域、师门相互结交、彼此攀附、共同进退、党同伐异已是常态，但因这种利

---

❶ 王士性：《广志绎》，中华书局，1981年，第90页。

❷ 焦竑：《国朝献征录》，学生书局，1984年，第1890页。

益共同体结构较为松散，缺乏统一的远期政治目标，没有被冠以过某党的名号，而以湖广籍官员组成的政治集团不但有张居正这一领袖，而且还有共同的政治目标——"改革"，因此被冠以楚党之名。楚党之名的出现，标志着明朝的党争发展到一个新的高度，各个利益集团的脉络、成员和利益目标逐渐明晰化。在张居正政治集团遭到清算的过程中，曾经被其所压制、排斥的敌对政治势力以张居正政治集团为蓝本，纷纷形成以出身地域和科举师承为组织脉络，以"领袖－核心成员－周边成员"为主要结构，以"中央"和"地方"、"在朝"与"在野"遥相呼应为主要行为方式的政治集团。可以说，在张居正改革失败之前，明朝有党争之实而无党争之名，在张居正改革之后，则既有党争之名，亦有党争之实，在某种程度上导致明朝灭亡，并一度延续至清初的党争之祸的大幕就此拉开。

明朝科举制度实行"南北分卷"之后"南卷"区竞争日益白热化的另一个直接结果，是学风的日益败坏，以及南方士子集团整体的道德堕落。土木堡之战后，明朝国力大伤，精锐武装力量损失三分之一以上，衣甲、器械、骡马损失殆尽。瓦剌持续威胁内地，新皇即位政局不稳，急需解决中央财政危机。适逢"南北分卷"之后南方科举之路壅塞，大量富裕家庭出身的读书人终其一生也无法在考试中脱颖而出，景泰帝始开纳粟入监之门，即允许纳捐一定数量的粮草、战马，以换取进入国子监学习的机会，称之为"例监"。这种方式为这些富裕家庭的士子开了一条进入仕途的捷径，一开始纳粟入监的规模并不大，《明史》记载："例监始于景泰元年，以边事孔棘，令天下纳粟纳马者入监读书，限千人止。"❶但制度的大堤一旦遭权力破坏一处，便会越破越大直至崩溃，至正统年间，南北两京的官员选择纳钱送子弟

---

❶《明史》卷六十九《选举志一》，中华书局，1974年，第1686页。

入国子监学习已经成为官场通例，史载："正统以后，京官多为其子陈情，乞恩送监读书者，此太学之始坏。"❶

纳贡入监本来是朝廷解决土木堡之变后国家财政危机的权宜之计，但在朝廷上下各级都通过这一权宜之计尝到甜头之后，很快就引为"通例"，正统之后只要朝廷财政吃紧就大开纳粟入监之门，史载："其后或遇岁荒，或因边警，或大兴工作，率援往例行之，迄不能止。"❷甚至有时财政并没有紧张到需要纳贡入监的地步，仅仅因为民间有此需求，朝堂之上便有大臣建议开例，于是纳贡之门越开越大，越开越频繁，国家的最高学府之内充斥着不学无术的纨绔子弟，时人痛斥"纳粟拜官，皆衰世之政乃有之"❸，朝廷也象征性地"整顿"过几次，但终究无效，这些纨绔子弟大多数连秀才也考不上，入监后无资格授官，也无心科举，只挂着国家最高学府生员的名号游手好闲，大大败坏了学风士风。连当时的礼部尚书都无奈地说：

> 太学乃育才之地，近者直省起送四十岁生员，及纳草纳马者动以万计，不胜其滥。且使天下以货为贤，士风日陋。❹

至明末，作为国家最高学府的国子监已经沦为出售功名的摆设，失去了教学功能，纳贡者根本不需要入监学习。《儒林外史》中对这一群体不学无术和道德败坏的表现有诸多描写和深刻的讽刺。

---

❶ 顾炎武、黄汝成：《日知录集释（全校本）》中册卷十七，上海古籍出版社，2006年，第965页。

❷ 《明史》卷六十九《选举志一》，中华书局，1974年，第1683页。

❸ 顾炎武、黄汝成：《日知录集释（全校本）》中册卷十七，上海古籍出版社，2006年，第965页。

❹ 《明史》卷六十九，《选举志一》，中华书局，1974年，第1683页。

国家最高学府的腐败和溃烂，是明中期以后，明朝士风败坏的开始。战时临时设置的机构裁撤不了，战时临时下放的权力无法收回，战时"事急从权""便宜行事"而采取的种种措施在战后无法废止，根本原因在于治理水平低下，在设置种种临时机构、政策的时候，并未限定其时效和废止条件，使其形成了稳固的权力结构和利益链条，权力结构保证了利益链条的存在和运转，利益链条反过来巩固了权力结构，将"临时"变成了"常态"。这一解不开的权力死结，并非只体现在国子监溃烂这一件事上，而是整个晚明的痼疾。

纳粟入监虽滥，但花费高昂，至明末南北两京国子监虽有挂名监生数万，但与天下百万士子相比，还是一个相对较小的群体。国家最高学府的败坏，更像是一个征兆和标志，而学风与士风的彻底败坏，还是来自科举制度本身的变化

纳粟入监为有钱人开了科举的捷径，但绝大多数经济条件一般的读书人仍需要加入千军万马过独木桥的科举正途之中，这种白热化的激烈竞争加速了科举制度本身的异化。首先是考试的比重发生了变化，前文已经提及，明朝科举考试的内容十分偏狭，尤其缺乏政治哲学、文学之外的内容，根据科举成式的规定，明代科举考试主要分为三场，头场考经义，二场考法律，三场考历史和时务对策，考试的科目设置已经极大地限制了士子的知识结构，而从明中期以后，从国子监以下及各府、州、县学，都将宋代朱熹注解的四书五经作为主要的学习内容，同时因为应试士子日多，阅卷压力日大，考官开始"独重头场"，以经义之优劣决定士子去留。这种考试标准的变化又反过来影响了学校的教育，使教育的内容更加集中于程朱理学注解的四书五经，形成了专门针对科举考试的全套应试技巧，教师之教学全在猜题、押题，学生之学习全在琢磨四书五经中的只言片语，使得本身就内容偏狭的科举考试，变得更加极端和偏狭。

考试本身是为了检验和评价教育效果的手段，结果却反过来成为教育过程的主导力量和教育的终极目标，这无疑是教育和考试的双重异化，这种异化的极致，是八股文的出现。八股文是应试教育程式化、极端化的产物，八股文可以看作经义考试的标准答卷模板，顾炎武描述八股文：

> 经义之文，流俗谓之八股，盖始于成化以后。股者，对偶之名也。天顺以前，经义之文，不过敷演传注，或对或散，初无定式，其单句题亦甚少。成化二十三年会试，"乐天者保天下"文，起讲先提三句，即讲"乐天"四股，中间过接四句，复讲"保天下"四股，复收四句，再作大结。弘治九年会试，"责难于君谓之恭"文，起讲先提三句，即讲"责难于君"四股，中间过接二句，复讲"谓之恭"四股，复收二句，再作大结。每四股之中，一反一正，一虚一实，一浅一深。（亦有联属二句四句为对，排比十数对成篇，而不止于八股者。）其两扇立格（谓题本两对，文亦两大对），则每扇之中，各有四股。其次第文法，亦复如之。故今人相传谓之八股。❶

由破题、承题、起讲、入手、起股、中股、后股、束股八部分组成，每部分的结构、字数、对偶甚至平仄声调均有固定的定式，不得擅自改动，只允许以孔子的观点为观点，以朱熹的注释为拓展，进行延伸性阐述，即所谓的"代圣贤立言"，不仅在观点表达上完全抹杀了考生个人的思想和创造力，而且因为格式和模板固定，连基本的文采都难有足够的发挥空间，唯一能够考察的只有士子的文字组织能力和对考官心理的窥探揣摩水平，黄宗羲痛斥这种腐朽僵化的学风：

---

❶ 顾炎武、黄汝成：《日知录集释》卷十六，上海古籍出版社，1985年，第210页。

"数百年亿万人之心思耳目，俱用于揣摩抄袭之中。"❶

此外，因为考试内容的不断偏狭化，也使得出题范围不断缩小，四书的出题范围多为《论语》《中庸》《孟子》，或者《大学》《论语》《孟子》两种范式，五经的出题范围亦有规律可循。这导致一些对出题流程熟稔的教师，将出题范围和出题规律总结整理成套，供给学生背诵，学生从头到尾学习的不过是教师总结出来的"复习资料"，甚至连教科书四书五经本身都没有完整学习过，考试前只需要熟练背诵教师根据所拟之题作的范文数篇，在考场之上根据题目誊抄在试卷上即可，这是何等荒谬的怪象！顾炎武对这种现象痛斥道：

> 时文之出，每科一变，五尺童子能诵数十篇而小变其文，即可以取功名，而钝者至白首而不得遇。老成之士，既以有用之岁月，消磨于场屋之中，而少年捷得之者，又易视天下国家之事，以为人生之所以为功名者，惟此而已。❷

时文就是流行的范文，有"程墨、房稿、行卷、社稿"多种名目，由混迹科场的油滑之徒根据当年流行的文风，以及对考官心理的揣摩，整理之后编印成册，卖给读书人，读书人再根据自己的判断"押题"后进行背诵，如能侥幸押中，只需要根据题目将范文稍作修改，就有机会考取秀才。整个流程完全产业化了，一个受教育水平很低，仅达到识字水平的人，只要心思足够狡诈，投机取巧的水平足够高，也可以通过这条产业链获得功名，只不过这个产业链的产品，很大一部分都是学问粗陋、品性卑鄙的"废才"罢了。

---

❶ 黄宗羲：《黄宗羲全集》第10册，浙江古籍出版社，1993年，第129页。
❷ 顾炎武：《顾亭林诗文集》，中华书局，1959年，第22页。

稻叶君山在《中国社会之本质及其作用》中评价这个"废才产业链"：

> 自独裁政治发达以来，这试验制度（科举），遂成为奸雄操纵人才的机关，驯致其内容，只以诗赋八股为金科玉律，至于学问操行，皆非所问，只要巧于八股，工于书法，便可拔置前茅，士子亦然；苟可攫得高科，什么是孔老哲学，什么是历代制度，凡政治上必要的学问，殆弃而不顾。❶

而在秀才之上的功名，如举人、进士，也可以通过类似的办法获得，只不过难度更大、成功概率更低而已，但成功跻身进士行列，甚至做到高官，但不学无术的"废才"在明末依然比比皆是，进士出身的礼部左侍郎、东阁大学士薛国观，给皇帝上疏时连词语的用法都弄不清，疏中有"驿递之滥觞已极"，将"滥觞"当管理混乱之意来用，其水平可见一斑。

与人才培养质量的日渐滑坡相比，科举制度异化更严重的恶果在于腐蚀和败坏人心，"教育－考试－功名利禄"的直接挂钩，以及教育和考试的不断异化，以极端的功利性引诱和调动人性中的自私自利，使人不择手段地通过科举这一唯一的途径实现个人利益的最大化，将知识分子的操守、信念，以及对社会的责任抛之脑后，吴晗在《贪污史的一章》中对这种现象总结道：

> 读书受苦是为得科名，辛苦得科名是为做官，做官的目的是

---

❶ 稻叶君山：《中国社会之本质及其作用》，《中国社会文化》，商务印书馆，1923年，第46页。

发财，由读书到发财成为一连串的人生哲学。❶

在这种极端利己的功利之心驱使下，士子在科场上"代圣贤立言"不过是一种虚伪的手段，其人其言其行，往往与其在考卷上写下的文章没有关系，士子本身对此也习以为常，对他们来说，书本上的圣贤之言不过是考试工具，既非值得用一生去求的知识和学问，也非须终生信仰和实践的道德信条。即使那些饱读诗书，以学问通达而闻名的士大夫，也有相当一部分是道德沦丧、品性败坏之徒。

通过这种扭曲异化的考试选拔出的人组成了治理国家的官员集团，晚明国家和社会的种种乱象，明末清初时官员与士子的种种败相与丑态，也就不显得那么荒唐奇诡了。

明末的八股文名家之一，曾做到南京礼部尚书、太子詹事的董其昌，以其书画和文采享誉明末文坛，但其归乡后即成一方恶霸，其与家人种种欺男霸女的行径直接引发民变，即明末有名的"民抄董宦案"。前文已经提及，儒家思想是一种道德哲学，明朝基于儒家思想而设计的教育、考试、选官用官制度，乃至整个权力体系，都在表面上将道德置于至高无上的地位。其选拔出的人才和任用的官员，最坏也应该是"伪君子"，为何会有董其昌这种穷凶极恶之徒？

实际上，董其昌这种品德与学问、才华极度分裂的表现在明末并非个例，而是代表了相当大的一个群体，这个群体在明末的出现，标志着学风、士风和人心已经败坏到无以复加的地步。这些品学分裂、道德败坏的士大夫在明清鼎革之际，往往丝毫没有受到儒家"忠、孝"道德信条的束缚，顺理成章地转投新主，有的甚至在明、

---

❶ 吴晗：《贪污史的一章》，《吴晗史学论著选集》第2卷，人民出版社，1988年，第50页。

闯、南明、清之间反复转投，其卑鄙无耻之丑态，即使甘为新主之鹰犬，也遭到清朝统治者的鄙夷和厌恶。清史中有一例前明大臣在清朝朝堂之上的论争，其中可以一窥明末部分士大夫的德性与明亡之间的关系。

明朝灭亡后，除极少数殉国及少数坚持抗清的忠臣外，大部分臣子均投降清朝，相当一部分人官复原职，他们作为亡国之臣不以为耻，反而将导致明亡的党争恶习带到了清朝，明末的"阉党－东林党"之争变成了南北党之争。顺治二年（1645），给事中龚鼎孳等一众南党弹劾北党冯铨。龚鼎孳是东林党旧人，曾任明朝兵科给事中，明亡时曾投降李自成，因其在明朝时素以清流自居，因此常有人以其投降李自成的往事嘲讽他，他自辩称"我本欲死，奈何小妾不肯耳"❶，一时成为笑谈。而冯铨是阉党旧人，曾是魏忠贤"十虎"之一，在明为官期间也是典型的奸臣。可以说论辩双方都不是什么好人，为了争夺新统治者的信任，以实现自身利益的最大化，在多尔衮和诸满族贵族面前，活灵活现地演出了一场明末风格的丑剧。

以旧东林势力组成的南党首先发起攻击，指责冯铨"明朝二百余年之国祚，坏于阉宦魏忠贤之手，而忠贤当日戮杀贤良，通贿谋逆，皆成于奸相冯铨之一人"❷，将明朝灭亡的责任归于冯铨一人，试图破坏多尔衮对冯铨的信任。而多尔衮对前明党争恶习有相当深刻的认识，对前明大臣试图利用新统治者的力量消灭异己的企图有所提防，当场痛斥诸臣"故明诸臣，各立党羽"❸，导致国家灭亡，如今不以为耻，

❶ 陆以湉：《冷庐杂识》，中华书局，1984年，第78页。
❷ 赵尔巽等：《清史稿》，中华书局，1977年，第9631页。
❸ 《清世祖实录》卷二十，顺治二年八月丙申，中华书局，1985年。

反而"蹈明陋习，陷害无辜"❶。作为南党重要人物之一的龚鼎孳眼见一计不成，又生一计，攻击冯铨"冯铨乃背负天启，党附魏忠贤作恶之人"❷，揭露冯铨曾拜魏忠贤为义父，是"阉逆"的干儿子，冯铨则辩解称，魏忠贤被诛杀时，自己仅罢归田里，未受株连，可见自己并非魏忠贤的心腹，然后顺势反戈一击，指责龚鼎孳在明亡时曾投降李自成的大顺政权并"为逆贼御史"，多尔衮遂询问龚鼎孳是否确有其事，龚鼎孳"奈何小妾不肯"❸的笑话尽人皆知，只好承认，却又以魏征先辅佐李建成，又效忠李世民的例子为自己开脱，惹得多尔衮勃然大怒，批驳他："人果自立忠贞，然后可以责人。鼎孳自行不正，何得侈口论人！"❹对他以魏征自比的无耻言论更是痛斥："竟自比魏征，而以李贼比唐太宗，可谓无耻。"❺

这些"亡国之臣"们在新主面前互相"起底"的滑稽表演，让旁观了整个论争过程的清朝统治者对明朝"贰臣"的软弱无能和卑鄙无耻有了更加深刻的认识，从此对其更加鄙夷，只加利用，而不予深信，对其过错一经发现即行严惩，之后的顺治帝即使公开称赞龚鼎孳的文采"下笔千言，如兔起鹘落，不假思索，真当今才子也"❻，也不过将其作为一文学玩物而已。正因为明代南方科举发达，因此这种才华与品德呈两极的士大夫以南方为最多，导致直到康熙年间，清朝统治者仍对南方士子、大臣有着极深的偏见，明末已经极度异化的科举制度对人心、士心之腐蚀败坏影响之深远，由此可见。

----

❶《清世祖实录》卷二十，顺治二年八月丙申，中华书局，1985年。

❷《清世祖实录》卷二十，顺治二年八月丙申，中华书局，1985年。

❸ 陆以湉：《冷庐杂识》，中华书局，1984年，第78页。

❹《清世祖实录》卷二十，顺治二年八月丙申条，中华书局，1985年。

❺《清史列传》卷七十九《龚鼎孳传》，中华书局，1987年，第6594页。

❻ 闵尔昌：《碑传集补》，文海出版社，1980年，第2453页。

这些以圣人门徒自诩，以"代圣贤立言"自居的"贰臣"在国家灭亡之后，跪倒在新主子脚下，受到清朝统治者的压制、歧视、排挤和监视，不但丝毫无反思愧疚之情，反而故态复萌起来，其德性之恶，积习之深，展现得淋漓尽致，亦不难反推出他们在明朝灭亡的那个天亡之秋的恶劣影响和丑陋嘴脸。

五、党恶佑奸

而这种将国家兴亡置之度外，唯以一己私利党同伐异的党争恶习，正是从万历时代开始的。前文已述，张居正人亡政息之时，正是党争纷起之时。以往结构松散的各政治集团效仿楚党而结党之后，对"楚党余孽"群起而攻之。而万历皇帝少年即位，在少年时代长期受到张居正的威压和管制，长期以来心理逐渐扭曲变态，对张居正产生了很深的仇恨，这一局面正是他所乐见的，而各股政治势力也利用了皇帝这一心理，利用清算张居正的机会大肆扩张自身政治势力，后来的首辅叶向高分析万历皇帝这种心理时说：

> 今日之雍隔，其受病甚深，由来甚久。盖当主上冲年，江陵为政，一切政事，不相关白，至于起居食息，皆不自由。上心积愤不堪，深恶臣下之操权矣。代者窥见此意，曲为将顺，后来相沿，无所救正。❶

当万历皇帝意识到清算张居正的政治运动已经扩大到自己的预期

---

❶ 叶向高：《苍霞续草》卷十六《答刘云峤》,《四库禁毁书丛刊》第125册集部,北京出版社，1998年，第268页。

之外，并被各股政治势力所利用时，局面已经无可挽回，尽管万历皇帝处分了借机搞"扩大化"的言官，但言官集团势力已经坐大，党争成风的政治局面已经形成，无可挽救了。

言官势力再起，党争乱象初现，使得君臣之间隔阂日益增大，为之后阉党势力崛起，将党争推向白热化埋下了伏笔。

明朝将程朱理学奉为官学，士大夫又有明初"广辟言路"的祖制傍身，知道自己的言论无论多么出格，只要带有道德绑架的成分，皇帝就很难对自己做出过于严厉的处分，因此普遍有崇尚虚名、喜好大言的习气。王桐龄评价明代文官的这一习性时说：

> 明季士大夫好以意气用事。对于君主及宰相之举动，督责太严，丝毫不相假借。朝廷有大事起，不能酌理准情，婉言规劝，动辄呼朋引类，明目张胆。喧呼聒噪以争之。彰君主之失，明己之直。使君主老羞成怒，无转圜之余地。图博一己之名，而于国事毫无裨益。❶

张居正死后，内阁也被削弱，言官集团失去压制的同时，也失去了一个强势的对手，尽管言官依然与内阁缠斗不休，但将皇帝列为"斗争"对象的势头也越来越明显，言官向皇帝"开战"的目的与他们攻讦朝臣的目的完全不同，与其说是"斗争"，倒不如说是一种故意的激怒，而这种行为的目的，就是王桐龄所说的"彰君主之失，明己之直"，以"博一己之名"。正因为言官"位卑权重"的特点，他们在政治地位很难上升的情况下，往往利用自身权力博取名声，作为立命和上升的政治资本，而博取名声最好的方式，无过于触怒皇帝而受

---

❶ 王桐龄：《中国历代党争史》，北平文化学社，1931年，第174页。

到处分，从而受到其他崇尚虚名、喜好大言的士大夫的同情和褒扬。

于是乎，一大批品级很低的言官，争先恐后地试图以进谏的方式激怒皇帝从而获得象征性的惩罚，而他们一旦得逞，不仅能在朝堂之上赢得同僚的同情和认可，在朝堂之外，"直臣""敢谏"的名声也会不胫而走，而当事人自己也以"魏征再世"自居，飘飘然起来，这就是明末被称为"骗廷杖"的特殊政治现象。这个"骗"字深深地道出了这一行为的真相，因为无论这些小官对皇帝的攻击是否有道理，只要成功得到廷杖，就能获得名声，这就无异于讹诈了。此外，敢于"骗"皇帝也是基于对后果的可预测性，正是因为有明初"广辟言路"的祖制保护，皇帝无法对言官进行过于严厉的惩罚，无非就是免官、罚俸、廷杖，当然也有骗廷杖被打死的先例，但大多数时候后果是可控的，且收益大于成本，"骗廷杖"之举就自然风行起来。这种行为的本质，跟近代京津地区的混混之间斗狠，赌对方不敢打死自己的习气是差不多的。

而一旦皇帝不受"祖制"的束缚，真正表现出皇权"威不可测"的面目，这种市井无赖般的小聪明根本不堪一击。明朝灭亡之后，试图在清朝玩弄这一套"骗廷杖"把戏的前明官员，无不付出惨重的代价，以至于整个"贰臣"群体噤若寒蝉，再无人敢尝试，《东华录》里就记录了这样一件事：

顺治十年三月，前明进士、清少詹事李呈祥以满族官员语文不熟、政事不通为由，上疏称："部院衙门应裁满官，专任汉人。"❶惹得顺治皇帝勃然大怒，对洪承畴说："李呈祥此疏，大不合理。朕不分满汉，一体眷遇委任，尔汉官奈何反生异意，若从实而言，首崇满

---

❶《清世祖实录》卷七十二，顺治十年二月丙午，中华书局，1985年。

洲，理所宜也。"❶洪承畴胆战心惊之余心领神会，不久李呈祥就被弹劾，坐巧言乱政之罪，论罪当绞，蒙顺治开恩，全家发配关外。

李呈祥是明朝进士，后投降清朝，经历了明亡清兴的全过程，又岂会不知满族贵族才是真正的统治阶级，而他们这些"贰臣"不过是统治阶级的帮闲而已，怎么会提出各个部院衙门裁撤"满官"、专用"汉官"的荒唐建议呢？

实际上李呈祥的算盘打得极精，首先他作为南党（即前明之东林党）的一员，很可能受到南官集团领袖陈名夏、陈之遴的指使，用这种看似荒唐的建议试探顺治皇帝关于南党集团扩张势力的态度，即使顺治皇帝勃然大怒，李呈祥也不过挨一顿廷杖，反而赢得了名声。但他很显然打错了算盘，这一套明朝把戏在清朝根本没有成功的可能性，清朝皇帝不但不受"祖制"的约束，而且对"汉官"的这种"试探"行为极为忌惮，因而做出了严厉的处罚。实际上李呈祥已经算运气上佳，如果摊上后世的乾隆皇帝，恐怕其一家性命都难保。

这些"亡国之臣"在明末的危局中不顾国家利益，为了一己私利，各举大义之旗相互争斗不休，是导致明朝灭亡的重要原因之一。他们背叛旧主，转投清朝本身就已经失去了作为"士"而立世的资格。可以说，无论是从国家、民族、社会，还是个人来说，这些"贰臣"都难有任何"德性"可言，而由这些人演绎的一场场荒唐丑剧，却正是明末政局的常态。

孟森先生曾把从张居正去世，到万历四十六年后金兵攻克三堡这段时期称为"醉梦之期"。因为在这段时期里，万历皇帝完全采取了懒政怠政的态度，对整个国家正在走向衰亡的趋势无动于衷，对整个社会自下而上传递而来的告警信息充耳不闻。而满朝大臣则对国家外部

---

❶《清世祖实录》卷七十二，顺治十年二月丙午，中华书局，1985年。

环境的急剧变化视而不见，一心结党相争。可以说，这段时期是明末党争局势的奠定期，君臣上下都进入了一场麻木而沉沦的醉梦之中。

孟森在分析这段"醉梦之期"的成因时认为：

> 万历间言官封奏抗直之声满天下。实则不达御前，矫激以取名者，于执政列卿诋毁无所不至而并不得祸，徒腾布于听闻之间，使被论者愧愤求去，而无真是非可言，此醉梦之局所由成也。❶

可见，张居正集团的覆灭引起一系列连锁反应，使得政局中失去了压制性的力量，党争之风大炽，而各党在相争之时，又不约而同地将言官弹劾作为工具和武器，让整个政坛乌烟瘴气。万历皇帝身在其中，面对各党既试探又绑架、既冒犯又挟持的政治企图，既恼火又无奈，遂采取了懒政怠政的方式与文官集团对抗，开启了这一醉梦之期。

万历皇帝采取怠政的消极态度对抗文官集团，很可能与其成长环境和成长经历有关，其少年时代面临权倾朝野的张居正对其"无微不至"的管束时，就曾采取过消极对抗的方式，即在表面上对张居正采取绝对尊重，在大事上选择无条件服从，却又在小事上故意采取对抗的态度，这样可以在宣泄情绪的同时以"懒惰""任性"为自我开脱以避免过度激怒张居正。他在张居正死后采取怠政的消极态度对待试图对他进行道德绑架和控制的文官集团，有其个人性格的原因。张居正死后不久，万历皇帝即要求经筵停讲《贞观政要》，并评价唐代著名的谏臣魏征："忘君事仇，大节已亏，纵有善言，亦是虚饰，何足采择。"❷唐太宗与魏征之间的关系，被历代封建帝王认为是君臣之间

---

❶ 孟森：《明清史讲义》，中华书局，1981年，第274页。
❷《明神宗实录》卷一百九十五，万历十六年二月己丑，中华书局，2016年。

的典范，魏征也以善谏、敢谏流芳千古。万历皇帝却认为他不能为旧主李建成报仇，反而辅佐仇人李世民，这已经是"大节有亏"了，那么"大节有亏"之人无论说什么，都不过是"虚饰"，根本不足采信。

万历皇帝对魏征这番惊世骇俗的评价，很可能正是其内心活动的真实反映。他从小受人控制，因此掌权后非常反感他人的试探和控制，他性格敏感多疑又刚愎自用，而张居正在他少年时代对他的强力控制，很多都是通过"进谏"进行的，这也让他对所有的"进谏"都有一种本能的抵触和反感。此外，部分言官为了沽名钓誉，博得敢谏诤臣之名，故意"渎扰"皇帝，也是万历不愿意搭理臣下的一个重要原因。比如万历十八年（1590），天象有异，有言官上疏请皇帝反思平时过失，惹得万历皇帝勃然大怒，说：

> 汝等于常时每每归过于上，市恩取誉。辄屡借风闻之语，讪上要直，鬻货欺君，嗜利不轨。汝等何独无言，好生可恶。且汝等岂不闻，"宫府中事皆一体"之语乎？何每每以搜扬君恶，沽名速迁为？❶

这番话既犀利又无奈，其犀利之处在于，"星变"不过是寻常天象变化，言官非要以此危言耸听，试图将责任归于皇帝，对皇帝进行道德绑架。而皇帝则反驳，皇帝和朝廷是一体的，如果说发生星变皇帝就有责任，那么你作为朝廷的一员，难道就没有责任吗？这一反击可谓精准而犀利，一下就命中了无聊言官的要害。

无奈之处在于，对于这种荒唐的道德绑架，拥有至高无上权力的

---

❶《汤显祖诗文集》卷四十三《论辅臣科臣疏》，上海古籍出版社，1982年，第1211页。

皇帝却只能同样从道德角度给予批驳，造成的结果连"匹夫之怒"都比不上。造成这一现象的原因在于"重启"言官集团的决定正是万历皇帝本人为了清算张居正而做出的，如今言官势力尾大不掉，皇帝"出尔反尔"很可能招致反弹而名誉受损。此外，鉴于当时整个士大夫阶层普遍存在沽名钓誉、空谈清议的习气，这些言官"骗廷杖"的举动往往能够得到社会舆论的支持，也让皇帝对他们投鼠忌器。

因此如果皇帝动怒严厉处分言官，反而正中其怀，而如果像"星变"事件一样跟无聊言官对辩，又不免心力交瘁，因此万历皇帝干脆直接置之不理，于慎行说："今上在御日久，习知人情。每见台谏条陈，即曰：'此套子也。'即有直言激切，指斥乘舆，有时全不动怒，曰：'此不过欲沽名尔，若重处之，适以成其名。'卷而封之。"**❶** 而这种置之不理的态度所针对的很快从皇帝所不喜欢看到的进谏扩大到了所有奏折，《明史》中说万历朝"言官既多，攻击纷起。帝心厌之，章悉留中"**❷**。这种不加甄别，对所有奏折置之不理的态度对国家的危害极大。首先，奏折的内容并非都是言官的无聊攻击。其中相当一部分是各部院、各地方的情况报告，可谓言之有物。另一部分是切中时弊的改革建议，可谓言之有理。对其一概置之不理，实际上等于阻断了信息来源与通道，放弃了治理国家的最高权力，放任弊病丛生的帝国继续沉沦。其次，"奏折留中"并不等于言官说什么都无用，而是他们说什么都不必担心产生任何不利于自己的后果，于是利用言官煽动社会舆论进行道德绑架，打击政治对手的手段蔚然成风，言官势力大大膨胀，甚至开始左右官员的去留，王桐龄说："自帝倦勤，内外章奏皆留中不发，惟言路一攻，则其人自去，以故台谏之势积重不返，

---

❶ 于慎行：《谷山笔麈》卷五《臣品》，《续修四库全书》子部第1128册，第743页。
❷ 《明史》卷二百四十《叶向高传》，中华书局，1974年，第6235页。

一人稍异议，辄群起逐之。大僚非其党，不得安于位，天下号为当关虎豹。"❶然而，即使言官已成"当关虎豹"，万历皇帝的态度依然是置之不理。

而"奏折留中"造成的最严重的后果是国家事务失去了皇帝的最高裁断，就为官僚留出了可以操纵的权力空间，各政治集团针对这一权力空白的斗争空前激烈，使得党争之风日炽。就像孟森说的那样：

> 门户之祸，起自万历。人主心厌言官，一切不理；言官知讪切政府必不撄祸，而可钓外间之听，以示威于政府，政府亦无制裁言官之术，则视其声势最盛者而依倚之。于是言官各立门户以相角，门户中取得胜势，而政权即随之，此朋党所由炽也。❷

而日甚一日的党争，和言官日益激烈的"渎扰"，让本来就心生厌倦的万历皇帝更加自我封闭，用更极端的怠政来对抗更极端的言官和党争，形成了恶性循环，叶向高对此分析道：

> 圣明深居日久，更防太阿旁落，臣下一言一动，皆以为窃权、为市恩。而士大夫日逐所争，阁部日逐所讲，无非官爵一事。上洞见其情，操之愈急。故虽千言万语，而卒不能入也。且如枚卜事，上本不欲速行，而言者又张皇其所，以为大物。北人与南人争，外衙门与内衙门争，内衙门又自为争。即其人不争，而附丽推戴者又为之争。人各有心，众各有欲，累牍连章，烦渎天听，

---

❶ 王桐龄：《中国历代党争史》，北平文化学社，1931年，第202页。
❷ 孟森：《明清史讲义》，中华书局，1981年，第283页。

如此则安能而不厌，安得而乐从乎！ ❶

　　前文已经提及，绝大多数言官缺乏处理具体事务的训练和能力，他们代表着各方政治势力为了一党一地一己之私利互相争权夺利的过程，实际上没有解决任何问题，只是一次又一次地划分势力范围。而且所有的权力之中，官员的选拔和任用权力无疑是各党的核心利益，因而也成为各方角逐的焦点，而那些无利可图又复杂棘手的事务则往往无人问津。而万历皇帝对抗党争烦扰的方式是"奏折留中"之外"缺官不补"，即官员因为各种原因卸任后，故意不任命新的官员而放任职务空缺，用这种方式报复文官集团。一方面是很多重要事务无人过问，另一方面是很多重要岗位长期空缺，衰败的国家就这样在君臣对抗、朋党相争的快车道上，朝着灭亡一往无前地飞速驶去。

　　这种君臣对抗、朋党相争的巅峰就是持续了近三十年的"国本之争"。事情的起源非常简单，万历皇帝无嫡子，也不喜欢皇长子朱常洛，而青睐郑贵妃所生的三子朱常洵，意图立朱常洵为储君。这虽然违背了"立长"的传统，但对至高无上的专制君主来说，也不算是一件特别难办的事情，毕竟士大夫阶层存在的意义之一，就是为君王的行为提供合理性的解释，只要朝堂之上有人站出来为皇帝在"立长"和"立贤"之间的决策做出理论解释，然后群臣心理神会地齐声附和，这件事就可以按照皇帝的心意体面达成。而且历史上可以援引的先例极多，只要皇帝的控制力足够强，并不会酿成争端。

　　但在这种充满着对抗和斗争的政治氛围中，这件事居然酿成了君臣之间、朋党之间一场长达三十年的恶斗。斗争的发展非常具有戏剧

---

❶ 叶向高：《皇明经世文编》卷四百六十一《答刘云峤》，中华书局，1962年，第5049页。

性，首先是万历皇帝因为迟迟找不到可靠的政治盟友帮助他推进"立贤"之事，担心一旦操作出现纰漏，引发言官抨击，所以采取了拖延的态度，迟迟不立储君，反而引发了大臣的群体性上疏，万历皇帝处分了其中一些言辞过激的官员，反而让言官发现了皇帝的软肋，纷纷上疏请皇帝尽快册立储君，万历皇帝下诏禁止言官以外的一般官员上疏讨论此事，意在将事情控制在"言路"这一有限范围之内，反而激起更大的反弹，使得朝廷舆论和社会舆论连接起来，连在乡的士大夫、赶考的学子都开始议论此事，而有意替皇帝"分忧"的大臣又遭到言官和舆论群起而攻之，不同立场和意见的朝臣因为此事展开了一场旷日持久的党争，浙党、秦党、楚党皆在斗争中逐步成形，各党的边界明晰后斗争日趋白热化，直至"妖书案"到达高潮。因为"立储"事关国本，因此这起纷争又被称为"国本之争"。

"国本之争"是晚明皇帝统治失策，文官集团势力膨胀失控，整个权力运行机制失灵的典型例子。本该杀伐专断的专制君主在破坏了权力平衡机制之后，反而沦为被文官所包围的"孤家寡人"，事事受其掣肘。万历十八年，皇帝因不堪文官逼迫，不得不下诏称："至于册立之事，朕以诚实待天下，岂有溺爱偏执之意？少待过十岁册立、出阁一并举行。"❶希望大臣不再因为立储一事纠缠不休。

在封建专制社会中，天下系一家一姓之天下，"立储"是国本，也是皇帝的家事，皇帝为了平息臣子的烦扰和议论，竟然要就自己的家事对臣子进行许诺，不管其是真心之言，抑或一时敷衍搪塞之语，都足见皇帝对文官不堪其扰又无可奈何的态度。但之后未能履行承诺，又能看出皇帝内心仍不愿就此罢休，仍意图消极对抗。在这种情况下，因为皇帝采取"以拖待变"的策略，使得党争不仅日趋激烈，而且蔓

❶《万历邸钞》，江苏广陵古籍刻印社，1991年。

延到朝堂之外，成了举国议论的焦点，给了皇帝很大的舆论压力。而文官为了迫使皇帝妥协，言辞愈发激烈出格，钱一本甚至主张"天下公选"产生内阁：

> 翰林一途，谓之储相。累赀蹑级，循列卿位，以觊必得。遂使国家命相之大任，仅为阁臣援引之私物。庸者习软熟结纳之态，黠者恣凭陵侵夺之谋。外推内引，珰阁表里。始进不正，安望其终？故自来内阁之臣一据其位，远者二十年，近者十年，不败不止。嵩之鉴不远，而居正蹈之；居正之鉴不远，而时行又蹈之。继其后者庸碌罢驽，或甚于时行；褊隘执拗，又复为居正。若非大破常格，公天下以选举，相道终未可言。❶

内阁是专制君主集权统治的核心机构，也是朝廷权力运转的中枢，"选举"产生内阁等于公然从皇帝手中夺权，也难怪万历皇帝直斥钱一本"狂悖"，罢归后再不启用。"公选内阁"这种言论的出现，标志着文官集团在膨胀和失控中，逐渐产生了自我意识，不再单纯是皇帝的统治工具。部分文官执意立朱常洛为储君，名义上是为了维护嫡长子继承制的封建法理，实际上则有自己的利益考量，万历皇帝的种种执政失策和懒政怠政的表现，让他们对皇帝的掌控力产生了怀疑，担心如果违背嫡长子继承制而"立幼"，会导致明初因继承权之争而导致的内乱再现，影响他们的地位和利益。同时，如果支持朱常洛立储成功，那么等朱常洛继位之后他们便有拥立之功，有可能获得更大的权力。"国本之争"从大臣向君主进谏演变成君臣对抗，也标志着文官的利益目标与皇帝不再保持一致，其对权力的病态追求已经

---

❶《明史》卷二百三十一《钱一本传》，中华书局，1974年。

开始威胁到皇权。

此外，"公选内阁"这种言论虽然乍一听，颇有近代民主政治的意味，实际上从动机到本质都相去甚远，钱一本明知内阁不可能选举，也未提出任何可行或不可行的方案，只是站在道德高地上对内阁进行了一番批判，然后又以"天下"为名进行了大义绑架，"公天下以选举，相道终未可言"。"天下"是谁？又是谁的"天下"？恐怕连他自己都说不清楚，但只要挂上了"天下"之名，就会被视为是为天下而发的"公论"，从而受到舆论，特别是社会舆论的支持，因为地方上的士大夫普遍将这些以"天下"之名抨击中心——无论是内阁还是皇帝本人的官员视为代己立言者，对他们的"清议"和"公论"给予不分是非的支持。这种"我不知天下，而天下尽知我矣"的混乱景象，也是明末政局的奇景之一。

六、抱薪救火

这种自诩为"清流"，以"天下"大义为名大发所谓"公论"，利用社会舆论对皇帝和政治对手进行道德批判，进而形成政治打击的套路在晚明的流行，直接挑战了"家天下"的权力结构，威胁到皇权，必然遭到皇权的反弹和镇压。皇权如果想镇压"清流"，必然利用文官集团中与之相对立的势力，而"清流"要对抗皇权的镇压，只有结党自保一途。同时，皇帝不能对"清流"赶尽杀绝，以免让自己在舆论中陷入道德不利的境地，同时有时还要对"清流"进行利用，甚至委以重任，用以监督和敲打其他官员。在这种复杂的情况下，从万历中期开始，党争由多党混战不休，逐渐变成了"清流"与"反清流"两大集团对立，各党在对立大背景下互相混战的局面。

"清流"是一大批对当时腐败黑暗的政治风气不满的士大夫的统称，与其说"清流"是一个政治团体，不如说"清流"是一场士大夫的自救与救国运动。先秦时期的儒家思想的重要主张之一，是积极地进行具有现实意义的道德实践，后世儒学虽几经篡改和异化，但"入世"的思想始终未变，因此始终蕴含着自我救赎和拯救天下的基因。"清流"的缘起，正是儒家思想深层次中的自救与救国理想被日益黑暗的政治局势所激发的结果。在明王朝万历年间步入"醉梦之期"的前后，已经有一批士大夫敏锐地感觉到了大厦将倾的危险，东林书院的发起人顾宪成后来所说的"时局种种可忧，真如抱薪于郁火之上，特未及燃耳"❶代表了当时一批觉醒士大夫的普遍心态。而腐败黑暗、党争不休的政治局面已经成为现实，要改变时局，既需要理论支持，也需要实践手段，既然"清流"的自救与救国运动从儒家思想的本源中来，他们也自然而然地回到儒家思想的本源中去寻找解除危局和拯救国家的思想和策略。

比如在《尚书》中，就有大量关于"士"和"君子"在昏暗的局势中自救与救国的记录和论述：

> 禹乃会群后，誓于师曰："济济有众，咸听朕命。蠢兹有苗，昏迷不恭，侮慢自贤，反道败德，君子在野，小人在位，民弃不保，天降之咎，肆予以尔众士，奉辞伐罪。尔尚一乃心力，其克有勋。"❷

可见儒家将国家衰败、政局黑暗归咎于"失德"，君主失德则为

---

❶ 顾宪成：《泾皋藏稿》卷四，《四库明人文集丛刊》，上海古籍出版社，1993年，第1292-52页。
❷ 孔安国传、孔颖达疏：《尚书正义》，北京大学出版社，2000年，第116—117页。

昏君，大臣失德则为奸臣，昏君坐朝、奸臣当道导致"君子在野，小人在位，民弃不保"，所以在野的君子应当秉持"士"的德性，与其他有德的君子联合起来"奉辞伐罪"，唤醒和约束昏聩的君王，纠正他的行为，赶走祸国的奸臣，使君子当道，明君治国，以达到涤荡寰宇、拯救天下的最高理想。要达到这一最高理想，首先要大兴讲学之风，改变被科举制度所污秽败坏的学风，帮助读书人找回因升官发财而迷失的心性和抄袭琢磨而荒废的学问，然后将"有志之士"团结在一起，"士之号为有志者，未有不亟亟救世者也"❶，共同向腐败的当权派斗争，夺回权力，拯救国家。因此"清流"的自救与救国运动，从一开始就具有学理上复古、立场上反体制、组成上无边界的特点。"清流"士大夫群体之后从在野到在朝、从辉煌到沉沦的一系列令人唏嘘的命运，都与这三个特点有关。

前文曾经论及，秦、汉之后皇权专制的增强和儒家学说的异化，导致以儒学为信仰的士大夫离皇权越近，也就离"以天下为己任"的最高理想越远。因此"清流"的自救与救国运动，也发端于乡野而非庙堂，兴起于讲学而非参政。一般认为，万历年间的"清流"即指东林党人，但实际情况则复杂得多，因为"东林党人"本身也是一个模糊的概念。一般认为，"东林党"最初的党魁是万历中期的吏部文选司郎中顾宪成，顾宪成系无锡人，字叔时，号泾阳先生，因"国本之争"和朋党倾轧被罢官回乡，重修了弓溪旁的旧东林书院后，开始讲学授徒。万历三十二年（1604），顾宪成、高攀龙等"八君子"发起召集东林大会，制定了《东林院规》《东林会约》《会约仪式》等章程，设有门籍和考核制度，规定每年一大会，每月一小会，形成了一个具备初步组织结构和规章制度的学术组织。东林书院虽强调以学术研究

---

❶ 顾宪成：《泾皋藏稿》卷八，《四库明人文集丛刊》，上海古籍出版社，1993年。

为业，不评议朝政，不褒贬官员，但鉴于儒家思想的入世性以及其政治哲学的学理本质，其学术研究不涉及政治是不可能的。更何况东林书院的院规开宗明义就写着：

> 列孔、颜、曾、思、孟，明统宗也；次白鹿洞学规，定法程也；申之以饬四要，辨二惑，崇九益，屏九损，卫道救时。❶

简单地讲，以孔孟之学为祖，以程朱理学为宗，找回孔孟、程朱时代的"正学"，以正学教化天下，祛除科举异化造成的学术流毒，扶正扭曲败坏的士风、学风，洗涤士子被"邪说"污染的心灵，最终通过教化天下达到"卫道救时"的目标。东林书院讲学时宣扬的"崇正辟异""自古治天下者，未有不以教化为先务"❷就是这种学术复古思想的体现。

主张以教化救天下，显然是基于东林党的组织者居"江湖之远"而非"庙堂之上"的现实处境，因为政治黑暗，无法在庙堂之上掌握行政权力，所以"退居乡野"，以教育和研究拯救天下，但儒家的入世性又决定了士大夫在进行道德实践的过程中，不可能完全放弃权力，恰恰相反，顾宪成及其同道都非常清楚地知道，无论是讲学还是研究，其最终的目的都是完成从乡野到朝堂、从"江湖之远"到"庙堂之上"的跃升，简言之，是为了掌握权力。"退居乡野"的目的是为"登堂入室"积蓄力量，"潜心治学"是为了给"大权执掌"积累思想。"以退为进"是为了在时局于己不利的情况下暂避对手的锋芒，也有利用社会舆论的影响倒逼朝廷的意味，"江湖之远"的现实处境

---

❶《东林书院志》整理委员会：《东林书院志》，中华书局，2004年，第10页。
❷ 高攀龙：《高子遗书》，中国社会科学出版社，2021年。

丝毫没有削弱"志士"们对权力的追求，只是改变了他们追求权力的方式而已。

针对离皇权越近，离理想越远，以致初心难保的千古难题，顾宪成本人就明确提出："官辇毂，志不在君父；官封疆，志不在民生；居水边林下，志不在世道，君子不取焉。"❶要求东林书院的"志士"们无论在朝还是在野，无论是做封疆大吏还是乡野村夫，都要保持"志在君父、志在民生、志在世道"❷的初心。

黄宗羲评价顾宪成时说：

> 先生论学，与世为体。尝言官辇毂，念头不在君父上；官封疆，念头不在百姓上；至于水间林下，三三两两，相与讲求性命，切磨德义，念头不在世道上，即有他美，君子不齿也。故会中亦多裁量人物，訾议国政，亦冀执政者而药之也。天下君子以清议归于东林，庙堂亦有畏忌。❸

基本阐清了顾宪成、高攀龙重建东林书院开宗讲学的初衷和目标。

顾宪成、高攀龙等"清流"提倡的这种学理复古性有其先进和积极的一面，这种"复古"从本质上来讲是对专制制度的反思，以及对儒学异化的纠正，但是他求索的思路是向古代的先贤要答案，这就必然会导致一系列理论和现实中的问题。比如东林书院在讲学时要求以孔孟之学为祖，以程朱理学为宗，问题在于孔孟、程朱生活和治学

---

❶《远山堂曲品·曲品凡例》中国古典戏曲论著集成本，中国戏剧出版社，1959年，第7页。

❷《远山堂曲品·曲品凡例》中国古典戏曲论著集成本，中国戏剧出版社，1959年，第7页。

❸ 黄宗羲：《明儒学案》，中华书局，2008年，第1377页。

的时代相距明末已经太远，孔孟生活的时代连社会形态都与宋、明不同，因此孔孟、程朱的学问只能作为改革思想的启发和渊源，不能提供现成的改革方案，从旧时代的思想中照搬理论去解决新时代的问题，好比刻舟求剑，一定会出现问题。后世日本的明治维新一开始也是从儒家思想中求取答案，提出"尊王攘夷"，也出现了一些"复古"的思潮，但维新改革最终并不是通过旧武士无差别地袭击外国人完成的，恰恰相反，维新后的日本迅速开始了消灭旧武士和全面向西方学习的进程，也说明"复古"不是完成社会变革的正确途径。东林党的政敌后来嘲讽东林党的救世主张"治病只贩古来方"固然是一种政治攻击，但在某种程度上，也是真相。

其次，从学理上，儒学是不断发展变化的学问，先秦的儒学和秦汉以后的儒学相比有了很大变化，孔、孟的学问和程、朱的学问也有着相当的不同，程、朱对孔、孟学术观点的解释，带有鲜明的时代特点。即使同为理学，明代的理学也与宋代的理学有很大不同。东林书院的讲学者并未从根本上解决理论发展中的时代偏差性这个问题。顾、高等人提出注重自身修养、积极进行道德实践的主张对革除明代理学知行不一、空谈性理的弊病固然有着积极的意义，但这种理论的时代偏差性导致道德实践结果的多样化和差异化，后世的很多"东林党人"在命运关口做出的价值判断和道德抉择天差地别，固然与其个人的品格、心性和学术渊源有关，但这种学理的时代差异性导致的道德实践结果的差异性，也是一大原因。

前文论及，重建东林书院开宗讲学，是顾、高等政治上的失意者"以退为进"的斗争方式。利用讲学产生的学术优势占领道德高地，取得社会舆论的支持，从"江湖之远"向"庙堂之上"进攻是他们的斗争策略。这就使得东林书院从建立之初，除了有心向学的士子和学者之外，迅速地吸引了一大批怀揣不同目的之社会人士，史载当时盛况：

> 海内学者，云集响应，东林书院遂与白鹿、紫阳相鼎足。❶
>
> 罢官废吏、富商大贾之类，如病如狂，走集供奉者，不知其数。❷
>
> 每一集会，士大夫抱道忤时者，率退处林野，闻风响附，学舍至不能容。❸

这些社会人士中有一些和顾、高一样，是体制内的失意者和边缘人，比如那些"罢官废吏"，他们本身是科举正途出身的朝廷命官，但因为各种原因退出了体制或被边缘化，试图在书院的讲学中找到东山再起、实现自身政治抱负的理论依据和现实支持。另一些是"富商大贾"，即江南地区新兴的商人阶级，晚明商品经济的空前繁荣，使得积聚了大量财富的商人群体社会地位不断提高，传统的"四民"之间的界限日益模糊，商人通过助学、捐刻等方式积极与士交往，一些商人利用财富支持后代进入国子监学习或参加科举获得功名，以提高家族地位。有些士大夫本身也经营商业，商人和士大夫之间的联系日益紧密。一些无法通过体制内途径实现地位提升因而对时局不满，或是想通过自身财富扩大政治影响力的商人，也积极地参与到书院的讲学活动中，他们为书院的讲学活动，以及之后的一些东林党人的政治活动提供了经济支持，因此也有一种观点认为东林党的政治主张代表了江南地区新兴商人阶级和"非身份地主"

---

❶《东林书院志》整理委员会：《东林书院志》，中华书局，2004年。
❷《明神宗实录》卷一百九十五，中华书局，2016年。
❸《明史》卷三百三十一，中华书局，1974年。

（自身无功名，家中亦无人在朝为官的地主）的利益，这一问题会在后文论及，不在此赘述。

严格来讲，这两类人都不算真正的"清流"。前者失意和被边缘化的原因多种多样，并非都如顾、高一样触犯上意，又遭朋党倾轧排挤，也有很多是触犯法律，或本身就是党争的参与者，只是在斗争中失败导致被罢官。后者本身就不是士大夫阶级，只是试图通过士大夫阶级的政治运动实现自身的目的。只有那些"抱道忤时"的士大夫才是真正胸怀理想，心系天下，试图拯救苍生之人。这些出身各异、命运不同、目的不同的人聚集在一起，被统称为"清流"或"东林党"本身就有很大的问题。如果一定要说这些人之间有什么共同点，那就是他们大多数在体制之外，试图通过反体制的方式进入体制的中心。从这个角度来说，尽管重建东林书院的初衷在于自救和救国，但是从书院建立之日起，就具有了凝聚边缘力量反对中心的性质。

这种先天的"反体制性"在日后以东林书院为中心形成的东林党的政治活动中，带来了两个几乎是致命性的问题。首先是无差别地反对当权者，落入了为反对而反对的党争漩涡之中。因为东林阵营的人反体制、反中心的理由各异，不可能形成一个统一的、有针对性的斗争纲领，他们之间的最大公约数只有反体制，那么作为"在野党"和"反对党"可以采取的唯一共同策略就是谁当权反谁，楚党当权则反楚党，浙党当权则反浙党，而相应的，当东林党在党争中占得先机，终于掌权时，也自然受到各党的围攻。以"清流"和"君子"自居，以救国为己任，反对党争内斗的东林党自身也不可避免地卷入党争之中，使得舆论对东林党的救国理想产生了怀疑，而东林党的政治对手在攻击东林党时，往往也用热衷党争这一点大做文章，后来的朱童蒙上疏指责东林党时就说：

昔在皇祖时，有理学之臣顾宪成、郭正域开讲东林，其初亦以发明圣贤蕴奥开示后学，岂不甚善？逮从游者众，邪正兼收，不材之人借名东林之徒以自矜诩，甚至学士儒生挟之以捍文网，冠裳仕进借之以树党援。欲进一人也，彼此引手；欲去一人也，共力下石。京察黜陟，非东林之竿牍不凭，行取考选，非东林之荐扬不与。日积、月累，门户别而墙壁固，所以朝端之上，士林之间，玄黄血战，十有余年。摧残几多善人，戕伤几许国脉，皆讲坛之贻害也。今二三年来源流始清，葛藤俱断，而门户之说乃始去诸其口。❶

昔日因厌恶党争不休、互相倾轧的黑暗政局而结成的东林阵营，最后不但自身也沦入党争漩涡，成了明末党争中的主力，而且连最初颇具理想主义色彩的讲学活动，也被指责为"摧残善人、戕伤国脉"的结党营私之举。尽管朱童蒙的上疏里充斥着带有强烈主观情感色彩的诛心之论，但东林党是明末党争主力，以及无休止的党争给国家带来不可逆转的伤害这两件事确实是不争的事实。纵观明末直至南明时期，东林党"为了反对而反对"耽误的国事不少，即使在东林党获得党争的阶段性胜利，上台掌权的时候，他们也因为要应付无休止的党争而无暇去实践其最初的救国理想，于国事方面实在无太多可称道的作为。东林党"屠龙者终成恶龙"的结局，与其先天的这种反体制性和去中心化的特性不无关系。

此外，因为这种先天的反体制、去中心的特性，以及后文要提及的东林党在组成上的无边界特性，出现了一部分东林党人通过反体制斗争成功"上位"成为体制内的掌权者之后，另一部分东林党

---

❶《明熹宗实录》卷二十六，天启二年十月庚子，历史语言研究所，1962年。

人因目的没有达到，将掌权的东林党人作为"体制"本身继续斗争的怪象，也导致东林党作为一个阵营内部出现不稳定和分裂，也给世人留下了东林党喜好内斗的负面印象，给其反对者留下了攻击的口实。

究其根本，无论是"清流"士大夫还是他们的政治对手，都是科举制度的产物，明代科举制度将功名身份化的机制是士大夫结党相争的源动力，正如顾炎武所说："天下之患，莫大于聚五方不相识之人，而教之使为朋党……朋比胶固，牢不可解，书牍交于道路，请托偏于官曹。其小者足以蠹政害民；其大者足以立党倾轧，取人主太阿之柄而颠倒之，皆此之由也。故曰：废天下之生员，而门户之习除也。"❶只要党争的源动力还在，即使是将"君子群而不党，小人党而不群"奉为道德信条的东林党人，也不可避免地卷入党争。

"清流"士大夫的自救与救国运动的最终政治产物，就是在东林书院的基础上形成的"东林党"，但严格来说，"清流"士大夫本身就是一个宽泛而无法界定的群体概念，东林书院的讲学、参学诸人既不能代表"清流"，也不完全等同于后来的"东林党"。黄宗羲说："东林党真有名哉？亦小人加之名目而已矣。"❷这确实是事实，参与东林书院讲学活动的人是一个数量较少、范围比较明确的群体，与后世所称的宽泛的"东林党"并不一致，东林党实际上是"清流"的反对派为了攻击"清流"信奉的"君子群而不党"理念而创造出来的一个概

---

❶ 顾炎武撰、刘永翔校点：《亭林诗文集·诗律蒙告》，上海古籍出版社，2012年，第71页。

❷ 黄宗羲：《明儒学案》卷五十八《东林学案一》，见周骏富辑《明代传记丛刊·学林类》第1册，明文书局，1991年，第1375页。

念。《明史》里也说：

> 比宪成殁，攻者犹未止，凡救三才者，争辛亥京察者，卫本国者，发韩敬科场弊者，请行勘熊廷弼者，抗论张差梃击者，最后争移宫、红丸者，忤魏忠贤者，率指目为东林，抨击无虚日，借魏忠贤毒焰一网打尽去之，杀戮禁锢，善类为一空。❶

可见尽管东林书院有着明确的组织结构和规章制度，但东林党实际上却是由其反对派塑造出的一个松散的意见阵营，他们在一系列的政治事件中因为有着相同或相似的立场，因而被其反对者塑造成了"东林党"，而反过来，他们又以东林书院讲学诸人为核心，以东林书院的讲学思想为理论，团结在这个被对手"塑造"的概念之下，形成了一个有实体而无边界的政治怪胎"东林党"。东林党的实体就是东林书院，以及与东林书院同声共气的一系列学员，其边界则无法界定。有时连东林党的反对派也很难分清"东林书院"和"东林党"之间的关系，比如万历四十一年（1613），礼科给事中亓诗教上疏攻击东林党结党营私：

> 今日之争，始于开户；门户始于东林，东林倡于顾宪成，刑部郎中于玉立附焉。宪成自贤、玉立自奸，贤奸各还其人，而奔竞招摇，羽翼置之言路，爪牙列在诸曹，关通大内，操纵朝权。顾宪成而在，宁愿见之哉？❷

---

❶《明史》卷二百三十一，中华书局，1974年，第6033页。
❷ 蒋平阶：《东林始末》，神州国光社，1952年，第36页。

亓诗教认为后来的东林党人结党营私，背离了顾宪成最初的理想，假如顾宪成还活着，一定不愿意见到这种情形。很显然将最初的东林书院和后来的东林势力混为一谈，将顾宪成认定为东林党最初的领袖，认为后来进入东林阵营的人目的早已不纯。这显然是一面之词，事实上一个士大夫无论是否在东林书院学习过，或是否在学理上师承东林书院，只要他在重大政治问题上和"清流"共同进退，那么他就有可能被视为东林党。这种"有实体而无边界"的组织特性决定了东林党经常拥有惊人的政治动员能力和社会舆论支持度，也意味着其在党争中必然成为众矢之的，因为人人都可以是东林党。对此，东林党的核心人物也非常苦恼，因为他们在掌权时，很可能因为某一个或某几个自己根本不认识甚至不知道的"东林党人"而遭到政治攻击，比如明末的大儒刘宗周就辩解：

> 公车之章至有以东林为语柄者，臣窃痛之夫东林云者，先臣顾宪成倡道于其乡，以淑四方之学者也。从之游者多不乏气节耿介之士，而真切学问如高攀龙、刘永澄，其最贤者宪成之学不苟自恕、抉危显微、屏元黜顿，得朱子之正传，亦喜别白君子小人，身任名教之重，挽天下于波靡，一时士大夫从之莫匪东汉龙门。惟是清议太明，流俗之士苦于束湿。
>
> 属有救淮抚李三才一书，谤议纷起，卒雁谗困以死，识者恨之宪成死而有申宪成之说者，其人未必皆宪成，于是东林之风概益微，而言者益得以乘之天下无，论识不识无不攻东林，且合朝野而攻之……东林果何罪哉？❶

---

❶ 刘宗周：《刘蕺山集》卷一《奏疏一·修正学疏》，《四库禁毁书丛刊》史部，北京出版社，2000年。

可见，东林党在"以天下为己任"，获得声势浩大的社会舆论支持和同情的同时，也不得不因为其无边界性受到最为广泛的无差别打击，而打击往往由其领袖和核心人物承担，在东林党"在野"当"反对派"时这也许并不是一个很大的问题，但当东林党掌权时，没完没了的攻击却往往导致其领袖人物对国事力不从心。此外，这种无边界性除了让人人都可以被指为东林党，也可以使人人都自称东林党。最初在东林书院讲学的顾宪成、高攀龙等人都是高风亮节的名士，即使其反对者也不得不承认其个人修养和德性之高，但后来的东林党人显然鱼龙混杂，其中不乏道德败坏、趋炎附势之徒和攀附钻营之辈，也是无边界性不可避免的结果。

"有实体而无边界"的组织特性导致东林党既无准入门槛，更无退出机制，只要在诸如"争国本"一类的重大问题上同声共气、共同进退，就被视为"东林"的一员。这就导致很多人见东林势大就曲意迎奉，以求被纳入东林集团之后，自己在关键利益问题上也能得到"同党"的支持。而东林党"义旗一挥，千夫所指"的行为特性又导致他们往往无原则、无底线地支持这些混入东林集团的投机分子。如果观察东林党的发展轨迹，就会发现，其越是处于政治低谷、力量越是薄弱之时，社会舆论评价也就越高，而其声势越是浩大，社会舆论评价也日趋走低，造成这一现象的原因显然是前述的政治投机行为。实际上在东林政治集团形成初期，这种苗头已经出现，如前文提及的万历三十七年（1609）的"救三才案"中，东林党力推漕运总督、户部尚书、左都御史李三才进入内阁，而实际上李三才虽然在处理矿税问题上表现出相当的能力，但《明史》评价他"结交遍天下，性不能持廉"[1]，是一个有瑕疵的人物，但东林党人依然坚持推举其入阁，为此与浙党等反对势力

---

[1]《明史》卷二百三十二《李三才传》，中华书局，1974年。

在朝堂之上争执长达数月不休，而其"在朝"与"在野"结合、"朝堂舆论"与"社会舆论"相结合的斗争方式，也引起了包括皇帝在内的其他政治势力关于其绑架舆论、干预朝政的担忧和反感，万历三十九年（1611）就有言官弹劾："顾宪成讲学东林，遥控朝政，结淮抚李三才，倾动一时，孙扬、汤兆京、丁元荐，角胜附和，京察尽归党人。"❶

顾宪成遥控朝政之事应是言官夸大事实的构陷之语，但东林党"各亲其亲，各友其友"的抱团争权行为，却是不争的事实，这种不分是非、党同伐异的行为使得他们与其政敌在行为方式上日趋一致，"清流不清"在败坏了东林党名声的同时，也为其政敌攻击东林党提供了口实。同年，御史徐兆魁也上疏攻击东林党：

> 臣观今日天下大势，尽趋东林……宪成学术驳杂，颇似王安石而行远不逮。即家食，而之淮之浙，席不暇暖。与其徒书札所及，大能使南北交攻，邪正角胜。而党附者，不曰"清流"，则曰"清议之臣"，色谓天下耳目尽可涂哉！……至东林败坏天下，其祸更显。盖自假讲学以结党行私，而道德性命与功名利达混焉一途，而天下之学术坏；自溶足淮扬，而气节坏；自广纳势中，底短护贪，而天下之吏治人品并坏；自游杨之书四出，而天下之元气坏矣。❷

明末言官互相攻讦之时，往往夸大事实，危言耸听，一方面希望引起皇帝注意，另一方面也想以此加大攻击的力度，但除去这些成

---

❶ 蒋平阶：《东林始末》，上海书店，1982年，第45页。
❷《明神宗实录》卷四百八十三，万历三十七年十二月乙丑，历史语言研究所，1962年校勘本。

分，这封奏疏中还是指出了东林党在党争中所依赖的主要路径，即以"清议"主导朝堂舆论和社会舆论，再以朝堂舆论和社会舆论挟持有司，以达到其政治目的。

这就引申出两个问题，其一是因为东林党的组织特点，这股"清流"在越汇越大的同时，也必然越来越不"清"，顾宪成说："君子在朝，非君子自能在朝也，本之君子之领袖，为之连茹而进也。"[1]为"君子不党"提供了新的解释，认为君子本身不愿结党，正是因为小人当朝，君子要与其斗争，所以不得不以领袖为中心而结党。而其自救与救国运动的初衷是"以清去浊""以君子去小人"，当大量的小人混入东林党就摇身一变成了君子，获得了借"清议"实现自身政治野心和利益目标的机会，使得东林党借以立身的道德优势具有了相当的虚伪性，也招致更多的怀疑和攻击。

其二在于，东林党人以"清流"和"君子"自居，将政治对手视为"浊流"和"小人"的两分法过于简单粗暴，实际上鱼龙混杂的东林党人之中多的是伪君子和真小人，而东林党人的政治对手中，也不乏真君子，黄尊素就说："君子小人之品，判若黑白；君子小人之名，淆若朱紫。"[2]君子指责小人是小人，小人也可以指责君子是小人，君子和小人的区别在于道德品性与行为方式，而非所处政治阵营。"清流""清议"的道德大棒在党争中固然是一枚利器，但有时彼此间只是单纯的政治立场和观点不同，就被东林党给予道德抨击，这使得对立和争斗空前激烈起来，很多原本可以调和的矛盾变成了不可调和的矛盾，很多原本可以团结的中间力量被推向了对方阵营，也为之后反东林势力依附阉党，使党争变得越来越激烈、手段越来越残酷埋下了伏笔。

---

[1] 顾宪成：《泾皋藏稿》卷二，《四库明人文集丛刊》，上海古籍出版社，1993年。
[2] 黄尊素：《黄忠端公集》卷三，清光绪十八年重印本。

实际上作为东林党精神领袖的顾宪成本人，不但对党争有着清醒深刻的认识，而且持坚决反对的态度，他虽然主张君子"连茹而进"，但也认为结党之举"尽用之于相争相竞，而不用于相补相救也"❶，对国家并无益处，他认为党争"大都起于意见之歧，而成于意气之激耳"❷，不应次次上升到敌我矛盾，视意见不同者为仇雠，必欲置之死地。同时他对君子小人之辩也有着与黄尊素相似的认识，在《恳乞休致疏》中他认为：

> 窃见长安议论喧嚣，门户角立，甲以乙为邪，乙以甲为邪，甲以乙为党，乙亦以甲为党，异矣；始以君子攻小人，继以君子附小人，终以君子攻君子，异矣。长此不已，其酿毒有不可胜言者矣。❸

尽管被视为东林党精神领袖的顾宪成对党争问题有着如此清醒的认识，但正如前文所述，顾宪成不能完全代表东林书院，东林书院诸人不能完全代表东林党，东林党更不能代表晚明所有有志于拯救国家于危局之中的士大夫，东林党在形成和发展过程中表现出的一系列特性决定了它不但无法消灭党争，反而必然卷入和激化党争。在其成为晚明党争中的主要政治势力之一后，其行为方式也必然与其他势力日渐趋同，无论是顾宪成最初重修东林书院时为其灌注的理想主义色彩和"士的精神"，还是杨涟、左光斗等高风亮节、铁骨铮铮的东林士

---

❶ 顾宪成：《泾皋藏稿》卷二《与伍容庵》，《四库明人文集丛刊》，上海古籍出版社，1993年。

❷ 顾宪成：《泾皋藏稿》卷二《与友人书》，《四库明人文集丛刊》，上海古籍出版社，1993年。

❸ 顾宪成：《泾皋藏稿》卷二《恳乞休致疏》，《四库明人文集丛刊》，上海古籍出版社，1993年。

大夫以身殉道的壮举，都不足以赋予其绝对的正义性。

因此，对以往部分学者在晚明士大夫群体的相关研究中，将东林阵营作为正义一方，将反东林势力作为邪恶一方的对立观点，笔者并不认同。东林党，或者说东林阵营卷入党争之后，距离其初心和理想越来越远，其在明末和南明时期展现出的终极形态最终证明其与其他政治集团在本质上并无二致，并不因为其持有的"清流"和"大义"的道德立场，就可以摆脱其酿成党争之祸的责任。

万历皇帝的懒政怠政是一个逐步加重的过程，从万历中期开始，发展到连祭祀宗庙都不去了，从万历十九年（1591）到万历四十一年（1613）"二十多年不躬亲"，更是从万历十四年（1586）到万历四十六年（1618）"不视朝三十余载矣"。在"国本之争"开始之后，在这种竞立门户、党争加剧、清流不清、浊流更浊的情况下，万历皇帝逐渐对整个文官集团彻底厌弃，从懒政怠政转向全面罢工，不仅"御前之奏牍，其积如山，列署之封章，其沉如海"❶，国家事务得不到处理，而且"更有朝端事体千古未见者。如，阁臣羁栖于荒庙已及三年，部、卿候命于近郊亦经数月，公车不报之疏积于丘山，言路无职之官多至百十"❷。如果因为厌烦言官，而故意使"言路无职之官多至百十"，尚不影响朝廷运转，那么到万历三十年（1602）时"蓟辽总督已缺两月，延绥、陕西、河南、浙江、凤阳等五巡抚官缺事废，又天下两司方面官缺至六十员，未经补足"❸，就已经到了连朝廷的基本组织结构和体制机制都不完整的地步了，尤其是在壬辰抗倭战争前后，女真族首领努尔哈赤的实力与日俱增，连作为藩属的朝鲜君臣都看出"老乙可赤

---

❶《明神宗实录》卷四百六十五，历史语言研究所，1962年影印本，第8693页。
❷《明神宗实录》卷四百六十五，历史语言研究所，1962年影印本，第9055页。
❸《明神宗实录》卷四百六十五，历史语言研究所，1962年影印本，第7103页。

（努尔哈赤）势大可忧"，万历皇帝却长达两月不任命蓟辽总督这一至关重要的职务，可见万历中后期整个中枢权力机构实际已经处于半失灵状态，完全依赖消耗张居正改革积累的成果，按照体制惯性运行，仅可勉强运转，经不起任何大的变动和挑战了。仿佛一具风烛残年之躯，神经系统已经日渐坏死失灵，唯依靠壮年时练就的好身板吊着一口气，若是无病无灾也是个油尽灯枯的下场，每一场大病都在加速这个注定的结局。最典型的就是"万历三大征"，在这三次大规模的军事行动中，明朝均取得了最终胜利，后世往往引为明朝的功绩，但如果仔细观察"三大征"的全过程，就会发现这种来自整个权力体系的结构性矛盾贯穿始终，体现在从战役谋划到后勤保障的每一个环节中，无论是宁夏之役中最高指挥官和前线指挥官之间的矛盾，还是抗倭援朝战争中南兵与北兵之间的冲突，莫不如是。除去两场地方叛乱性质的战事，就抗倭援朝战争来看，与其说明朝"打"赢了战争，不如说是凭借国力"耗"赢了战争。这种拖沓低效、耗费巨大的战争模式，一步步拖垮了国家。

《礼记·中庸》里讲"国家将兴，必有祯祥，国家将亡，必有妖孽"，末世和奸臣从来都是互相催生的关系。明朝立国之时，明太祖朱元璋有感历代政治得失，采取了种种措施禁止宦官干政，但在"靖难之役"中，站在燕王阵营一边的宦官发挥了至关重要的作用，使后来的明成祖朱棣重新赋予宦官很大的权力，解除了朱元璋对宦官的限制，导致宦官在皇权不振时往往成祸，明中期开始相继有王振、刘瑾乱权之祸。万历皇帝继位时虽然年幼，但是有张居正主政，内阁大权独揽，唯一大权在握的宦官司礼监秉笔太监冯保是其政治盟友，故宦官势力一直处于可控状态。

万历皇帝在"国本之争"中全面落败，不得已立了皇长子朱常洛为储，与文官集团彻底离心之后，就重新亲近起宦官势力来。宦官无根无基亦无后，又因身体残缺和文化程度低下而普遍受到士大夫的歧视和唾弃，像冯保那样可以和当朝宰辅结成政治同盟的宦官是极少数。多数宦官唯一可以仰仗和依赖的就是皇权，因此而表现出的那种无底线的"忠诚"往往让一些年幼或与文官关系疏远恶劣的皇帝非常受用。而且万历皇帝长期懒政、怠政、罢政，长时间的深宫生活使得大多数大臣难以与其接触，倒是宦官获得了和其朝夕相处的机会，得以对其施加影响。此外，万历皇帝有贪财的毛病，在张居正死后对其兄弟子侄抄家除了泄愤报复之外，另一个重要原因是有人向他告发张居正贪污受贿，家中藏有巨款。在敛财方面，他对文官的手段和效率都极为不满，任用大量宦官担任矿监税监，使用敲骨吸髓的手段在各地搜刮民脂民膏。

此外，万历皇帝亲近宦官最直接的原因是在绝大多数文官反对皇帝"立幼"时，司礼监秉笔太监王安坚决地站在皇帝一边，并且帮助皇帝和郑贵妃调解过太子与福王之间的矛盾：

> 时郑贵妃谋立己子，数使人摭皇长子过。安善调护，贵妃无所得。"梃击"事起，贵妃心惧。安为太子属草，下令旨，释群臣疑，以安贵妃。帝大悦。❶

这个王安就是日后提携魏忠贤，最终在魏忠贤崛起之后被其在流放途中杀害之人。从这个角度来讲，明末阉党之祸，从万历中后期就埋下了种子。

---

❶《明史》卷三百五《宦官传》，中华书局，1974年，第7815页。

七、魑魅魍魉

万历四十七年（1619）的萨尔浒战役，其实是对万历皇帝扭曲、病态，以及和文官集团对抗的一生的一个总结，也是外力刺激下，明王朝长期积累的内部矛盾的一个总爆发。萨尔浒战役之后，明朝又连失铁岭、开原，辽东局势岌岌可危。从万历四十六年（1618）开始征收的辽饷从每亩三厘五分提高到每亩九厘，引发民间不稳，一些经年遭灾的地区，民变的苗头开始显现。在这种内忧外患之中，万历皇帝于万历四十八年（1620）死去，给他素来不喜欢的儿子朱常洛留下了一个千疮百孔的大明朝。

诡异的是，由东林党倾力推上位的明光宗朱常洛继位一个多月就突发重病，太医束手无策，内阁首辅方从哲引荐鸿胪寺丞李可灼献药，光宗服药不久就一命呜呼。是为红丸案。这让当时已经因光宗继位而日渐得势的东林党无法接受且疑窦丛生，"红丸案"中的种种细节，使东林党人将"红丸案"与"国本之争"和"梃击案"联系起来，将矛头直接对准郑贵妃，意指郑贵妃因为子争储不成，谋害光宗。而引荐李可灼献药的内阁首辅方从哲是浙党领袖，这使得迷雾丛生的光宗之死成为党争焦点，东林党对方从哲群起而攻之，导致方从哲去职，浙党势力大衰。光宗死后，其宠妃李选侍以照顾皇长子朱由校为名坚持留居乾清宫，试图干预朝政，在东林党中的正直之臣杨涟、左光斗的坚持斗争下，李选侍不得不交出皇长子，搬出乾清宫，是为"移宫案"。"移宫案"与"梃击案""红丸案"并称明末"三大案"，是党争烈度升级到新高度的标志。

东林党在"三大案"的斗争中坚决不准后宫干预朝政无疑是有利于国家的，尤其是在"移宫案"中的斗争，对稳定当时动荡的局势作用很大。但其在斗争中越来越强地表现出党同伐异、上纲上线的行为特征，对扩大矛盾、激化矛盾、升级矛盾起到了很坏的影响。首先是东林党在斗争中捕风捉影，依草蛇灰线之法任意扩大打击范围，从一开始打击以方从哲为首的浙党，发展到打击敌对和可疑党派，最终发展到打击一切非东林的党派。无限扩大的打击范围也给东林党树立了无数的敌人，这些受到东林党打击的党派和个人后来有很多集结在魏忠贤的周围成为阉党继续与东林党为敌，与东林党这种斗争扩大化的行为方式不无关系。其次，在以往浙、宣、齐、楚诸党斗争的过程中，彼此攻讦的借口多为贪渎违法和作风问题，自东林党崛起加入党争后，将凡事都上纲上线的斗争风气日盛，但动辄将"弑君""谋逆"这种大罪加诸政治对手头上这种做法，却是从"三大案"开始流行起来的。在这之前，党争的目的无非打击目标人物迫使其去职失势，但动辄以弑君大罪相加，无疑是要置对手于死地，斗争烈度的升级，为之后东林党和阉党血腥残酷、不死不休的政治斗争开了一个很坏的头。

从"国本之争"到"三大案"，东林党都取得了不同程度的胜利，至"移宫案"后，拥立明熹宗朱由校即位时，东林党的政治势力达到第一个巅峰，却也因为树敌太多隐然成为众矢之的。在东林党忙于党争之时，宦官势力已经在后宫暗中滋长起来，开始参与到朝政之中。

明朝建立之初，鉴于汉朝的"党锢之祸"和唐朝的"牛李党争"对国家的严重影响，因此不但严禁官员结党，而且严禁内廷与官员结交，处罚极严。大明律规定：

> 若在朝官员交结朋党，紊乱朝政者，皆斩，妻、子为奴，财产入官。凡诸衙门官吏，若与内官及近侍人员互相交结，漏泄事情，夤缘作弊而符同奏启者，皆斩，妻、子流三千里

安置。❶

　　然而自永乐之后，内廷的宦官与朝堂之上的官员勾结掌控朝政的事就一直没有真正禁绝过，因为废除丞相之后，权力高度集中在皇帝手里，虽然有内阁辅政，帮助皇帝完成初步的整理、筛选，并给出初步的处理建议（即票拟），但最终的决断仍需由皇帝做出（即朱批），导致皇帝的负担很重，但并非所有皇帝都能如朱元璋一样勤奋，至明宣宗时期，资质平庸的宣宗发现宦官没有根基，不受太多掣肘，也不受太多儒家道德的羁绊，替皇帝办事要比文官果决干脆，遂开始打破祖制，专门培养一部分宦官读书识字，以期能够替自己处理繁重的政务，《明史》记载：

　　　　内书堂读书，自宣德年间创建。始命大学士陈山教授之，后以词臣任之。凡奉旨收入官人，选年十岁上下者二三百人，拨内书堂读书。❷

　　内书堂的设立使宦官得到了识字的机会，使他们开始得以经手一些文书处理工作，一开始宦官只负责普通的文墨工作，但很快就开始处理军政大事，最后连批复奏折的权力也交给内监。这在给予了宦官极大权力的同时，也使他们得以在掌握皇帝的饮食起居的同时，窥探国家的最高机密。而对朝堂之上的官员来说，率先揣摩皇帝的心思，或是提前得知重大变动的信息，对政治斗争

---

❶《大明律（点校本）》，怀效锋点校，法律出版社，1999年，第34—35页。
❷ 刘若愚：《酌中志》卷十六《内府衙门职掌》，北京古籍出版社，1994年，第97页。

的胜负至关重要，因此宦官开始替皇帝处理文书工作后，尤其是司礼监秉笔太监和司礼监监印太监这两个可以直接替皇帝处理奏折的职位设立之后，对文官的重要性骤然变得极大，为文官勾结宦官提供了原始动机。

从文官和宦官两个群体的出身背景和行为方式来说，文官是看不起宦官的。宦官不仅大都出身低微，而且从儒家伦理道德的角度来讲，属于身体残缺不全之人，更何况在明代宦官中，有相当一部分是"自净入宫"的，即因种种原因，自残身体入宫为宦的，这就更加招致文官的鄙视和排斥。此外，即使是那些具备一定文化程度，能够很好地替皇帝处理文书的宦官，其受教育的方式和内容也和士大夫受到的教育有很大区别，宦官在内廷所受的教育主要是一种文字处理能力的技能型培训，并没有太多儒家思想和伦理道德的成分，因此宦官和文官的道德认知和行为方式差异很大，这也是皇帝有意为之的结果，因为如果受教育后的宦官变得像文官一样，那么打破祖制教宦官识字的意义就失去了，宦官在道德上无所顾忌，在行为上没有底线的特点，正是他们特别的用处所在。还有就是自东汉党锢之祸后，士大夫群体对宦官群体形成了天然的对立和蔑视心理，宦官皆奸邪之辈已经成了士大夫群体所固有的刻板心理。

基于上述原因，文官要通过勾结宦官的方式获得政治上的优势和先机，面临着极大的道德和心理障碍，在政治相对正常的时代，只要稍有操守的官员，都倾向于与宦官保持距离，一方面避内外臣结交之嫌，另外也是为了避免被其他的士大夫鄙视和排挤。但是随着明中期士风日益败坏，以及宦官势力的不断膨胀，尤其是明朝中后期的几位皇帝在政事方面资质庸碌，偏偏又多有深居简出的习惯，使得君臣之间有着很重的隔膜，大臣常常需要通过宦官才能接触和了解皇帝的意志，这就迫使文官不得不"屈尊"结交宦官。至万历年间，内阁首辅交好秉笔太监和监印太监已成定例，连张居正权倾朝野之时，也要和秉笔太监冯保结为政治同盟，二人一内一外，实现对朝政的全面掌握，宦官对文官的意义之大，可见一斑。

因此，文官是否勾结宦官，关键在于皇帝，当朝政黑暗，皇帝年幼或深居简出不理朝政，君臣离心时，一些道德败坏的官员就开始勾结和依附宦官，宦官为他们透露皇上的个人隐私和军国机密，并为他们的政治投机行为大开方便之门，他们则利用官员和士大夫的身份，在皇宫之外替宦官去做一些宦官因身份限制而难以做到的事情。这部分勾结和依附宦官的文官为其他同僚和正直的士大夫所不齿和排斥，因此在党争成风的政治背景下，往往也选择结党相抗，史称"阉党"。阉党并不是宦官，而是勾结和依附宦官的文官结成的政治团体，是明代逐渐失控的宦官制度和党争之风共同作用的产物，阉党往往受命于宦官，具有宦官所具备的阴毒和狞狠，又不受到宦官制度的约束，他们以宦官为中心结成团体共同进退之后，造成的危害往往十倍百倍于普通的宦官作乱和奸臣当道。清代的皇帝在阅览修订的《明史》中关于阉党部分的论述时，曾评价：

> 明如王振、刘瑾、魏忠贤辈，负罪尤甚。崇祯之诛锄阉党，极为善政。但谓明之亡，亡于太监，则朕殊不以为然。明末朋党纷争，在廷诸臣置封疆社稷于度外，惟以门户胜负为念，不待智者知其必亡。乃以国祚之颠覆尽委罪于太监，谓由中官用事之故，乌得为笃论耶。❶

这段评价是对明末政治的高度总结，也是对阉党之祸的深度剖

---

❶《清圣祖实录》卷一百五十四，康熙三十一年正月己卯，中华书局，1985年。

析。阉党之所以能够成祸，盖因君主无能、大臣无耻，君主无能才要依靠宦官处理政事，大臣无耻才会攀附宦官，才会将国家大事置之度外，唯求在党争中决一时之胜负。与此相比，宦官在阉党之祸中起的不过是放大器的作用，将明朝灭亡的原因推到作恶的宦官头上，是一部分降清的"贰臣"用于掩饰自己在明亡中应当承担责任的诿过之语。

明末阉党得以成祸，首先是皇帝的责任，其次是整个文官集团的责任。文官集团中的奸臣依附宦官而成为阉党，但与阉党所对立的清流势力，也一样会结交宦官，只是不像阉党一样明目张胆地作恶罢了，究其根本，在于宦官掌握着党争中至关重要的权力，无论是奸臣还是清流，谁控制了这股权力，谁就在斗争中占得了先机，谁不能控制这股权力，谁就会被对手占得了先机。在"在廷诸臣置封疆社稷于度外，惟以门户胜负为念"的明末党争中，即使是东林党这样的势力，也不能逃脱权力的吸引，前文所提及的万历时代的司礼监秉笔太监王安，在"国本之争"中曾调解过太子势力和福王势力之间的矛盾，让皇帝和东林党两方都感到满意，引起东林党的注意，之后在移宫案和拥立天启帝的过程中，王安也与东林党共同进退，双方建立了比较良好而紧密的政治同盟关系，东林一方称赞王安：

> 王安者，颇读书，知好名义。光皇初出阁，安为伴读，日侍左右，诸事赖其调护，诸讲官皆重之。光皇居东宫二十余年，处危疑之地，杌陧不安，惟安悉心拥翼，有失必归正。光皇亦推心委信。登极不浃月，悉行诸善政，安殊有力。[1]

---

❶ 叶向高：《蘧编》，《四库禁毁书丛刊补编》第25册，北京出版社，2005年，第531页。

王安"知书"可能是真的，但从他提携过魏忠贤来看，"正直"倒也未必，但无论是"知书"还是"正直"，都是东林党一方与其建立政治同盟的借口，因为只有这些借口，才能把东林一方结交宦官的行为，与之前那些奸臣与宦官勾结的行为区分开来。东林党的逻辑是"朝臣结交宦官干政是不对的，但我们结交的是知书正直的宦官，奸臣为的是祸乱国家，而我们为的是拯救国家"。阉党杨维垣就嘲讽东林党"希王安之旨以号召天下者，岂得不谓之通内也"[1]，这实在是直击灵魂的一问，东林党攻击阉党附阉乱政是"通内"的大罪，难道东林党与王安形成政治同盟，凭借王安的权力号令天下，就不是"通内"了吗？虽然《明季北略》的作者计六奇后来辩解"珰之慕贤，非诸贤之通珰也"[2]，意思是王安主动结交东林党，并非东林党有意"通内"，但这种欲盖弥彰的解释实在太过苍白无力，倒不如东林党人顾大韶诚恳地承认：

> 诸君子（东林党人）用王（安）以兴，小人（东林政敌）用魏（忠贤）以剿之，虽邪正不同，均非国家之福也。[3]

顾大韶所言并非空穴来风，在天启帝继位之初，王安曾经"引国家故事，司起居甚严密，而日取诗书礼法相绳，（帝）大不堪"[4]，试图效仿万历初年的秉笔太监冯保，与内阁首辅、东林党人刘一燝一内一

---

❶ 黄尊素：《黄忠端公文略》，《四库禁毁书丛刊》第185册，北京出版社，1997年，第144—145页。

❷ 计六奇：《明季南北略》卷二十四《门户大略》。

❸ 顾大韶：《炳烛斋稿》，《四库禁毁书丛刊》第104册，北京出版社，1997年，第587页。

❹ 谷应泰：《明史纪事本末补编》，中华书局，1977年，第1598页。

外掌控朝政。从反张居正的"夺情"事件中起家，以批判张居正欺君、弄权而结成的东林阵营，最终走到了效仿张居正欺君、弄权的地步。在从体制边缘到进入体制中心，最后成了体制中心的一部分的过程中，东林党在政治活动中的这种道德相对主义原则表现得越来越强，也让他们离最初的救国理想越来越远。

因此，引发东林党与阉党漫长而血腥残酷斗争的原因，与其说是"正邪不两立"，倒不如说是利益冲突。

被很多降清做了"贰臣"的东林党人指为明亡之罪魁祸首的魏忠贤，原名魏进忠，本身是肃宁的一个市井无赖，因为与恶少赌博输了钱，被债主追得走投无路，才阉割了自己，于万历中期入宫做了宦官。魏忠贤入宫时已届中年，入内书堂学习时间不长，东林党攻击他目不识丁应是夸大其词，但其文化程度很低是客观事实。他善于察言观色，攀附钻营，通过巴结当时得势的宦官魏朝而攀附上王安，才得以起家，之后又与熹宗的乳母客氏私通，及熹宗继位，客氏受宠，魏忠贤也随之飞黄腾达，当了司礼监秉笔太监。魏忠贤一介半文盲，居然当上了掌握"朱批"大权的司礼监秉笔太监，这自然引发了其他宦官的嫉恨，其中最为不满的，就是曾经提携过魏忠贤的王安。曾经提携过的后辈一路扶摇直上与他几乎平起平坐姑且不论，作为司礼监监印太监，理论上权势要比秉笔太监魏忠贤大，但魏忠贤在排斥"情敌"魏朝、独霸客氏之后，权势已经渐渐盖过王安，且秉笔太监和监印太监在职能上有互相牵制的关系，二人之间由此很快从龃龉和不满上升到公开斗争的地步。

王安在朝廷中有东林党势力互为犄角，而东林党的政敌，即在万历末年党争中落败而被压制的浙、齐、宣、楚等诸党旧人，则渐渐聚集在魏忠贤的身边，随着霍维华、孙杰、徐大化等人的投靠，魏忠贤也逐渐在外廷立党。以魏忠贤为核心的阉党集团和"王安－

东林党"政治同盟的对立关系初步形成。但双方的矛盾一开始并未上升到党争的程度，直到天启元年（1621）五月，王安被正式任命为司礼监掌印太监，在他照例上疏请辞之时，魏忠贤已揣摩到熹宗对王安的嫌恶心理，授意兵科给事中霍维华趁机上疏弹劾王安，熹宗果然将王安贬为南海净子军，王安不久就被魏忠贤设计杀害。东林党在内廷失去了支点，遂与魏忠贤结仇。此时魏忠贤虽然权倾内廷，但在朝堂上，朝政仍由东林党把控，阉党才刚刚形成，不足以与东林党相抗，因此魏忠贤也"初亦雅意诸贤"❶，试图交好东林党，取代王安的角色，但当权的东林党人，无论是赵南星、孙承宗还是魏大中、韩爌，均对其持推辞和排斥态度，使得"魏忠贤－东林党"政治同盟未能形成。

　　这就又引出了杨维垣的灵魂之问："希王安之旨以号召天下者，岂得不谓之通内也。"东林党人不能接受与魏忠贤结盟，固然有政治操守方面的顾虑，因为忠贤无赖出身、自净入宫、秽乱宫廷、不通文理，与其结盟必然有损东林党的"清流"之名。但究其根本，在于东林党在万历末到天启初的党争中无限扩大打击范围又无限上升打击烈度的斗争策略，将太多非东林势力逼到了走投无路的地步，结下了太多太深的仇怨，这些被东林打成反派的"邪党"迅速地团结在魏忠贤身边，希望借魏忠贤之手报党争之仇，他们不会允许魏忠贤和东林党达成任何程度的妥协。同样，东林党也因为魏忠贤身边聚集的这些人，而不可能接纳他成为政治盟友。可悲的是，因东林党扩大打击和上纲上线而团结在魏忠贤身边这些人，并非都是大奸大恶之徒，恰恰相反，他们中的一些人和东林党人一样属于"清

---

❶ 夏允彝：《幸存录》，留云居士辑，《明季稗史初编》卷十四，上海书店，1988年，第290页。

流"，在投向魏忠贤之前，其政治操守并不逊于很多东林党人，只是因为与东林党政见不同就被打为邪党，进而投靠魏忠贤以报复东林党，如投向魏忠贤的言官张捷、李春晔，本质上与东林的清流诸君子并无二致，仅因为在一些朝廷事务上与东林党人意见不合，就遭到东林党的政治打击外放为官。东林党人往往将政见不同视为立场不同，继而将立场不同视为道德水准不同，进而"疾恶过激"，这种极强的攻击性和好战性让东林党树敌无数，也让其始终处于争斗状态，引起统治者的厌恶。

清人朱彝尊对此评价："异议者一发而不胜，乃树援以为敌，久而假宦寺之权以祸君子，未始不由君子之疾恶过激也。"[1]

东林党的精神领袖顾宪成所最反对也最恐惧的那种"始以君子攻小人，继以君子附小人，终以君子攻君子，异矣。长此不已，其酿毒有不可胜言者矣"[2]局面终于出现在了东林党自己身上，用一句流行的话说，东林党"最终活成了自己最讨厌的样子"，这也是自古以来许许多多理想主义者最终走不出去的怪圈。

如果说阉党之中的部分官僚是因仇恨东林而投向魏忠贤，是正是邪不好断言的话，阉党的核心魏忠贤本人的奸邪本质，倒是非常清楚明白的。熹宗因其父储君之位动荡不稳的缘故，幼年时命运多舛，缺乏家庭的关爱呵护和教育，因此对照顾他成长的魏忠贤形成了高度依赖，他曾经说："忠贤事皇考于春宫时，朕在襁褓间，便赖护卫，迨圣母升遐后，朕殷忧危险，皆所饱尝，服食起居，总忠贤是赖。当皇考弥留之际，曾云：'内侍忠直，不避形迹，独此

---

[1] 吴应箕：《两朝剥复录》，《四库禁毁书丛刊》第19册，北京出版社，1997年，第278页。

[2] 顾宪成：《泾皋藏稿》卷二《恳乞休致疏》。

人耳。'"❶甚至临死之时还嘱咐后来的崇祯皇帝朱由检"忠贤宜委用"❷，可见对其信任和依赖之深。然而魏忠贤一介无赖，又不识字，对熹宗不事读书、喜好玩乐的习性不加干预，反而有意引导熹宗纵情玩乐，同时注意熹宗的喜怒哀乐，便于日后对其掌控。

熹宗继位后果然对政事毫无兴趣，一心玩乐，给魏忠贤擅权留下了空间。《明史》中说："帝性机巧，好亲斧锯髹漆之事，积岁不倦。每引绳削墨时，忠贤辈辄奏事。帝厌之，谬曰：'朕已悉矣，汝辈好为之。'忠贤以是恣威福惟己意。"❸魏忠贤对熹宗的习性了如指掌，总是趁这位"木匠皇帝"沉迷于自己的手工世界的时候向他请示汇报政务，次数多了，自然成功引起熹宗的厌烦，将决断权全部交付与他，熹宗继位后的这种表现，多大程度上是天性使然，又多大程度上是魏忠贤在他少年时代有意为之的"培养"结果，是一个很值得玩味的问题。

随着魏忠贤专权程度的不断加深和阉党政治集团的成形和壮大，在这种不可调和的对立和矛盾之下，阉党和东林党之间的战争一触即发。"阉党－东林党"是明末党争中最激烈、最血腥也最残酷的一场斗争，尽管一开始，魏忠贤忌惮东林在朝堂之上势大，叶向高等人则忌惮魏忠贤手中的大权和皇帝对魏忠贤的高度信任，魏忠贤和东林党的首领叶向高等人都采取了一些规避和让步，来避免事态的激化和正面冲突的爆发，但情况很快失去了控制。一方面，东林党"疾恶过激"的群体心理显然不能容忍魏忠贤的所作所为，

---

❶ 叶向高：《蘧编》，《四库禁毁书丛刊补编》第25册，北京出版社，2005年，第576页。

❷ 计六奇：《明季北略》，中华书局，1984年，第78页。

❸《明史》卷三百五《宦官传》，中华书局，1974年，第7815页。

必欲除之而后快，不能接受任何妥协和折中方案。时任内阁首辅叶向高是东林一方中头脑较为清醒，对魏忠贤一方的力量认识比较清楚，立场也比较温和的官员，他在万历时期第一次出任首辅时就致力于"务调剂群情，辑和异同"❶，避免党争的扩大化和升级化，在天启初年再次出任首辅后依然持此立场，主张对魏忠贤暂时妥协，避其锋芒，并试图利用其与魏忠贤之间的私人关系，调停东林党和阉党之间的冲突，结果反而引起东林党人对其不满，将其视为投降派，试图迫使其下台，以便立即向阉党集团全面开战。而另一方面，随着魏忠贤个人权力的不断扩大，阉党集团也在不断壮大，不少与东林素有仇怨的官员和士大夫加入阉党集团后，也不断激化矛盾，怂恿魏忠贤对东林开战。因此，尽管"阉党－东林党"的党争是东林率先发难，但实际上这是两个矛盾不可调和的利益集团双向碰撞的必然结果。

在王安被魏忠贤害死时，东林并未立即为他公开报仇，以免被人指摘结党营私和勾结宦官，但害死王安的罪魁祸首，阉党霍维华于天启元年八月被东林党人暗中逐出京城外放陕西按察司金事，而阉党孙杰则以此为由，弹劾东林党人大学士刘一燝及吏部尚书周嘉谟公报私仇，只是因为东林势大，因此一开始阉党并未得手太多，正如顾大韶所言：

> 与东林忤者，众目之为邪党。天启初，废斥殆尽，识者已忧其过激变生。及忠贤势成，其党果谋倚之以倾东林。而徐大化、霍维华、孙杰首附忠贤，刘一燝及尚书周嘉谟并为杰劾去。然是时叶向高、韩爌方辅政，邹元标、赵南星、王纪、高攀龙等皆居

❶ 夏燮：《明通鉴》，中华书局，1959年，第6235页。

大僚，左光斗、魏大中、黄尊素等在言路，皆力持清议，忠贤未克逞。❶

　　从天启元年八月首开战端之后，东林党采取连续进攻态势，开始了一场"讨魏战争"。天启元年十月，礼部主事刘宗周弹劾魏忠贤诱导皇帝排斥大臣，玩物丧志，称"导陛下逐谏官者，进忠；并导以优人杂剧、射击走马者，亦进忠也。不然则亦进忠之党也"❷，言辞激烈之处，甚至说"国事累卵，即宵衣旰食，与群臣交儆犹惧万无一济，乃欲与进忠等了天下事，复蹈二正之辙乎"❸，指责皇帝不肯与群臣商议国事，反而事事与魏忠贤私相授受，难道想重蹈"二正"的覆辙吗。"二正"指的是正统、正德两位皇帝，在正统皇帝在位期间，因宦官王振专权招致土木堡之变，酿成明朝中期最大的一次政治、军事危机。在正德时期，刘瑾擅权给国家带来极大危害，刘瑾甚至密谋造反，威胁到皇帝的人身安全。刘宗周明知道皇帝对魏忠贤的信任，却在上疏抨击魏忠贤时将皇帝一同列入抨击对象，这似乎很难理解。但其实这一上疏颇能代表当时东林党中少壮激进派的态度，他们自恃已经把持了朝政，掌握了整个士大夫集团，拥有了"以尔众士，奉辞伐罪"的力量，急欲向最后的政敌开战，毕其功于一役，在刘宗周上疏之后，东林诸臣群起而攻之，将客氏及魏忠贤党羽诸人一同列入打击对象，同时将"讨魏战争"比作正德年间剪除"阉逆"刘瑾以获得正义性。用钱谦益的话来说，"讨魏战争"的目的在于"皆以剪阉之翼

❶《明史》卷三百五《宦官传》，中华书局，1974年，第7817页。
❷ 刘宗周：《刘蕺山先生集》，《四库禁毁书丛刊》史部第38册，北京出版社，1997年，600—602页。
❸ 刘宗周：《刘蕺山先生集》，《四库禁毁书丛刊》史部第38册，北京出版社，1997年，600—602页。

而扼其机牙"❶。

但东林党此时已经失去王安，相较于阉党"内廷加外朝"的优势，东林党只在外朝，具有结构性缺陷，更何况大量被东林打成邪党的文官源源不断进入阉党集团，迅速改变着二者的实力对比。

东林内部除叶向高外，也有能够看清形势的人，如缪其昌就说："内无张永，外无杨一清，一不中而国家从之可几幸乎？"❷认为当时的斗争形势与正德年间诛杀刘瑾时的形势完全不同，不具备一次性扳倒魏忠贤的条件。但这一观点在当时群情汹汹的东林党中并不是主流，少壮激进派为了在"讨魏战争"中取得速胜，将一切反对"速胜论"的同党都打成投降派，比如前文所提及的内阁首辅叶向高，曾试图调解阉党和东林党之间的斗争，也在阉党的反击中利用自身权力地位保护过一众东林党人，东林党中的少壮激进派却嫌他碍事，想将他一脚踢开。夏允彝说："向高故欲调停之，而诸贤必欲逐去为快。"❸可见当时东林诸君那种不顾现实、急于求成的迫切心理。

东林党在强敌之前先自斩大将的做法看似荒诞，实际上是东林党内部更深层次的权力斗争使然。东林党是一个以"大义"结成的政治集团，在政治集团中各个成员所处的位置并不是由其职位，而是由其道德水准和个人声誉决定的。这就带来了权力结构不稳定的问题，集团内部那些职位较低的，甚至没有职位的在乡士大夫，想

---

❶ 钱谦益：《牧斋初学集》，《四部丛刊初编》第347册，上海书店，1989年，第703页。

❷ 黄尊素：《黄忠端公文略》，《四库禁毁书丛刊》集部第185册，北京出版社，1997年，第394页。

❸ 夏允彝：《幸存录》，留云居士辑，《明季稗史初编》，上海书店，1988年，第290页。

要在集团中处于更高的层级，就必然要在"大义"和"名声"上做文章，为了占得更高的道德高地，赢得更大的名声，激进必然被更激进所取代，极端必然被更极端所驱逐，在对待魏忠贤的问题上少壮激进派对"当权投降派"的斗争，实际上也是东林党内部的边缘对中心、下位者对上位者的内讧，这种无限斗争的逻辑，从东林党第一次进入朝堂之时就形成了。然而等到叶向高真的去职，魏忠贤反而失去了忌惮，东林党的少壮激进派却又完全不是他的对手，"自向高去而诸君子相继籍陨矣"❶，一个接一个地被阉党所害。外有大敌当前，内部自相倾轧，后方夸夸其谈，上阵一败涂地，东林党人在天启初年的"讨魏战争"中的种种表现，可谓是自诩"清流"的明末士大夫在国家政治活动中劣根性的一个缩影，这种表现在之后大明朝所剩无几的岁月中，又重复出现了无数次。讽刺的是，当这样一群人成为当时拯救国家的唯一希望时，实际上说明国家已经没有希望了。

东林党天启初年"讨魏战争"的高潮和转折点为天启四年杨涟以二十四大罪状弹劾魏忠贤的事件。而这一次事件的起因也是东林内讧。天启四年三月，吏部尚书赵南星调用江西人邹维琏为吏部稽勋司郎中，后又任考功司郎中，以此引起言官陈良训、章允儒、傅櫆等人对邹维琏的攻讦，矛头实际指向吏部尚书赵南星。赵南星是东林党核心人物，陈、章也是东林党人，傅也是偏东林一派的，此事很明显是因内部利益冲突而意气用事导致的内讧，也再一次说明了东林党"有核心而无边界"，是阵营而非政党的特性。在纷争进一步扩大后，傅櫆又上疏弹劾偏向东林党人的内阁中书汪文言，以及东林党核心人物左

❶ 吴应箕：《两朝剥复录》，《四库禁毁书丛刊》史部第19册，北京出版社，1997年，第119页。

光斗、魏大中，他说：

> 初充歙县门役，复谋充本县库胥，窃藏拟戍，潜逃京师，遂
> 父事内监王安，内外交通，事露拟配，人皆以为宄。初而且敢易
> 改名字，营纳今官。左光斗身在宪府，不能追论而且引为腹心，
> 魏大中职忝谏垣，不行驱除，而且助其资斧。❶

指责汪文言勾结宦官王安，犯有"通内"的大罪，而左、魏身负
监察之责，不但不揭露他，反而与他勾结，替他掩饰，有结党营私之
罪。傅櫆突然向东林党猛烈发难，《明史》认为是受了吏科给事中阮大
铖的指使，而阮大铖本身也是东林党人，因内部利益冲突投向阉党。
这一事件是东林党内部一连串内讧引起的连锁反应，因此让魏忠贤喜
出望外，《明史》里说"当是时，忠贤欲大逞，惮众正盈朝，伺隙动。
得櫆疏喜甚，欲藉是罗织东林，终惮向高旧臣，并光斗等不罪，止罪
文言。然东林祸自此起"❷，开始借机发难，罗织罪名，首先将汪文言
逮捕投入诏狱，意图谋害，但当时东林势大，经叶向高等人斡旋将汪
文言救出。

汪文言被捕入狱一事极大地刺激了东林党人，以往的党争中
虽然各党互指为小人、奸臣，但归根结底是"士大夫战争"，斗争
手段通常是逼迫某人下台去职，很少上升到肉体消灭的程度，阉
党无底线的斗争手段让东林党人感到愤怒、震惊和恐惧，决定与
阉党决一死战。东林党选择在这一时间节点反攻，除了受到汪文

---

❶ 蔡士顺：《傃庵野抄》，《四库禁毁书丛刊》史部第69册，北京出版社，1997年，
第437—439页。
❷《明史》卷三百五《宦官传》，中华书局，1974年，第6237页。

言被捕的刺激外，还因为他们判断阉党利用傅櫆弹劾魏大中、左光斗之后，必然有进一步动作，如果等东林党被阉党削弱之后再进行反击就晚了，应当乘着东林党还能掌控局势的时候一举铲除魏忠贤及其党羽。崇祯时代的阁臣黄景昉分析东林党反击动机时认为：

> 使邹维琏不调铨部，即傅櫆疏何自发？汪文言局何自破？左光斗、魏大中祸何自生？事既不可调停，于是杨涟为一决之计，锋复不可回耳。❶

可见东林党的反击具有孤注一掷的性质，而发起总攻击的任务，落在了杨涟的身上。杨涟在以"清流"自居的东林党人之中，也是以刚直不阿著称的"诤臣"，他在泰昌帝弥留之际，以从七品小官的身份受到过召见，因此有誓死报效之心，《明史》里说他"自以小臣预顾命，感激，誓以死报"❷，谈迁也说他"尚气节，贾武敢任"❸，而且他在泰昌元年就弹劾过魏忠贤（当时还叫魏进忠）参与"盗宝案"，也算与魏忠贤有宿怨，更关键的因素在于，杨涟平素为人正直，与他人的个人利益纠葛不多，可被对手利用的"把柄"就少，可谓身正不怕影子歪，因此虽然阉党的矛头指向的是魏大中、左光斗，但东林党方面的大反击却是由杨涟发动的。

天启四年（1624）六月，杨涟以"二十四大罪"上疏弹劾魏忠贤，发起了"讨魏战争"的总攻击，东林党人群起而攻之，在乡的东林党

---

❶ 黄景昉：《国史唯疑》，上海古籍出版社，2002年，第335页。
❷《明史》卷三百五《宦官传》，中华书局，1974年，第6320页。
❸ 谈迁：《国榷》，中华书局，1958年，第5307页。

人遥相呼应，社会舆论氛围总体有利于东林党，尤其是在当时的舆论中心江南，偏东林党的舆论占压倒性优势，一时间东林党斗争形势大好，似乎已经胜券在握。阉党集团一时措手不及，连魏忠贤本人"亦惴惴惧祸" **❶**，惶惶不可终日，因为杨涟弹劾他的二十四条大罪不仅条条属实，而且条条都可以置他于死地。魏忠贤这种恐惧，来源于明代政治制度设计中皇权对宦官的绝对控制，明代宦官的权力再大，终究是皇帝赐予的，宦官纵有滔天的权势，也不过是皇帝纵容的结果，宦官一旦触犯皇权，皇帝可以轻而易举地除掉他们。号称"九千岁"的刘瑾，触碰了"谋逆"的大忌之后，从"站皇帝"到被凌迟也不过是朝夕之事，面对皇权根本没有什么还手之力。何况此时魏忠贤的权势还远未达到顶峰，他虽然控制了皇帝，但实际也没有摸清皇帝容忍他的底线在哪里。

而东林党方面同样对"一决之计" **❷** 的结果惴惴不安，因为虽然在朝堂和社会两个舆论场东林都占了绝对优势，但自从王安死后，东林党就对内廷的政治动向知之甚少，尤其是熹宗在幼年至少年时期因纷乱复杂的宫廷斗争，未能接受完善的儒家思想储君教育。这带来两个严重的问题：一是他缺乏儒家伦理中作为皇帝的责任感，对朝政缺乏兴趣，反而沉溺于玩乐；二是他对士大夫集团缺乏那种基于共同教育背景和共同意识形态的亲近感，与文官处于一种疏远而隔离的状态，反而亲近怂恿他玩乐的宦官。野史中对熹宗的受教育程度有两种截然不同的说法，一种认为他是文盲，另一种认为他是天生英才，结合历史来看，应系后人根据个人偏向所做的荒诞不经之言，不足为信。但熹宗荒废朝政，与大臣离心，亲近宦官是不争的事实，孟森

❶ 文秉：《先拨志始》，上海书店，1982年，第148页。
❷ 黄景昉：《国史唯疑》，第335页。

先生评价熹宗："盖熹宗为至愚至昧之童蒙，故不足预于是非恩怨之理解也。"❶而东林党人也对此心知肚明，因此虽然表面上形势一片大好，但包括杨涟本人在内的东林党人心中并无把握，他们对自己持有的"大义"有十足的信心，但却对皇帝是否会站在"大义"的一方没有信心。杨涟本人也顾虑"犹有酿祸虞"❷，担心反击不成，反而酿成大祸连累同党。

可以说，斗争双方此时都对斗争的结果缺乏信心，而最终的结果还是必须仰赖"圣断"。这也是明代党争的一个特点，就是无论斗争多么激烈，双方势力多么庞大，甚至在斗争中敢于像万历时期的言官那样冒犯"天威"，但始终处于皇帝的控制之中，一旦皇帝决定亲自下场，斗争必然在瞬间分出胜负，这其实是中央集权和君主专制发展到后期的一个必然结果，即君主对权力绝对控制。而之所以有时候文官或宦官的权力看起来"失控"，其实也是君主调整权力结构的一种手段。因此这场双方心里都没底的斗争，就在皇帝亲自干预中急转直下，发生了逆转。《明史》里这样记录当时发生的剧变：

> 四年，给事中傅櫆结忠贤甥傅应星为兄弟，诬奏中书汪文言，并及左光斗、魏大中。下文言镇抚狱，将大行罗织。掌镇抚刘侨受叶向高教，止坐文言。忠贤大怒，削侨籍，而以私人许显纯代。是时御史李应升以内操谏，给事中霍守典以忠贤乞祠额谏，御史刘廷佐以忠贤滥荫谏，给事中沈惟炳以立枷谏，忠贤皆矫旨诘责。于是副都御史杨涟愤甚，劾忠贤二十四大罪。疏上，忠贤

❶ 孟森：《明清史讲义》，中华书局，1981年，第293—294页。
❷ 黄景昉：《国史唯疑》，上海古籍出版社，2002年，第337页。

惧，求解于韩爌。爌不应，遂趋帝前泣诉，且辞东厂，而客氏从旁为剖析，体乾等翼之。帝懵然不辨也。遂温谕留忠贤，而于次日下涟疏，严旨切责。涟既绌，魏大中及给事中陈良训、许誉卿，抚宁侯朱国弼，南京兵部尚书陈道亨，侍郎岳元声等七十余人，交章论忠贤不法。向高及礼部尚书翁正春请遣忠贤归私第以塞谤，不许。❶

在皇帝没有表态之前，魏忠贤实际上已经恐惧到向东林党屈服，他请求内阁次辅、东林党人韩爌进行调解，然而以当时朝堂之上和东林党内部的形势，这是不可能的，韩爌拒绝他之后，魏忠贤冒险直接向熹宗哭诉，并且请求辞去东厂职务，而客氏以及依附他的宦官王体乾则不断地给熹宗吹耳旁风：

> 客氏与王体乾，日在上前软语乞怜，巧法庇护，李永贞等复帮助之，遂得瓦全，保持上眷。❷

可见阉党和东林党在这一事件中的角力，实际上是朝堂与内廷之间的角力，东林党在朝堂之上占据优势，而魏忠贤在内廷占据优势，而正是前文论及的熹宗的成长和教育问题，使得他天然地疏远朝堂而亲近内廷，导致东林集团在斗争中的失败。熹宗劝谕魏忠贤留下，然后下旨斥责杨涟，已经表明了自身的态度，东林党人魏大中、陈良训等七十多人之后在朝堂之上声势浩大的持续攻击，在熹宗表态之后已是徒劳之举。而叶向高等人提出的遣归魏忠贤的折中方案也被熹宗否

---

❶《明史》卷三百五《宦官传》，中华书局，1974年。
❷ 李逊之：《三朝野记》，上海书店，1982年，第54页。

定，东林党人败局已定。

熹宗仅对杨涟进行了斥责，并驳回了群臣弹劾魏忠贤的上疏，并未做出进一步的深究和处罚，但魏忠贤已经据此摸清了皇帝的底线，准备放手报复。而东林党人却仍试图挽回败局，但此时他们还不知道魏忠贤的反扑会有多么血腥残酷。适逢工部郎中、东林党人万燝继续上疏弹劾魏忠贤，有了底气的魏忠贤遂决定杀万燝立威，矫旨杖死万燝，直到此时东林党人才意识到魏忠贤行事手段残酷而无下限，与他们之前的士大夫政敌完全不同。但他们仍对皇帝残存些许幻想，因为在拥立熹宗的过程中，包括杨涟本人的东林党人曾立下大功，杨涟还是光宗留给熹宗的"顾命之臣"，因此杨涟在感到事已不可为，且自身可能面临杀身之祸时，曾经求计于同党黄尊素（即黄宗羲之父），黄尊素劝他辞官回乡避祸，但他最终决定留下来，结果被魏忠贤矫旨革职为民。当时明朝属国朝鲜的使团恰巧在京停留，朝鲜使臣洪翼汉目睹并记录了杨涟等人被罢官的情形：

> （天启四年十月）二十九日，晴，薄晚，天子御皇极门，击鼓，大朝千官入侍。夺吏部左侍郎陈于廷、右佥都御史左光斗、左佥都御史杨涟等官，为庶人。即日，皆以白衣，免冠出城。都下莫不扼腕叹惜。❶

而作为一个属邦之臣，洪翼汉从"外人"的角度评价了他所亲历的阉党与东林党之间的斗争：

> 三人极论魏忠贤弄权，故所奏疏草，即杨涟手构，刳肝沥

---

❶ 洪翼汉：《花浦先生朝天航海录》卷一，天启四年十月二十九日。

胆，字字血诚，真医国之大药，决疣之美石。而天子恶其苦口，略不省悟，反以为诽谤妖言，傸辱斥逐之，使指鹿售奸，先芟其耳目，而能国其国者，未之有也。❶

洪翼汉的评价中固然有其作为儒家士大夫的感情和价值取向，但更多的还是作为一个外人和旁观者，对阉党倒行逆施、祸乱朝政的愤慨。

然而这还远不是魏忠贤报复的极限，当年十二月，魏忠贤再次矫旨：

> 杨涟、左光斗妄希定策，串同王安，倡为移宫之事，又与魏大中、周朝瑞、袁化中深盟同结，招权纳贿，党护熊廷弼，伙坏封疆。铁案既定，犹贪其重贿，托汪文言内探消息，暗弄机关。及文言事发，乃巧借题目，以掩其罪，信口装诬，毫无影响。❷

包括杨涟在内的"东林六君子"（杨涟、顾大章、魏大中、袁化中、左光斗和周朝瑞）遂于次年先后被捕下狱。同属东林阵营的汪文言在这之前已被捕下狱，阉党逮捕汪文言不但在于汪是东林阵营的一员干将，更是因为他出身卑贱，不是科举正途出身，而是结交权贵后花钱捐得监生的功名为官，而且年轻时还因不法行为留有污点，即使入朝成为高官并进入东林阵营后，他的行事风格依然与东林诸"君子"有很大不同，因此每当东林党阵营要做有违"君子之道"的勾当，往往由汪文言出面完成，但即便如此东林党内部依然有人鄙视汪

❶ 洪翼汉：《花浦先生朝天航海录》卷一，天启四年十月二十九日。
❷ 文秉：《先拨志始》，上海书店，1982年，第175—176页。

文言，汪文言第一次下狱时，魏大中甚至托人带话给负责诏狱的锦衣卫指挥同知署镇抚司刘侨称："文言无足惜，使缙绅之祸由文言不可。"❶可见东林视汪文言之轻。阉党由此认为汪文言非"君子"，当过小吏和师爷，且被东林诸君子相轻，所以希望从汪文言这里找到突破口，于是阉党爪牙许显纯对汪文言严刑拷打，诱逼汪文言作伪供诬陷杨涟等人。不料市井出身、为人油滑、在经济上也不甚检点的汪文言却表现出不输"六君子"的气节，《明史纪事本末·魏忠贤乱政》里说他下狱后：

> 锻炼两月余，弗屈。有旨杖之百，其甥悲失声，文言叱曰："孺子真不才，死岂负我哉？而效儿女子相泣耶。"至是下狱，严鞠者四，酷刑备加，弗屈如故。❷

许显纯遂变本加厉严刑拷打，但汪文言"至死不肯屈服，以赃诬杨（涟）、左（光斗）"❸，最终被折磨致死。

作为士大夫集团的"边缘人"，汪文言的人生轨迹十分耐人寻味，在无数科举正途出身，甚至以清流自诩的士大夫因为一己私利或一己私仇投向魏忠贤，甚至抛弃士大夫最后的尊严和节操，认魏忠贤为义父，为其修生祠，辱没家门师门的时候，汪文言这样一个出身与东林党人迥然不同，且在道德上并不光彩的官员，最终却和东林党人走到了一起，并以真正士大夫的气节和操守，走完了人生最后的高光时

---

❶ 黄尊素：《黄忠端公文略》，《四库禁毁书丛刊》第185册，北京出版社，1997年，第46页。

❷ 谷应泰：《明史纪事本末》卷七十一《魏忠贤乱政》，中华书局，1977年。

❸ 赵吉士：《寄园寄所寄》，《续修四库全书》第1197册，上海古籍出版社，1996年，第141页。

刻。这种"逆流而上"的表现用利益使然是无法解释的，因为为人油滑、"憸而贪"的汪文言如果一开始就投向阉党集团，不可能不受到提携和重用，而他如果在最后关头有苟且偷生之念，很可能也不会落得家破人亡，死后家属仍被迫害的下场。从根本上来说，还是汪文言在一开始因利益结交东林党之后，逐渐受到杨涟等人道德操守和政治抱负的感化，因而选择坚定地站在东林党一边，试图拯救国家，并为此两次入狱，最终为理想而死。汪文言是一个官员，但其实他在人生的大部分时间里，都是一个民，一个生来就被士大夫看不起的民，他因为机缘巧合成了高官之后，却依然没有被真正接纳为士，但他受到士的精神感召，一直在用士所不齿的方式，帮助士完成他们的政治理想，比如离间当政的"齐、浙、楚"三党，促使楚党投向东林的离间计，就是汪文言一手策划实施的：

> 丙、丁之际，正人尽退而局中诸有力者亦渐相携贰。文言策之曰："浙人，主兵也。齐、楚，客兵也。成功之后，主欲逐客矣。然柄素在客，未易逐，此可构也。"遂多方用间，齐、浙果大构，卒以两败，而楚乃归正。虽杨、左主其谋，而先后奔走以玉成之者，文言也。❶

然而除了当时的一些东林党人对其人不屑、对其行不齿外，当时一些在立场上偏东林或在情感上倾向东林党的学者，也对汪文言持负面态度，如夏允彝说："熹庙之初，群贤并召，其势甚盛，而败于汪

---

❶ 文秉：《先拨志始》，《续修四库全书》第437册，上海古籍出版社，2002年，第608页。

文言。"❶认为是汪文言这个出身、手段都不正的人在天启初年混入东林党，污染了"清流"，才使得东林党在政治上失势，被魏忠贤和阉党在短短几个月之内一网打尽。谈迁也认为：

> 汪文言以胥吏之贱夤附王安，其人何足数者，或泣或笑，托护国本，投合善类，群嚣竞诩，诸君子独不思元良久定。❷
>
> 汪文言脱逃刀笔，濡王安之幕，快口豪眉，好言宫府，左魏目为异人，延誉公卿间，招权请寄，日行其私，而左魏辈不悟也。❸

可见汪文言始终未能真正获得"君子"们的接纳和认同。直到他死的那一刻，他最终用自己的生命实践了"士之道"，成了一个真正的士。像汪文言这样没有"士"的出身，却以命证道的"士"在明末还有不少，也为那个黑暗的时代，平添了寥寥几点依稀的光，他们在本质上更接近先秦时代的"士"，他们的存在也证明了异化的科举制度根本不是成为"士"的必经之路。然而在崇祯初年东林党第二次执掌朝政之后，被阉党冤狱所害的东林党人纷纷得到平反，唯独与"六君子"同案的汪文言没有得到平反，无疑是东林党人出于爱惜羽毛的心理，担心汪文言身上的种种"劣迹"，特别是汪文言替东林党完成的一些"脏活"，有损于东林党人整体的"清流"形象，这种虚伪的道德观念不仅对汪文言很不公平，也极大地影响了东林党的自身价值理念。

---

❶ 夏允彝：《幸存录》，《四库禁毁书丛刊补编》第16册，北京出版社，2005年，第124页。
❷ 谈迁：《国榷》，古籍出版社，1958年，第5302页。
❸ 谈迁：《国榷》，古籍出版社，1958年，第5276页。

而能够将汪文言这样由市井钻营而入朝堂的小民感化为"士"的杨涟，其道德操守自不必说，其为官之清正，连阉党罗织罪名的时候都感到无从下手，不得不将汪文言作为唯一的突破口，"时（许）显纯逼令（汪）文言牵引诸人，文言五毒备至，终不承"❶。当许显纯逼迫汪文言栽赃杨涟贪赃时，汪文言大呼："世间岂有贪赃杨大洪（杨涟字大洪）哉！"❷许显纯最终不得不在没有口供的情况下，自己捏造口供构陷杨涟，杨涟在狱中受尽惨绝人寰的折磨，但始终未曾屈服，天启五年七月十五日，杨涟自知时日无多，遗书给母亲和儿子诀别，其中留给其子的一封信最后阐明了他的理想和抱负：

> 汝父死矣，身无完肤，肉供蝇蛆，亦自忠臣死事之常。但，累我诸儿。汝兄弟收藏我尸之后，还当攻苦读书，得有寸进，鸣父之冤，即是汝孝。汝等赤贫如洗，只有读书一路。莫言读书似我甚苦，人生梦幻，忠义千秋不朽，难道世道只是浑浊的？读书做官，做得些好事，也不枉生一场。❸

而其临死前留下的著名的《狱中血书》，则彰显了其大义凛然、视死如归的气节：

> 涟今死杖下矣。痴心报主，愚直仇人，久拼七尺，不复挂念。不为张俭逃亡，亦不为杨震仰药，欲以性命归之朝廷，不图妻子一环泣耳。打问之时，枉坐赃私，杀人献媚，五日一比，限限严

---

❶ 赵翼：《廿二史札记》，中国书店，1987年，汪文言之案。
❷ 赵翼：《廿二史札记》，中国书店，1987年，汪文言之案。
❸《杨忠烈公文集》，道光十三年刊本。

旨。家倾路远，交绝穷途，身非铁石，有命而已。

雷霆雨露，莫非天恩，仁义一生，死于诏狱，难言不得死所，何憾于天，何怨于人？惟我身副宪臣，曾受顾命。孔子云：托孤寄命，临大节而不可夺。持此一念，终可以见先帝于在天，对二祖十宗与皇天后土、天下万世矣！大笑大笑还大笑，一刀砍东风，于我何有哉！❶

天启五年七月二十四日，杨涟被许显纯以铁锥钉颅之刑折磨致死，之后"六君子"中的其余五人相继被阉党杀害。是为"六君子案"。天启六年二月，魏忠贤指使苏杭织造太监李实上疏，指控高攀龙、黄尊素、李应昇、缪昌期、周宗建、周顺昌和周起元七名东林党人贪赃、枉法、结党、通内，手法与"六君子案"如出一辙，东林党人此时已对阉党的手段有了一定认识，但此时王安已死，叶向高、韩爌均已被逼离朝，"六君子"业已被害，东林党人无力回天，高攀龙不愿受折磨在家中自缢而死，其余六人均被阉党杀害，是为"七君子案"。至此，东林政治集团已经彻底失势，核心成员或被迫致仕，或被放逐，或是被杀，以魏忠贤为核心的阉党集团权势达到顶峰，《明史》里说：

内竖自王体乾等外，又有李朝钦、王朝辅、孙进、王国泰、梁栋等三十余人为左右拥护。外廷文臣则崔呈秀、田吉、吴淳夫、李夔龙、倪文焕主谋议，号"五虎"。武臣则田尔耕、许显纯、孙云鹤、杨寰、崔应元主杀僇，号"五彪"。又吏部尚书周应秋、太仆少卿曹钦程等，号"十狗"。又有"十孩儿""四十孙"之号。

---

❶《杨忠烈公文集》，道光十三年刊本，"序"。

而为呈秀辈门下者，又不可数计。自内阁、六部至四方总督、巡抚，遍置死党。❶

魏忠贤的党羽和爪牙遍布朝野，形成了自上而下的权力网络，完全控制了朝政。"凡倾害忠直，皆秉谦票拟。《三朝要典》之作，秉谦为总裁，复拟御制序冠为首，欲用是钳天下口。朝廷有一举动，辄拟旨归美忠贤，褒赞不已"❷，阉党顾秉谦成了内阁首辅，内阁也沦为魏忠贤的权力工具。东林势力不但被彻底逐出权力中心，而且阉党还于天启六年编纂完成了官修史书《三朝要典》，用重构历史的方式美化、粉饰魏忠贤及阉党势力，打击、贬损、污名化包括东林党在内的政治对手，以起到杀人诛心、钳制舆论的效果。

至此，以东林党为代表的"清流"士大夫集团第一次控制朝政的时代就这样结束了。从泰昌元年到天启四年这段时期被《明史》称为"东林势盛，众正盈朝"，然而"众正盈朝"却并未带来清明的政治环境，东林党上台后虽然也有一些作为，但总体而言他们在四年中大部分时间忙于党争，对国家内忧外患的处境关注不够，于国事建树无多。无论是当时在野的士大夫，还是后来研究这段历史的学者和爱好者，均在对东林党人遭到血腥镇压和迫害感到同情和叹息的同时，对他们这种忙于争斗而耽于国事的行为感到愤慨和不解。实际上东林党在主政期间的这种表现，与其整个思想体系、组织机构和行为方式有着密切的关系。

以"讨魏战争"为例，包括杨涟在内的"六君子""七君子"的殉难党人表现出的品格、气节、操守不可谓不高，阉党诬陷杨涟受

---

❶《明史》卷三百五《宦官传》，中华书局，1974年。
❷《明史》卷三百六《阉党传》，中华书局，1974年。

贿，在其死后抄没其家产，结果不足一千两，足见其为官一生，两袖清风。但如果细看杨涟弹劾魏忠贤的"二十四大罪"，就不难发现："亲乱贼而仇忠义"；"颠倒铨政，掉弄机权"；横行宫内，谋害妃嫔；滥邀恩荫，"要挟无穷"；操纵东厂，"快私仇，行倾陷"；"恩多成怨"，对皇帝"进有傲色，退有怨言，朝夕提防，介介不释"❶等罪名多是从维护封建皇权的角度出发指控魏忠贤，反而没有提及其祸乱地方，构陷、杀害边臣，危害边防的罪行，而恰恰是这些罪行让整个国家陷入了前所未有的危机之中，与这些真正的军国大事相比，魏忠贤横暴宫人、不敬皇帝的罪行，都显得不那么紧要了。

杨涟上疏中列举的"二十四大罪"没有一条与国家面临的严峻政治、经济、危机有关，正是因为东林党人救国思想的根源是向儒家思想求解，而其中既包括了先秦的儒家思想，也包括了后世被异化的儒家思想，因此东林党人将皇权看得比国家利益还重，将祸乱宫廷的魏忠贤看得比关外的后金政权还危险，也就不奇怪了。纵观东林党人在天启初年短暂主政期间种种令人失望的表现，不难发现，这种源自思想根源的问题贯穿其中，正是因为在东林党人的意识形态中，救国运动是一场围绕着皇权的君子与小人之争，因此一个人一旦被东林党判定为小人，那么就既不能与其妥协，更不可能团结他，凡是他支持的东林就要反对，凡是他反对的东林就要支持，在这一思想的主导下，东林党在内部内讧不断，在外部树敌无数，同时沉溺于政治斗争，在党争中表现出高度的好战性和攻击性，在忘记了斗争是为了救国这一根本逻辑之后，斗争就取代救国，成为东林党存在的终极目标，而国家也只能在无休止的争斗和内耗中日亦沉沦下去。

以杨涟为首的东林党人弹劾魏忠贤，固然是为了"大义"，但动

---

❶《明史》卷二百四十四《杨涟传》，中华书局，1974年，第6328页。

机中也有基于东林党小团体的"私利"成分，阉党贾继春在分析杨涟上疏的动机时说：

> 王安以修隙之故，倡为移宫之说。杨涟、左光斗，希宠助虐，昧心说谎，逼辱康妃（指李选侍——笔者按），亏损圣德。傅櫆参汪文言、左光斗、魏大中，涟在其中矣，于是先发遮饰之计，而参内之疏出。参内者，其所借之题目也，总不过为自掩计耳。❶

这里面"希宠助虐，昧心说谎，逼辱康妃，亏损圣德"显然是污名化杨涟和东林党的诛心之论，但指出杨涟上疏弹劾魏忠贤是东林党在危机之下的先发制人之举，这一点没有太大的问题。正是东林党的内讧给了魏忠贤可乘之机，而又是东林党这种缺乏弹性的斗争策略，使其拒绝接受一个暂时妥协的方案，来解决国家面临的危机，反而将其所有精力与力量孤注一掷地投入党争之中，在没有把握的情况下发动反击，最终招致失败，崇祯时代的东林党人黄景昉反思这段历史时说：

> 于是魏忠贤为百足之图，机绪相生，端委隐露，就从到头一错始。为诸君子者亦何苦以其所爱好人好官，基朝家数十年灾祸为哉！❷

认为当时东林党开战的时机选择不当，不但招致东林集团的惨败和失

---

❶ 文秉：《先拨志始》，上海书店，1982年，第175—176页。
❷ 黄景昉：《国史唯疑》，上海古籍出版社，2002年，第335页。

势，损失了大批志士，而且使国家进入了一段最为黑暗的时期，国事日坏，最终陷入万劫不复之地。

这一评价是客观的，在当时北方遭灾、流民遍地、官民矛盾日益激化、辽东局势崩坏、明军一退再退的局势下，东林党顾小而弃大、舍本而求末的历史抉择给国家带来了不可估量的损失，也间接影响了历史的走向。在天启朝很多给国家造成重大损失的战略失误中，东林党的表现和阉党并无二致，二者在斗争中甚至无意中形成过一些合谋，最典型的就是冤杀熊廷弼事件。

熊廷弼是湖北江夏（今江夏区）人，自幼家境贫寒，但志向高远，兼耕兼读少年成才。万历二十四年（1596）参加乡试夺魁，次年即金榜题名。清人的《柳南随笔》中认为熊廷弼是先中了武举人，但遭人蔑视，遂弃武从文连中三元（即乡试、会试、殿试三次考试第一名），因此有"三元天下有，两解世间无"之誉。此说虽为孤证，但熊廷弼身长七尺、能骑善射、文武双全确是事实。他中进士后授保定府司理，任上秋毫明断，纠正冤假错案上百起，因而成名，被提拔为工部主事。熊廷弼性情刚直，有救国之志，结合其科举正途的出身，本应属于东林党的天然同路人。而且当时东林势力日渐强大，"朝士慕其风者，多遥相呼应"❶，自认为正直的士大夫多自动归属东林阵营，但熊廷弼通过对党争的认识已清醒地认识到，东林党除了占据大义的名分之外，在党争中的行为方式和被其斥为"邪党"的一方并无二致，因而不愿趋附东林，还以诗明志，表达自己有心国事、无意党争的心气，同时不以阵营预设立场，积极结交齐、宣、昆党中志同道合的有志之士，因而引起东林忌恨。而且熊廷弼是楚人，就自动被东林划归楚党，列为斗争和打击对象。东林党将所有不肯依附的人划为邪党的

---

❶《明史》卷二百三十一《顾宪成传》，中华书局，1974年。

做派，与后来的阉党将所有反对者"率指为东林"没有什么区别。熊廷弼不久就遭东林党攻讦罢官，双方就此结下难解的矛盾。

后宣、昆两党得势，熊廷弼被重新启用，更坐实了东林党视他为楚党的刻板印象，双方积怨加深。万历三十六年（1608）熊廷弼巡按辽东，此时主持辽东军政的李成梁家族已经军阀化，与包括建州在内的多个女真部落勾连极深，对其在抗倭援朝战争后进行的女真兼并战争睁一只眼闭一只眼而少加干预，放任其坐大，且有意为其遮掩，仍将辽西松散的蒙古部落作为主要的防御和打击对象。而熊廷弼则敏锐地指出"今之危敌，不在河西（蒙古）而在河东（建州女真）"❶，上疏弹劾总兵李成梁"驱民弃地"，主动放弃战略要地宽甸六堡，绥靖努尔哈赤的做法，主张转变战略重心，将努尔哈赤作为主要防备对象，修缮针对女真方向的防御工事，重新屯垦。这无疑证明了熊廷弼不仅文武双全，而且具有战略眼光，是明末不可多得的儒将。

巡按辽东三年之后，熊廷弼再次受命督学江南，针对江南地主、财阀利用经济势力作用于科举制度，从而在朝堂中培养代理人的企图，熊廷弼尽力向朝廷输送有真才实学的寒门子弟，斩断其利益输送链条，而江南恰恰是东林书院所在地和东林党人的大本营，熊廷弼"所拔多名士，所进皆寒微，所黜皆乡绅津要子弟，而东林子弟居多"❷的做法极大地损害了东林党的政治利益，双方积怨日深，"人妄拟先生有意摧东林，至此祸不可解"❸。熊廷弼不久就再遭东林打击，第二次辞官回乡。

---

❶ 熊廷弼：《熊襄愍公集》，《明别集丛刊》第四辑第83册，黄山书社，2016年。

❷ 熊廷弼：《熊襄愍公集》，《明别集丛刊》第四辑第83册，黄山书社，2016年，第426页。

❸ 熊廷弼：《熊襄愍公集》，《明别集丛刊》第四辑第83册，黄山书社，2016年，第426页。

萨尔浒之战的惨败让朝廷"上下震动，举朝惊骇"后，朝廷不得不再次启用熊廷弼为兵部右侍郎兼右佥都御史、辽东经略，并赐尚方宝剑，实际上是在无人可用的情况下，让熊廷弼去辽东收拾大败后的危局。熊廷弼到任后"招流徙，缮守具，分置士马，由是人心复固"❶，收敛残兵败将，安置流民，修缮城堡，斩杀了一些贪污、怯战的将校和官员，稍稍稳定住了局势。然而熊廷弼虽是文官出身，举止做派却颇类武人，他"好谩骂，不为人下，物情以故不甚附"❷，治军严格，令行禁止，在当时文恬武嬉、荒唐糜烂的官场大环境中很不受待见。更重要的是，熊廷弼以国事为重，将国家利益置于所属政治团体利益之上，与包括东林党在内的绝大多数官僚集团相左，因而触犯了很多人的利益，很快再次卷入党争之中，吏科右给事中、浙党姚宗文污蔑熊廷弼：

> 臣往日出关，阅其兵马不训练，将领不部署，人心不附戢。至工作之无时而已，刑威之有时而穷，废群策之不足以图大功，恃独贤之不足以成大事，故阅视之役，不行荐举，诚不敢上欺君父也。❸

按理说，后来依附魏忠贤成为阉党的姚宗文是东林党的政敌，而楚党已开始与东林党合作，东林党人即使因为积怨罔顾国家利益，不愿为熊廷弼秉公直言，至少也应该根据"敌人反对的就应该支持"的党争原则而提出反对意见。然而东林党却一反常态，对熊廷弼群起而

---

❶《明史》卷二百五十九《熊廷弼传》，中华书局，1974年，第6693页。
❷《明史》卷二百五十九《熊廷弼传》，中华书局，1974年，第6693页。
❸《明光宗实录》卷七，历史语言研究所，1962年影印本，第189—190页。

攻之，致使熊廷弼不得不一边苦撑辽东危局，一边应对朝堂之上的攻讦，很快再次去职。东林党这种奇怪的态度，实际上源于其自身小团体利益的算计，他们当时已逐渐掌握政权，正谋划使其党人李三才复出，因此极力攻讦熊廷弼，希望以李三才取而代之，后虽未完全得逞，但也成功使东林党人袁应泰取代了熊廷弼，基本实现了其利益目标。而与"邪党"合力攻熊廷弼去职，实在是东林党人在政治方面的一大污点。

取代熊廷弼的袁应泰是东林党人中品格和能力都比较突出的人才，但其既"素不知兵"，没有军事经验和军事才能，又缺乏边疆治理的经历，对辽东的险恶局势缺乏深入的认识和了解，"既不知兵，亦不知辽"导致他既轻敌，又轻信，很快犯下一系列幼稚轻敌的错误。天启元年初，努尔哈赤再次出兵，在没有重型攻城火炮的情况下，用中世纪的方式连续轻易攻克有高墙深堑环绕，又有大小火炮严密防守的辽、沈二城，袁应泰战败自杀。明朝在萨尔浒之战后，再次在军事上遭受重大打击，而此时主政的东林党却忙于党争，既拿不出可以拯救危局的办法，也推选不出可以拯救危局的人物，大小言官反而以辽、沈之败为由竞相攻击，试图让政治对手承担战败的责任，辽、沈两座关外重镇，数万明军将士的生命和鲜血，数十万明朝百姓的流离失所，都变成了朝堂之上的一个抽象的符号，争斗中的各方势力都想把这个符号加诸对手身上，至于现实中千里之外的危局和惨状，却并无人真正关心。大小臣工论起辽、沈失陷之责，则群情汹汹，论起克复辽、沈之策，则噤若寒蝉。毕竟袁应泰已是当时东林阵营能力相对突出的官员，依然落了个军败身死的下场，而那些远较袁应泰庸碌得多的文官在这种势若累卵的危局中远赴辽东，无异于以身饲虎，必死无疑。

整个朝堂上弥漫的这种无心国事、全力党争、万马齐喑、无人可用的气氛，为熊廷弼的再次复出创造了条件，也注定了他最终的悲剧命运。史载："京师告急，宸衷震怒，大小臣工人人自危，恐势不可支，祸必及身，乃谋复起廷弼于田间。"❶熊廷弼应召时正患重病卧床，"一闻君命，慷慨出关"❷，提出"三方布置策"：

> 广宁用骑步对垒于河上，以形势格之而缀其全力；海上督舟师，乘虚入南卫，以风声下之而动其人心；奴必反顾，而亟归巢穴，则辽阳可复。于是议登莱、天津并设抚镇，山海适中之地特设经略，节制三方，以一事权。❸

在当时的种种"平辽"设想中，"三方布置策"是谋略最为深远，且最具可行性的一种，他客观上承认了明军在野战中打不过后金军队的现实，避免了明朝使用添油战术不断地将军队送到辽东白白送死，同时吸取了辽、沈之败的经验，隐晦地回避了依赖漫长的补给线，将大量物资集中在少数孤城重镇，陷入与后金围绕一城一堡死斗困局的风险，注意发挥明军在水师、火炮方面的优势，同时针对明朝在辽东事权、军权混乱，令出多门的乱象，提出收回五指、攥紧拳头的集权主张。

但这种基于客观现实的可行之策要得以实施，要克服的内部压力，远比外部困难大得多。首先"三方布置策"是一个先守后攻的策略，战略收缩势必要暂时放弃一些补给难度较大、防守不易的地方，很容易背上"弃地"的罪名，而在当时东林主政的背景下，朝堂之上

---

❶ 熊廷弼：《熊襄愍公集》，《明别集丛刊》，黄山书社，2016年。
❷ 熊廷弼：《熊襄愍公集》，《明别集丛刊》，黄山书社，2016年。
❸ 熊廷弼：《熊襄愍公集》，《明别集丛刊》，黄山书社，2016年。

以"大义"为不能触碰的政治正确。"问弃之何地则不知所在，但闻弃地则暴跳如雷"，"清流"言官们往往连要放弃的地方在哪里都不知道，只要听到要弃地就群起而攻之。身不在辽东，也不知兵的文官们大多是主张"速胜论"的狂热主战派，而《明季北略》的作者计六奇说："廷弼本胆气过人者，宜不畏战，而反主守，是知彼知己，能刚能柔一等人，真可将矣。"❶这样一来，二者之间形成了尖锐的矛盾，"三方布置策"要得以实施，必须面对巨大的朝堂压力。

而且"节制三方，以一事权"则意味着熊廷弼获得了统御全辽的大权，这是东林党所绝对不能接受的局面，在这种恶劣的政治环境中，"三方布置策"不可能成功实施，东林党人为阻挠熊廷弼掌权，由辽东巡抚、东林党人王化贞干扰、牵制熊廷弼，针锋相对地提出"借虏平奴策"。"化贞为人骏而愎，素不习兵，轻视大敌，好谩语"❷。与熊廷弼复杂的"三方布置策"相比，他的"借虏平奴策"非常简单，就是以财物笼络北元林丹汗与后金为敌，出兵"四十万骑"进攻后金，同时联络原明朝边将、后金额驸李永芳为内应，一举荡平后金，这实在是一个小儿呓语、痴人说梦的荒唐计划。一来林丹汗虽然是名义上的北元大汗，然而其自身实力和对其他蒙古部落的控制力均十分有限，处于其直接控制下的人口尚不足四十万，又怎么可能有四十万兵力，这不过是其自我吹嘘，威吓其敌人，以及诓骗明朝不知边事愚蠢官僚的虚言，而且林丹汗自从与后金发生冲突之后，从未取得过一次像样的胜利，虽然对明朝官员夸下海口，实际上外强中干，已经有了畏敌心理。二来李永芳早已死心塌地效力后金，王化贞妄想策反李永芳算计后金，却不知李永芳对他的虚与委蛇均得到了后金高

---

❶ 计六奇：《明季北略》，中华书局，1984年，第35页。
❷《明史》，中华书局，1974年，第6698页。

层的首肯，意在算计王化贞。而王化贞本人却对此扬扬得意，狂言半年平辽。然而就是这样一个荒唐的计划，却得到了朝堂之上大部分大臣的支持，"庙堂诸公向闻人言复辽难，须兵多饷多辄眉皱听，一闻化贞言可反掌而得，辄大喜，谓才可独任"❶，足见当时明朝君臣见识之短浅，人心之浮浪，已经到了罔顾常识的地步。王化贞的对策得到了朝堂认可，自然也得到了兵部尚书、东林党人张鹤鸣的鼎力支持，而熊廷弼不但得不到一兵一卒的支援，而且所请的官、兵、钱、粮全被驳回，"三方布置策"实际上根本没有实施，史载：

> 广宁有兵十四万，而廷弼关上无一卒，徒拥经略虚号而已。延绥入卫兵不堪用，廷弼请罪其帅杜文焕，鹤鸣议宽之。廷弼请用卜年，鹤鸣上驳议。廷弼奏遣之垣，鹤鸣故稽其饷。❷

天启二年（1622）正月，后金进攻广宁，明军大败，广宁失陷，王化贞仓皇奔逃，熊廷弼以五千兵马出大凌河，掩护溃败军民入关。广宁失陷次月，王化贞被逮捕，熊廷弼听勘，按照当时的分工，辽东经略负责统御山海，因此广宁之败熊廷弼无责，护送军民入关反而有功，熊廷弼自己也是这么认为的：

> 臣奉命控扼山海，非广宁所得私，抚臣不宜卸责于臣。❸

当时的舆论也普遍认为熊廷弼无责：

❶ 熊廷弼：《熊襄愍公全集》卷八，国家图书馆藏清嘉庆十八年刻本，第28页。
❷《明史》，中华书局，1974年，第6699页。
❸ 熊廷弼：《熊襄愍公集》，《明别集丛刊》，黄山书社，2016年。

广宁之败，化贞忽同三四百万辽民一时尽溃，廷弼五千人，不同溃足矣，尚望其屹然坚壁哉！廷弼罪安在？❶

王化贞按律当诛，兵部尚书张鹤鸣也难逃干系，背后指使张鹤鸣操纵辽东兵权转移的内阁也要承担主要责任，而东林党欲将广宁之败的责任栽赃在熊廷弼头上以推卸责任，同时保住张鹤鸣，熊廷弼对此愤怒地上疏争辩称：

> 惟河西所以断送之故，虽由抚臣王化贞，而主令决战以致其七进七退玩兵速败者，张鹤鸣也；愿用间用贿用乡兵辽将，以致于佯退卖阵谋缚献城者，张鹤鸣也；兵马钱粮器械尽送广宁，不容关上留下，不为登、津处给窖，经略如穷人无归者，张鹤鸣也；驻扎关上调度三路有救，严勒兵将控扼山海有谕，广宁进兵方出策应，屡讨兵马下部议复皆抗违不遵百计破坏，张鹤鸣也；专救节制广、宁、登、津、蓟、真、山东各抚镇，特救调度各省镇而为广宁谋夺节制沮抑经略不得行一议做一事者，张鹤鸣也；怒臣章疏书揭屡屡责备而恨不立陷封疆以陷臣，而挟其忿者，张鹤鸣也。❷

然而在当时东林把控朝政的大背景下，熊廷弼孤立无援，内阁要推卸责任，必保张鹤鸣，而保张鹤鸣，则必杀熊廷弼，而且熊廷弼刚直的性格和巨大的冤屈，使得他在上疏中指出了一个对东林党和对他自己都非常致命的问题，即在文官中普遍存在的"玩

---

❶《明史》卷二百五十九《熊廷弼传》，中华书局，1974年。
❷ 熊廷弼：《熊襄愍公集》，《明别集丛刊》，黄山书社，2016年。

兵"问题，因为文武分家导致的文武地位悬殊，使得明季士大夫无论阵营，既不把兵士当同胞，也不把武将当同僚，而将其当作无意识的工具和耗材，为了政治目的白白牺牲将士的鲜血和生命亦不甚惜，只要自己占住了"大义"的道德高地，万一自己"玩兵"侥幸赌赢了，则是大功一件，而万一自己"赌输"了，无论枉死多少武夫，自己都不需要承担责任，翻脸就可以摇唇鼓舌，以大败为由攻击政治对手。纵观明亡清兴过程中明军在关外的几次大败，从萨尔浒到松锦，那些对前线将领攻讦不休，指责其畏敌惧战，不停催促将领出击，甚至遥控"玩兵"的文官，大多数没有得到应有的惩罚。

当时后金将领嘲讽明军"上阵如以命作戏耳"，实际上就是文官"玩兵"的恶果。除了接踵而至的灾难性惨败，文官"玩兵"更严重后果是文武加速离心，以及武将为了避免执行文官"玩兵"所下达的自杀式指令而自觉或不自觉地加速军阀化，崇祯时代大批武将"听诏不听宣""俨然如一方诸侯"就与此有很大的关系。但熊廷弼在这种于己不利的处境中指出东林党"玩兵速败"，无异于直戳整个东林党高层的肺腑，将自己送上必死之路。当时一些心中仍存良知，对熊廷弼的冤屈抱有同情的东林党高官如韩爌，对熊廷弼也是"生前不肯营救，只于死后鸣冤"，与熊廷弼揭露东林党本质的这封上疏是不无关系的。

天启二年四月会审熊廷弼时，东林果然倾巢而出，诬陷熊廷弼失陷封疆，不救广宁，必欲置其于死地：

> 熊廷弼向使广宁告急之日兵方出策应，肯做兴师或卷甲疾趋广宁，提一剑以勘祸难，或坚垒固守右屯，收余烬以图恢复，反

败为功，死且不朽。❶

当时辽西归王化贞统领的兵马有十余万，且有坚城可恃，尚且在旦夕之间大溃而逃，熊廷弼只有孤军五千，如何"反败为功"？更有无耻之尤者如左都御史邹元标，直接质问熊廷弼为何不愿去死：

> 廷弼扪扪心一思，丧师失地，同抱头鼠窜，亦安得有差乎，胡不引从前之经略观之也，比之杨镐更多一逃，方之袁应泰反欠一死。若厚诛化贞，而廷弼少及于宽罪，同罚异非刑也，不惟无以服天下万世之心，亦恐无以服杨镐、袁应泰之心矣，宜用重典，以警将来。❷

东林党就靠这些颠倒黑白、匪夷所思的构陷之语，将熊廷弼和王化贞一同论死下狱定案。张鹤鸣畏罪乞休，仅被罢官。当时也有一些正直之人替熊廷弼多方活动，若能拖到崇祯朝，熊廷弼或可不死。此事本与阉党无涉，但天启四年杨涟等上疏弹劾魏忠贤时，魏忠贤苦于没有可以置杨、左、魏等于死地的罪名，阉党徐大化向他献计：

> 彼（杨涟、左光斗）但坐移宫罪，则五脏可指。若坐纳杨镐、熊廷弼贿，则封疆事重，杀之有名。❸

于是孤立无援的熊廷弼就成为阉党和东林党残酷斗争的牺牲品，

---

❶ 熊廷弼：《熊襄愍公集》，《明别集丛刊》，黄山书社，2016年。
❷ 熊廷弼：《熊襄愍公集》，《明别集丛刊》，黄山书社，2016年。
❸《明史》，中华书局，1974年，第7865页。

阉党为了置杨涟等东林党人于死地，诬陷熊廷弼挪用辽东军饷向杨涟行贿，将与熊廷弼无关的移宫案和失陷封疆案合成一案：

> 拟以移宫为案，苦无赃。徐大化倡为封疆之说，盖移宫止属杨（涟）、左（光斗），与顾大章无预；封疆止周朝瑞荐熊廷弼，顾大章与杨维垣争辩与杨、左四人又无预，合移宫封疆为一局。❶

这样一来，要杀杨涟等"六君子"，就要先处决熊廷弼，天启五年八月，魏忠贤主持朝议时向群臣施压称"廷弼即议处决"❷，众臣不敢反对，熊廷弼当月被杀，"传首九边，尸弃漏泽园"❸，其子也被"奉旨追赃"的贪官污吏逼迫自杀，熊家一门家破人亡，下场极惨。熊廷弼死后，东林"六君子""七君子"随即被害，阉党继以"封疆通贿案"为契机，杀得东林党人头滚滚，而他们在失陷封疆案中构陷熊廷弼时，大概做梦也想不到会因为自己做成的冤案而与熊廷弼一同被杀。

时人高汝栻痛惜熊廷弼之死称：

> 廷弼慷慨挥霍有余，涵养温恭则不足。高言雄气不肯下人，世多以刚愎虚骄目之。自有辽事以来，再任经略，不取一金钱，不通一馈问，终日焦唇敝舌与人争言大计，视国如家，第以经抚见左，复与中枢宿怨，动辄掣肘，愤激坐视，遂膺显戮。悲哉！然当事者亦无意即杀，自杨（涟）、左（光斗）起而廷弼之死决矣。

---

❶ 李逊之：《三朝野记》卷三，《续修四库全书》第438册，第48页。
❷《明史》卷二百五十九《熊廷弼传》，中华书局，1974年。
❸《明史》卷二百五十九《熊廷弼传》，中华书局，1974年。

故曰：廷弼不死于封疆而死于时局，不死于法吏而死于奸珰也。珰谓不以封疆串移宫，则不能创大狱，不以封疆受贿诬诸臣，则不能作清流之陷阱，不杀廷弼，则不能借题追赃，加诸臣以身后之诛。夫贻误封疆，伏法何辞，然终不死于封疆而死于时局，不死于吏议而死于奸珰。是以九泉之下，目不瞑耳。❶

熊廷弼死不瞑目，而广宁之败真正的罪魁祸首王化贞却因为行贿，一直拖到崇祯五年（1632）东林党第二次主政时迫于舆论压力才被处决，王化贞在临刑时怒骂东林党人：

> 奸臣尔，当日要杀熊廷弼，教我只管争功，今败事是汝等误我也。❷

这个"驽而愎"、一生稀里糊涂的愚蠢官僚，死到临头时说的这句明白话，道出了丧尽初心之后的东林党的本质，可谓那个黑暗的乱世中，最为漆黑的黑色笑话。

前文已经论及，阉党的主体是对东林党不满的文官，而东林阵营方面也有宦官势力，因此不能将二者之间的冲突视为文官集团对宦官集团的斗争。而传统史论中，将其简单视为正义一方（东林党）对邪恶一方（阉党）的斗争也不够准确。在这场斗争中，阉党固然是邪恶和反动的一方，而就此认定与其相对的东林党就是绝对正义和进步的一方，则有失公允。鉴于东林党的一系列漠视国家利益的行为在历史中所起到的负面影响，其正义性既不是天然的，也是相当有限的。

---

❶ 谈迁：《国榷》卷八十七，古籍出版社，1958年，第5311页。
❷《明史》卷二百五十九《熊廷弼传》，中华书局，1974年。

熊廷弼之死确实由阉党亲自操刀，但熊廷弼的死局却是东林党人一手造成的，一群以"救国"为志向的人，害死了一个真正救国的人，然后又被自己所制造的冤案害死，熊廷弼的悲惨命运，既是那些厌弃党争、一心救国的士大夫悲剧的缩影，也是明末整个士大夫集团悲剧的缩影。

自阉党彻底打垮东林党集团，在天启后期掌握朝政，到崇祯初年倒台之前的这段时间，堪称明朝历史上朝政最为黑暗的时期，也是士风最为败坏的时期，无数文臣武将匍匐在魏忠贤脚下，极尽谄媚之事，以"厂臣""元臣""上公""尚公""殿爷""祖爷""千岁""老祖爷""九千岁"称呼魏忠贤，阉党在全国为魏忠贤建立"生祠"四十余座，劳民伤财，监生陆万龄说："孔子作《春秋》，忠贤作《要典》。孔子诛少正卯，忠贤诛东林。宜建祠国学西，与先圣并尊。"❶要将魏忠贤与孔子并祀，可谓无耻之极。工部郎中叶宪祖看见魏忠贤的生祠居然建在皇帝出入要经过的内城东街上，说："此天子幸辟雍道也，土偶能起立乎？"❷立刻被削职为民。阉党依据天启五年编成的《东林点将录》，对残存的东林党人进行定点清除。《东林点将录》是左副都御史、阉党王绍徽模仿《水浒传》所列的一份黑名单，针对东林党有核心而无边界，不易甄别也难以彻底消灭的特点，王绍徽将其认定的东林党核心人物列成名单，意在斩草除根一个不留。

而在这种暗无天日的政治局面下，国家反而在政治、军事、经济上短暂出现了一个较为平静的时期。东林党遭到毁灭性打击后，清流救国运动落入低谷，阉党完全把持了朝政，自张居正死后一日炽胜一日的党争似乎短暂地平息下去了。阉党集团权力网络的横向扩张和纵

---

❶ 文秉：《先拨志始》，上海书店，1982年，第230页。
❷《明史》，中华书局，1974年，第6834页。

向延伸使得朝廷对地方事务的控制力加强，一些久拖不决的事务得到了处理，尤其是辽东局势得到了暂时稳定。

明与后金的战争爆发后，明军一败再败，一退再退，兵部尚书王在晋说："东事一坏于清、抚，再坏于开、铁，三坏于辽、沈，四坏于广宁。初坏为危局，再坏为败局，三坏为残局，至于四坏则弃全辽而无局。"❶广宁之败后，明军几乎已经放弃全辽，退守山海关，退无可退了。明军将士士气低迷，畏敌如虎，投敌成风，朝堂上万马齐喑，大小臣工噤若寒蝉，视出关为必死之途。但在孙承宗、袁崇焕二人的经营之下，明军由屡战屡败、一泻千里的大溃败中逐渐稳住阵脚，以宁远为中心，修缮锦州、松山、杏山、右屯、大小凌河诸城为支点，组成关宁锦防线，前出山海关数百里，与后金进入了战略相持阶段。尤其是在天启六年的宁远之战和天启七年的宁锦之战中，明军凭借坚城与西式大炮，两次击退后金军的进攻，明朝"天下震动"，以为"数十年未有之武功"，使得天启末年这段时光与之前的"万历—天启"年间风雨飘摇的乱世和之后崇祯年间行将就木的末世相比，更像是短暂的"回光返照"。而这短暂的"回光返照"恰巧发生在阉党执掌朝政的这段时间里，也给从古到今的人造成了一种错觉，以为这是魏忠贤与他的阉党集团治国有道、施政有方的结果。而阉党被摧毁后，这段"阉党中兴"的特殊时期也常被阉党的残余党羽用于鸣冤翻案，在南明时期甚至有了"崇祯密旨收葬魏忠贤"的传言。当时的杂志《燕都日记》是记录明朝灭亡的新闻汇编类刊物，里面混杂了大量的政治谣言，其中有一条题为"起复内臣曹化淳"的政治谣言颇有意思：

【崇祯十七年三月十四日】（曹）化淳经事故珰魏忠贤，奏言

---

❶ 王在晋：《三朝辽事实录》卷八，《续修四库全书》史部第437册，第208页。

（魏）忠贤若在，时事必不至此。上恻然，传谕收葬忠贤骸骨。❶

　　大意是说在李自成破城前三天，崇祯皇帝的亲信太监曹化淳（曾服侍魏忠贤）对皇帝说，如果魏忠贤还活着，国家势必不会沦落到这种地步。崇祯听完颇为伤感，下令收殓魏忠贤的尸骨安葬。这个谣言编造的水平比较拙劣，很容易看穿。首先曹化淳没有做过魏忠贤的手下，恰恰相反，他曾经侍奉魏忠贤的政治对手和仇人王安，因此被逐至信王府，才成为崇祯皇帝的太监，他既没有动机，也没有胆量说出为魏忠贤翻案的建议。其次，崇祯朝君臣上下，都将诛灭阉党视为不世之功，崇祯皇帝年轻时曾受到魏忠贤威胁，更不会为他"恻然"。再次，魏忠贤是死后再遭磔刑，早已碎尸万段，十七年后去哪里收殓他的骸骨？而且三月十四日京畿四周早已"陷贼"，崇祯皇帝又怎么会命令曹化淳去收殓魏忠贤的骸骨呢？

　　可见谣言的水平不高，但反映出来一种有趣的观点，即魏忠贤本来是可以拯救危局之人，如果不是魏忠贤及其阉党集团被诛灭，明朝或可不亡。而正是在这种观点，以及其背后隐藏的利益驱使下，这个政治谣言被添油加醋广为传播，甚至现代一些研究者也持此论，实在是中了阉党"岁月史书"之计。

　　在魏忠贤当政时期，其本人任司礼监秉笔太监，其亲信任司礼监掌印太监，内阁中顾秉谦、黄立极、冯铨都是其党羽，其一人统领内廷与外朝，天下大事决于其手。熹宗则"日与亲昵近臣。如涂文辅、葛九思、杜永明等朝夕营造，成而喜，喜不久而弃，弃而又成不厌倦也"❷，深陷玩乐不能自拔，而王体乾等人则利用这一点，"体乾等奏文

---

❶《燕都日记》，见冯梦龙辑《甲申纪事》卷六，弘光元年刻本，第3页a~b。
❷《明史》，中华书局，1974年，第297页。

书，一边经管鄙事，一边倾耳注听。奏请毕，玉音即曰：尔们用心行去，我知道了。所以太阿之柄下移。先帝每营造得意，即膳饮可忘，寒暑罔觉，可惜玉体之心思精力，尽费于此"[1]，故意趁其玩乐时奏事，以方便按照自己的意志和喜好处理政务。朱长祚总结阉党执政期间的政治局面时评价："逆珰乱政，妖姆同心，以致中外蒙蔽，出入自由，诏旨多从传事票拟，不由内阁。太阿倒持，国是混淆，五六年间，半为矫命也。"[2]

在这种完全的暗箱状态之下，贪污腐败和卖官鬻爵都不过是"通例"，不仅魏忠贤本人受贿卖官，其手下的"十狗""十孩儿"都争相卖官，阉党之间甚至有因竞卖一官而互相争斗的，也有因一官两卖而引发纠纷的。在这种腐败至极的政治生态环境中，根本不可能形成对国家的有效治理。而阉党一党独大下党争的暂时平息，也不过是在阉党的高压和淫威下，言论受到压制，言路阻塞所形成的一种平静的表象罢了。党争虽然平息一时，但阉党的清洗一刻都没有停息过，首先被清洗的自然是东林党和亲近东林党的势力，在这些官员纷纷遭到杀害和罢官、削籍之后，有官员预感到阉党的清洗必然要不受控制地扩大化，大理寺卿曹珖哀叹道：

> 朝廷大权，诸君拱手以奉内监，呼吸霜露，生杀在手。今大狱将起。士大夫糜烂屠戮，只在眼前。诸君动辄仇东林，欲借内监力，尽加屠戮，今即锄尽东林，内监之权在手也。有东林削东林，无东林即非东林者亦削，如蝎之毒，遇人则螫，不得人以发其毒，

---

[1] 刘若愚：《酌中志》卷十四，北京古籍出版社，第2964页。
[2] 朱长祚：《玉镜新谭》卷五《矫旨》，中华书局，1989年，第76页。

遇草木亦蛰。将倾之势。诸君异时，所谓遇草木亦蛰者也。❶

　　曹珍预感大权在握的阉党在将朝中的东林党赶尽杀绝之后，下一步就要清洗那些既不是东林，也不是阉党的大臣，就像剧毒的蝎子在找不着人蛰的时候，遇到草木也要蛰。曹珍的预测确实不错，阉党在铲除东林党之后，就开始清洗非阉党的大臣，使得人人自危。为魏忠贤建生祠本来是阉党向魏忠贤献媚的一种手段，之后发展到不肯建生祠即是有罪，最后连生祠建得不如他人也有罪。遵化兵备副使耿如杞本不愿建祠，因不愿招惹麻烦不得不建祠应付，建成之后潦草拜了拜就从祠里退出来，被阉党特务侦知，魏忠贤当即下令缇骑将其逮捕下狱，"坐赃六千三百论死"。一开始是公开反对阉党的会遭到迫害，之后发展到默不作声的也会遭到迫害，最后发展到不公开表态赞颂阉党就会遭到迫害，也就是"颂珰"现象。所谓"颂珰"就是在阉党"以不誉厂臣为罪"衡量官员立场、区分敌我的淫威之下，出于诏媚、无奈、苟且等各种不同态度，称颂魏忠贤的行为。"颂珰"不能敷衍了事，必须言之有物、言之有理，否则也可能被视为"不敬"而遭到阉党迫害。因此官员除了将一些天象和奇景附会为"祥瑞"称颂魏忠贤，也一股脑地将自己任上的所有政绩统统归于魏忠贤，自然也就出现了魏忠贤以一大字不识之阉人，却能集文治武功于一身的怪象。把"颂珰"的怪象理解成魏忠贤拥有拯救国家的文韬武略，无疑是荒唐可笑的。

　　因此，阉党执政期间严峻的政治、经济、军事局势出现稍许缓和，辽东战局有所改观，一方面是历史发展中机缘巧合地形成了

---

❶ 曹珖：《闲思往事》，《中国野史集成续编》第17册，巴蜀书社，2000年，第862页。

一个空当，关外后金内部矛盾激化，关内流贼未起，局势相对平静。另一方面是面对阉党残酷血腥的清洗，部分有志于救国而无心于党争的官员、将领对其采取了暂时妥协的态度以换取生存空间实现志向的结果，其中最典型的，就是阉党最引以为得意的两次"大捷"。

广宁之败后，后金军并未占据辽西，但明军已经闻风丧胆，"由中前所而东，竟绝人踪，自山海关而外，遂成鬼国"❶，皆畏敌而不敢出关，明朝无人可用，不得已起用业已年近六十的老臣孙承宗为兵部尚书兼东阁大学士。孙承宗系北直隶保定府高阳县（今河北高阳）人，万历二十三年中进士，也是一位文武全才，年少时颇有任侠气，"尝受经易水、云中。仗剑游塞下，从飞狐、拒马间直走白登，又从纥干、青波故道南下，结纳其豪杰，与戍将老卒周行营垒，访问要害隘塞，以是晓畅敌情，通知边事"❷。孙承宗与东林有很深的渊源，因而得到东林党的支持。又曾任帝师，深得熹宗信任，使得阉党颇为忌惮。而且孙承宗虽近东林，但始终以国事为重，党人习气淡薄，对党争有自己的认识和看法，他说："今之君子自别于小人，辄好合天下，以摈一隅，而反为一隅胜。其失在以同为君子，而不以君子为同。故不独所摈有君子，将所合有小人"。❸

意思是依附小人的肯定是小人，但依附君子的却未必是君子，如今的君子在表面上与小人势不两立，但是一旦君子参与到党争之事里去，便身不由己，为了达到政治目的而不得不和小人为伍。这段话虽未指名道姓，但实际上针对的是东林党的问题。这一点孙承宗的思

❶《三朝辽事实录》卷七，全国图书馆文献缩微复制中心影印版，2002年。
❷《东林列传》卷六《孙承宗传》。
❸ 孙承宗：《高阳集》卷三《某子甲南部郎》。

想与熊廷弼有相似之处，虽在军事谋略上似不及熊廷弼，但孙承宗性格沉稳，远较熊廷弼老成持重，而且政治经验丰富，善于协调各方关系，不会轻易进入政治陷阱，也容易为各方势力所接受。

最关键在于，当时无论是东林还是阉党，人人"视关门为死地"，都拿不出敢于出关定辽的人物，宣府巡抚解经邦"已被命之（辽东）经略，抵死力辞，上怒褫其职，而终不能鼓懦夫之气"❶，宁可被削职为民也不肯出关。继任王在晋勉强上任后，针对辽西弃守后关外五城七十二堡俱沦入蒙古喀喇沁诸部的状况，又捡起了王化贞导致广宁之败的"借虏平奴策"，主张弃地于蒙古，再用重金笼络，借助蒙古部落的势力遏制后金。王在晋既畏蒙古，更怕后金，但是最恐惧的还是失地之后承担罪责。因此他提出的守辽方案不是基于国家利益，而是最大限度保证他个人的安全。那就是在距离山海关很近的八里堡再修一座新城，作为山海关的屏障，这实际上仍是一个弃辽守关的文字把戏，只是比直接守关在面子上要略微好看一些。八里堡距山海关不过十余里，两座关城距离如此之近，如新关能守，则旧关无用，如新关不能守，则新关无用，根本不能在战略上形成掎角之势。这个策略的好处在于对王在晋自己来说，关外既然无地可守，自然也无地可失，可以避免他重蹈王化贞、熊廷弼覆辙。其真可谓既无复辽之胆气，也无复辽之谋略。在这种情况下，孙承宗于天启二年六月出关巡视，实地考察之后痛斥王在晋"今不为恢复大计，切切然画关而守，将尽撤藩篱，日闹堂奥，岂东有宁宇乎"❷，否定了王在晋弃辽守关的计划。天启二年八月，孙承宗自请赴山海关督师，叶向高称赞他"凡少顾身家，知择利害者，决不肯为，而公冒然为之。其忠肝义胆，急公忘私，

❶ 叶向高：《凯阳孙公奏议序》，孙承宗，《高阳集》首序，清顺治十二年刻本。

❷ 钱谦益：《牧斋初学集》卷四十七上《特进光禄大夫左柱国少师兼太子太师兵部尚书中极殿大学士孙公行状》，《四部丛刊初编》第1640册。

自武卿而后，岂可多见"❶。

孙承宗到任后的守辽思想，与熊廷弼一脉相承，即不理会朝堂之上大言不惭恢复全辽的言官，而是承认明军现阶段在野战中难以击败后金的事实，转而以守代攻，针对后金缺乏火炮、长于野战而拙于攻城的特点，发挥明军在火炮、战车、堡垒方面的长处，自南而北、自西而东建立一条堡垒链，以堡垒链的不断延伸和向内收缩，封锁绞杀后金政权。这是熊廷弼"三方布置策"的细化升级版本，如果说"三方布置策"是一个战略构想，那么孙承宗的堡垒封锁链策略就是一个具体的实施方案。这个战略构想一旦得以完整实施，"明－后金"之间的战争就会变成一场对峙消耗战，如果堡垒链越收越紧，后金势必亡于经济崩溃和内乱，而后金想要突破堡垒链，以中世纪的方式每攻下一城一堡都要付出巨大的代价，而后金与明朝经济体量之间的悬殊，使得后金每下一堡，明朝都能以两新堡复围之，在这样的消耗之下，后金也会没有生路。

因为孙承宗属于广义上的东林阵营，但态度持中，很少参与党争，阉党也忌惮其帝师的身份，因此其在言路上的压力比熊廷弼要小得多。这个方案唯一的问题就在于钱，如果国家经济运行状态正常，以明与后金之间的体量差，耗死后金不成问题。但问题在于张居正改革积累的经济成果，至天启年间已消耗大半，阉党为了从大型工程中中饱私囊，利用熹宗对木工和营造的嗜好，极力怂恿鼓动熹宗营造修缮宫室，根据崇祯元年（1628）工部计算，天启年间重修三大殿的工程光木材一项就花费六百六十八万七千五百二十五两之多，总体工程费用在一千万以上，而当时让天下民怨沸腾的辽饷不过每年五百余万。在辽东经济完全崩溃、国家经济困难、皇帝大兴宫室的情况下，

---

❶ 叶向高：《凯阳孙公奏议序》，孙承宗，《高阳集》首序，清顺治十二年刻本。

全部依靠中央财政输血，要完成如此浩大的封锁战略显然不现实，孙承宗审时度势，采纳了"以修筑因辽山，以策应因辽海，以守辽土因辽人，以养辽人因辽土""既用其耕之人以为战，却又用其战之人以为耕"❶的策略，采取自力更生的方式推动这一战略的实施。而"以辽守辽"恰恰是孙承宗战略思想与熊廷弼战略思想的不同之处，其演变过程在《辽人·辽土·辽兵》一章中已经阐释，在此不再赘述。

同时，针对当时文官普遍存在的"玩兵"恶习，孙承宗从"以文御武"的根子上予以改革，他上疏熹宗称："今天下当重将权，择一沉雄有气略者，授之节钺，得自辟置偏裨以下，勿使文吏用小见沾沾陵其上。"❷建议提高武将地位和兵士待遇，给予武将更多的自主权，使武将"去文吏之扰"，尽量减少文官对武将的无端责难和攻讦，使武将专心于军事。在孙承宗的努力下，熹宗下谕承认："国家文武并用，顷承平日久，视武弁不啻奴隶，致令豪杰解体、志士灰心。"❸又鼓励天下尚武豪杰："凡山林草泽之间，有素怀忠义、夙抱韬钤、膂力过人、猿臂善射、可效一旅之用者，在京赴兵部报名，在外赴抚按衙门验实，伴送来京，朕皆不次擢用。"❹武人的地位开始提升，通路逐渐宽广。

由此，孙承宗在重用"知兵"的文官袁崇焕的基础上，培养、提拔了祖大寿、满桂、赵率教、马世龙等一批将领。在孙承宗的苦心经营之下，至天启三年，明军已自山海关前出三百里，至天启四年十月，主持完成最重要的战略支点宁远城，收复辽西失地四百七十里，

---

❶《明熹宗实录》卷四十，天启三年闰十月丁亥朔，历史语言研究所，1962年。

❷《明史》卷二百五十，中华书局，1974年，第6467页。

❸《明熹宗实录》卷八，历史语言研究所，1962年，第6—8页。

❹《明熹宗实录》卷八，历史语言研究所，1962年，第6—8页。

完全控制了辽西。不但驱逐了心怀叵测、叛服无常的蒙古部落，而且带给后金极大的战略压力，后金之前能以中世纪方式轻易攻取有大炮防守的沈阳、辽阳，主要是欺明军统军文官不知兵，用奸细里应外合而得手，当明军治军严格起来之后，这一套手段就不再奏效，此时后金炮兵尚未形成战斗力，不能承受攻坚造成的巨大人员损失，只能在堡垒链的压迫之下逐渐向东、向北收缩。"进退狼顾，既筑沈阳新城，复据抚顺旧窟（赫图阿拉）"❶，明朝的封锁和后金的收缩引发了后金严重的经济和粮食危机，努尔哈赤不得不采取屠杀的方式缓解这一危机，反而迫使更多的辽人反投明朝，更促进了孙承宗"以辽守辽"战略的实施，后人常以努尔哈赤老年多疑解释天命末年后金的一系列凶残的政策，实际上这很大程度上是孙承宗的策略逐步起效的结果。随着辽东形势转危为安，孙承宗麾下文臣武将踌躇满志，"相与奋臂抵掌，以为春夏之交，当决计大举"❷。

孙承宗总结其经略辽东时的作为：

> 予阅关请罢重城，省九十七万……予四年所经营翔造费百三十万……而予以屯田入十五万，以采青省十八万，合盐荚钱、税朋椿入可七万。其四年所复地，则四卫四所四十余堡，四百三十里。兵民则辽民三十余万，辽兵三万，骑兵万二千五百，水营五，车营十二，前锋营三，后劲营五，弓弩火炮手五万，典举文武官生及医药派给可三万有奇，军实则船六百、轻车千，偏厢车千五百，马驼牛羸六万，官民庐舍五万，屯田五千顷有奇，甲胄器械弓矢火药蒴石渠笒卤楯，合之数百余万。当是时，我之

---

❶ 叶向高：《凯阳孙公奏议序》，孙承宗，《高阳集》首序，清顺治十二年刻本。
❷《明熹宗实录》卷四十八，天启四年十一月辛酉，历史语言研究所，1962年。

良士选卒，已依锦水间山。❶

  这并非自吹自擂之言，孙承宗经略辽东的四年里，重建了广宁之败后业已崩溃的辽东军政体系，初步建成了关宁锦防线，造成了后金严重的经济危机和内乱，终其任上，后金始终未向西越过辽河。如孙承宗的战略得以完全实施，明军很有可能在辽东实现战略性的翻盘。但这一切都随着阉党在与东林党的角逐中胜出而被打断，天启四年底阉党逐渐掌握政权之后，明朝经济崩溃的进程随着阉党的倒行逆施不断加速，尤其是明朝的赋税重地江南和国防重镇九边，矛盾不断滋长，内乱一触即发。以天启四年作为节点，自天启元年至天启四年东林党执政时期，九边十三镇欠饷均在逐年递减，至天启四年，仅宣府镇欠饷一万六千六百七十五两，其余十二镇没有欠饷，但从天启五年阉党全面掌权开始，形势急转直下，尤以西线的大同、山西、延绥、宁夏、固原、甘肃等镇较为严重，三个镇欠饷达百万两以上，欠饷最为严重的大同镇积欠经年之军饷达三百二十六万五千八百七十两之多，不满情绪在九边各军之间日益滋长，日后李自成起事后，麾下最能征善战的部队并不是起义的农民，而是被经年欠饷、无以为生的大明官军，而其主要来源，就是西边这几个军镇。

  而造成九边欠饷严重的，正是魏忠贤与其党羽对军饷的挪用，当时的兵部尚书王永光被划为广义的阉党，但实际上在很多事情上仍能以国家为重，面对日渐严重的欠饷问题和日益攀升的兵变、民变风险，他不敢直接指责魏忠贤和阉党挪用军饷，而是上疏熹宗暂修大殿：

---

❶ 孙承宗：《高阳集》卷十一《督理事宜序》，清顺治十二年刻本。

至于军储告匮，土木繁兴，岂不知生财为亟。而急土木不如急军储，议搜括又不如议节省，今既搜无可搜，括无可括，而琐屑凌杂，冬臣以入告，窃恐焚林竭泽之后，能无鱼惊鸟散之忧？请自皇极告成，暂停工作，悉以海内之物力并于军前之挽轮，寝其屑瑟之诛求，益见圣心之敦大，候疆宇廓清，再完堂构，未为迟也。此皆老生之常谭，实为救时之针砭。❶

在各镇军饷均遭拖欠、挪用的情况下，辽东不可能幸免，自天启四年起，辽东军需各项费用均遭不同程度拖欠，户、工二部得魏忠贤授意，以冗文往复故意拖欠筑城费用，加之阉党与东林党的斗争进入白热化阶段，孙承宗与阉党集团的矛盾骤然尖锐起来。天启四年十月，孙承宗上奏，报请十一月十四日回京朝贺万寿节，实际上是想借此机会面圣，当面向天启奏明守辽面临的种种困难，这引发了魏忠贤的极度恐慌，担心孙承宗带兵"清君侧"以解救杨、左等东林党人，因此百般阻挠孙承宗进京面圣，污蔑他仿效唐代李怀光要起兵作乱，命令太监关闭九门，欲锁拿孙承宗。孙承宗虽据理力争，但在魏忠贤与阉党众人的轮番污蔑下，还是失去了熹宗的信任。阉党言官进而又逼迫孙承宗裁军，孙承宗忍痛不得已而为之，时人评价："虽其艰辛覆逆，历险濒危，而进取之志不少衰止。然而小人之心计，不用以图奴而以图公，公之才力足以胜奴，而不能胜小人，公亦无如之何也。"❷经此一事后，阉党愈发不能容忍孙承宗督辽，只等一个可以构陷他的机会了。

---

❶ 李清：《梼杌闲评》，中华书局，2005年，第354—355页。

❷ 钱谦益：《牧斋初学集》卷四十七上《特进光禄大夫左柱国少师兼太子太师兵部尚书中极殿大学士孙公行状》，《四部丛刊初编》第1640册。

天启五年八月，孙承宗麾下的山海关总兵马世龙听信错误情报（一说后金故意设计），组织兵马渡柳河偷袭耀州，意欲袭杀皇太极。但一方面明军组织不力，水陆军不能协调，前后军不能相继，另一方面后金军早有准备，导致偷袭失败，明军损失四百余人、战马六百余匹，这本是一次小规模的试探性进攻，其失败证明了新编练的明军在组织、协调、情报等方面仍有欠缺，现阶段仍应以防守和封锁战略为上策。而一路明军偷袭得手，也给后金造成了一定损失。结果在朝堂上"台谏数十人希阉党风指，争言柳河事"❶，夸大明军的损失，并污蔑马世龙挑起边衅，会招致后金的报复，实际矛头对准孙承宗，在阉党群起而攻之的情况下，孙承宗于天启五年十月黯然离职，从他写给爱将满桂的诗中，仍能感受他光复全辽、拯救国家的豪情壮志：

> 兵要从天下，功须不日成。将军汉宠后，赤胆向予倾。愿抵黄龙府，同戳贝勒城。问山片石好，为尔勒燕铭。❷

阉党推出来继任孙承宗的人选是老臣高第，虽与孙承宗同为六旬老臣，但高第一生庸碌，暮气垂垂，他出关后，配合阉党言官之前污蔑孙承宗柳河之败丧师十万的舆论，谎报山海关外仅余兵马不满三万，关上有兵两万八千，柳河之败已经"构衅于奴"，后金必来报复，兵少寡，辽西不可守，宜早弃辽西退守山海关。这番谎话里既有魏忠贤的授意，也有高第自己的私心。之前孙承宗与诸将和阉党的主要矛盾和争执，正是源于军饷。对阉党来说，只有退守山海关，才可以省下关宁锦防线及驻军每年数百万两的经费，在财政中给阉党留

---

❶《明熹宗实录》卷五十八，天启五年九月壬子，历史语言研究所，1962年。

❷《明熹宗实录》卷五十八，天启五年九月壬子，历史语言研究所，1962年。

下更多的贪赃空间。而对高第本人来说，他的考虑和王在晋一样，既然关外无地可守，自然也无地可弃，不存在被追究责任的问题。同时他也希望借弃辽西于后金，避免努尔哈赤的报复，保证他自身的安全。

因此高第一上任就忠实地执行了魏忠贤"弃辽守关"的指示，将朝廷花费白银上千万两，孙承宗和十数万军民历时数年修建初成的关宁锦防线全部放弃，将军民悉数撤回关内，将全辽让于后金。

史书上说高第"恇怯"，即胆小怕事。然而高第不仅庸碌懦弱，而且愚蠢，他在谎报辽东兵力仅剩五万八千人的同时，却仍按原额十一万七千人报饷，这就导致如果高第说的"五万八千"之数属实，则他有冒饷之罪，如果"五万八千"之数不属实，则他有欺君之罪，兵部因此表示要派御史追查多余军饷的去向：

> 关外各兵不过三万，关内又止二万八千，而粮饷未闻报减，宜听经臣从实覆奏。后以关饷诎乏，复有旨前减汰兵饷，以八月初一日为始。是时报额兵十一万七千，今见在止五万八千，实少一半，其饷安在，便著巡按御史从公将五年分逐月查算。❶

高第慌张之下，又急切地把谎往回圆：

> 关内兵三万五千五百余员名，关外兵九万九千五十余员名，关内外兵数原不止五万八千，营伍众多，每月皆有逃亡事故，应补未补者数目参差不齐，仍候道镇详细查明覆实再奏，报闻。❷

---

❶《明熹宗实录》卷六十八，历史语言研究所，1962年。
❷《明熹宗实录》卷六十八，历史语言研究所，1962年。

二者相加竟有十三万四千四百五十人，比阉党逼迫孙承宗裁军之前的人数还多，很显然高第根本不知道，或者没有能力弄清楚辽东究竟有多少兵力，之前的"五万八千人"不过是信口胡说。阉党推选出来负责辽东防务的大臣就是这样愚不可及的庸碌之人，其集团内部之腐朽可想而知，这样的一个政治集团，又怎么可能如后世许多痴心妄想的人臆想的一般，拯救大明呢？

后金君臣侦知孙承宗去职，束缚在后金身上的锁链关宁锦防线将破，大喜过望，以为天赐良机，开始准备发兵攻取全辽。在高第执意弃辽守关之时，孙承宗手下的一批文臣武将却不愿意放弃数年之心血、千万民脂民膏打造而成的防线，袁崇焕与高第争辩："我宁前道也，官此，当死此，我必不去。"❶孙承宗培养的其他将领也支持袁崇焕，愿留关外与后金一战。在他们的据理力争下，高第不得不同意保留宁远和前屯，但仍放弃锦州、右屯、松山、杏山和大凌河等关宁锦防线上的战略要地，撤驻防军民入关，因组织不力，明军在撤防中丢弃、焚烧大量粮草辎重，民众不愿放弃辛苦耕种的土地，在撤退途中哭声震天，混乱的撤退还造成了一定的人员伤亡，这种敌未至而己先乱的奇景，正是阉党扰乱边疆的恶果。比这更严重的问题在于，关宁锦防线是一个复杂的防御体系，多点撤防之后体系已遭瓦解，独悬关外的宁远实际上已成为孤城。

天启六年（1626）正月十四，努尔哈赤发兵六万征明，经过多年屡战屡胜，后金兵强马壮，军威极盛，"于旷野布兵，南至海岸，北越广宁大路，前后如流，首尾不见，旌旗剑戟如林"❷。因锦州、大小

---

❶《明史》卷二百五十九《袁崇焕传》，中华书局，1974年，第6709页。
❷ 潘喆等：《清入关前史料选辑：第一辑》，中国人民大学出版社，1991年，第386页。

凌河等地明军已撤防，后金军如入无人之境，正月二十三日即兵临宁远城下，设大营于城北，发哨探斥候探听城内虚实，准备攻城。努尔哈赤自年少起经历大小数百战，几乎战无不胜，攻无不克，尤其是起兵反明之后，屡屡以少胜多，甚至轻易攻取辽、沈这样重兵驻守的坚城，麾下也多能征善战之宿将劲卒，而袁崇焕不过一文官，其麾下军官多是孙承宗培养的中青年将领，未经大战历练，守城军队不仅人数少，而且是明军大撤退中一支遗留关外的孤军，在得知城中防守军民不足两万后，他颇为不屑，以为宁远唾手可得。

但此时关宁锦防线虽已瓦解，但宁远防卫并不松懈，吸取了辽、沈之败和广宁之败的教训，明军肃清城郭，严防奸细，使得后金不能再用里应外合之计骗城，只能选择强攻，而后金军一开始就没有弄清楚孙承宗抚辽之后的明军变化，宁远城由祖大寿按照袁崇焕所定的加强标准修建而成，"高三丈二尺，雉高六尺，址广三丈，上二丈四尺。大寿与参将高见、贺谦分督之。明年讫工，遂为关外重镇"❶。城高且坚，城池虽采取中国传统城堡样式修成，此时西方筑城技术和防守思想已经西洋传教士和徐光启等人介绍传入明朝，徐光启曾多次呼吁多建"锐角铳台"，从其学生孙元化所著的火器技术著作《西法神机》中的插图来看，"锐角铳台"实际就是文艺复兴时代意大利风格星堡的雏形。孙元化在孙承宗督辽期间，在构建关宁锦防线上贡献良多，宁远城四角均有突出锐角，能够对正面来犯城墙之敌形成交叉火力。这些都是后金军所不熟悉的。

但宁远城并非无隙可乘，其锐角铳台上安置的佛郎机射程不足，导致交叉火力无法完全覆盖城墙正前方，因此后金攻击城墙时，"门角两台攒对横击，然止小炮也，不能远及，故门角两台之间，贼遂凿

---

❶《明史》卷二百五十九《袁崇焕传》，中华书局，1974年。

城高二丈余三四处。于是，火球、火把争乱发下，更以铁索垂火烧之，牌始焚，穴城之人始毙，贼稍却"❶，被后金找到了交叉火力的空隙，抵达了城下，经城上抛掷燃爆武器才阻止了后金凿城。

比宁远城防更致命的，是后金是对宁远城头的英制舰炮性能完全不清楚。故而刚一开战就遭明军炮击大营，被迫移营于西。强攻之下，又遭明军火器大量杀伤，攻城三天死伤枕藉而克城无望，不得不留下部分军队围而不攻，命武讷格别领一军趁海面结冰突袭觉华岛，袭杀明朝军民一万余人，抄掠焚烧粮草八万石，随即焚烧战死者遗骸，解围而去。此战史称"宁远大捷"。后世一些研究者根据后金一方记载死伤不多，而明军在觉华岛损失惨重，断言此战并非大捷，而是袁崇焕讳败为胜之托词，实在有失公允。首先从战略角度来看，后金军志在宁远，而战略目标未能达成，已是败局，之后抄掠觉华岛得手，不过是围攻宁远而不得的泄愤之举。而同样，明军的战略目标是防守宁远，而宁远得全，自然是胜利的一方。其次，后金统治集团实际上是由满、蒙、汉三股势力联合而成，满洲是其核心，而即使是其满洲本部，经过女真统一战争整合在一起也不过几十年时间，其核心部族的有生力量数量有限，一旦遭受严重损失，就会引起其他势力的疑虑和觊觎，造成其统治结构不稳，因此一贯有故意隐藏其核心部族丁口的传统，在历次战斗中极其忌讳真实损失被人侦知，因此其自述未必可信。从攻城的规模和惨烈程度来看，其损失必然不小。再次，明朝与后金体量悬殊，承受损失的能力也有很大差异，并不能单纯以损失多寡判定战役胜负，以及对双方造成的影响。

宁远之战被称为"大捷"很大程度有明朝屡战屡败，得一小胜而大喜过望的因素在里面，但作为一次战役胜利是毋庸置疑的。

---

❶《明熹宗实录》卷七十，天启六年四月辛卯，历史语言研究所，1962年。

明朝上下对此战的结果始料未及。袁崇焕之前就素为阉党所不喜，本来高第同意他以孤城留守关外，就有弃之于死地，借后金之手除掉孙承宗所留班底的心思。其他大臣也以为宁远必失，因此当袁崇焕上奏大捷之时，连整日浑浑噩噩的熹宗也为之一振，感叹地说："此七八年来所绝无，深足为封疆吐气。"❶被人视为阉党的兵部尚书王永光欣喜若狂地说："辽左发难，各城望风崩溃，八年来贼始一挫，乃知中国有人矣。"❷清人所修《明史》虽对明末诸将多有暗贬，但也承认："（八旗兵）所向无不摧破，诸将罔敢议战守，议战守自崇焕始。"❸在这种举朝狂喜的氛围中，魏忠贤虽权倾朝野，也不得不装模作样地表示祝贺，他的这种表现一方面是因为熹宗已经表态，他不敢公开与皇帝唱反调，同时也是因为阉党集团多的是贪赃枉法之徒，少的是治国兴邦之才，高第在辽东丑态百出的表演，证明了魏忠贤拿不出能够与孙承宗、袁崇焕相当的人才。

宁远大战的另一结果，是袁崇焕因功升任辽东巡抚，而高第则因关外弃地和撤防不力，自请去职。袁崇焕继承了孙承宗的角色，也自然继承了孙承宗与魏忠贤的矛盾，与阉党集团的关系骤然紧张起来。

实际上因为袁崇焕的出身和履历，魏忠贤之前就"素不喜崇焕"，只是因为其地位低微，因此主要将矛头对准孙承宗。袁崇焕是广东东莞人，万历四十七年（1619）进士，其上京应考之时，适逢萨尔浒之战后不久，袁崇焕就是在这样一种大厦将倾、愁云惨淡的气氛下被任命为邵武知县，因此虽然其为官之地远在东南，却萌生了匡复边疆、拯救国家的愿望。《明史》说他"为人慷慨，负胆略，好谈兵，遇老校退卒，辄

---

❶《明熹宗实录》卷六十三，历史语言研究所，1962年。
❷《明熹宗实录》卷六十三，历史语言研究所，1962年。
❸《明史》卷二百五十九《袁崇焕传》，中华书局，1974年。

与论塞上事。晓其阨塞情形，以边才自许"❶，因此在天启元年（1621）冬，袁崇焕在入京朝觐之后"匹马走山海，周视形势七日夜而返"❷，回来之后豪言："予我军马钱谷，我一人足守此。"❸且不说其作为一介书生，此言是否有纸上谈兵滥夸海口之嫌，在当时"出关半步为死地，入关一步即乐土"❹的氛围中，这种勇敢的行为本身已是异类之举，自然受到了广泛的关注，袁崇焕遂在士大夫集团中声名鹊起，在当时无人可用的情况下，天启二年二月经御史侯恂推荐，袁崇焕被破格留用为兵部职方司主事，从一介文官开始戎马生涯。广宁之败后，满朝文武更无人敢出关经辽，袁崇焕此时却"自陈愿备兵"❺，又被提拔为山海关监军，很快引起孙承宗的重视和欣赏，成为其麾下的一员"儒将"，在构建关宁锦防线的过程中逐渐表现出军事才能，孙承宗对袁崇焕的器重和信任日益加深，对袁崇焕的态度从"益倚崇焕"❻到大小军务"依袁崇焕议"❼，再到"最托重者崇焕"。袁崇焕在逐渐成为孙承宗最得力也最重要助手的同时，也相继迁任山石兵备道、宁前兵备道，距离前线越来越近。

袁崇焕在短短五年之内，从一知县到宁前兵备道的升迁之路可谓传奇，一方面这是文武官员普遍恐惧边事、朝廷无人可用造成的特殊现象。更深层次，仍是科举制度的产物之一。袁崇焕于万历四十七年中进士时，主考官正是东林党核心人物之一、在天启初年曾于内阁主

---

❶《明史》卷二百五十九《袁崇焕传》，中华书局，1974年。

❷ 钱谦益：《牧斋初学集》卷八十四《跋董侍郎文集》，《续修四库全书》第1390册，上海古籍出版社，2002年，第423页。

❸《明史》卷二百五十九《袁崇焕传》，中华书局，1974年。

❹《明史》卷二百五十九《袁崇焕传》，中华书局，1974年。

❺ 谈迁：《国榷》卷九十一，崇祯三年八月癸亥，中华书局，1958年。

❻《明史》卷二百五十九《袁崇焕传》，中华书局，1974年。

❼ 钱谦益：《牧斋初学集》卷四十七上《特进光禄大夫左柱国少师兼太子太师兵部尚书中极殿大学士孙公行状》。

政的韩爌，按照当时官场规矩，韩爌自然为袁崇焕之"座主"及"恩师"，而袁崇焕则为韩爌之门生。前论已有提及，明代科举中形成的"座主－门生"是无血缘关系的士大夫为了结成共同体而产生的一种人造关系网络，座主自然有关照、提携门生的责任，门生也当以无条件的尊敬、支持和服从作为回报，因此座师为何党，其门生也自然为何党，这就导致一代代的士大夫在承蒙座师恩荫的同时，也自然继承了座师的恩怨，身不由己地参与到党争之中去。推荐袁崇焕从一小知县进入兵部的御史侯恂，就是东林党人中的一员健将。因此袁崇焕的传奇经历既有"时势造英雄"的缘故，也是党争大背景下"各亲其亲，各党其党"的结果。袁崇焕在辽东任职期间，不但得到孙承宗的赏识和器重，也得到了内阁首辅、东林党领袖叶向高的支持和认可，针对袁崇焕、阎鸣泰、孙元化与王在晋关于"守辽"还是"守关"的争执，叶向高复信袁崇焕：

> 守关者不当靠定关门，而当布置于关之外，此定法也。
>
> 况关外有可据之地，而弃之不守，一旦贼来，岂一墙所能限乎？大教量力度势，事理甚明，阁中诸公皆以为然。但经台之意不同，须当委曲。生拟躬至关上，与之筹划，而凯阳公（即孙承宗）欲行，不敢阻之。此行不为阅边，盖专为经台与三君计较此事也。经台议论之不同，都下人皆知，形迹一开，将又蹈经抚之前辙。必须曲畅其意，使其欢然乐从，乃克有济耳。❶

之后才有了孙承宗巡辽、王在晋去职和孙承宗督辽等一系列事。

---

❶ 叶向高：《后纶扉尺牍》卷四《答山海道袁自如》，《四库禁毁书丛刊补编》第64册，北京出版社，2005年，第639页。

在"守辽"与"守关"之争中，袁崇焕无疑是正确的一方。但深究整个过程，王在晋是袁崇焕的上司，袁崇焕在与上司发生意见分歧之后直接向更上级的官员汇报并得到了支持，并取得了这场争执的最终胜利，如果说这与袁崇焕与叶向高、孙承宗同属东林党没有任何关系，无疑是不客观的。这件事在进一步坐实了袁崇焕东林党身份的同时，也反映出当时党争之风到了无处不在的地步，几乎所有事关国家利益的军政大事，都受到党争的影响。

天启五年八月熊廷弼惨遭阉党杀害后又蒙传首九边之辱，袁崇焕在辽东见到熊廷弼的头颅后愤而作诗两首吊祭，同时表达对阉党炮制冤案杀害忠臣良将的愤恨和不满：

> 记得相逢一笑迎，亲承指授夜谈兵。才兼文武无余子，功到雄奇即罪名。慷慨裂眦须欲动，模糊热血面如生。背人痛极为私祭，洒泪深宵哭失声。❶
>
> 太息弓藏狗又烹，狐悲兔死最关情。家贫罄尽身难赎，贿赂公行杀有名。脱愤愤深檀道济，爰书冤及魏元成。备遭惨毒缘何事？想为登坛善将兵。❷

因此，在袁崇焕升任辽东巡抚后，魏忠贤将其视为眼中钉、肉中刺，必欲除之而后快，但此时袁崇焕挟宁远大捷之势，在朝中呼声甚高，魏忠贤不便对其直接下手，便开始暗中阻挠、干扰袁崇焕。宁远大捷两个月后，魏忠贤派六名心腹太监赴山海关监军，意在监视袁崇焕，袁崇焕上疏反对，未果。当时袁崇焕力推朝廷"以一事辽"，就是

---

❶ 袁崇焕：《哭熊经略二首》，梁章钜辑，《三管英灵集》卷七《袁崇焕诗》。
❷ 袁崇焕：《哭熊经略二首》，梁章钜辑，《三管英灵集》卷七《袁崇焕诗》。

裁撤辽东经略一职，将权力集中在辽东巡抚一个人身上，避免熊廷弼被王化贞牵制、拖累的局面再次出现。其实这也是熊廷弼最先在"三方布置策"中提出的，但魏忠贤偏偏反其道而行之，故意任命自己的心腹王之臣为辽东经略，意在牵制袁崇焕。此外，魏忠贤还故意阻挠袁崇焕的用人，指使阉党攻击袁崇焕的搭档、《西法神机》的作者、西洋军事专家孙元化，将其罢官。袁崇焕上疏请求留用其好友、《武备志》的作者、军事家、武术家茅元仪，兵部尚书王永光拟覆疏表示同意，遭到魏忠贤反对，王永光少见地与魏忠贤争辩："此袁巡抚所题，边事急，岂可格其所用？"[1]魏忠贤呵斥他："尽凭袁崇焕，要你部中何用？你只畏人威势！"而且以"钻刺"为名将茅元仪削职为民，茅元仪为躲避阉党的进一步迫害不得不告病南归。辽东军需钱粮、器械也久催不至。

可见袁崇焕虽然因宁远大捷升任辽东巡抚且名噪一时，但在魏忠贤大权独揽，一边蒙蔽皇帝一边操纵内阁，阉党势力遍布朝野的形势下，其在与阉党的斗争过程中完全处于下风。不但在行使职权方面处处受到掣肘和监视，而且要人无人，要钱无钱，要粮无粮。努尔哈赤"自二十五岁征伐以来，战无不胜，攻无不克，唯宁远一城不下，遂大怀忿恨"[2]，必将卷土重来，宁远孤城一座，陷落只是时间问题。届时不仅袁崇焕的个人前途乃至生命都会断送，而且他的救国理想也会陨落，在辽东巡抚任上的六个月里的屡屡受挫，使袁崇焕认识到，在阉党完全掌握着"平辽"所需要的全部国家资源的情况下，他必须放

---

❶ 茅元仪：《石民四十集》卷一《环召谢恩疏》，《续修四库全书》第1386册，第92页。

❷ 潘喆等：《清人关前史料选辑：第一辑》，中国人民大学出版社，1991年，第387页。

下自己作为东林阵营士大夫对阉党的敌意，以及自己与阉党的宿怨，与阉党达成某种程度的妥协和合作，自己即使不与阉党同流合污，也至少不能与阉党继续为敌。在这种情况下，袁崇焕在天启十年十月，首次上疏"颂珰"：

> 厂臣魏忠贤功在社稷，海内之共见共闻，业已铭刻金石，无容职赘。至其身任边事，誓图恢复，枭灭逆房，任用刘应坤、陶文、纪用等，而关内外御敌之伏甲、军器、马匹、悬帘等项，俱以家资置办，日逐解来，又助军需。❶

在上疏中，袁崇焕虽然没有直接将宁远大捷归功于魏忠贤，但一边称颂魏忠贤任用的监军太监得力，一边赞扬他保障辽东军需有功，明显有将边事委功于他的意思。十二月二十六日，袁崇焕更是上疏称："乃今厂臣魏忠贤能用职，声气相应，且资职盔甲、马匹、箭帘无数。"在请班军四万修扼要疏中，袁崇焕甚至将宁远之捷归功魏忠贤："房利野战，惟有凭坚城以用大炮，如厂臣前日条议，极稳最胜者。臣今春宁远之战，则厂臣之所谋也。"❷

而魏忠贤也颇为受用，对袁崇焕投桃报李，袁崇焕恢复关宁锦所需要的钱粮、器械均很快到位，请发马价银、用班军修城的申请也迅速获批。魏忠贤指示监军太监不得干扰袁崇焕的正常军务，又撤换了与袁崇焕不合的阉党经略王之臣，而以袁崇焕的老搭档阎鸣泰代之，阎鸣泰上任后一边与袁崇焕紧密共事，另一方面"每陈边事，必颂功德"，深得魏忠贤的欣赏，成为袁崇焕和魏忠贤之间合作的桥梁。短短

---

❶《明熹宗七年都察院实录》，历史语言研究所，1962年，第1478—1480页。
❷《明熹宗七年都察院实录》，历史语言研究所，1962年，第1507—1509页。

六个月里袁崇焕突然改变了立场和作风，开始跟随朝臣大流"颂珰"，并且轻而易举地令魏忠贤抛弃前嫌，与其建立了合作关系，这在表面上看起来是袁崇焕"附阉"的结果，后世言官也多以此指责袁崇焕"附阉"，但实际上这是袁崇焕深思熟虑之后，为了国家和个人利益向阉党做出妥协让步，从而与阉党达成的一次利益交换。

袁崇焕首次"颂珰"出现在天启六年十月，而在九月，魏忠贤就批准并支持了袁崇焕以为努尔哈赤吊孝为名，侦测后金虚实的计划，可见双方达成和解和合作的时间仍在此之前，而促使双方和解的，很可能就是身为阉党，但仍能以国事为重，一直同情和支持袁崇焕的兵部尚书王永光。宁远大捷之后不久的三月初三，在袁崇焕和守城官兵尚未叙功之时，王永光就迫不及待地上疏为魏忠贤的侄子魏良卿请封：

> 查得《大明会典》功臣封爵载，在吏部验封司职掌，而查核功次则臣部事也。……今厂臣魏忠贤，纯忠许国，正色立朝，剔蠹厘奸，巡辑严而党贼骈戮，发伏摘隐，奸细缚而祸本潜消，雅类张承业之竭忠，且兼严遵美之避权，让大美而不居拚，谦己著于辞赏，准令甲以入告，酬庸一听乎司封。❶

这段话说得极为巧妙，首先赞颂魏忠贤铲除了东林政治集团，肃清了纷乱的朝政，然后又称其执掌东厂有功，抓住了后金奸细武长春，将其比作五代时为后晋灭梁提供后勤保障的宦官张承业，暗示辽东有此大捷，都是魏忠贤安定内部的功劳。因明朝祖制"内臣不叙边功"，故而请援引正统至成化年间的宦官武将刘永诚之侄刘聚封宁晋

---

❶《明熹宗实录》卷六十九，天启六年三月丙午，历史语言研究所，1962年。

伯的先例，为魏忠贤的侄子魏良卿请封。这是一个试探性的上疏，很明显得到了魏忠贤的授意，意在以婉转的言辞试探熹宗的态度，如果熹宗表示肯定，则阉党必一拥而上跟进，如果熹宗表示否定，也不至于引起熹宗的警惕或反感而肇祸。

结果熹宗表示："魏忠贤纯忠体国，剔蠹厘奸，巡缉严而党贼骈戮，反侧缚而祸本潜消，功次既明，爵赏宜丞，宁晋事例旧典昭然，著吏部查议覆。"❶

这正合阉党心意，王永光上疏的第二天，礼部尚书、阉党王绍徽乘机上疏，露骨地将宁远大捷直接归功于魏忠贤：

> 看得奸细武长春等，当奴酋猖獗之时潜伏京师，群不逞之徒作为内宄，危在社稷，且欲谋泄庙谟为奴酋内应，所关军功莫甚焉。幸赖魏忠贤缉获叛党，奠安根本，功在社稷，又令逆谋未逞，制胜庙堂，使宁远告捷，摧积年之强虏，其于军功大有裨也。比之宁晋伯刘聚，彼以折冲千里，此以扫靖肘腋，辉映先后，齐芳勋庸，诚无二也。❷

武长春是万历末年后金方面的明朝叛将李永芳安插在北京的奸细，目的是混入兵部刺探明朝的军事机密，但其人行为放浪又缺乏作为间谍的才能，在北京混迹多年，始终未能进入朝廷内部，以其漏洞百出的言辞和行迹，如果不是朝廷上下贪赃枉法、卖官鬻爵成风，他早该在顶替他人身份试图混入兵部时被捕了，然而就是这么一个人居然在北京安然混迹多年，也可见晚明政坛之腐败，国家安全体系之稀

---

❶《明熹宗实录》卷六十九，天启六年三月丙午，历史语言研究所，1962年。
❷《明熹宗实录》卷六十九，天启六年三月丁未，历史语言研究所，1962年。

松。宁远大捷之前，武长春才被东厂注意到，他在试图潜回后金时适逢明金再次开战，因而逃跑不得被捕，之后正好发生了宁远大捷。他本人在潜伏期间没有为后金带去多少有价值的情报，他的被捕是一个偶然事件，根本不是魏忠贤精心布置的结果，更与宁远大捷没有什么关系，阉党以此为由贪功，实在是无耻之尤之举，然而魏忠贤犹嫌不足，三月初八又授意王绍徽以此为由，为魏忠贤的父母、祖父母请封，再次获批：

> 赠魏良卿伯曾祖大相、伯祖志敏、父冬，俱肃宁伯，良卿请给四代诰命，吏部尚书王绍徽谓忠贤既以洪勋，逮及其侄，宜以报本追崇其先，请照本爵，赠及忠贤祖父母、父母，许之。❶

至此，魏忠贤在前线将士尚未叙功的情况下，一跃成为宁远大捷的头号功臣，其父母、祖父母、侄子都因此被封伯爵。阉党掌权之下的朝堂风气之败坏，国事之荒唐，于此可见一斑。魏忠贤在此事中志得意满，获得了意想不到的收获，使其对"边事"产生了浓厚的兴趣，而阉党集团不缺善于溜须谄媚之人，也不缺擅长阴毒构陷之徒，但偏偏没有能够胜任边事，为其不断赢得军功的人才，尝到甜头之后对军功的极度渴望，是骄横的魏忠贤能够在短时间内对袁崇焕"不计前嫌"的根本原因。

袁崇焕需要魏忠贤的合作和支持以完成自己的平辽救国理想，而魏忠贤需要袁崇焕源源不断地在辽东获得军功，以使自己得到更多的封赏，同时加强自己在朝堂之上的威信，这种双向需求使得双方得以从对抗走向合作，而袁崇焕在天启六年十月的"颂珰"上疏

---

❶《明熹宗实录》卷六十九，天启六年三月辛亥，历史语言研究所，1962年。

中所说的"关内外御敌之伏甲、军器、马匹、悬帘等项，俱以家资置办，日逐解来，又助军需"❶明显是为王永光为魏忠贤请封上疏中说的"雅类张承业之竭忠"❷提供佐证，因此很可能是王永光出于欣赏和同情、支持袁崇焕的一贯立场，促成了二者的和解和合作。王永光身为阉党，却一直明里暗里支持东林出身的袁崇焕守辽，甚至在任用茅元仪、派遣监军太监等事上几次与魏忠贤公开唱反调，也足见阉党集团之复杂，更验证了笔者之前的观点，即东林党之中不乏小人，阉党之中也有部分君子，他们因与东林政见相左，或因与东林党人有私怨，或为了自己的身家性命和政治前途而委身附阉，但在涉及国家利益的关键性事务上，他们又不时表现出以国事和大局为重的良心，他们的某些纠结反复之举，实际上是前文所述的"晚明士大夫悲剧"的一部分。阉党作为一个政治集团，其腐朽和反动性毋庸置疑，但对于这个政治集团内部的个人不可一概而论，仍应做具体评价。

在袁崇焕与魏忠贤从对抗走向合作之后，被阉党控制的朝廷在钱、粮、物方面都给予辽东正常供应，人事上也都依照袁崇焕的意见任用，使得袁崇焕恢复关宁防线的工作进展较快，锦州等重要战略据点均得到恢复，抛荒的耕地得到重新屯种。为拉拢袁崇焕为其争功，魏忠贤还对袁崇焕进行一系列封赏，先是"原荫子锦衣卫正千户，加升指挥佥事，俱世袭，给与应得诰命"❸，继而"加辽东巡抚袁崇焕嗣男原荫锦衣卫千户袁兆基世袭指挥佥事"❹，十二月袁崇

❶《明熹宗七年都察院实录》卷十二，天启六年十月二十二日，上海书店影印历史语言研究所校印本，1982年，第1478—1479页。
❷《明熹宗实录》卷六十九，天启六年三月丙午，历史语言研究所，1962年。
❸《明熹宗实录》卷七十六，天启六年九月己亥，历史语言研究所，1962年。
❹《明熹宗实录》卷七十七，天启六年十月己酉，历史语言研究所，1962年。

焕又因修复山海关有功获从二品服俸，至天启七年二月，熹宗表彰边臣时下旨，已经将袁崇焕、阎鸣泰和魏忠贤手下的监军太监并列了："刘应坤、纪用、阎鸣泰、袁崇焕，从来意气相信，肝胆与同，谋略总期为国，奏疏不约而合，成绩渐著，深可嘉焉。"❶从"意气相信，肝胆与同，谋略总期为国，奏疏不约而合"的措辞来看，这一阶段袁崇焕与阉党在辽东事务方面合作较为默契，双方各取所需。

袁崇焕与魏忠贤及其阉党之间合作的高潮出现在天启七年四月，以袁崇焕疏请在宁前为魏忠贤建造生祠为标志，这也是袁崇焕人生中的一大污点，以及后世数百年饱受诟病的事件。《清流摘镜》中记载有袁崇焕当时的上疏：

> 广、平之败，臣以迂戆书生，洒血请缨，虽抱一片丹衷，究无丝毫筹画。赖厂臣忠肝烈胆，主计吁谟，赞九重之恢复，而神器有赐，貂蟒有赐，遣内臣刘应坤、陶文、纪用于山海、宁远，于是辽人知朝廷之不忍弃辽。辽之官生军民，即陷在房者，亦革其从夷之心以思汉，展转间关，千茶百戮，昔去乡井而流离，今香火如故，保有子孙。若客兵聚东西南北之人，戍人归老，望断生还。自厂臣决御房之策，此辈于是远于死亡，且有地，粮饷以时，故欲报厂臣，犹之辽人也。若臣之感则又甚。臣不揣寡弱，而建此落落难合之议（即防守宁远），似乎必不可行，而厂臣行之，其成臣之名者，厂臣也。昔夷人以倾巢十八万困宁远，使非厂臣定坚城固守之计于先，臣此时宁有身哉？其生臣之身者，又厂臣也。即令成款之支持，纷嚣易起，筑舍为忧，厂臣决策帷

---

❶《明熹宗实录》卷八十一，天启七年二月癸卯，历史语言研究所，1962年。

幄，使臣仰受方略，力于疆场以朝廷者，又厂臣也。在朝廷定不靳其报功之典，谨会同总督阎鸣泰，合词以请，敕赐祠额，以垂不朽。❶

熹宗因此疏传谕："这本说厂臣心专筹虑，力援危疆，设险设备，屹立金汤，其懋功朕所鉴悉；合谋建祠，舆情允协，着如议行，其祠名曰元功。该部知道"❷，表示批准。

后世攻击袁崇焕之人，往往以此疏言辞谄媚，指责其"附阉"，实际上从这封充斥谄媚之词的上疏中，依然能够看到袁崇焕极力与阉党保持距离的蛛丝马迹。当时蓟辽总督阎鸣泰已完全投向阉党，在京畿、山海关等地大肆为魏忠贤建造生祠，至袁崇焕上疏前已建祠七座之多，而山海关外一座生祠也没有，这无疑给共事的袁崇焕带来了很大的政治压力，迫使他不得不建祠。但另一方面，他又面临着巨大的道德压力，作为将"君子"与"小人"之辨作为最高政治原则的东林士大夫，与阉党合作已是离经叛道之举，如果所作所为和阉党完全一样，势必承受内心和舆论的双重抨击。更何况自己的恩师和恩人孙承宗，与魏忠贤交恶的一大原因，就是不愿附和建祠。

在这种两难境地中，袁崇焕最终决定上疏建祠，但要拉上蓟辽总督阎鸣泰合奏，一来显示非其本意，二来也希望阎鸣泰帮他分担压力。这可能是袁崇焕内心煎熬的真实外在表现，也可能是一种用心良苦的政治表演，但无论是真是假，都重新引出了孙承宗提出的那个让无数明末士大夫困惑的问题：君子为了完成理想抱负，达到自己的目

---

❶ 吴岳辑：《清流摘镜》卷六《建祠诸臣》，《四库禁毁书丛刊补编》第17册，第689—690页。

❷《明熹宗七年都察院实录》卷十三，天启七年四月初七日，第1553—1554页。

标，到底能不能"与小人合"，孙承宗的答案是："吾辈当斩钉嚼铁，自立人间。"❶自然是不能，而袁崇焕在这个问题上，显然做出了不同的选择。他后来斩杀毛文龙时用的一条罪名是"辇金京师，拜魏忠贤为父，塑冕疏像于（皮）岛中"❷，这个罪名很怪，因为在崇祯即位之初"钦定逆案"的时候，类似袁崇焕、毛文龙这样与阉党有过合作的边臣边将都得到了豁免，因此袁崇焕以朝廷都不追究的罪名斩杀毛文龙，很难说他恨的是魏忠贤，还是依附过魏忠贤的毛文龙，抑或是曾经委身折节的自己。

袁崇焕有意和魏忠贤及阉党集团保持距离，魏忠贤又何尝真心原谅过这个"孤迁耿僻"，素为自己所不喜的东林党人。他供给辽东的粮草、器械、军饷本来就是袁崇焕应得的，正是因为孙承宗、袁崇焕一开始对他"不服"，所以他才百般作梗，袁崇焕暂时驯服让他恢复了对辽东的正常军需供应，也只是作为袁崇焕为他赢取军功的交换。双方在内心深处仍对对方有着深深的防备和嫌恶，也使这种合作关系充满了高度的不确定性，维系二者关系的只有短期利益，以利相合，利尽而散就是必然的结局。之前魏忠贤尝到宁远大捷的甜头后，特许袁崇焕为努尔哈赤吊孝，实际上就是试图以此为契机寻找议和的机会，彻底解决辽东问题，以图平辽之功，王在晋也说："彼时主张虽由崇焕，而设谋实自逆珰（魏忠贤），逆珰欲招款奴首，建不世之勋，意不止于封侯已也。"❸虽王在晋与孙承宗、袁崇焕有隙，但这个判断是基本正确的。而袁崇焕的目的则是借吊孝之机窥

❶ 钱谦益：《牧斋初学集》卷四十七下《特进光禄大夫左柱国少师兼太子太师兵部尚书中极殿大学士孙公行状》，《四部丛刊初编》第1641册。

❷《明史》卷二百五十九《袁崇焕传》，中华书局，1974年，第6712、6717页。

❸ 王在晋：《三朝辽事实录》卷十六，《续修四库全书》第437册，第408页。

探宁远之战后后金在政治军事方面的变化，自然不可能使魏忠贤如愿，因而引起了魏忠贤的不满，但阉党中没有可以替代袁崇焕的人物，魏忠贤只能隐而不发。

在宁远之战后，袁崇焕利用努尔哈赤去世、后金权力斗争加剧的机会，加速恢复关宁锦防线，修筑加固锦州、大凌河等城并组织军民屯田，套在后金政权身上的锁链又一次开始收紧。针对这一情况，天启七年五月初六，刚继位的皇太极在于己极度不利的情况下，毅然决定对明朝进行反封锁作战。明朝的战略目标是修复加强孙承宗时代建立起来的关宁锦防线，东连朝鲜，西结蒙古，向中心施压不断绞杀后金。后金则在征服朝鲜后，针锋相对地将关宁锦防线上的重要战略支点锦州、宁远作为攻克对象，力图在关宁锦防线完全成型之前破坏防线。

五月十一日，后金兵围锦州，十二日攻城，明军坚持"凭城用大炮"的战术婴城固守，后金军缺乏攻城火炮，无法攻克，转而围城。五月二十五日，后金援兵自沈阳到达锦州，皇太极遂分一军继续围困锦州，五月二十七日亲率军队进攻宁远，明军城外军队在城下列阵引诱后金军主动进攻，后金以骑兵进攻，试图与明军野战时遭到城上炮火杀伤，不仅在近战中不能制胜，攻城也受阻，还面对明朝援军源源不断地赶来。皇太极于六月初四回师再攻锦州，又不克，不得不在六月初五退兵，六月十二日返回沈阳。此战史称"宁锦大捷"。

宁锦之战是后金继宁远之战后的又一次战术失败。皇太极在新汗即位政权不稳、盛夏出兵难耐酷暑的不利情况下，坚持出兵，似乎是自招其败的昏招。但从战略角度来看，却是正确的选择，后金虽在宁锦之战中损兵折将，但减缓了明军恢复关宁锦防线的脚步。皇太极在战场上表现出的军事才能和指挥水平显然不如努尔哈赤，但其战略眼光和战略决策的水平显然远远高于努尔哈赤，是一个可怕得多的对手。不过即使高明如皇太极，也没有预料到，这场战术性失败居然再次引发了明朝的党争之祸，而这场党争之祸对关宁锦防线造成的破坏，远比他发动的宁锦之战要大得多。

在宁锦之战中，坚持"凭城用大炮"战术的袁崇焕与主张主动出击、敢于野战的将领满桂分歧进一步加大，同为孙承宗培养起来的边臣和边将，二人的分歧不仅涉及军事理念，也涉及政治利益。满桂在之前就因为袁崇焕在其与另一将领赵率教之间的矛盾中偏向赵率教，而对袁崇焕不满。宁锦之战中的战术分歧，不过是矛盾的又一次公开化。而在这之前，魏忠贤和阉党已经注意到了袁崇焕与满桂之间的分裂，有意让王之臣拉拢满桂。在魏忠贤看来，满桂是武人，更易于控制，而且满桂主张主动进攻，袁崇焕主张防守，在为他赢取军功这方面，满桂显然是比袁崇焕更合适的人选。因此，阉党在利用宁锦大捷大肆自我封赏的同时，也正式抛弃了袁崇焕，开始谋划如何逼迫他去职，换上自己的人选。

在宁锦之战时，皇太极针对后金军长于野战而不善于攻城的特点，寄希望于利用锦州围点打援，引诱宁远明军来救锦州，以便在野战中击败明军。袁崇焕一方面判断："锦州城中火器俱备，兵马甚多，如加意防守，何能攻克？"[1]另一方面断定这是皇太极围点打援的计策，认为"宁远四城为山海藩篱，若宁远不固则山海必震，此天下安危所系"[2]，皇太极的意图是在野战中消灭明军有生力量，进而攻占宁远，宁远明军不可贸然救援锦州，请朝廷从山海关发兵救援锦州。袁崇焕在给锦州的信件中表示："我水兵六七万已至山海关，蓟州、宣府兵亦

---

❶《清太宗实录稿本》，《清初史料丛刊（第三种）》，辽宁大学历史系，1978年。
❷《明熹宗实录》卷八十四，天启七年五月甲申，历史语言研究所，1962年。

至，前屯卫、沙河所、中后所兵俱至宁远。各处蒙古兵俱至台楼山。"❶此信被后金截获后，皇太极知道围点打援已不可能，才转而直接进攻宁远。在救援锦州的问题上，袁崇焕的判断和决定都没有问题。正是袁崇焕的正确判断和辽东官兵的殊死奋战，才有了宁锦之战的胜利。

然而在战后封赏时，"文武增秩赐荫者数百人，忠贤孙亦封伯，而崇焕止增一秩"❷。连魏忠贤的孙子都因宁远大捷封了伯爵，袁崇焕却"止增一秩"，赏了三十两银子，形同侮辱。不仅如此，魏忠贤又指使党羽攻击他与皇太极议和是中了敌人缓兵之计，招致后金征伐朝鲜，又进攻宁锦。魏忠贤又"使其党论崇焕不救锦州为暮气"❸，进一步逼迫他去职。连老资格的阉党霍维华都看不过去，上疏为袁崇焕鸣不平，却遭驳斥。

袁崇焕失去了魏忠贤和阉党的支持，又在朝堂上饱受攻讦，再硬撑下去很可能步熊廷弼的后尘，遂上疏乞休，熹宗下旨曰："袁崇焕谈款一节，所误不小，朕不加谴责，尚著叙赉，分明念久在危疆，姑使相准耳。"❹这显然是魏忠贤的手笔。在阉党弹冠相庆之时，袁崇焕却留下一首诗，黯然踏上了归乡之路：

功名劳十载，心迹渐多违。忍说还山是，难言出塞非。

主恩天地重，臣遇古今稀。数卷封章外，仍同旧日归。❺

---

❶ 内阁本满文老档编辑委员会：《满文老档》第20册，辽宁民族出版社，2009年，第470页。

❷《明史》卷二百五十九《袁崇焕传》，中华书局，1974年，第6712页。

❸《明史》卷二百五十九《袁崇焕传》，中华书局，1974年。

❹《明熹宗实录》卷八十七，天启七年八月壬寅，历史语言研究所，1962年。

❺ 梁章钜辑：《三管英灵集·袁崇焕诗》，见阎崇年、俞三乐编《袁崇焕资料集录》第八集，广西民族出版社，1984年。

魏忠贤及其阉党的"边功"就是这样来的，其在其他领域的所谓功绩，也大多数以这样的方式得来。在魏忠贤大肆攫取辽东边功，用宁远、宁锦两次战役胜利为自己全家封爵的同时，明朝的政治、经济、军事危机正在他和他的阉党集团的倒施逆行中日益严重。纵观萨尔浒战役之后的辽东战守之局，魏忠贤和阉党先杀熊廷弼，再逐孙承宗、袁崇焕，几次破坏对明朝至关重要的关宁锦防线，导致这一战略构想直至明亡都没有完全完成，仅能起到保护山海关的作用。而被魏忠贤和阉党贪为己功的宁远、宁锦两次"大捷"，正是依托关宁锦防线而达成的，在构筑防线和两次"大捷"的过程中，魏忠贤及其阉党集团扮演的完全是破坏者和阻挠者的角色。魏忠贤与袁崇焕短暂而脆弱的合作非但不是阉党拯救大明的证据，恰恰证明了魏忠贤的阉党集团既没有救国的理想和志气，也没有具备救国能力的人才，根本不可能拯救危机之中的国家。

阉党集团败亡之后，虽魏忠贤已死无全尸，但昔日魏忠贤权倾朝野之时，附阉者如过江之鲫，崇祯初年的"钦定逆案"虽将其核心成员基本铲除殆尽，但还有大量阉党余孽逃过了诛杀。他们虽侥幸不死，但政治前途已经断送，历史评价也是板上钉钉。他们虽一再试图翻案，但"钦定逆案"由思宗一手操办，只要皇帝不死，他们就没有翻身之日。甲申国难造成的全面政治混乱为他们提供了一个洗白自己的机会，使他们得以制造了大量类似"忠贤若在，时事必不至此"❶一类的政治谣言，除思宗在明亡前下旨收葬魏忠贤外，南明时非常流行的另一则政治谣言是当时的时政性抄报《燕邸实钞》所载崇祯皇帝在自缢前

---

❶《燕都日记》，见冯梦龙辑《甲申纪事》卷六，弘光元年刻本，第3页a~b。

"咬指血题襟曰：百姓不可杀，百官不可留"❶，希望借流贼之手杀尽误国的文官。这两条政治谣言一条洗白魏忠贤及阉党，一条栽赃东林党对明亡负有主要责任，相辅相成，其用意不言自明。

"忠贤不死，大明不亡""东林误国葬送明朝"这类历史谣言至今在民间仍有市场，究其原因，在于部分人对基本史实认识不清，误中了数百年前阉党的"岁月史书"之计。另一方面，这类历史谣言迎合了底层民众对历史的认知和想象。王朝末期的历史往往纷乱复杂，而民众却往往希望对纷乱复杂的时局进行简单归因，而阉党余孽编造的这些谣言尽管并不高明，却颇有市场，因为历史往往由民众陌生且不喜的文字写成，而谣言却往往由民众熟悉且喜欢的语言言说。

魏忠贤及其阉党集团在天启一朝，尤其是天启四年至天启七年全面掌权期间表现出的那种权势和控制力，远超之前的王振、刘瑾，给人一种权倾天下、威震朝野的感觉。魏忠贤本人"身受三爵，位崇五等，极人臣未有之荣"❷。从"掖廷之内，知有忠贤不知有皇上；都城之内，知有忠贤不知有皇上"❸来看，魏忠贤及其党羽对内廷和外朝的控制也极严密。而其掌握的特务机构不仅规模庞大，而且手段残酷，《明史》里说魏忠贤的特务网络之广，"民间偶语，或触忠贤，辄被擒戮，甚至剥皮、刲舌，所杀不可胜数，道路以目"❹。

但如果认真观察阉党的整个结构体系，不难得出一个完全相反的结论，从某种程度上来说，这是一个非常孱弱且不稳定的政治集团。

作为这一政治集团的绝对核心，魏忠贤本人缺乏作为政治领袖的

---

❶《燕邸实钞》，见顾炎武辑《明季实录》卷一，《四库未收书辑刊（二辑）》第21册，北京出版社，1997年，第17页。

❷ 谈迁：《国榷》卷八十八，中华书局，1958年。

❸ 谷应泰：《明史纪事本末》卷七十一，中华书局，1977年。

❹《明史》卷三百五《魏忠贤传》，中华书局，1974年。

基本素质，虽然他不太可能如东林党人所说的目不识丁，但从其高度依赖他人处理各类文牍来看，文化程度相当有限应是事实。《明史·魏忠贤传》里较为清晰地描绘了他最初的上位之路：

> 魏忠贤，肃宁人。少无赖，与群恶少博，不胜，为所苦，恚而自宫，变姓名曰李进忠。其后乃复姓，赐名忠贤云。忠贤自万历中选入宫，隶太监孙暹，黄缘入甲字库，又求为皇长孙母王才人典膳，诏事魏朝。朝数称忠贤于安，安亦善遇之。长孙乳媪曰客氏，素私侍朝，所谓对食者也。及忠贤入，又通焉。客氏遂薄朝而爱忠贤，两人深相结。 ❶

他的全部生活经验和受教育背景决定他不可能是无师自通的政治天才，他对政治的认识很大一部分来自他前半生的市井生活，这使得他对高层政治缺乏相应的思考能力，虽贵为司礼监秉笔太监，但所作所为和全部伎俩仍未超越寻常的"奴仆之道"。在明清小说中，类似的恶仆、奸奴比比皆是，他们或依附恶少为虎作伥，或利用主人的昏聩懵懂，诱骗主人吃喝嫖赌毁尽家业。这些恶仆奸奴依仗主人威势，狐假虎威害人无数，但因为缺乏必要的智识，手段肆无忌惮不知收敛，虽横行一时，但报应一到往往束手伏诛，被轻易铲除。而魏忠贤除了依附的"主人"与众不同之外，在本质上与这些恶仆奸奴并无区别。因此他最后的下场也与他们相仿。

尽管他拥有了类似张居正的地位和控制力，但实际上二者的权力来源完全不同。魏忠贤的本质是一个阉人，而且是最为人所鄙视的那种自净入宫的阉人，他的权势无论多大都来自他的主人——皇帝，即

---

❶《明史》卷三百五《魏忠贤传》，中华书局，1974年。

便是他高度依赖的客氏，其权力也来自皇帝。因此他先后除掉魏朝、王安，都是依靠对皇权的掌控，而非他本人的政治手腕和政治能力，整个过程都谈不上高明。而他在除掉王安之后试图巴结东林党，取王安而代之的念头和想法，则显示出这个市井无赖对士大夫群体和高层政治斗争存有不切实际的幻想。这无疑是其低微的出身和缺乏教育造成的结果之一。

因此等到他第一次真正面对朝堂斗争的时候，他一方面表现出极度的恐惧，面对杨涟等人的上疏被吓得惶惶不可终日，另一方面又再次表现出政治上幼稚的一面，试图请求他认为与他相好的东林党人韩爌从中调解，结果被韩爌断然拒绝。他后来对孙承宗、袁崇焕不成功的拉拢，也是基于类似的幼稚。他的权倾朝野实际上来源于他可以利用皇帝的昏聩长期窃取皇帝的权力：

> 帝性机巧，好亲斧锯髹漆之事，积岁不倦。每引绳削墨时，忠贤辈辄奏事。帝厌之，谬曰："朕已悉矣，汝辈好为之。"忠贤以是恣威福惟己意。岁数出，辄坐文轩，羽幢青盖，四马若飞，饶鼓鸣镝之声，轰隐黄埃中。锦衣玉带靴裤握刀者，夹左右驰，厨传、优伶、百戏、舆隶相随属以万数。百司章奏，置急足驰白乃下。所过，士大夫遮道拜伏，至呼九千岁，忠贤顾盼未尝及也。客氏居宫中，胁持皇后，残虐宫嫔。偶出归私第，骑从赫奕照衢路，望若卤薄。忠贤故驵无他长，其党日夜教之，客氏为内主，群凶煽虐，以是毒痛海内。❶

尽管如此，魏忠贤在最初窃用皇权的时候还是小心翼翼，使用了

---

❶《明史》卷三百五《魏忠贤传》，中华书局，1974年。

一些不甚高明的伎俩和手段，然而在这些在普通人身上都难以奏效的手段完全被皇帝照单全收之后，魏忠贤才确认了自己可以放心大胆地窃用皇权，从此开始肆无忌惮。如果他受过相应的历史教育，就会知道在明朝的政治制度设计中，宦官可以窃权一时，但皇权仍属皇帝，宦官不可能像东汉、唐末那样行废立之事，更不可能真正拥有皇权。一旦皇帝收回被窃取的皇权，窃权的宦官就立刻被打回原形。王振、刘瑾之事殷鉴不远。

因此"坐文轩，羽幢青盖，四马若飞，饶鼓鸣镝之声，轰隐黄埃中。锦衣玉带靴裤握刀者，夹左右驰，厨传、优伶、百戏、舆隶相随属以万数"的派头和九千岁的称呼足以为其招致杀身之祸。而允许党羽四处建生祠，在祠中设像"以沈香木为之，眼耳口鼻手足，宛转一如坐人。腹中肺肠皆以金玉珠宝为之，衣服奇丽，髻上空空其一，以簪四时香花"❶，又规定叩拜礼仪"五拜三稽首，率文武将吏列班阶下拜，稽首如初。已诣像前，祝称某事赖九千岁扶植，稽首谢。某月荷九千岁拔擢，又稽首谢。还就班，复稽首如初礼"❷的做法更是自寻死路。但魏忠贤显然没有足够的政治智慧和政治敏锐性去意识到这一点。

他甚至很难进行任何长远的思考，不停地为自己的亲属讨要封爵。他的侄子魏良卿被封为宁国公、魏良栋被封为东安侯犹嫌不足，其从孙魏鹏翼也被封为安平伯，魏良栋封爵时不过三岁，魏鹏翼仅两岁。不仅魏忠贤的父母、祖父母都封了伯爵，连襁褓中的孩子也都封了爵。他"不计前嫌"地拉拢孙承宗、袁崇焕、满桂这些人的目的，也是希望这些人能够在辽东为他取得军功，好让他能够不停地封赏他

---

❶ 谷应泰：《明史纪事本末》卷七十一，中华书局，1977年。

❷ 《明史》卷三百五《魏忠贤传》，中华书局，1974年。

的家人。他试图用这种方式将他窃取的权力固定下来并传承下去，好让他的家人世世代代都享受着权力带来的好处。但他却意识不到，爵位可以世袭罔替，但爵位也是由被窃取的权力带来的，有朝一日被窃取的权力被正主收回的时候，世袭罔替的爵位也会烟消云散。而"满门封爵"的荒唐之举，届时都是"满门抄斩"的罪证。

魏忠贤在政治上的愚蠢、幼稚之举，数不胜数，关于他城府极深、老谋深算的历史形象，一方面是他的政治对手，特别是东林党的营造，另一方面也是普通民众对其的一种想象。对普通民众来说，一个宦官拥有了如此难以想象的权势，其本人必有过人之处。这种想象非今人之特有，在明末署名西湖义士所作的志怪小说《魏忠贤轶事》（又名《皇明中兴圣烈传》）中，魏忠贤的父亲是个打家劫舍的盗贼，母亲刁氏"惯舞翠盘，扒高杆，又善跑马走索，弄猴搬戏"❶，是个跑江湖的戏子，因在野外露宿与狐狸交媾，才产下了魏忠贤。这显然是因为作者无法解释魏忠贤从市井无赖一步登天成为"九千岁"的现象，只好编出这么一个离奇的超自然出身来。而实际上，魏忠贤的得势与掌权，与其本人的才智和能力并无太大关系，很大程度上是外部环境造成的，正如时势造英雄一样，时势也可以造巨奸。而天启朝的"时势"，可以总结为皇帝无能、士大夫无耻、宦官无节。

关于熹宗其人，历史上对其评价普遍不高。东林后人文秉所著的《烈皇小识》对他屠戮东林党人哀叹道："呜呼！哲皇而既如此矣，吾于逆贤（魏忠贤）乎何尤！于诸臣乎何尤！"❷同时代的明人碍于皇权，也多仅就诛杀王安、亲信魏忠贤、屠戮东林党等政治事件进行批评，

---

❶ 西湖义士：《皇明中兴圣烈传》，《古本小说集成》，上海古籍出版社，1990年，第1页。

❷ 文秉：《先拨志始》，上海书店，1982年，第182—184页。

甚少对其本人直接进行剖析和批判。而后人就显然直白得多，清人张廷玉所修《明史》就直指其"庸懦"：

> 明自世宗而后，纲纪日以陵夷，神宗末年，废坏极矣。虽有刚明英武之君，已难复振。而重以帝之庸懦，妇寺窃柄，滥赏淫刑，忠良惨祸，亿兆离心，虽欲不亡，何可得哉？❶

认为明朝自万历后期开始，国家已经腐坏至难以挽救的地步了，纵使有中兴之主也难挽救，更何况熹宗这样一个昏庸懦弱的君主呢。前引孟森先生之评价，也认为熹宗是无法理解是非恩怨的"至愚至昧之童蒙"❷，王桐龄更直指其为"黄口小儿"，还有相当一部分学者认为其目不识丁，完全不具备作为皇帝的基本素质。抛开清人对明朝皇帝一贯的暗中贬损的基本态度，以及民国史学家对明亡之绝望而产生的义愤，这些看法大部分确实是客观事实。熹宗本人成为昏君，本身就是万历后期"纲纪废坏已极"的结果之一，群臣打着"争国本"旗号与万历皇帝相抗几十年，而万历皇帝也以国家社稷为名与群臣相争，争得国家内耗日重，争得朝政荒废不堪，争得辽东烽烟滚滚，而实际上没有人真正关心他们争夺的目标，即继承人本身，因为长期生活在一个高压的、动荡的、充满不确定性的政治环境之中，熹宗之父光宗出阁读书很晚，又几经波折，长期辍读。熹宗本人在当皇帝之前没有出阁读书的记录。一些人包括部分学者据此推断光宗、熹宗父子是半文盲、文盲，实际上是较为片面和武断的看法，出阁读书并不等同于开始受教育，实际上明朝皇帝开始受教育的时间往往比出阁读书要早

---

❶《明史》卷二十二，中华书局，1974年，第306—307页。
❷ 孟森：《明史讲义》，中华书局，2002年，第302页。

得多。出阁读书更类似于一个仪式，即作为储君开始正式接触大臣，接受系统的君主教育的仪式。他们缺乏出阁读书的经历，只能说明他们缺乏作为皇帝的教育和训练，并不能说明他们是半文盲和文盲。

从史实来看，正是这种充满不确定性的政治环境，导致光宗在当皇帝之前都生活在一个极其幽闭的环境之中，为了避免被人作为政治斗争的工具所利用，被人为地阻断了与外部世界，尤其是和大臣之间的接触。他出阁读书的问题正是由此而起，熹宗则是受到他的连累。因此尽管光宗与熹宗很可能不是半文盲和文盲，但他们成长的这种幽闭的生活环境，以及在完全与外界隔绝的状态下接受的这种残缺的教育，不但使得他们的文化程度相当有限，更严重的问题是心智不全，也就是孟森先生所说的"不足预于是非恩怨之理解也"[1]，以及一系列的心理问题。

因为光宗在位时间太短，因此这些特点在熹宗身上表现得比较明显。天启元年（1621），内阁辅臣韩爌等因熹宗未曾出阁读书，请求为皇帝开经筵日讲，获得了批准。"以帝为皇孙时，未尝出阁读书，请于十二日即开经筵，自后日讲不辍，从之"[2]，在日讲过程中，熹宗在孙承宗的循循善诱下表现出了聪慧的一面，足见其智力并不低下。清初学者朱彝尊是天启时期的大学士朱国祚之曾孙，因此家中收藏有熹宗手写的三道敕书，他评价敕书"今观三敕书法虽不工，未尝假手司礼内监"[3]，认为字虽然写得不算好，但应该是皇帝亲手书写的，也足见其并非文盲。

---

[1] 孟森：《明清史讲义》，中华书局，1981年，第293—294页。
[2] 《明史》，中华书局，1974年，第6243页。
[3] 朱彝尊：《曝书亭集》卷五十三，《四部丛刊初编部》第358册，上海书店，1989年，第418页。

在之后诛杀王安，独信魏忠贤，继而屠戮东林，放任阉党为祸天下的过程中，熹宗表现出的那种昏庸，很大程度上是熹宗心智不成熟导致的。正是因为在其动荡不安的成长经历中，始终处于被他人控制和争夺的状态下，导致他在成为皇帝之后，对任何试图控制和争取他的企图都充满了戒备和逆反。前已论及，当时的司礼监秉笔太监王安是明朝历史上少数为士大夫所认可，并给予正面评价的宦官，可即使是这样一个"正直"的宦官，也有效仿张居正时代的权阉冯保，与东林党联手控制皇帝的企图，这自然受到了熹宗的激烈反抗，并最终导致王安之死：

> 上英明欲自操断，憎安刚愎严切，绳束举动不自由，属安求退，遂黜充南海子净军，而尽用安所排挤者管机事，从狱中赦刘朝，使掌南海，讥察之，安遂缢死，暴其尸。❶

认为对自己"司起居甚严密""日取诗书礼法相绳"❷的王安是在试图控制自己，而认为日日引导自己"倡优声伎，狗马射猎"❸的魏忠贤没有这种企图，因而值得信赖，这正是非常典型的逆反心理和小儿思维，是熹宗心智不成熟的明证。此外，因为成长于封闭的环境之中，长期不与外界接触，熹宗不仅对大臣颇为疏离，而且防备心理极强。熹宗对文武官员，尤其是东林党人的敌视态度，一半源于王安，另一半则源于长期的幽闭生活环境养成的这种对"外人"的疏离和戒备。相反，他对保姆和玩伴一般的魏忠贤的那种信任，以及他对乳母客氏

---

❶《明光宗实录》卷四，历史语言研究所校印，1971年，第90页。
❷ 谷应泰：《明史纪事本末·补编》卷五，中华书局，1977年，第598页。
❸《明史》卷三百五，中华书局，1974年。

的那种不正常的情感，很大程度上也来源于此。

因此他在天启初年东林党"讨魏战争"中那种决绝的态度，其实是他为了自己身边的"亲人"而向朝堂之上的"外人"进行的一次惩罚，东林党越试图以肝脑涂地的进谏感动和争取皇帝，则皇帝对他们的打击和惩罚就越沉重。这种任性和逆反的态度也是心智不成熟的少儿的心理特点。而在其他一些事务中，如对"移宫案"的态度和评价的前后反复，以及在逐客氏出宫上的无赖态度，无不体现了这一点。

因此，受教育水平偏低、心智极度不成熟、心理不健康的熹宗，实际上不具备作为皇帝掌握大权的能力，是为无能。正因为皇帝无能，魏忠贤才得以窃权。但皇帝非傻子，他也在不断成长，为了长期窃权，魏忠贤就为熹宗量身打造了一个"舒适空间"，使其完全沉浸于孩童的天性之中。前文已经论及，魏忠贤在天启年间虽大权在握，但实际其本人无权，所握之权是他窃用的皇权，根本上仍属于皇帝，皇帝只要稍稍清醒振作，即可收回权力。然而终熹宗一生，纵使晚年已对魏忠贤的罪恶有所察觉和了解，也从未动过收回权力的心思，甚至在弥留之际还嘱咐后来的崇祯皇帝朱由检"魏忠贤宜委用"，除了心智不成熟的孩童对保姆和玩伴的那种绝对信任和依恋外，也在于魏忠贤为熹宗营造的"舒适空间"太过舒适，使其难以振作，也不愿振作。

前已论及，君主专制的空前加强、儒家思想和科举制度的高度异化，以及商品经济的空前繁荣，使得明朝从中期开始，学风、士风、宦风不断腐败堕落。万历中期之后党争白热化，至天启时期，士大夫的道德水平已经到了非常堪忧的地步。天启四年，明朝属国朝鲜派出使团，为刚刚通过政变即位的仁祖李倧向明朝请封，朝鲜使臣洪翼汉记录了当时北京官场的风气：

大概中朝贪风大振，公卿辅相，大官小吏，无不以利欲相济，政以贿成，恬不知耻。辄逢陪臣，自以为值获财之运，朵颐馋涎，日令牌子、小甲等来求土物，银、参、獭、豹皮、纸、苎布之言，不绝于口。朝求才应，暮已复然。时复以袖中单子，相继凭索曰：上年奏请使来时，某官前银、参若干，某物若干，万端征责，不厌不已。以为事若速完，则饵渔之方绝矣。留时引月，润笔馨钩，必充上年物数，然后为可成。❶

洪翼汉观察到的这种大小官员无官不贪，天下大小事无一事不须使钱的习气，正是商品经济繁荣和士风腐坏双重影响之下形成的官场、科场通例。当时官场普遍将办事环节增多，流程拉长，从而使整个办事过程中人人可以得利，处处可以要钱。而朝鲜国土狭小又物产贫瘠，自然对"天朝上国"大小官吏这种没完没了的索贿感到难以对付。洪翼汉对此哀叹道：

阁部下人，逐日糜至馆中闹哄，有同市肆，束指齐唇，求索不止，今日费百金，明日费千金。起视门外，部吏又至矣。一行倾橐，更无可办。❷

贫困的朝鲜自然拿不出多少金银，然而连镜子、雪花纸之类不值钱的东西，明朝官吏索得后"亦色喜云"。而唯一能看得上的人参，

❶ 洪翼汉：《花浦先生朝天航海录》卷一，天启四年十一月十五日，《燕行录全集》第17册，东国大学校出版部，2001年，第46页。
❷ 洪翼汉：《花浦先生朝天航海录》卷二，天启五年正月四日，广西师范大学出版社影印版，2010年。

更是趋之若鹜，在无休止的索贿之中，不仅原本用于送礼的人参被索要一空，连使团成员自己服用的人参也不得不被征集起来用于行贿。李倧上位的癸亥靖社（仁祖反正）本身就是朝鲜王廷内部亲明派与亲后金派（光海君）的一次政治斗争，斗争的结果是亲明的李倧胜利。册封李倧本来是明朝与属国朝鲜弥合关系、巩固反后金同盟的一次机会，出使的也都是李倧亲信的亲明派官吏，这些受过传统儒家教育的朝鲜士大夫来到北京之后，深切地感到想象中的天朝上国与现实中的大明有着云泥之别，洪翼汉感叹道：

> 中华古称名教之地，礼义廉耻，所自渊源，而今至此极，益可怪叹。无乃以下邦陪臣，视同裔夷，陵侮而然耶？若果然也，则尤为痛骨矣。❶

追逐权力是士大夫的天性，士大夫对皇帝的忠诚来自皇帝将权力授予士大夫，使士大夫得以与皇帝分享权力而共治天下。换言之，士大夫忠于的是皇权而非皇帝，那么皇权在皇帝手里则忠于皇帝，皇权在宦官手里的时候，自然也可以忠于宦官。

在"士道尊严"尚未完全崩坏的"清流"那里，"附阉"尚是一件难以启齿的耻辱，因此东林党人长期以来多讳言东林与王安在天启初年之间的关系，但对"清流"的对立面们来说，这种道德上的尴尬则小得多。

前文已经论及，东林党天启初年当权时期对持不同政见者的扩大化、无差别打击和污名化策略，使得对立面的齐、楚、浙等反对党以

---

❶ 洪翼汉：《花浦先生朝天航海录》卷一，天启四年十一月十五日，广西师范大学出版社影印版，2010年。

及一些不愿依附东林的士大夫纷纷投入魏忠贤一派，是阉党得以迅速形成力量的重要原因。而阉党得以壮大，则更多地源于直接的利益，尤其是在贪腐成为通例的官场环境下，纵使"清流"也往往以"礼仪"为名随波逐流。投靠魏忠贤所带来的政治和经济利益是非常直接和客观的，尽管贪赃是常态，但在表面上仍为国法所不容，而既然魏忠贤代表了皇权，那么依附魏忠贤就可以在某种程度上"奉旨贪赃"，所以除却部分因受东林党排挤和打击的政见不同者，大部分阉党成员都是追权逐利而来的无耻士大夫，而对皇权的绝对控制，以及对贪污腐败的纵容甚至鼓励，是阉党集团得以急速膨胀的重要原因。

然而由于魏忠贤本人市井无赖的本质，以及阉党以利相交的特性，也导致阉党集团既无统一的政治纲领、明确的权力结构，也无组织严密的结构，是一个比东林党更为松散和混乱的政治团体。从魏忠贤党羽的构成来看，阉党成员可以分为如下几类，第一类是前述的宣、昆、齐、浙等党成员，在长期的党争中与东林结下了很深的仇怨，在东林当政期间被统统打成"邪党"和"小人"，受到了政治排挤，因而在魏忠贤得势后聚集在魏忠贤麾下，欲借魏忠贤之力继续党争。如齐党领袖亓诗教投向魏忠贤之后，齐党成员也多附阉，浙党的姚宗文也与此类似。第二类是因贪赃枉法等行为，受到东林党人打击惩处之后，迁怒于东林党，通过依附魏忠贤获得权势，并向东林党复仇的，如魏忠贤的心腹崔呈秀，因贪赃被东林党人高攀龙举报，被革职后投向魏忠贤，乞为养子，魏忠贤为其复职后，他一路平步青云，分别将阉党和东林党人名单编造成《同志诸录》和《天鉴录》，以方便魏忠贤分辨"敌我"，打击屠戮东林党人。第三类则是较为纯粹的奸邪小人，依附魏忠贤或为升官发财，或为逞其奸志。第四类则是随波逐流者，为了避免阉党的迫害和打击而被迫附阉，这类人在阉党之中人数最多，他们通常会刻意与魏忠贤保持一定距离，为自己留下后路，前文提及的天启时代既依附阉党，又支持袁崇焕守辽的兵部尚书王永光，就是这一类官员。这一类人已经不算严格意义上的阉党，也多为《明史·阉党传》所不载，相当一部分人没有受到崇祯初年"钦定逆案"的株连。在这四类人之外，还有为数不少的对魏忠贤和阉党暂时采取合作态度的官员，他们往往因为在某一领域有较为突出的专业能力而得到魏忠贤的容忍，但也常被打击，或受到其他阉党成员的攻击和倾轧，最典型的如前文所述的袁崇焕、毛文龙。

可以说，以魏忠贤为圆心而形成的这么一群人，不仅出身、志向各异，而且彼此之间也存在着各种各样的矛盾，如果一定要说他们之间有什么共性，那么就是他们都想利用魏忠贤手里窃取的皇权达到自己的目的。有的人想平步青云，有的人想打击政敌，有的人想报仇雪恨，有的人想升官发财，甚至像袁崇焕这样的人，想在保持自身名节的前提下，利用魏忠贤的力量完成自己的志向，达到拯救国家的目的。这些形形色色的人除在表面上尊敬魏忠贤这一点上能够保持一致外，几乎不可能在其他事务上保持整齐划一的政治态度，即使在共同贯彻魏忠贤的意志时，也经常因为发生矛盾而互相攻讦和倾轧，更不用说因为各自的利益而发生的无休止内讧了。因此，阉党内部的矛盾和斗争远较东林党更为频繁、激烈、残酷，互相之间的倾轧和清洗从未停止过。前文提及，天启年间的士大夫将阉党比喻为黄蜂，认为黄蜂无人可蜇时"遇草木亦蜇"❶，实际上连草木都没的蜇之后，黄蜂就会连同类也蜇，或者说，黄蜂之间的同类相残其实根本就没有停止过。如果前文论及的阉党那种扩大化的清洗继续下去，很快就会因为没有合适的清洗目标而转为内部清洗，从清洗阉党外部的"不服从者"和"沉默者"，转向清洗阉党内部的"不忠诚者"，最终因为"忠

❶ 曹珖：《闲思往事》，《中国野史集成续编》第17册，第862页。

诚不绝对等于绝对不忠诚"而杀得人头滚滚。后来崇祯初年"钦定逆
案"以及南明时期"追论"时，都有阉党分子以自己被阉党所害为由
申辩，其实就是阉党集团同类相残的一种表现。

因此与其说阉党是一个政治集团，倒不如说是一个权力市场，市
场的中心是魏忠贤本人，而形形色色的人抱着形形色色的目的走进
市场，将自己拥有的货物——忠诚或能力奉献给魏忠贤，而魏忠贤回
馈的东西则只有一种，那就是他窃取的皇权。而市场里形形色色的
人除了对权力的渴望之外，无法达成任何共识，他们在涌入市场的
过程中，也不可避免地摩擦、争吵、打斗和倾轧。魏忠贤并没有能力
控制他们，但是又不得不依靠他们，因为他虽然窃取了皇权，但缺乏
处理具体事务的能力，不得不选择与这些阉党士大夫分享权力，以实
现某种程度的"共治"。从这一点上来说，阉党又像一个小朝廷，而
魏忠贤是这个小朝廷的僭主，阉党内部的斗争、倾轧和清洗，就是这
个小朝廷内部的党争。而这个朝中有朝的政治怪胎得以形成，则源于
前论的皇帝无能、士大夫无耻、宦官无节，正因为皇帝无能，皇权才
会旁落，正因为士大夫无耻，才会依附宦官，而正因为宦官做事手段
没有下限，才被无耻的士大夫用于屠戮同类。阉党虽以魏忠贤为核
心，罪魁祸首却是无能的皇帝和无耻的士大夫。他罗织的那些"封疆
通贿案""六君子案""七君子案"，谋划均出自阉党士大夫之手。他
制造冤案所惯用的那一套先由言官弹劾，再由厂卫逮捕下狱，继而污
蔑贪赃，最后拷打致死的"流程"，并非他的能力和才智所能设计和
操弄。无耻士大夫一方面看中他皇权在握，另一方面看中他手段毫
无底线，利用他同类相残罢了。这样一来，既除掉了政敌，又将屠戮
士大夫的罪责推到了魏忠贤身上。魏忠贤本身也不过是大明王朝党争
升级加剧到肉体消灭阶段后，应运而生的工具而已。历史运行到这个
时期，即使没有魏忠贤，也可能会有李忠贤、王忠贤。清人所修《明

史》中也感叹：

> 　　明代阉宦之祸酷矣，然非诸党人附丽之，羽翼之，张其势而助之攻，虐焰不若是其烈也。中叶以前，士大夫知重名节，虽以王振、汪直之横，党与未盛。至刘瑾窃权，焦芳以阁臣首与之比，于是列卿争先献媚，而司礼之权居内阁上。迨神宗末年，讹言朋兴，群相敌仇，门户之争固结而不可解。凶竖乘其沸溃，盗弄太阿，黜陟渠恁，窜身妇寺。淫刑痡毒，快其恶正丑直之私。衣冠填于狴犴，善类殒于刀锯。迨乎恶贯满盈，亟伸宪典，刑书所丽，迹秽简编，而遗孽余烬，终以覆国。庄烈帝之定逆案也，以其事付大学士韩爌等，因慨然太息曰："忠贤不过一人耳，外廷诸臣附之，遂至于此，其罪何可胜诛！"痛乎哉，患得患失之鄙夫，其流毒诚无所穷极也！ ❶

　　因此，只要皇帝稍有振作之心，**魏忠贤的九千岁游戏就无法继续下去，一旦失去皇权，也会立刻失去阉党士大夫的忠诚**，甚至很可能遭到反噬。可是魏忠贤显然没有足够的政治洞见力和智慧来应对这个必然来到的结局，相反，他在倒台前夕的一系列疯狂而愚蠢的所作所为，显示出其本人虽位极人臣，但本质仍是一市井无赖。

　　天启七年（1627）七月，魏忠贤谎报辽东军情，再次加恩三等，官至"钦差总督东厂官旗办事、掌惜薪司、内府供用库、尚膳监印、司礼监秉笔，总督南海子，提督宝和等店"，又以三大殿落成论功，加魏忠贤侄宁国公魏良卿太子太保，袭伯爵锦衣卫指挥，魏明望进秩少师，魏氏家族达到势力顶峰。但实际上他的这些子侄不过是些不足

---

❶《明史》卷三百六《阉党传》，中华书局，1974年，第7833—7834页。

与谋的酒囊饭袋。魏忠贤真正依靠的阉党核心崔呈秀等人，反而在魏忠贤的势力到达顶峰的时候，与他离心离德起来。尽管他们抛弃了士大夫的节操投靠了宦官，又借魏忠贤之手屠戮、迫害了诸多同类，但他们在本质上仍是士大夫，他们通过观察魏忠贤及其家族的所作所为，根据古代社会发展的历史规律，得出了魏忠贤的九千岁游戏无法长期持续的结论。天启六年发生的王恭厂大爆炸，以及一系列地震等"灾异"加强了这些相信"天人感应"的士大夫的预感。他们开始刻意与魏忠贤保持距离，并开始为自己的未来寻找出路。这使得阉党集团的内部斗争更加残酷和激烈。

天启七年七月，陕西白水县农民王二走投无路揭竿而起，攻入澄城县杀死知县，开仓放粮，掀起了明末农民战争的序幕。被魏忠贤祸害的九边中延绥、大同等镇陆续有逃兵加入农民军，大大增强了农民军的军事能力，转战十三县，一度"几不能制"。

天启七年八月初，熹宗发病，病情发展极快，八月十八日熹宗已病入膏肓。魏忠贤此时并未积极准备应对新皇即位可能带来的一系列变动，反而趁机矫旨滥封自己的子侄亲戚和亲信，魏家连襁褓中的婴儿都被封爵，显示出魏忠贤十足的政治短视，以及阉党核心成员与他之间的离心离德。八月二十二日，熹宗一命呜呼。魏忠贤此时才想起来让宦官把住宫门不准群臣入内，急传其最得力的心腹崔呈秀商议应对之法，结果有两种说法，一种是《明史纪事本末》"忠贤欲自纂，而呈秀以时未可止之"❶，认为魏忠贤有谋朝篡位之心，但被崔呈秀搪塞制止。另一种说法认为崔呈秀在一片混乱中试图进宫时，被阉党分子黄立极、施凤来故意阻挠而未能进入。从明代的政治制度设计来看，宦官篡位根本没有成功的可能，魏忠贤一介流氓无赖，虽然凶残，但

---

❶ 谷应泰：《明史纪事本末》卷七十一，《魏忠贤乱政》，中华书局，1977年。

从杨涟弹劾他时他的惶恐表现来看，他在遇到大事时缺乏胆略，因此没有篡位之胆。从魏忠贤在熹宗弥留之际大肆封赏自家人的愚蠢举动来看，他还在幻想最后捞一把，在新皇即位之后延续家族的荣华富贵，应该也无篡位之心。无论是哪种结果，魏忠贤本人及阉党在熹宗死之前后表现出的那种短视、慌张和混乱，都显示出一种树倒猢狲散的征兆。

八、亡国明君

天启七年（1627）八月二十四日，熹宗之弟信王朱由检即位，沿用了天启年号，定次年改元崇祯，是为明思宗。因此坊间将明熹宗称为"天启皇帝"，将明思宗称为"崇祯皇帝"，其实有不准确之处。

明思宗接受了比较完整的儒家教育，文化程度较熹宗高得多，但他自幼在动荡不安的政治氛围和危机四伏的生活环境中成长，养成了敏感、多疑、刚愎的性格。在魏忠贤和阉党的高压之下，这种性格又促成了他表面的谦恭和内心极深的城府，这种扭曲的心理特质有助于他安然无恙地度过天启初年东林与阉党之间血腥斗争的时日，以及之后阉党掌权的黑暗岁月，也导致他最后自缢煤山的悲剧。

朱由检在作为信王期间，侍奉熹宗十分谦恭谨慎，在辞让封田等事务上的一些以国家为重的举动，让熹宗十分感动。熹宗非常信任和关照这个弟弟，也使得魏忠贤和阉党不敢轻易对他造次，这无疑是朱由检自保的一种手段。但朱由检清楚，魏忠贤为了窃取皇权，会警惕和戒备任何接近熹宗的人和熹宗所接近的人，因此他也与当时的文武百官一样，先后三次上疏"颂珰"。朱由检的这些举动成功迷惑了魏忠贤，直至朱由检登基，魏忠贤始终没有将其作为敌人和对手加以防备，因此也没有对熹宗传位于朱由检一事加以阻挠和干扰，仍幻想在思宗即位后像控制熹宗一样控制他，以保住自己，以及自己所拥有的一切。

可以说在思宗即位前与魏忠贤的一系列接触和交锋中，魏忠贤完全处于下风而不自知。在思宗即位后，魏忠贤感到思宗与熹宗完全不同，才意识到之前低估了他，开始试探思宗，而此时魏忠贤以司礼监秉笔太监的身份提督东厂，以其亲信田尔耕为锦衣卫左都督，其心腹崔呈秀为兵部尚书，阉党集团虽风雨飘摇人心思变，但其核心成员仍占据朝廷要冲，如果公开与其冲突恐多生变故，因此思宗仍利用魏忠贤短视的特点麻痹他，使他心存侥幸心理，以等待合适的时机。尤其是思宗并未立即启用在天启初年被驱逐的东林党人，而是沿用了天启朝的老班底，其中绝大多数是魏忠贤的党羽，使得魏忠贤认为他仍有与思宗共存的可能。

在思宗等待时机期间，双方进行了一系列的互相试探，当时仍有看不清形势的无耻官员不断上疏"颂珰"，魏忠贤非常留意思宗对这些"颂珰"上疏的反应，思宗总是"且读且笑"，让魏忠贤难以摸清他的真实意图。天启七年九月二十五日，魏忠贤故意上了一道《久抱建祠之愧疏》，请求皇帝下诏全国各地为他停建生祠，以试探皇帝对他的态度，思宗顺水推舟地下诏称"以后各处生祠，其欲举未行者，概行停止"❶，这实际上是向群臣，特别是向阉党和附阉的大臣，发出了皇帝已经夺回皇权的信号。同时思宗又不断赏赐阉党核心成员王体乾、崔呈秀等人，在进一步彰显皇权的同时，继续向群臣释放权力信号，同时迷惑魏忠贤，促使阉党集团进一步分化。

士大夫对权力的敏锐嗅觉，是从其接受儒家教育开始就与生俱来

---

❶ 朱长祚：《玉镜新谭》卷七，中华书局，1997年。

的，当皇权开始越来越多地不经魏忠贤之手而直接出现在大臣面前的时候，很多人已经感受到正处于剧变前夜，除一些无法回头的核心成员和愚不可及者，大多数阉党都开始试图寻找出路。在这种人心思变的微妙氛围下，思宗一直想要的阉党公开内讧终于发生了，天启七年十月十三日，阉党御史杨维垣上疏弹劾同为阉党的兵部尚书崔呈秀：

> 呈秀毫无益于厂臣，而且若为厂臣累。盖厂臣公而呈秀私，厂臣不爱钱而呈秀贪，厂臣尚知为国为民，而呈秀惟知恃权纳贿。❶

这一上疏水平极高，崔呈秀是阉党核心之一，也是阉党中谋略最深、心思最毒之人，他在兵部尚书的任上首鼠两端，在思宗和魏忠贤之间两头下注，对思宗是一个重大的潜在威胁，由同为阉党的杨维垣上疏弹劾他的同时又赞颂魏忠贤，不易激起魏忠贤的警惕和防备，避免其做出狗急跳墙之举。而铲除崔呈秀，等于断了魏忠贤一臂，对铲除整个阉党集团意义重大。杨维垣也是阉党之中心思极其机敏之人，"（东林党）希王安之旨以号召天下者，岂得不谓之通内也"❷的灵魂之问就是他提出的，突然弹劾同党崔呈秀，明显是他向思宗纳的一道高明的投名状，以杨维垣在"封疆通贿案"等冤案中的作为，日后"钦定逆案"时虽然被定为阉党，但仅得贬官的处分，如果说不是因为在铲除魏忠贤集团中这道投名状的作用，是很难解释的。

思宗对杨维垣的上疏心领神会，七天之后免去崔呈秀兵部尚书之

---

❶《崇祯长编》卷一，天启七年八月乙卯，《明实录》第12册，线装书局，2005年，第22页。

❷ 黄尊素：《黄忠端公文略》，《四库禁毁书丛刊》第185册，北京出版社，1997年，第144—145页。

职，命他回乡守制。这不仅是皇权已经回归正主的信号，也是思宗暗示群臣向魏忠贤及阉党全面开战的信号。崔呈秀去职之后，阉党集团内部矛盾加剧，除"五虎""十彪"和魏忠贤的一众干儿干孙外，阉党的非核心成员和周边势力已经开始全面瓦解，一些政治嗅觉敏锐的阉党官员在切断自己昔日利益网络的同时，也开始准备反噬阉党，向思宗输诚表忠。

　　同时，针对阉党的全面战争也就此展开。十月二十二日，工部主事陆澄源弹劾魏忠贤；十月二十四日，兵部主事锋元愿弹劾魏忠贤；十月二十五日，刑部员外郎史躬盛弹劾魏忠贤，言辞一次比一次激烈。魏忠贤大权已失，心腹和羽翼离散，惶惶不可终日，不但没有组织起像样的反击，而且故态复萌，又像天启初年东林党掀起讨魏战争时一样，在明思宗面前哭诉。此时思宗已胜券在握，但仍旧按兵不动，因为他要让群臣和天下都看到魏忠贤的虚弱，使阉党集团进一步分化和瓦解，这显然是思宗深思熟虑的结果。阉党集团过于庞大，牵涉大臣众多，如果全部追究，会造成整个朝廷乃至国家的巨大震动。而且在追究首从时要耗费大量的时间和精力，以当时内忧外患、风雨飘摇的国家状态，不值得在这方面投入过多的精力。等待阉党自行瓦解，再以阉党瓦解过程中内讧产生的证据解决剩余的阉党核心，这无疑是一个高明之举。

　　此时魏忠贤已全无还手之力，除叩头和哭泣外，只能搞一些自我表演，试图以他和熹宗的关系感动思宗，足见其在政治斗争中的软弱性和幼稚性，实际上他这一弱点在天启初年就表现得非常明显，因他早年受王安提携，因此在王安被贬后一度犹豫要不要杀害王安，直到客氏以"移宫案"中王安配合东林党移宫一事催促魏忠贤斩草除根，魏忠贤才下定决心杀害王安。因此在思宗为他设好死局之时，他仍心存幻想，试图感化死敌，以得到一个体面的结果，这也导致他从倒台到伏诛不仅时间极短，而且几乎是束手就擒，引颈受戮。

十月二十六日，海盐县贡生钱嘉征上疏攻击魏忠贤十大罪状：一、并帝；二、蔑后；三、弄兵；四、无二祖列宗；五、克削藩封；六、无圣；七、滥爵；八、掩边攻；九、伤民财；十、亵名器。思宗见时机已到，立即召来魏忠贤，让太监宣读钱嘉征的奏疏，魏忠贤吓得"伏地叩首""震恐伤魄"，慌乱之中去找他的赌友，原信王府太监徐应元求情，徐应元劝他辞去爵位告老归乡，或许可以保住性命。徐应元在此时为魏忠贤出这样的昏招，可能是和他一样幼稚，更可能是故意引他入死地。魏忠贤果然中计，次日请求辞去爵位，告老归乡，当即得到思宗的允许，魏忠贤短短数年的"九千岁"游戏就这样轻而易举地被终结了。

思宗之所以选择钱嘉征上疏这一时机让魏忠贤倒台，除了等待"讨阉"的朝堂舆论和社会舆论发酵成熟之外，还因为钱嘉征一介贡生，未授官职，在士大夫集团中属于"草根"，在某种程度上代表了民间舆论。让这样的人上疏弹劾魏忠贤，无疑比阉党互咬和与魏忠贤有仇的东林官僚上疏都更接近"公义"，而这种"举世震怒，人神共愤"的舆论氛围，不仅可以极大地增强思宗铲除阉党这一行为的正义性，而且能够有效压制阉党余孽的反扑。阉党余孽直到南明乃至清初，都有翻案的企图，但始终未能形成气候，这与思宗正式动手铲除魏忠贤和阉党集团之前一系列的精心设计是分不开的。

十一月初一，思宗斥责徐应元，并再次将魏忠贤贬往冲都凤阳祖陵司香。不排除这是主奴合演的一出苦肉计，目的是让魏忠贤自己走下台来，以便以最小的代价彻底铲除阉党。魏忠贤居然以为此事就此了结，用上千匹好马，带了大车四十余辆装载财物，又用卫士七八百人护送，浩浩荡荡地向南而去，正中思宗下怀。此时诛杀魏忠贤，对他来说政治收益最大，他立刻下旨遣锦衣卫旗校追逮魏忠贤回京治罪。十一月初六，魏忠贤身边随从如鸟兽散尽，魏忠贤走投无路自缢而亡。思宗下旨将其碎尸万段，悬首河间，客氏发浣衣局打死，锉骨扬灰。从思宗登基到魏、客身死，不过三月，权倾朝野的魏忠贤及其核心党羽就被思宗轻而易举地铲除，除思宗心思缜密、谋划得当外，整个文官集团的见风使舵恐怕才是更为重要的原因。正如前文所论，在明朝的政治体制下，宦官只能仰仗或窃取皇权作恶，而并不能真正拥有或掌控皇权，无论是"九千岁"还是与孔子并祀，都不过是狐假虎威的假象，一旦虎不复存在，狐也就露出本相，而无论是王振、刘瑾还是魏忠贤，其本相就是封建社会中地位低下、受人鄙视的一介"阉人"。皇权被魏忠贤窃取时，士大夫纷纷"附阉"，皇权"归正"时，士大夫又跟随皇帝"扫清逆珰，涤荡寰宇"，士大夫附的其实不是"阉"，而是旁落的皇权，从依附魏忠贤到墙倒众人推，他们的立场似乎发生了瞬间转变，实际上他们的立场从来没有转变过。后来李自成和多尔衮先后进入北京，他们中的很多人又再次完成这种毫无心理压力的"转变"，而正是在铲除魏忠贤集团的过程中君臣之间这种默契自如的"配合"，使得思宗一方面终生将铲除魏忠贤奉为自己皇帝生涯中的得意之事，另一方面又在这个过程中对士大夫集团的堕落和无耻有了更深刻的认识，加重了他长久以来的疑心病，为后来的君臣离心和"有君无臣"局面埋下了伏笔。

崇祯二年（1629）正月十四，思宗下旨命内阁首辅、东林党人韩爌主持彻底铲除阉党的"钦定逆案"：

> 朕览吏部文书，见冢臣欲定附逆诸人项款。然必先正魏忠贤、崔呈秀、客氏首逆之罪，次及附逆之人。欲分附逆等次，又须有所凭据。今发下建祠、称颂诸疏，卿等密与王永光、曹于汴，在阁详阅。如事本为公而势不得已，或素有才力而随人点缀，须当

原其初心，或可责其后效。惟是首开谄附，倾心拥戴，及频频颂美，津津不置，并虽未祠颂，而阴行赞导者，据法依律，无枉无徇，期服天下后世之心。此番惩治之后，纵有遗漏，俱赦而不究，务断葛藤，并不许借题参举。卿等只在数日内确定来奏。不许中书参预，不可延缓露泄，特谕，钦此。 ❶

　　思宗之所以在魏忠贤死后一年多才开始彻底清算阉党集团，主要是因为熹宗在位期间党争加剧、魏忠贤专权乱政造成的后果积累到了一个集中爆发期，天启七年爆发的农民战争在崇祯元年愈发风起云涌，经年欠饷的九边相继发生兵变，这些近在咫尺的威胁让思宗无暇顾及清算阉党的问题。但思宗也并非完全搁置了此事，他逐渐将受魏忠贤迫害、排挤出朝廷的文武官员如韩爌、袁崇焕等召回，逐渐组成了一个以东林党为主体的班底，用意不言自明，一方面是要整饬朝纲，任用有为的官员解决朝廷面临的困境，另一方面也是为了利用与阉党有着深仇大恨的东林党人，彻底清算阉党势力。从前文所引的思宗关于"钦定逆案"的谕旨内容来看，他在定罪原则、打击范围、注意事项、保密工作等方面均有非常缜密的思考。"如事本为公而势不得已，或素有才力而随人点缀，须当原其初心，或可责其后效"，显然是为了保护类似袁崇焕这样曾与魏忠贤合作的官员不受波及的，而"此番惩治之后，纵有遗漏，俱赦而不究，务断葛藤，并不许借题参举"，显然是为了防止清算扩大化波及太广，引发新一轮党争。让王永光这样曾被指为"阉党"的成员与韩爌等人搭档办理"钦定逆案"，显然是对东林党的斗争天性了如指掌，使之形成制衡，避免将"钦定逆案"变成东林党打击政敌的政治运动。思

---

❶ 文秉：《先拨志始》，上海书店，1982年。

宗这种心思缜密、勤谋善策的性格特点对他铲除阉党确实至关重要，而他不相信任何人，尤其对自己的大臣永远充满怀疑、戒备和算计这一特点，也在他之后的很多失败，以及最终的悲剧中起到了同样至关重要的作用。

二月初九，思宗又命刑部尚书乔允年与韩爌等一同办理"钦定逆案"，韩爌等人很快根据思宗钦定的量刑标准给出了初步的办理结果：

> 仰遵谕旨，先将发下祠颂等本逐一看详，续据部、院二臣开进各官姓名事迹互相参对。谨以圣谕分款奏为提衡并阴行赞导在祠颂诸款外者，分款书名，酌量拟议。再向乔允升据依律例，各附本款具本上请候旨间，本月二十六日蒙皇上召对平台，发下臣等原本并前红本未入各官六十五人。又钦定：谋大逆"凌迟"；首犯、首逆、同谋、党孽，"斩犯"；逆孽"军犯"；颂美"为民"四款。仍奉面谕："在外各官，轻者至为民止；其原不列名者，不妨酌定。"❶

崇祯二年三月，"钦定逆案"最终定谳：

> 崇祯二年三月（十五日），帝为诏书颁示天下。首逆凌迟者二人：魏忠贤，客氏。首逆同谋决不待时者六人：呈秀及魏良卿，客氏子都督侯国兴，太监李永贞、李朝钦、刘若愚。交结近侍秋后处决者十九人：刘志选、梁梦环、倪文焕、田吉、刘诏、薛贞、吴淳夫、李夔龙、曹钦程，大理寺正许志吉，顺天府通判

---

❶ 文秉:《先拨志始》，上海书店，1982年。

孙如洌，国子监生陆万龄，丰城侯李承祚，都督田尔耕、许显纯、崔应元、杨寰、孙云鹤、张体乾。结交近侍次等充军者十一人：魏广微、周应秋、阎鸣泰、霍维华、徐大化、潘汝祯、李鲁生、杨维垣、张讷，都督郭钦，孝陵卫指挥李之才。交结近侍又次等论徒三年输赎为民者：大学士顾秉谦、冯铨、张瑞图、来宗道，尚书王绍徽、郭允厚、张我续、曹尔祯、孟绍虞、冯嘉会、李春晔、邵辅忠、吕纯如、徐兆魁、薛凤翔、孙杰、杨梦袞、李养德、刘廷元、曹思诚，南京尚书范济世、张朴，总督尚书黄运泰、郭尚友、李从心，巡抚尚书李精白等一百二十九人。交结近侍减等革职闲住者，黄立极等四十四人。忠贤亲属及内官党附者又五十余人。❶

同时对客氏祸乱后宫期间害死的嫔妃进行复封，对魏忠贤和阉党制造的一系列冤案中的受害官员予以平反昭雪，受害者仍在世在押的，给予召回、释放后官复原职。受害者已经死亡的，对家属给予抚恤，并给予恢复名誉。这一处理结果基本公正，虽然有一些漏网之鱼，但这些阉党余孽大都远离朝堂，很难掀起大的风浪。在当时农民战争风起云涌、后金在关外虎视眈眈的情况之下，"攘外"和"安内"才是头等大事。为了彻底扫清阉党余孽必然导致"逆案"的过度追究，实无必要。正是因为在"钦定逆案"中这些合理化的设计，使得"钦定逆案"在拨乱反正的同时防止了打击的扩大化，避免了过度内耗，也使得"钦定逆案"得到了从朝堂到民间的一致拥护，特别是在阉党掌权期间长期沉沦于士风堕落、斯文扫地的士大夫集团中的有识之士，纷纷感到末世忽遇明主，国家中兴有望，活跃起来，希望思宗能

---

❶《明史》卷三百六《阉党传》，中华书局，1974年。

够力挽狂澜，拯救国家。

可以说，"钦定逆案"是思宗一生中最引以为傲的政绩。《明史》也称赞他慨然有为，此举"沈机独断，刈除奸逆"❶。但在此案定谳之后平反的过程中，有两个人的遭遇令人唏嘘，成为这光辉耀眼的政绩中两个抹不去的污点，也让一些极具洞察力的士大夫意识到，眼前的"明君"并不是他们心目中的中兴之主。

其一是熊廷弼。在天启初年，朝堂上充斥着一谈边事就"绌绌不言"的鼠辈，以及"素不知兵"却满口大话的妄人。熊廷弼之才有目共睹，其"三方布置，以守为攻"❷的绞杀之计虽未实施，但其核心思想被孙承宗、袁崇焕所继承，并最终以关宁锦防线的思路实现，直到明朝灭亡，清军也未能完全攻破这道防线，熊廷弼在谋略层面，应在孙承宗、袁崇焕之上。此外，在萨尔浒之败后少有人敢于出关的情况下，熊廷弼三召三赴，最终也因辽事而殉命，其忠可谓日月可鉴。最后，熊廷弼之冤众所周知。尤其是熊廷弼被斩首后，其头颅被传首九边，尸身弃于荒野，不准家属归葬。阉党爪牙借口追赃，对其家属百般凌辱逼迫，熊廷弼长子熊兆珪被逼自杀，女儿熊瑚吐血而亡，其妻被一小小的江夏知县"系辱县庭"，可谓悲惨至极。因此在崇祯元年（1628）七月，工部主事徐尔一上疏称熊廷弼"罪无足据，而劳有足矜"，请求为其平反，但思宗置之不理。崇祯二年（1629）四月，江西道御史饶京趁"钦定逆案"之机上疏，请求归葬熊廷弼，此时熊廷弼只剩一颗头颅，尸身已无处可寻，明思宗又不准。直到五月，同情熊廷弼的内阁首辅、东林党人韩爌再次上疏称：

---

❶《明史》卷二十四《庄烈帝二》，中华书局，1974年，第335页。
❷《明熹宗实录》卷八，历史语言研究所，1962年，第16页。

臣等平心论之，自有辽事以来，诳官营私者何算，廷弼不取一金钱，不通一馈问，焦唇敝舌，争言大计。魏忠贤盗窃威福，士大夫靡然从风。廷弼以长系待决之人，屈曲则生，抗违则死，乃终不改其强直自遂之性，致独膺显戮，慷慨赴市，耿耿刚肠犹未尽泯。今纵不敢深言，而传首已逾三年，收葬原无禁例，圣明必当垂仁。臣所以娓娓及此者，以兹事虽属封疆，而实阴系朝中邪正本末。皇上天纵英哲，或不以臣等为大谬也。❶

思宗这才同意熊廷弼的次子熊兆璧"持首归葬"，熊廷弼被"传首九边"的头颅才得以入土为安，但并未对熊廷弼官复原职，也未为其恢复名誉，更未对其家属进行抚恤，熊廷弼半生守辽，为阉党所害，到阉党倒台之后，却依然以"失陷封疆"的罪臣之身下葬。思宗之所以做出这样残酷无情的决断，一方面是因为其天性使然，他虽然明知"封疆通贿案"为冤案，但内心中依然认为熊廷弼作为经略失陷封疆罪不容恕，即使主要责任并不在他，但也是该死的。另一方面熊廷弼本人性格孤傲，为人刚烈，在朝中党羽不多，即使为其平反，"争取人心"的意义也不大。而熊廷弼虽为阉党所杀，但其冤案却系东林党一手做成，如果要为熊廷弼平反，势必牵涉众多东林官员，而思宗在"钦定逆案"的过程中有意重用东林官员，正是为了利用他们解决天启年间留下的这个烂摊子，正在用人之际，不值得为了一个死去的人让东林党心生疑虑。在思宗看来，熊廷弼不但该死，而且为其平反得不偿失。因此之前徐尔一和饶京上疏，他都置之不理。

而韩爌之所以能够成功说服思宗，允许熊廷弼归葬，正是摸准了

---

❶《明史》卷二百五十九《熊廷弼传》，中华书局，1974年，第6705页。

他的心思，首先，韩爌是内阁首辅，又是东林领袖，由他上疏请求归葬熊廷弼，能够打消思宗对东林党人心不稳的顾虑。其次，韩爌在上疏中为熊廷弼鸣冤之前，首先替思宗说出了心里话，并对思宗的态度表示了认同，即熊廷弼该死：

> 假令廷弼于此时死守右屯，捐躯殉封疆，岂非节烈奇男子。不然，支撑宁、前、锦、义间，扶伤救败，收拾残黎，犹可图桑榆之效。乃仓皇风鹤，偕化贞并马入关，其意以我固尝言之，言而不听，罪当末减。此则私心短见，杀身以此，杀身而无辞公论，亦以此。传首边庭，头足异处，亦足为临难鲜忠者之戒矣。❶

因此思宗才勉强做出了允许熊廷弼归葬的决定。从这一事件中不难窥见思宗作为皇帝，性格中最为致命的两个缺陷。其一，正如前文所述，动荡不安的政治环境和危机四伏的生活环境，让他一直处于敌意和不确定性的包围之中，使他对整个外部世界都表现出一种戒备和敌意，表现在对大臣的态度时就是刻薄寡恩。他明知道一些东林党人有罪，但因为要利用他们，就暂不追究，他明知道熊廷弼有冤，却依然认为熊廷弼该死，就是一例证明。之后他发现那些东林党人并不如想象的那么有用，或是犯下过错时，他也毫不犹豫以同样的残酷相对待，一直对熊廷弼持欣赏和同情态度的袁崇焕，最后落得和熊廷弼差不多的下场。其二，思宗这种戒备和敌意使得他刚愎自用，算计大臣。从韩爌上疏中对思宗心思的琢磨来看，思宗多疑而刚愎的性格，使得他无时不刻不在算计、防备自己的大臣，而大臣为了自保，或为了达到自己的目的，也必须无时无刻地揣摩、算计和防备皇帝，这种君臣

---

❶《明史》卷二百五十九《熊廷弼传》，中华书局，1974年，第6705页。

互相算计的情形，在崇祯初年尚不多见，盖因除韩爌等远见卓识之臣外，其他大臣都将他看作中兴之主而加以信任。等到局面进一步恶化，死在他手下的文臣武将越来越多，这种君臣彼此揣摩、互相算计的局面就成为常态。因此《明史》评价他：

> 性多疑而任察，好刚而尚气。任察则苛刻寡恩，尚气则急遽失措。当夫群盗满山，四方鼎沸，而委政柄者非庸即佞，剿抚两端，茫无成算。内外大臣救过不给，人怀规利自全之心。言语戆直，切中事弊者，率皆摧折以去。其所任为阃帅者，事权中制，功过莫偿。败一方即戮一将，隳一城即杀一吏。❶

清人所修《明史》为彰显明清易代是"天命所归"，对神宗、熹宗多持负面贬低态度，以突出其"明朝该亡"的中心思想。而对思宗则大体持肯定和同情态度，借此表达"如此勤奋的君主也无法拯救定局"的观点。但对思宗性格缺陷的评价和论述，是相当准确的。

被阉党所害的朝臣中未能平反昭雪的另一人，就是天启初年东林党的"布衣中书"汪文言，汪文言其人其事，以及东林党不肯为其平反的原因，前文已经提及，汪文言死于冤狱之后，其家属和熊廷弼的家人一样，被无休止地"追赃"，境遇悲惨。但再次掌权的东林党人因为担心影响政治声誉，不愿替汪文言平反，既然连东林党人都不愿为他平反，思宗就更无意在一个死人身上耗费精力，为东林党立过大功，虽出身不是君子，但以君子之身、为君子而死的汪文言，就和熊廷弼一样继续沉冤了。如果说在熊廷弼归葬问题上，表现出的主要是思宗刻薄寡恩、算计臣下的一面，在汪文言平反的问题上，表现的更

---

❶《明史》卷三百九《流贼》，中华书局，1974年。

多的则是东林党人爱惜羽毛、患得患失的一面。这样的君和这样的臣组成的朝廷，不但不可能团结一心挽狂澜于既倒，而且连维持基本的和睦都非常困难。

思宗即位时不过十七岁，在其做信王期间为防止魏忠贤和阉党猜忌加害，一直没有培植属于自己的政治势力，平素对魏忠贤毕恭毕敬，不敢有丝毫怠慢，甚至跟随群臣"颂珰"，这些举动成功麻痹了魏忠贤，但魏忠贤请思宗入宫时，思宗仍"危甚，袖食物以入，不敢食大官庖也"❶，只吃袖子里自己从王府带来的食物，不敢吃皇宫里的饭菜，唯恐遭到魏忠贤的毒手，可见在身为信王的阶段，魏忠贤留给思宗的阴影之深。

然而思宗在即位之后以少年之身"太阿独操""沈机独断"，轻而易举铲除了不可一世的魏忠贤和阉党集团，使得思宗自信膨胀，臣下曾上疏恭维其才能堪比唐太宗，他却说："唐太宗扫荡群雄，朕愧无其才。若闺门无序，家法荡然，朕羞称之矣。"❷可见他内心里是看不起唐太宗的，"愧无其才"其实是他自视甚高的托词。由此可见，他虽然表现得谦恭善纳、礼贤下士，但实际上缺乏对自己能力的客观认识。魏忠贤和阉党的迅速覆灭，固然与他的伪装、隐忍、策划和布置有直接关系，但更大程度上是阉党集团自身的特点决定的。正如前文所论，士大夫附阉，是因为皇权被窃，只要皇帝夺回皇权，则反对阉党的势力必然出现，阉党必然瓦解。但思宗却认为这是由他一己之力完成的，这种错误的认知导致的自信膨胀，加重了他性格中刚愎自用的一面。而实际上他的能力远不如他自己认为的那么高，他和熹宗一样成长于深宫，缺乏实际的理政经验和专业

❶ 谷应泰：《明史纪事本末》，中华书局，1977年，第1173页。
❷ 李清撰、顾思校：《三垣笔记》，中华书局，1982年，第154页。

知识。因此他虽然具备一定的宫廷政治斗争经验，但少年即位就大权独揽，在一些复杂问题上表现出眼光短浅、急功近利的态度特点。而刚愎自用又缺乏相关经验，使得他有时会在自己不懂的领域听信错误的建议，做出错误的判断，而产生的后果又会因为其刚愎的性格特点，被全部归咎于大臣，加重他对大臣的鄙视和猜疑，比如崇祯二年（1629）四月，刑科右给事中刘懋上疏请求裁撤驿站，疏中指出驿站制度弊病丛生：

> 今天下州县困于驿站者十七八矣。臣世居冲途，两令冲县，曾备悉其弊。为调停之说者，不过曰加增工食，曰金派里甲，曰官为顾养，曰里甲帮贴。夫民穷已无可加、民愚又非所习，私帮而奸棍恣饱其贪，则明攫者十一而暗攫者十九也。为禁革之说者，不过曰查勘合牌票、革需索冒滥、禁枉道旗吹。❶

这里指出的问题是正确的，当时不只是驿站制度，许多制度都因为沿用了百年而未经变革而弊病丛生。但刘懋给出的解决方法是"直捷一法，曰裁之而已"❷，认为最简单的方法就是直接裁撤驿站，并且他列出了裁撤驿站的好处：

> 俱裁去夫马工食银两总计若干，或全豁以宽民力，或姑借以抵新饷，则驿递免骚扰之苦而国与民亦受涓滴之利，计似无便于

❶《崇祯长编》卷二十，崇祯二年四月甲午，《钞本明实录》第25册，线装书局，2005年，第640页。

❷《崇祯长编》卷二十，崇祯二年四月甲午，《钞本明实录》第25册，线装书局，2005年，第641页。

此者。❶

　　这句话说到了思宗的心里，因天启朝混乱的政治、经济形势，以及魏忠贤和阉党乱政的影响，积累已久的财政危机在崇祯初年爆发，听闻裁撤驿站可以省钱，思宗立即采纳了刘懋的建议，将他改任兵科给事中，专门负责裁撤驿站一事。时任内阁首辅韩爌理政经验丰富，知道此事断不可行，但他已对思宗刚愎自用又好算计的性格有了一定认识，因此已经揣摩到了思宗的心思，知道这时候提出反对意见必然不会有好下场，因此建议思宗先听取兵部的建议再从长计议，不宜操之过急，但被思宗断然拒绝，说"裁之一字甚有理"❷，当即要求韩爌等阁臣根据《大明会典》进行票拟，启动裁撤工作。其刚愎自用、急功近利的性格特点由此可见一斑。

　　实际上裁撤驿站是一个非常复杂的问题，刘懋指出的那些驿站制度的弊端确实是客观事实，但这些弊端沿袭百年，早已经形成了牢固的利益结构，若要触碰其中各方的利益，势必遭到大小官员的全力阻挠，即使这些人无法再从中牟利，也不会让这些利回到朝廷那里去，因此革除弊病绝不是一朝一夕之事，更不是一个"裁"字可以做到的。更何况驿站体系中不仅有贪腐的大小官僚，更有千万以此为生的驿卒，只言一个"裁"字，却没有一个合理的分流和安置方案，无异于将他们逼上死路。明代的驿卒并不是现代意义上的邮递员，而是具备一定军事技能、熟悉明朝基层政治体制、社会关系比较复杂、具备

---

❶《崇祯长编》卷二十，崇祯二年四月甲午，《钞本明实录》第25册，线装书局，2005年，第641页。

❷《崇祯长编》卷二十，崇祯二年四月甲午，《钞本明实录》第25册，线装书局，2005年，第640页。

一定组织能力的军人。后来攻破北京的农民军领袖李自成，就曾当过驿卒，《明史》说他："善骑射，斗很无赖，数犯法。"❶可见这个群体中不乏有能力且胆大的人物。九边欠饷导致边军逃亡加入农民起义军的前车之鉴不远，直接裁撤驿站，把这些人推上绝路，无疑是一个莽撞又凶险的选择。

前文已经论及，明代的言官主要的责任是指出问题，而非解决问题。而且因为其升迁快，使得很多低级官员将其作为上升的跳板，所以言官普遍没有太多实际的施政能力。简单地说就是"能说不能干"。思路和方案都存在重大问题，又所托非人，裁撤驿站之事果然很快就告失败，从崇祯二年五月到崇祯三年六月，实施了一年的裁撤工作就因为官民的一致抵制而陷入困境，刘懋本人上疏称："驿所官吏不得索长例也，则怨；各衙门承舍不得勒占夫马也，则怨；州县吏不得私折马夫也，则怨；司道府厅不得擅用滥用也，则怨。"❷他承认自身难以对抗从上到下整个驿站体系的阻力。更糟糕的是，借助皇权强行裁撤驿站节省下来的费用根本没能进入中央财政，反而被各级官吏巧立名目侵吞一空，底层驿卒和百姓未能享受改革带来的好处，反而因为改革失去了充当驿卒和脚夫的生计，也因此怨恨改革。

裁撤驿站的改革不久就告全面失败，但由此造成的严重后果却持续地蔓延和发酵开来，其中最严重的就是民变与兵变。《明季北略》指出："顾秦、晋士瘠，无田可耕，其民饶膂力，贫无赖者，藉水陆舟车奔走自给，至是遂无所得食，未几，秦中叠饥，斗米千钱，民不聊生，草根树皮，剥削殆尽。上命御史吴牲赍银十万两往赈，然不能

---

❶《明史》卷三百九《流贼》。

❷《崇祯长编》卷三十五，崇祯三年六月乙丑，《钞本明实录》第26册，线装书局，2005年，第197页。

救。又失驿站生计，所在溃兵煽之，遂相聚为盗，而全陕无宁土矣。"❶ 而在《豫变纪略》对李自成起义过程的描述中，就指出最初和李自成一起起事的，就是曾和他一起共事的驿卒：

　　（自成）为驿卒，能得众。时岁洊饥，邑官艾氏贷子钱，自成辄取之。逾期不能偿，艾官怒，嗾邑令笞而枷诸通衢烈日中，列仆守之，俾不得通饮食。盖欲以威其众也。诸驿卒哀其困，移诸阴而饮食之。艾仆呵骂不许。自成忿然曰："唉，吾即死烈日中何害？"则踉跄力荷其枷仍坐烈日中，竟不饮食，虽惫甚不少屈也。众益哀之，不胜其忿，遂哄然大哗。毁其枷，拥自成走出城外，屯大林中，不敢出。然犹未至伤人也。而县尉则乘羸马率吏卒执弓刀而往捕之。林莽菁密，不敢入。相持良久，日且暮，众不得已，杖白梃一哄而出。县尉惊，堕马死；吏卒溃而奔，弓刀器械悉为其有。是夜遂乘势袭城，奋袂一呼，饥民群附，一夜得千余人，出而走，转掠远近。旬日间其势益众，又与盗相通为声援，往来奔窜，号曰闯将，俨然自为一部矣。❷

　　虽明代文献并无明确记载李自成起义与明朝裁撤驿站的政策有直接关系，但两件事在时间上基本重合，李自成最初的追随者中，有相当大一部分是驿卒和逃兵，翰林院检讨杨士聪就说："天生此食力之民，往来道路，博分文以给朝夕。一旦无所施其力，不去为贼，将安所得乎？后有自秦、晋、中州来者，言所擒之贼，多系驿递夫役，其

---

❶ 计六奇撰，魏得良、任道斌点校：《明季北略》卷五《刘懋请裁驿递》，中华书局，1984年，第99页。

❷ 郑廉撰、王兴亚点校：《豫变纪略》，浙江古籍出版社，1984年，第65页。

肩有痕，易辨也。"❶编纂于清代的《米脂县志》则直接说："明末李自成，银川驿一马夫耳，因裁驿站，饥荒无所得食，奋臂一呼，卒至土崩，不可救。"❷可见二者即使没有直接的关系，也很可能有某种间接的关系，而这只是裁撤驿卒造成的诸多连锁反应中的一个罢了。

裁撤驿站改革失败产生的一系列后果使得朝廷上下都对改革怨气很大，但又不敢直接将矛头对向思宗，于是纷纷针对主持改革的刘懋，"众共切齿于懋，呼其名而诅咒之，图其形而丛射之"❸刘懋因此引咎辞官，思宗正欲将改革失败的责任推卸给他，于是立即给予批准。刘懋辞官后"自恨死"，因民愤极大，又是罪臣，棺木在归乡途中无人辇负，官府也不予理会，常年停放在旅社无法下葬。

刘懋的悲剧很大程度上是他自己的原因，作为缺乏专业知识和理政经验的言官，他具有明代言官"喜空谈，好大言"的通病，逾越了自身专业和能力，犯了脱离实际和眼高手低的错误，给国家造成了严重损失，确实应当负有主要责任。但作为最高决策者的思宗，对大臣不切实际的建议缺乏基本的政治考量和鉴别力，不顾阻拦贸然采取不成熟也不完善的改革措施，也应当负有领导责任。但在大权独揽、皇权至上的政治体制中，无人敢于追究皇帝的责任，这本是古代社会的常态。但头脑清醒的统治者，虽然在表面上很少承认自身的过错，但实际上会进行一定程度的反思。而思宗则偏执地认为自己天纵英才，做出的决策没有任何问题，之所以裁撤驿站之类的改革会失败，都是大臣不肯输心用命、办事不力的结果。改革失败非但没有引起他的反

---

❶ 杨士聪：《玉堂荟记》卷下，中华书局，1985年。
❷《米脂县志》卷二，康熙二十年刻本。
❸ 计六奇撰，魏得良、任道斌点校：《明季北略》卷五《刘懋请裁驿递》，中华书局，1984年，第99页。

思，反而让他对大臣更加猜疑和戒备起来。类似裁撤驿站这样的事件，在崇祯时期又发生过许多次，而每一次都加重了君臣之间的离心离德，以至于思宗在对某大臣委以重任的同时往往也在算计对方，计划一旦事情的发展不合自己的心意，就将责任归于对方并施以重惩。刘宗周说他：

> 陛下求治之心，操之过急，不免酝酿而为功利，功利不已，转为刑名，刑名不已，流为猜忌，猜忌之不已，积而为壅蔽。❶

而臣下则在接受思宗的旨意时也算计思宗，希望能够在这位刻薄寡恩又刚愎自用的皇帝手下保全自己。而最简单的逻辑就是，想要永远不犯错唯一方法是永远不做事，于是在这个存亡之际，皇帝面对内忧外患心急如焚，却少有大臣敢挺身而出为君分忧的奇怪现象就产生了，时人将其称为"有君无臣"，即空有明君在世，却无能臣辅佐的局面。而这一现象其实早在裁撤驿站改革之前、思宗登基之初就有端倪了。崇祯元年，山东道御史邓启隆上疏指责当时的内阁：

> 票拟前后二三，难以彰信，召对无所可否，未能摅忠，扼腕于有君无臣之可惜。❷

而当时的内阁首辅，正是前文论及的东林党人韩爌，从他后来请求允许熊廷弼归葬的上疏来看，他应该很早就觉察到了思宗这种性

---

❶ 黄宗羲：《子刘子行状》，《黄梨洲文集》传状类，中华书局，1959年，第16—17页。

❷《崇祯长编》卷十二，崇祯元年八月丁未，历史语言研究所，1962年。

格特点，因此以他为代表的阁臣"召对无所可否"也就不奇怪了。刘宗周也说："然能不益重其有君无臣之叹，此臣所以肠一日而九回者也。"❶可见不仅是在权力中心之外的大臣认为"有君无臣"，身在朝堂中的大臣也感叹"有君无臣"。思宗即位之后，虽然夙兴夜寐，勤于政事，国事却依然没有太大起色，反而因为长期积累的矛盾集中爆发而加速恶化。崇祯八年，倪元璐上奏称："若夫今日有君无臣，上厪独忧，下鲜同德，平治不出，祸乱相寻，财匮兵骚，祖恫民怨。"❷直接将国事日坏的原因指向了"有君无臣"，认为皇帝有匡复社稷之心，群臣却无力挽狂澜之能，才导致"平治不出，祸乱相寻，财匮兵骚，祖恫民怨"的局面。这些关于"有君无臣"的言论虽然表面上看起来忧国忧民，除了对崩坏的时局表示关切外，还对造成这一局面的政治责任进行划分，认为"有君无臣"，责任在臣而不在君。但实际上，皇帝说"有君无臣"情有可原，而作为大臣却说"有君无臣"，实际上包含着多重深意，因为自己为臣却说"无臣"，本身就是对自身能力的一种贬损。而这种自我贬损，既是在思宗一手制造的这个险恶的政治环境中的一种自保的策略，也是一种委婉的抗议，希望这种自我贬损能够引起思宗的反思，意识到自己的错误。当时也有人说得更为直白，比如杨锵的《过臣》就说："宜乎海内兴有君无臣之叹，遂使天子有鄙疑臣下之心，因而渐相水火，因而别有信任，因而削礼峻法，而世事人情愈益绪纷纽解，岂休征也。"❸无论是委婉的说法，还是相对直白的说法，都在承认"士大夫辜负国家"的基础上，暗示问题的根本在于皇帝，希望皇帝能够反思。

---

❶ 刘宗周：《刘蕺山集》卷四《敬陈圣学疏》，《文渊阁四库全书》影印本。

❷ 倪元璐：《倪文贞奏疏》卷五《省愆陈言疏》，《文渊阁四库全书》影印本。

❸ 黄宗羲：《明文海》卷一百《过臣》，《文渊阁四库全书》影印本。

然而指望思宗反思显然是不可能的。随着农民战争的愈演愈烈和后金首次攻入京畿地区（即1629年的"己巳之变"），他的"求治之心"也越来越急，而死在他"求治之心"下的大臣也越来越多，"有君无臣"的局面也越来越重。崇祯时期的史科给事中李清在他记录崇祯时期朝政见闻的著作《三垣笔记》中，记录了当时科道官员因"功利"而遭"刑名"的现象：

> 上每于科道升京卿，必诘是边才与否。予在刑垣时，见同官数人，皆借边才二字铺张数语，遂蒙钦点。然京卿外迁巡抚者，重则下狱，轻亦带降。惟留内，不数年便至部堂。如山东颜抚军继祖，本旧科臣，以失机诛。又如江西解抚军学龙，亦旧科臣，以钱粮带降，不迁者九载。❶

因崇祯过于急切于解决当时国家面临的困境，尤其是解决关外后金的威胁，因此每当科道官员升迁京官的时候，都将"边才"作为考察官员的重要指标，一些官员为了荣华富贵便投其所好，故意对辽东军政局势夸夸其谈，思宗也对此不加分辨。于是该官员立刻受到钦点，升任京官。然而当这些"走捷径"爬上来的京官再外放担任真正的军政长官时，却往往因为不具备真正的军事才能而犯下过错，重则下狱被杀，轻则带降不迁。而其他官员看见这样的下场，自然以"无臣"而自保，比如礼科给事中徐耀：

> 礼科徐都谏耀长躯多髯，声气主盟也。杨司马嗣昌忽以边才荐，一日上召耀与杨侍御绳武对殿前，绳武吐言如流，画地成

---

❶ 李清：《三垣笔记》卷上《崇祯》，中华书局，1982年，第31页。

图，耀平平数言耳。同乡姚都谏思孝，生平尚气，面尤之。耀俟思孝退，语予曰："予书生耳，若令披甲彀弓，实不能，不能而弗自以为能，此予之能也。"❶

他长得高大英武，因而得到杨嗣昌的推荐，得到思宗的召见，同时被召见的侍御杨绳武对军事侃侃而谈，在地上画起了军事地图，徐耀却随随便便说了几句。李清的同乡姚思孝认为他故意隐藏真实的才能，当面斥责了他。等到姚思孝离去，徐耀才对李清说："我是一介书生，上阵厮杀实在不是我的才能，而自己知道自己的斤两，才是我真正的才能。"之后徐耀"不二年便以少卿转金都"❷，虽然算不上飞黄腾达，但成功保住了身家性命，升迁也算顺风顺水。而那位"吐言如流，画地成图"的侍御杨绳武，则被破格提拔为右佥都御史，顺天巡抚。崇祯十一年，洪承畴在松山被围，心急如焚的思宗任命杨绳武为蓟辽总督，加督师衔，赐尚方宝剑，率兵出山海关救援洪承畴。整个崇祯时期，被赐尚方宝剑的文武官员，无一有好结果，如果不是杨绳武在出关前幸运地病死，其下场亦不难推知。张岱评价崇祯这种以急功近利之心求诸大臣，不得则重刑嗜杀的做法：

> 先帝用人太骤，杀人太骤。一言合，则欲加诸膝；一言不合，则欲堕诸渊。以故，侍从之臣止有唯唯诺诺，如鹦鹉学语，随声附和已耳。❸

---

❶ 李清：《三垣笔记》卷上《崇祯》，中华书局，1982年，第27页。
❷ 李清：《三垣笔记》卷上《崇祯》，中华书局，1982年，第31页。
❸ 张岱：《石匮书后集》卷一《烈皇帝本纪》，《续修四库全书》。

杨嗣昌虽是一纸上谈兵之徒，但混迹官场已久，断不会仅仅因为徐耀"长躯多髯，声气主盟"而贸然向皇帝推荐他，毕竟如果徐耀有什么问题，杨嗣昌也要负责。所以徐耀很可能并不是真的完全不具备军事知识和军事才能，而是目睹了太多同僚的悲剧之后，托词不能胜任边事而明哲保身。而这种明哲保身的策略，在本质上与前文提及的那些大臣用"有君无臣"来自我贬损是一样的。

> 自直阁以来，贵极人臣，生赴市曹，惟王毅愍（王文）、夏文愍（夏言）两人耳，于时号酷烈，旋亦湔雪。今我末造，纶扉若为冥涂，韩城、宜兴相继赐尽，四年之内，增惨鼎轴。❶

自建立内阁制度以来，内阁就是皇帝掌握权力的中心机构，阁臣是大臣中与皇帝最为亲近的人，整个明朝遭到皇帝杀戮的阁臣只有王文、夏言、薛国观和周延儒四人，其中薛国观和周延儒两人都是在崇祯时期被杀的。思宗自即位至明亡，共任命阁臣五十一位，除温体仁在任时间长达七年以外，大多数阁臣仅在位几个月到一两年就因各种原因致仕，且致仕后再未回到朝堂。位极人臣的阁臣尚且如此，其他的中低级官员被罢官、下狱、流放、处死的更是不计其数，可见当时政治环境之险恶，君臣关系之酷烈。随着辽东局势日益恶化，思宗更是对负有军事责任的总督、巡抚大开杀戒，《明史》中说："帝愤寇日炽，用法益峻，功罪不假贷"，"帝自即位以来，诛总督七人，（郑）崇俭及袁崇焕、刘策、杨一鹏、熊文灿、范志完、赵光抃也"。❷光是总督就被诛杀了七位，还有四位畏罪自杀。巡抚更是有十一人被杀：

---

❶ 谈迁：《国榷》卷九十九，崇祯十六年十二月乙丑，中华书局，1988年。

❷《明史》卷二百六十，中华书局，1974年。

"终崇祯世，巡抚被戮者十有一人：蓟镇王应豸，山西耿如杞，宣府李养冲，登莱孙元化，大同张翼明，顺天陈祖苞，保定张其平，山东颜继祖，四川邵捷春，永平马成名，顺天潘永图，而河南李仙风被逮自缢，不与焉。"❶ 思宗在位十七年，兵部尚书走马灯一样地换了十四位，超过一半死于非命。而前文提及的那位靠谈论边事从科道官升迁成为京官，又外放成为巡抚的颜继祖，就是因为在作战时"失机"被诛的。

如果将这种凶险关系的形成简单归咎于思宗的个人性格缺陷，显然是不公平的。正如前文所论，"玩兵"是晚明士大夫在对待边防事务时的普遍问题。"玩兵"一方面表现出明明不具备军事才能和军事经验却自以为能，不在任时则夸夸其谈、漫言边事，上任后或轻信下属，或胡乱指挥，招致失败后或引咎去职，或一死了之，或被皇帝诛杀。另一方面则表现为歧视武将，漠视士兵生命，不在任时诘责将士，处处为难，在任时将帅失和，互相争斗，甚至故意在军情不利时催促将士出战送死。部分士大夫在国家危亡之际，反而利用皇帝求治心切的心理，空谈边事，玩兵误国，可谓无耻之尤。

即使是那些真正具备一定军事才能的文官，往往也因为半路出家，军事水平和经验不足，在对付内地农民军时，依靠自身有限的才能和经验，以及麾下将士用命，尚能取胜。而面对关外后金政权身经百战的将领和精兵时，却往往折戟沉沙，饮恨疆场。其中最出类拔萃者，也不过守城而已。所以他们在战场上"无能"的根本原因，还是在于思宗以文官直接统兵作战的思路出了问题。因此，士大夫无耻无能和皇帝残酷无情形成了一种死循环，使得"有君无臣"的局面越来越严重。

---

❶《明史》卷二百四十八《颜继祖传》，中华书局，1974年。

这些因为战事不利而被杀的文官中，官职最高、影响最为深远的，就是袁崇焕。袁崇焕文官出身，却以"边才"在天启、崇祯两朝闻名，不但辅佐孙承宗建设了关宁锦防线暂时挡住了势头凶猛的后金政权，后金两代汗王率主力亲征，也被他分别在宁远、宁锦挫败，这是明朝自有辽事以来从未有过的成就。因此当时举朝都将袁崇焕视为天下良将，在袁崇焕于天启七年被魏忠贤逼迫去职时，连阉党霍维华都上疏为他鸣不平，可见袁崇焕之才在时人眼中之重。袁崇焕在天启朝的作为，思宗可谓洞若观火，因此他在即位之初第一时间就召回了袁崇焕，任命为兵部尚书兼右副都御史，督师蓟辽。思宗亲自"平台召对"，不但准许他大权独揽、不受其他官员制约，答应和满足了袁崇焕平辽的一切物质要求，而且赐予他尚方宝剑，给予他临机专断之权。思宗对袁崇焕言听计从，袁崇焕自己在感激涕零的同时亦踌躇满志，表面看来君臣二人同心勠力，交洽无嫌，颇有明君逢良将，乱世成佳话之感。但如果细细剖析二人性格，就会发现袁崇焕的悲剧几乎一开始就注定了。

袁崇焕心系边事，以拯救天下为己任的理想主义，在他天启初年以区区县令之身单骑出关巡视边防的时候就表现出来了，而他刚愎自用、好大言的性格缺陷也在那时就展露无遗。他只是经常和边塞的退卒老兵交谈，知晓一些边塞的事情，就"以边才自许"[1]，单骑出关巡视七日，就豪言"予我军马钱谷，我一人足守此"[2]。这些言论固然有希望以豪言壮语引起朝堂高官和皇帝注意，以使自身理想抱负和智慧才干得以施展的企图，但也足见其自视之高，出言之随便。之后他在孙承宗手下确实得到相当的历练，并且在老成持重的孙承宗的培养和

---

[1]《明史》卷二百五十九《袁崇焕传》，中华书局，1974年。
[2]《明史》卷二百五十九《袁崇焕传》，中华书局，1974年。

训导下，逐步成长为明朝在辽东方向最优秀的统兵文官。至孙承宗被阉党逼迫去职，袁崇焕独自在辽东为官期间，取得宁远、宁锦两次大捷，后来又在经略辽东期间与阉党长期周旋，在极其险恶的政治环境下，修复了对明朝国家安全至关重要的关宁锦防线。在建立了空前功绩的同时，在军事和政治上也日趋成熟。

但在崇祯初年，曾经刁难、贬斥袁崇焕的魏忠贤在短时间内引颈伏诛，阉党集团土崩瓦解，皇帝"求贤若渴"，第一时间将他"召回"的"大好形势"下，袁崇焕显然在踌躇满志的同时颇为自得，性格中的缺陷再次表现出来。平台召对时，思宗曾以平辽之策咨询袁崇焕：

> 建部（后金）跳梁，十载于兹，封疆沦陷，辽民涂炭。卿万里赴召，忠勇可嘉，所有平辽方略，可具实奏来。❶

袁崇焕则志得意满地回答：

> 所有方略，已具疏中。臣今受皇上特达之知，愿假以便宜，计五年而建部可平，全辽可复矣。❷

此话一出，不但思宗大喜过望，当场许愿道：

> 五年复辽，便是方略，朕不吝封侯之赏，卿其努力，以解天下倒悬之苦，若卿子孙亦受其福。❸

---

❶ 文秉：《烈皇小识》，北京古籍出版社，2002年，第24页。
❷ 文秉：《烈皇小识》，北京古籍出版社，2002年，第24—25页。
❸ 文秉：《烈皇小识》，北京古籍出版社，2002年，第25页。

在场的官员也对袁崇焕交口称赞，当时内阁由东林党人把持，以东林党人钱龙锡为代表的阁臣趁机盛赞袁崇焕："崇焕肝胆、义气、识见、方略，种种可嘉，真奇男子也。"[1]唯有常年经手往来军事文书的兵科给事中许誉卿知道此言托大，在召对中途休息时，询问袁崇焕"五年平辽"的具体实施方略，不料袁崇焕竟然回答："聊慰圣心耳。"[2]将君臣约定的军国大事当作儿戏一般，显然是袁崇焕的错误，当时四十七岁的袁崇焕面对十七岁的思宗，产生这种"哄小孩"的心理，倒也能够理解，但他显然还不了解，他要哄的这个十七岁的少年是多么冷酷无情。袁崇焕不了解思宗，但对思宗有所了解的许誉卿却被他的大话吓了一跳，立刻告诫他："上英甚，岂可浪对？异日按期责功，奈何？"[3]袁崇焕听罢也顿感自己失言，因此在休息结束，召对再次开始时上奏：

> 东建四十年蓄聚，此局原不易结，但皇上留心封疆，宵肝于上，臣何敢言难？此五年之中，须事事应手，首先钱粮……[4]

思宗责成在场的吏、户、工、兵四部尚书，要求他们对袁崇焕予取予求。袁崇焕再上奏：

> 以臣之力，制全辽而有余，调众口而不足，一出国便成万

---

❶ 计六奇撰，魏得良、任道斌点校：《明季北略》卷四《袁崇焕陛见》，中华书局，1984年。

❷ 计六奇撰，魏得良、任道斌点校：《明季北略》卷四《袁崇焕陛见》，中华书局，1984年。

❸ 文秉：《烈皇小识》，北京古籍出版社，2002年，第25页。

❹ 文秉：《烈皇小识》，北京古籍出版社，2002年，第25页。

里，忌功妒能，夫岂无人？即凛凛畏于皇上法度，不以权掣臣之手，亦能以意见乱臣之方略。❶

思宗回答："条对方略井井，不必谦逊。朕自有主持。"❷随即赐予尚方宝剑，授予他节制各方和临机专断之权。

可见袁崇焕的"五年平辽"确实是随口说出的"大言"，缺乏必要的深思熟虑，更没有可行的方案，经许誉卿提醒意识到自己失言后，袁崇焕的反应是尽量利用这一机会将资源和权力集中在自己手中，如果"不相应，则为驰担地"❸，就是说如果皇帝不答应这些条件，就可以为自己的大言留下回旋的余地。而如果皇帝答应，则充分利用这个机会为自己实现随口许下的诺言先奠定物质基础。结果"不意，上咸从所请也"❹，没想到皇帝全部应允下来，袁崇焕只能在硬着头皮上任的同时尽量多提条件，但却在无意间犯下了另一个大错。

首先，在皇权至上的古代社会中对着皇帝随口许下"五年平辽"的轻率诺言，却既没有准备，更没有把握，已经将自己置于欺君大罪的危险之下。

其次，思宗在天启年间，目睹了愈演愈烈的党争是如何耗尽了统治阶级的精力和国家的财力、物力、人力，将国家拖入濒临崩溃的边缘，因此在即位之前就对党争深恶痛绝，但同时他对党争的归因分析

---

❶ 文秉：《烈皇小识》，北京古籍出版社，2002年，第25页。
❷ 文秉：《烈皇小识》，北京古籍出版社，2002年，第25页。
❸ 夏允彝：《幸存录》，四库禁毁书丛刊编纂委员会，《四库禁毁书丛刊补编》，北京出版社，2005年。
❹ 夏允彝：《幸存录》，四库禁毁书丛刊编纂委员会，《四库禁毁书丛刊补编》，北京出版社，2005年。

又是错的，他认为党争是因为士大夫道德败坏，将个人和小团体的政治利益置于国家利益之上，并没有意识到异化的科举制度和官员考察升迁制度才是党争之祸的根源所在。因此他对待党争的手段不是改革学校教育和科举制度，而是"兼用"，既任用东林党人，又任用与东林党不合的官员以制约东林党。这一点从他任用东林党人办理"钦定逆案"的同时又任用与东林不合的王永光牵制监督东林党人就可以看出来。他认为他任用的这些都是"不朋不党"的官员，然而在党争已经成为时代大背景的时候，朝堂上几乎不可能有"不朋不党"的官员，他任用的这些反东林的官员，很多正是万历、天启时代的邪党和阉党成员。这实际上引发了新的党争。由此可见思宗内心对东林党人芥蒂之重，防备之深。以袁崇焕的出身和政治倾向，在朝堂之上与东林诸臣同声共气、互相标榜的表现，必然引起对党争高度敏感的思宗的猜疑和戒备，只是此时要仰仗袁崇焕"五年平辽"，思宗隐而不发罢了。但袁崇焕此举已将自身卷入党争漩涡之中，朝堂之上的反东林势力将袁崇焕作为党争的目标和对象，后来袁崇焕获罪被杀之后，大批东林党高官如钱龙锡、韩爌、李标等都受到袁崇焕案的牵连而致仕，并直接导致东林党内阁的倒台，以及反东林势力的重新上位。

再次，与天启年间相比，崇祯初年虽然摧毁了阉党集团，但吏治并无根本性的改变，"处处有党，事事相阻，人人必争"是官场常态，行政效率依然低得惊人。《春明梦余录》里记载的上谕说："边备积弛、国用久困，臣工习俗相沿，牵于情面之故套；庶政奉行不实，但夸纸上空言。"❶官员普遍已经养成"拙者局踏以避咎，巧者委蛇以取容。

---

❶ 孙承泽：《春明梦余录·上册》，北京出版社，2018年，第135页。

一奉诘责，则俯首不遑；一承改拟，则顺旨恐后"❶的恶习。

经济形势进一步恶化，屋漏偏逢阴雨天，在辽事之外又爆发了民变，因此吏、户、工、兵要应付袁崇焕的压力和难度更大，袁崇焕上任不过三月，辽东军饷已积欠七十余万。辽东已经是九边积欠军饷最少的地方，当时的户部尚书毕自严为了筹措军费愁得"仰屋无计"。但皇帝平辽之决心斩钉截铁，这些部门的尚书们又岂敢推脱半分，而因此而产生的怨气自然全部指向了袁崇焕。日后袁崇焕落难时，在被羁押的八九个月时间内，反东林的"邪党"对其进行了大量污蔑，而吏部尚书王永光、兵部尚书梁廷栋从旁煽风点火，共同促成了袁崇焕的罪名。吏部尚书王永光在天启朝依附魏忠贤时，尚能为了袁崇焕和辽东军务当面与魏忠贤据理力争，到了崇祯朝却有这样截然相反的表现，除了基于党争的门户之见外，很难说与袁崇焕在大权独揽期间，对各部的索求和支使没有关系。

袁崇焕在崇祯朝复出时犯下的"大言、卷入党争、与诸臣结怨"的三个错误，后来萦绕于他在崇祯时代短短的三年守辽生涯，并最终导致他在闹市被千刀万剐的悲剧。实际上在"平台召对"之后，袁崇焕已经意识到了这种风险，并采取了一些避险措施，上疏称：

> 恢复之计，不外臣昔年以辽人守辽土，以辽土养辽人，守为正着，战为奇着，和为旁着之说。法在渐不在骤，在实不在虚。此臣与诸边臣所能为。至用人之人，与为人用之人，皆至尊司其钥。何以任而勿贰，信而勿疑？盖驭边臣与廷臣异。军中可惊可疑者殊多，但当论成败之大局，不必摘一言一行之微瑕。事任既重，为怨实多，诸有利于封疆者，皆不利于此身者也。况图敌之

---

❶《明史》卷二百七十六，中华书局，1974年。

急，故亦从而间之，是以为边臣甚难。陛下爱臣知臣，臣何必过疑惧，但中有所危，不敢不告。❶

与被思宗召见时的"浪对"相比，这封上疏才是袁崇焕深思熟虑之后的表达。他在上疏中除了再次阐明自己的守辽思想之外，还预见了可能导致思宗对自己失去信任的几种状况，为思宗打了预防针，认为自己可能遭遇廷臣对边臣的攻讦责难（即党争），还可能被人揪住某些言行不放（五年平辽）而加以陷害，所以他请求思宗"当论成败之大局，不必摘一言一行之微瑕"，他甚至预见了后金会使用离间计"从而间之"，可以说此时的袁崇焕已经清醒地认识到了所有错误，并预见到了这些错误可能导致的结果，而这封上疏就是他补救错误的重要措施。然而此时陷入"五年平辽"的迷梦之中的思宗已经把所有的底牌都压在了袁崇焕身上，听不进也容不得他再做更多的解释了。后来直接导致袁崇焕被杀的并不是那些"专戮大帅，擅款通敌"之类的罪名，而恰恰正是他自己在这封上疏中预见到的那些原因。

所谓"专戮大帅"，指的是袁崇焕于崇祯二年六月在双岛诛杀平辽总兵官、东江镇守将毛文龙一事。此事是后来判处袁崇焕死刑的两大罪名之一。毛文龙早年本是辽军败将，于天启初年趁后金后方空虚袭击后金镇江，擒获佟养真、佟松年等解赴京师，当时明军连战连败，故将毛文龙在镇江的小胜吹嘘为奇捷，毛文龙因此受到朝廷的重视。在袁可立任登莱巡抚期间毛文龙在皮岛（今朝鲜椴岛）驻守，皮岛又称东江，明朝于此开镇后，毛文龙利用皮岛孤悬海外、后金不习水战的特点，对后金多有袭扰，虽袭扰往往被后金所败，但也确实对后金有所牵制，因此毛文龙的官职也一路攀升，至崇祯初年已官至平辽便宜行事总兵官、征

---

❶《明史》卷二百五十九《袁崇焕传》，中华书局，1974年。

虏前将军、左军都督，且和袁崇焕一样持有尚方宝剑。

毛文龙在东江开镇初期确有抗金之心，一边袭扰后金后方，一边安置落难辽民，一边招纳后金降官叛将，同时屯田开市，艰难自立，与朝鲜互为犄角，共同牵制后金。后期逐渐军阀化，不仅兵骄将惰，而且恣意擅权，虚兵冒饷。崇祯登基时分发九边皇赏银，毛文龙以皮岛方寸之地，竟然谎报兵额十五万两，索求赏银五十万两。东江镇军饷在天启六年核定为五十七万两，天启七年竟然陡增到一百万两。结果崇祯初年朝廷查验毛文龙属下官兵，不过两三万人而已。朝廷对东江镇的支援越多，其对后金的牵制效果越差，不仅如此，毛文龙还仰仗"天朝上国"将领的身份荼毒临近的朝鲜，除索求无度，欺辱朝鲜君臣之外，崇祯元年十一月，毛文龙甚至对朝鲜通事说："我是天朝都督，便宜行事，一人之下，万人之上，是何怕人。"朝鲜通事极为惊骇，称毛文龙"其言尤为悖傲"❶。更于酒后屡屡狂言征服朝鲜。这些行为极大地损害了明朝与属国朝鲜之间的政治军事同盟关系。朝堂之上以此弹劾毛文龙者甚多，朝廷也有将毛文龙移镇，使其离开东江的打算，但一来东江与京师相隔太远，朝廷对毛文龙的控制力有限，毛文龙上疏相争，使思宗始终举棋不定；二来毛文龙虚兵冒饷所得中的相当一部分都用于贿赂朝臣，他们在朝堂上庇护毛文龙，使关于"移镇"的讨论一次次不了了之。最关键的因素，还是毛文龙在东江镇经营多年，根基很深，尾大不掉，且与后金多有书信往来，一旦处理不当，使其狗急跳墙投向后金，则后患无穷。因此思宗始终对毛文龙采取安抚态度。

但是对袁崇焕来说，既然已落入"五年平辽"的魔咒之中，保住

---

❶ 赵庆男：《乱中杂录》，见潘喆等编《清入关前史料选辑》第三辑，中国人民大学出版社，1991年，第347页。

身家性命和政治前途的唯一途径就是兑现承诺，因此他要将辽东战场上的权力和资源集中起来由他一人控制，袁崇焕要求将宁、锦合为一镇，由祖大寿镇守锦州，何可纲守宁远，赵率教守山海关。这三人都是袁崇焕的班底，是他最信任的人。朝廷同时罢设宁远巡抚和登莱巡抚，这样山海关内外就完全由袁崇焕一人控制了。袁崇焕上疏说："臣自期五年，专藉此三人，当与臣相终始，届期不效，臣手戮三人，而身归死于司败。"[1] 自古以来封疆大吏过度专权就是大忌，往往引起统治者的猜疑而引来杀身之祸，但袁崇焕偏偏反其道而行之，可见其已被"五年平辽"逼上绝路，任何妨碍他实现这一目标的人都会被其视为仇敌。这样一来孤悬海外、俨然如一方诸侯、不听调度的毛文龙和东江镇，就必然成为袁崇焕要清除的目标。平台召对之后，内阁辅臣、东林党人钱龙锡与袁崇焕讨论平辽方略时谈及毛文龙及东江镇问题时，袁崇焕的意见是"可，则用之；不可，则有以处之"[2]，钱龙锡问袁崇焕"有以处之"是什么处置方法，袁崇焕答："入其军，斩其帅，如古人作手，臣饶为也。"[3] 可见此时袁崇焕不仅对毛文龙有了杀心，而且连计策也已经定下了。

但在袁崇焕督辽之初，并未立即动手诛杀毛文龙，而是以相对温和礼貌的态度，尽力与其周旋，争取收服毛文龙为己所用，同时通过禁海与控制粮饷的运输通道，试图恩威并施，用掌握东江经济命脉的方法逼迫毛文龙就范。但毛文龙俨然以一方诸侯的姿态，对袁崇焕态度桀骜，使袁崇焕内心的杀机逐渐加重。崇祯二年春，因发泄对袁崇

❶《明史》卷二百五十九《袁崇焕传》，中华书局，1974年。
❷ 朱彝尊：《曝书亭集》卷六十四《文渊阁大学士钱公传》，《四部丛刊》。
❸ 历史语言研究所编印，《明清史料》甲编第8册《蓟辽督师袁崇焕题本》，第719页。

焕控制其经济来源的不满，毛文龙竟再次拥兵渡海突至登州索饷，江西道御史毛九华上疏称：

> 其再至登州，则尤可异焉！舳舻相望，精甲耀目，非王濬之平江南，戈船下濑；岂吕蒙之袭荆州，白衣摇橹。一时各州县城门日闭，人心皇皇。❶

这种形同造反之举终于触动了袁崇焕的底线，使他决定诛杀毛文龙。在"登州索饷"事件不久后，袁崇焕即上疏请求出海与毛文龙会晤。为麻痹毛文龙，袁崇焕还上疏为东江镇请饷十万两。当时巡关御史方大任恰在宁远，已经看出袁崇焕的杀意，劝诫他："职谓之尤悍戾虔如此，不宜轻往就之。如必欲行，使其欣然相从则已，不然，反觉损伤威重，必有以算可以致其命，然后无患。"❷认为双方关系已剑拔弩张，袁崇焕此时前去过于凶险。袁崇焕答："大丈夫不可有杀人心，不可无杀人手。是行已，吾必去善其事，汝其勿厄我。"❸可见其心意已决，此行前去如不能降伏，则必杀毛文龙。

袁崇焕于五月十二日出海，携带之前为东江镇所请的饷银十万两。六月初一，与毛文龙在双岛相见，双方相谈数日，话不投机，毛文龙尚未意识到危险，依然态度桀骜，言辞狂悖，袁崇焕隐而不发，至六月初五，袁崇焕突然发难，将毛文龙缚于帐下，历数毛文龙十二

---

❶ 吴骞：《东江遗事》卷上《援辽功绩》，《明末清初史料选刊》，浙江古籍出版社，1986年，第171页。

❷ 吴骞：《东江遗事》卷上《援辽功绩》，《明末清初史料选刊》，浙江古籍出版社，1986年，第171页。

❸ 吴骞：《东江遗事》卷上《援辽功绩》，《明末清初史料选刊》，浙江古籍出版社，1986年，第171页。

条大罪：

> 兵马钱粮不经查核，夜郎自据，横行一方，专制孰甚，当斩一；说谎欺君，杀降诛顺，全无征战，却占首功，欺诳孰甚，当斩二；刚愎撒拨，无人臣礼，牧马登莱，问鼎白下，大臣不道，当斩三；每岁侵饷银数十万，每月给米三斗五升，克减军粮，当斩四；私开马市，潜通岛夷，当斩五；命姓赐氏，不出朝廷，走使舆台，滥给札付，犯上无等，当斩六；劫掠商人，夺船杀命，积岁所为，劫赃无算，身为盗贼，当斩七；部将之女，收而为妾，民间之妇，没而为奴，好色诲淫，当斩八；逃难辽民，不容渡海，日给碗饭，令往掘参，畏不肯往，饿死岛中，草菅民命，当斩九；拜魏忠贤为父，迎冕疏像于岛中，至今陈汝明一伙，盘踞京师，交结近侍，当斩十；铁山之败，丧军无数，逃窜皮岛，掩败为功，当斩十一；开镇八年，不复寸土，观望养寇，当斩十二。❶

随即利用毛文龙部将大惊失色、来不及反应的时机，立斩毛文龙于帐前。在简单安排了善后事宜之后，当即返回宁远，撰写了著名的《斩帅题本》，向思宗汇报了他诛杀毛文龙的原因和整个过程，在上疏的结尾袁崇焕写道：

> 臣诛文龙之意与当日情事如此。但文龙大帅，非臣所得擅诛。便宜专杀，臣不觉身蹈之。然苟利封疆，臣死不避！实万不得已也。谨据实奏闻，席藁待诛。惟上斧钺之，天下是非之。臣临奏

---

❶ 张岱：《石匮书后集》卷十《毛文龙列传》，乾隆二十年刻本，第492页。

可胜战惧惶悚之至。缘系云云，谨题请旨。❶

可见袁崇焕清楚地知道，尽管他持有尚方宝剑，拥有临机专断之权，但毛文龙这种大将绝不是他未经请示就可以随便诛杀的。毛文龙即使其罪当诛，也不该由袁崇焕来做出诛杀的决定。因此思宗在看到袁崇焕的上疏时，非常震惊于他的大胆，《明史》里说思宗"骤闻，意殊骇，念既死，且方倚崇焕，乃优旨褒答"❷。这个反应非常符合思宗的性格，首先以他对权力极度敏感而戒备的心理，这种越权擅杀行为必然引起他的震惊和恼怒，但毛文龙本身已成隐患，早晚要解决，何况毛文龙已是一个无用的死人，而袁崇焕则是他赖以平辽的人，只要能够"五年平辽"，思宗就可以容忍袁崇焕的越权行为。因此思宗不仅压抑了自己的震惊和愤怒，承认了这一既成事实，而且还下旨褒奖了袁崇焕这一越权行为：

> 毛文龙悬踞海上，糜饷冒功，朝命频违，节制不受，近复提兵进登，索饷要挟，跋扈叵测，通夷有迹，犄角无资，掣肘兼碍，卿能周虑猝图，声罪正法，事关封疆安危，阃外原不中制，不必引罪，一切处置事宜，遵照敕谕行，仍听相机行。❸

又在六月十九日晓谕兵部：

---

❶ 罗继祖：《毛文龙功罪》，《史学集刊》1990年第3期，第2页。

❷ 《明史》卷二百五十九《袁崇焕传》，中华书局，1974年。

❸ 彭孙贻：《山中闻见录》卷五《建州》，见潘喆等编《清入关前史料选辑》第三辑，中国人民大学出版社，1991年，第66页。

岛帅毛文龙悬军海上，开镇有年，动以牵制为名，案验全无事实。崇焕目击危机，躬亲正法。据奏：责数十二罪状。死当厥辜。大将重辟先闻，自是行军纪律。此则决策弭变，机事狎图，原不中制。具疏待罪，已奉明纶，仍着安心任事。朝鲜声援相联，亦与移谕。❶

思宗先下旨肯定了袁崇焕的行为，安定了他的情绪，随后配合了他的越权行为，以皇权的名义对诛杀毛文龙的行为做出了官方解释。表面上看起来，袁崇焕在这场与毛文龙争夺东江军控制权的斗争中大获全胜，但细细考量则并非如此。

袁崇焕这一行为无论于国于己，都是相当激进而危险的。首先，从国家层面来讲，毛文龙成为辽东一患已经多年，朝廷始终对他投鼠忌器，最根本的原因还是担心东江镇这股力量最终走向朝廷的反面。袁崇焕诛杀毛文龙的行动经过了精心策划，可谓谋定而后动。但善后事宜却处理不当，毛文龙虽为人狂妄自大，作恶多端，但效仿李成梁建立了家族式的军阀集团，其部下能征善战者皆跟随其姓毛，如同家人，感情极深，"岛中将卒闻其死，皆哭"❷，出现了群情汹汹、军心不稳的情形。袁崇焕没有改变岛上原有的人员结构，新任的将官难以服众，岛上兵官更迭频繁，爆发多次内乱，一方面使海岛军阵体系逐渐弱化瓦解，另一方面许多原毛文龙麾下的将领投向后金，日后为清朝打下半壁江山的"三顺王"中有两个（耿仲明、孔有德）都是毛文龙的部将。毛文龙固然对国家有很大的危害，但袁崇焕越权擅杀毛文龙，

---

❶《崇祯长编》卷二十三，崇祯二年九月甲午，《钞本明实录》第25册，线装书局，2005年。

❷《朝鲜李朝仁祖实录》卷二十，仁祖七年六月癸未。

由没有妥善善后引起的一系列连锁反应来看，要比毛文龙的危害大得多。而且袁崇焕诛杀毛文龙的另一个目的是修复明朝和朝鲜之间的关系，再次建立起明朝与朝鲜的反后金同盟，使朝鲜从背后牵制后金，但朝鲜国贫兵弱，经"丁卯胡乱"（即天启七年后金入侵朝鲜的事件）的沉重打击后，其战争潜力已被破坏殆尽，且君臣上下畏敌如虎，自守尚且不能，更不可能对后金有多大的牵制作用。

其次，从政治集团的层面来说，毛文龙是浙江人，在天启年间就与阉党中的浙党成员有着很深的联系，不但经常遣人在京师走动，"每遣使入都，必携参貂数十辆走帝侧及要人"❶，而且在京师安排有耳目，东江镇每年冒饷数十万两，除毛文龙及其部下中饱私囊外，很大一部分都用来行贿朝臣，"岁饷百万，大半不出都门，皆入权宦囊中，自焕斩文龙尽失其赈"❷。身为东林党的袁崇焕诛杀毛文龙，在这些"邪党"大臣看来不仅断了他们的财路，而且带有党争的意味，必然招致他们对整个东林党政治集团的报复，浙党温体仁因与毛文龙同乡，因而"衔焕杀文龙，每思有报之"❸，后来袁崇焕下狱时温体仁上疏诬陷袁崇焕："阴与华亭奸辅钱龙锡，临邑罪枢兵部尚书王洽密谋款敌遂引之长驱以胁城下之盟。"❹而内阁辅臣、东林党人钱龙锡正是与袁崇焕谋划诛杀毛文龙之人，兵部尚书、东林党人王洽正是配合袁崇焕实施禁海之人。由此可见，不管袁崇焕诛杀毛文龙的动机中有没有党争，这一行为都事实上将矛盾升级到了党争的层面，使袁崇焕和毛文龙之间的管辖权矛盾，变成了东林党将领诛杀"邪党"将领的政

---

❶《黄忠端公集》说略卷六。

❷ 余大成：《剖肝录》，《丛书集成初编》第3442册，第26页。

❸ 陈伯陶：《明季东莞五忠传》，《袁崇焕集附录》卷一，第338页。

❹《温体仁家书》，叶廷琯撰、黄永年校，《吹网录·鸥陂渔话》卷四，辽宁教育出版社，1998年，第70页。

治事件，成为东林党和"邪党"对垒的焦点性事件。最终，诛杀毛文龙事件成了促成袁崇焕之死的两大罪名之一，而袁崇焕之死又引发了东林党内阁的倒台，使得"邪党"和宦官再次登上了明末的历史舞台。

再次，从个人层面来说，以思宗大权独揽、不容他人染指的性格，却对他的越权行为加以容忍，完全是"五年平辽"的缘故，如果兑现诺言，则诛杀毛文龙之事可以就此了结，但如果诺言无法实现，必然招致思宗加倍的怨恨和报复。袁崇焕诛杀毛文龙当日对他说："本部院若不能恢复全辽，以还朝廷，愿试尚方以偿尔命！"❶最后果然一语成谶。昔日熊廷弼为阉党所害，思宗铲除阉党后有人要为熊廷弼平反，思宗不许，而毛文龙为袁崇焕所杀，思宗又以擅杀毛文龙之罪铲除袁崇焕，后来又有人以此要求为毛文龙平反时，思宗同样不许。二人一忠一奸，两事一正一反，但思宗的反应完全一样，可见这个"刻薄寡恩"之人在乎的从来都不是人，而是权，魏忠贤和阉党威胁了他的皇权，所以他要铲除魏忠贤和阉党，和含冤而死的熊廷弼没有关系。同样，毛文龙该死，但思宗恨袁崇焕是因其无法"五年平辽"以及越权，和毛文龙本身没有关系。

因此，在诛杀毛文龙事件之后，袁崇焕表面上在与毛文龙的斗争中大获全胜，得到了东江镇兵权，不但节制全辽，而且东联朝鲜，西结蒙古，得到了史无前例的巨大权力，但实际上已经在政治上处于极度危险的状态。而最终将他推入死地的，依然是明朝如梦魇般难以摆脱的党争。

前文论及，思宗在成长过程中目睹了天启朝党争对国家的损害，因此对党争产生了一种条件反射般的敏感和厌恶情绪，当他将这种情

❶《明实录·崇祯实录》影印版，1962年。

绪代入朝政时，自然就将情绪对准了当时在朝堂上势力最大、成员最多的东林党。他一方面依靠东林党人铲除阉党余孽，消除魏忠贤及阉党乱政的一系列负面影响。另一方面，思宗为人疑心极重，认为朝臣"无人不党"，但又刚愎自用，认为自己看中的人不会结党营私，因此任用了大批他自认为"不朋不党"的"中立派官员"，与东林党人兼用，以暗中牵制东林党，这实际上造成了新的党争。最典型的是阁臣的选拔任用问题。内阁是朝廷的权力中枢，在万历和天启时期的党争中，各党也都以控制内阁为胜利，因此"入阁"人选往往是党争的焦点。思宗为避免重蹈党争覆辙，力图对阁臣的选拔程序进行改革。

这个思路大体不错，但思宗采用的方法却一言难尽。因为多疑，因此他认为所有经人操作的程序均有结党营私、私相授受之嫌，所以首创了"枚卜"和票拟、召对相结合的遴选方法。"枚卜"是古代占卜的一种形式，阁臣是皇帝身边决定军国大事的重臣，遴选阁臣这样严肃的政治事务要靠占卜这种形同儿戏的形式来决定以排除人为的干扰因素，于今人看来简直荒唐至极。从当时来看，也直接反映了思宗本人政治经验之浅薄，政治眼光之短浅。而这种极端的选拔方式，也侧面反映了明末党争之激烈，以及思宗对党争的反感和厌倦心理。

思宗极端多疑的性格和厌恶党争、防备东林的心理特点，逐渐被一些油滑的官僚所摸清和掌握，他们在万历和天启时代即为"邪党"，与东林为敌，后来多有附阉的经历。因为思宗亲手铲除阉党并引以为傲，因此直接翻案并不现实，他们就利用思宗的性格和心理，将自己伪装成非阉非东林的中立派，继续与东林党争。因此在广义上，崇祯时代的政治主题仍是阉党与东林党的斗争，这一主题一直延续到南明甚至清初，只是崇祯时代的阉党已经无"阉"，沿用万历朝的名称称

"邪党"或"东林党反对派"更为合适一些。

崇祯元年十一月,吏部根据崇祯帝的指示,会推阁臣候选人,礼部侍郎、东林党人钱谦益在会推名单之列,而身为礼部尚书的温体仁,以及与钱谦益同为礼部侍郎的周延儒皆不在会推名单之列。这一结果乍一看似不合理,但在当时东林党掌权的大背景下,在文坛以才华而负有盛名的钱谦益进入会推名单,而旧浙党一系的温体仁没能进入,也不算过于反常。但钱谦益在进入会推名单之后,却阻止同为礼部侍郎且未与东林为敌的周延儒进入会推名单,使得落选的温、周二人走到了一起,伺机报复钱谦益和东林党。史载:

> 适温宗伯体仁亦以沈故辅一贯门人,为时望所摈,每立朝,无敢与言者,而资俸久在谦益上,亦不与名。于是体仁、延儒交遂合,始有召对钱千秋之事。❶

温体仁是旧浙党领袖沈一贯的门生,"为人外曲谨而中猛鸷,机深刺骨"❷,他敏锐地觉察到思宗既缺乏政治经验,又敏感多疑,尤其是其厌恶党争和戒备东林的心理可以利用,而这件事正是一个好机会。当时内阁多东林人,被时人称为"东林内阁",此时再推钱谦益入阁,必然引起思宗的怀疑。如果自己此时借机攻击钱谦益,东林党人必对自己群起而攻之,而在疑心病重的思宗面前,自己这种被围攻的局面下表现出的弱势反而成了优势,更有利于激起思宗对东林党的怀疑和反感。在温体仁设计攻击钱谦益和东林党时,钱谦益

---

❶ 李清:《三垣笔记·附识》,中华书局,1980年,第158—159页。
❷《明史》卷三百八,中华书局,1974年,第7931页。

不但毫无察觉，反而党人习性不改，"又欲攻去周辅道登"❶，试图排挤同为东林党人的同乡周道登，最终导致周道登倒向了温体仁一方。

因此在枚卜召对之前，一个针对钱谦益和东林党的陷阱已经设计完毕，但钱谦益此时还浑然不觉，以为志在必得，"忽蒙召对，犹不知，自以为拜相定于次日，洋洋得意"❷。完全不知道温体仁、周延儒已经提前暗中散布了关于东林党控制枚卜，阴推党人钱谦益入阁的谣言。更不知道温体仁已经获知了他在天启元年主持浙江科举考试时"交通关节"之事，精心撰写了《直发盖世神奸疏》呈送思宗，指责钱谦益结党营私，在考试中徇私舞弊。因此思宗在召对中以浙江科场舞弊案为由让钱谦益和温体仁当面对质时，钱谦益毫无准备，一时处于下风。但此时双方仍各执一词，处于僵持状态，思宗始终没有表态，此时果然如温体仁所预料的那样，东林党对温体仁群起而攻之，引起了思宗的警觉和反感。温体仁极其善于察言观色，注意到思宗态度转变，乘机火上浇油，奏称：

> 臣职非言官，可以不言，适当会推不与，臣应避嫌引退，不当有言。但念枚卜大典，宗社安危所系，举国无一人敢言者。臣若不言，上负圣明，下负平生所学，臣不忍见皇上孤立于上，是以不得不言。❸

温体仁不愧被后人称为一代"奸相"，这番话说得极其机巧和狡

---

❶《万历二十六年戊戌科进士履历便览》影印版，载《天一阁藏明代科举录选刊·登科录》第八函，宁波出版社，2006年。

❷ 李逊之：《三朝野记》卷四，上海书店，1982年，第513页。

❸ 金日升：《颂天胪笔》卷四，崇祯元年十一月初六日癸亥，明崇祯刻本，第433—434页。

诈，首先利用思宗求治心切的心理，将自己攻击钱谦益的原因归结为"宗社安危所系"，然后利用思宗疑心病重的特点，用"举国无一人敢言者"加重思宗的怀疑和焦虑心理，最后利用思宗对东林党的戒备心理，用"臣不忍见皇上孤立于上"暗指东林结党营私，欺君罔上。这段话可谓将思宗的性格和心理特点琢磨得一清二楚，句句话都落在了思宗的心上，很快就引起了思宗的情绪变化，开始倾向于温体仁。此时东林党人尚未觉察到思宗态度已发生转变，仍喋喋不休为钱谦益辩护。然而东林党人越是攻击温体仁，思宗就越是对温体仁笃信不疑。

吏科给事中章允儒与温体仁当庭激辩，辩论中一时失言，直指温体仁为奸党，说温体仁攻击钱谦益就像天启年间的阉党攻击东林诸君子一样，是小人构陷君子。这番"东林党式"的典型发言引发思宗当庭暴怒，命人将章允儒当庭逮捕。温体仁乘机使出苦肉计，称"臣一身孤立，满朝都是钱谦益之党，臣此疏一出，不惟谦益恨臣入骨，即谦益之党，无不恨臣"[1]，极力渲染东林党的势力，凸显自身的孤立处境，离间思宗与东林诸臣之间的关系。实际上温体仁根本不是什么"一身孤立"，自有周延儒与他一唱一和：

> 大凡会议、会推事，我皇上明旨下九卿、科道，以为极公。不知外廷都只沿故套，原无许多人，只是一两个把持住了，诸臣都不敢开口。就开口也不行，徒是言出而祸随。[2]

---

❶ 金日升：《颂天胪笔》卷四，崇祯元年十一月初六日癸亥，明崇祯刻本，第436—437页。
❷ 金日升：《颂天胪笔》卷四，崇祯元年十一月初六日癸亥，明崇祯刻本，第438页。

这番言论自然也得到了思宗的肯定，此时"诸臣不可信，东林不可倚"的观念已经在他心中根深蒂固，不可动摇，诸臣再进言批驳温体仁，只能是自取其祸了。

御史任赞华上疏批评温体仁，即被思宗降职外放，此时内阁首辅、东林党人韩爌试图调解局面，请求思宗"请宽赞化以安体仁"❶，思宗怒气未消，质问韩爌："近言者不忧国而植党，自名东林，于朝事何补？"❷韩爌上疏答对："人臣不可以党事君，人君亦不可以党疑臣。党当论其才品臧否，职业修废，而黜陟之。若戈矛妄起于朝堂，畛域横分于宫府，非国之福也。"❸然而此时的思宗已经对他和其他东林重臣失去了信任，再也听不进去了。这次由"枚卜"而起的党争事件被称为"阁讼之争"，以温体仁、周延儒为代表的"邪党"伪装中立，通过揣摩思宗的心思，利用其厌恶党争的心理进行党争，最终以绝对劣势战胜绝对优势的东林党，成功离间了思宗与东林党内阁之间的关系。从"阁讼之争"之后，思宗疑群臣之心日重，而自用之意日盛，朝堂上"有君无臣"的情况进一步加剧，东林党虽仍在内阁和朝堂占据人数和局面优势，但再次倒台已只是时间问题了。

崇祯二年八月，皇太极依"绕道入塞"之计，绕开关宁锦防线的辽西部分，假道蒙古突破长城，分三路由龙井关、大安口、洪山口攻入明朝内地。沿途驻防明军毫无防备，一触即溃。后金军随后进攻遵化，入援的山海关明军于遵化城南全军覆没，山海关总兵赵率教阵亡。遵化城破后巡抚王元雅自缢而死。后金军势如破竹，如入无人之

---

❶《明史》卷二百四十，中华书局，1974年，第6247页。
❷《明史》卷二百四十，中华书局，1974年，第6247页。
❸《明史》卷二百四十，中华书局，1974年，第6247页。

境，连下蓟州，越三河，掠顺义，破通州，攻入明朝京畿地区。袁崇焕闻警，率领关外明军星夜驰援京师，思宗听闻袁崇焕率军入援，一开始"甚喜，温旨褒勉，发帑金犒将上，令尽统诸道援军"❶，并且"立召见，深加慰劳，咨以战守策，赐御馔及貂裘"❷。然而随着各地援军陆续到来，君臣之间却形势骤变，十二月初一，思宗设计诱捕袁崇焕下狱。关外入援明军哗变，在祖大寿的率领下退回关外。此次后金攻入内地、兵临京师的事件在历史上被称为"己巳之变"。次年八月，袁崇焕以"专戮大帅，擅款通敌"的罪名于北京被凌迟处死，血肉都被市民分食而尽。

一般认为，袁崇焕和思宗之间的关系在短短几十天内发生天翻地覆的变化，是因为思宗怨恨袁崇焕防守不力，使后金兵临城下，同时又中了皇太极的离间计，导致误杀袁崇焕，但真正的原因显然没有这么简单。后金绕道蒙古攻入明朝内地，实际上是关宁锦防线破坏瓦解产生的结果。后金在天启年间之所以从未有过此举，概因当时的关宁锦防线大体仍保持完整，西边的蒙古和东边的朝鲜，以及毛文龙都能够给予后金一定程度的牵制和威慑，这条路线远较山海关艰难得多，一旦后方遭袭，或在明朝内地被堵截重创则回师极难。因此后金方面大贝勒代善和三贝勒莽古尔泰在青城即向皇太极表达了忧虑："此行深入敌境，若粮匮马疲，何以为归？计纵得入边，若明人会各路兵来围，为之奈何？倘从后堵截，致无归路何由返国？"❸

但天启七年朝鲜在"丁卯胡乱"中遭受后金重创，虽仍对后金持

❶《明史》卷二百五十九《袁崇焕传》，中华书局，1974年，第6718页。
❷《明史》卷二百五十九《袁崇焕传》，中华书局，1974年，第6718页。
❸ 王先谦：《东华录·天聪四》，上海古籍出版社，2007年。

敌对态度，但已无力牵制后金的军事行动。而蒙古林丹汗也在与后金数次交手中连战连败，率部西迁，不再能够对后金构成威胁，反而成了明朝的边患。在这种情况下，后金绕道蒙古的后顾之忧已全部解决，因此皇太极决定入塞伐明。后金由蒙古方向入侵的风险并非难以预料，尤其是熟悉入塞路线的蒙古哈喇慎部落倒向后金之后，这一风险陡然加大，早在后金入塞前半年，袁崇焕就已经清楚地知道关宁锦防线已经瓦解，仅存的辽西段只能堵住后金由山海关南下之路，而后金已经具备从蒙古方向突入内地的条件了，因此他上疏称：

> 臣守辽远，寇被臣创，决不敢侵犯臣界。只有遵化一路守戍单弱，宜于彼处设一团练总兵。❶

　　相隔时间不长另有一疏，内容与此相仿，均为袁崇焕建议在遵化设置重兵，以防备后金由蒙古方向的进攻，思宗看完上疏后交兵部议处，但因晚明行政机构低效拖沓，这一建议并未得到应有的重视，但思宗不会不记得。后金入塞的路线并不在袁崇焕的防区，且袁崇焕事先准确地预测到后金的入塞路线并向朝廷预警，因此袁崇焕防守不力使后金兵临城下之说并不成立，恰恰相反，正是因为后金无法突破袁崇焕防守的关宁锦防线辽西段，才会选择绕道蒙古入塞。那么最终导致思宗和袁崇焕之间关系急转直下的原因是什么呢？

　　《明史·袁崇焕传》里指出的第一个原因是：

> 然都人骤遭兵，怨谤纷起，谓崇焕纵敌拥兵。朝士因前通和

---

❶ 张岱：《石匮书后集》卷十一《袁崇焕列传》，中华书局，1959年，第845页。

议，诬其引敌胁和，将为城下之盟。帝颇闻之，不能无惑。❶

《崇祯朝记事》中的记录也与此类似：

> （满）桂、世录等援军肆掠，畿人不辨，又竟指为督师兵，郊外彻侯中贵之园圃坟墓多被蹂躏，复环诉崇焕卖好，不肯力战，帝心动。❷

将私人恩怨上纲上线到政治层面，散布政治谣言制造舆论氛围，然后"以公论而报私怨"是明末政治斗争常用的手段。而战火烧到北京城下，触及城中权贵及市民利益，导致他们将矛头对准袁崇焕，怨恨他未能在入援途中堵截后金军，反而与后金军并向而行导致兵临城下，这一推断从逻辑上也成立，但如果仔细分析当时在京城内流行的一系列关于袁崇焕"畏战""通敌"的政治谣言，就会发现事情并非如此简单。《烈皇小识》中记载的一则当时的谣言如下：

> 袁崇焕入援，抵都城下……然崇焕虽托名入援，听虏骑劫掠，焚烧民舍，不敢以一矢相加。城外戚畹中贵亭庄舍，为虏骑蹂躏殆尽，皆比而揭其罪状入告。民谣云："投了袁崇焕，达子跑一半。"兼崇焕出言无状，对百官讼言："达子此来，要做皇帝，已卜某日登极矣。"户部尚书毕自严至桥舌不能下，举朝皆疑之。❸

---

❶ 《明史》卷二百五十九《袁崇焕传》，中华书局，1974年。

❷ 李逊之：《崇祯朝记事》卷一，清光绪刻本。

❸ 文秉：《烈皇小识》，北京古籍出版社，2002年，第49页。

这则政治谣言中关于袁崇焕不敢与后金军交战的指责显然是赤裸裸的污蔑，袁崇焕所部明军与后金在广渠门附近的大战，在明与后金的史料中均有详细记载，袁崇焕作为督师亲自披甲上阵，身中数箭，"两肋如猬，赖有重甲不透"❶，可见战况不仅激烈，而且危急。至于袁崇焕以后金兵势恐吓群臣，妄言皇太极要入京登基的说法更是荒诞不经，如果户部尚书毕自严真的惊骇到"桥舌不能下"，不可能在自己的笔记中只字不提此事。可见谣言本身并不高明，但明显针对思宗的疑心病而设计。为了"五年平辽"，思宗能够要求整个朝廷的主要机构围绕袁崇焕的军事需要运转，能够隐忍袁崇焕越权擅杀毛文龙，兵火毁坏城外权贵财产导致他们集体告状这类小事，显然不能动摇思宗对袁崇焕的信任。而真正能够引起思宗疑心病的，其实是"投了袁崇焕，达子跑一半"，即指责袁崇焕勾结后金进攻北京，这正是后来导致袁崇焕被杀的罪名之一"擅款通敌"，正是因为思宗对权力的掌控欲达到了病态的程度，才导致他对所有大权在握的大臣都放心不下，更何况手握重兵的封疆大吏袁崇焕几乎是当时除了皇帝之外，最有权势的人。"通敌"无疑是最能触动思宗敏感神经的理由。

而实际上，袁崇焕援军与后金军一前一后并向而行直至北京城下，而不是中途堵截后金军，是因为袁崇焕入援事急，其军队结构不但不完整（仅有骑兵），而且在数量上也处于绝对劣势。以当时明军的水平，即使素质最高的辽东骑兵也很难在野战中击败后金军，这一点已经被包括先前战死的山海关总兵赵率教在内的诸多明军名将验证过。袁崇焕自然也对自己在野战中击败后金军缺乏信心，而他最有信心，也曾经获得过成功的战术就是"凭城用大炮"，背靠坚城，在红衣大炮的射程内与后金军作战，在宁锦之战中明军就依靠这一战术击

---

❶ 周文郁：《边事小纪》，中华书局，1959年，第78页。

退过后金军，因此袁崇焕在兵力劣势下，也本能地试图再现这一熟悉的战术。而在整个区域内，城高且坚，又有红衣大炮防守的，只有北京和山海关，山海关已在背后。因此袁崇焕选择背靠北京城与后金作战。

但袁崇焕的想法和思宗以及朝中权贵的想法显然不同，对后者来说，他们希望袁崇焕和部下将士不惜一切代价，将后金军阻击在离京城越远的地方越好，以保护他们的安全和利益。即使袁崇焕像山海关总兵赵率教一样全军覆没、以身殉国也在所不惜。因此他们无法接受袁崇焕凭城作战的策略。而这一矛盾被当时正欲向东林党开战的温体仁所侦知，一手制造了袁崇焕下狱事件，他在给家人的书信中直言不讳地承认："崇焕之擒，吾密疏实启其端。"[1]而后金兵临城下，袁崇焕则是思宗最为倚重的一股救援力量，温体仁仅凭一封"密疏"显然不可能扳倒袁崇焕，他必然在罗织罪名的同时，也做了大量的事先准备，从"阁讼之争"中他在枚卜前大肆散布政治谣言诋毁竞争对手钱谦益来看，散布谣言是他惯用的手法。因此在袁崇焕下狱前后的诸多政治谣言，很可能正是出自温体仁及其党羽之手。

而《烈皇小识》中收录的另一则政治谣言，则指向了导致袁崇焕被杀的另一罪名——"谋款斩帅"：

> 袁崇焕督师出关。上召问方略，以五年为期，可以平辽。及履任，觇知文龙有成约，急遣喇嘛僧入清，啖以厚利，欲解文龙议以就己。而清最重盟誓，坚持不可，强之再四，不听。喇嘛僧曰："今惟有斩毛文龙耳。在清不为负约，在我可以收功。"崇焕遂以阅武为名，直造皮岛，大阅军士，文龙置酒高会。次日，文

---

[1]《温体仁家书》，叶廷琯撰、黄永年校，《吹网录·鸥陂渔话》，辽宁教育出版社，1998年。

龙进谒，崇焕亦置酒留宴，酒半，称有密旨，即座中擒文龙，斩于辕门外。时崇焕立营严整，众亦不敢犯，文龙部下千余人，散往他处，余众悉就抚。事定，然后入告。朝廷亦姑容之，时七月间事也。❶

毛文龙被诛经过前文已述。整个经过与谣言并不相符，而毛文龙与后金往来的书信也显示，毛文龙在书信中言辞狂妄，讨价还价中多有诓骗之言，并无真心投向后金之意，后金一方也并不信任毛文龙，且毛文龙谈判的资格和筹码都不足，双方不可能达成议和条件，也就不存在袁崇焕为了抢在毛文龙之前与后金议和而杀害毛文龙的情况。思宗对毛文龙被杀的经过一清二楚，而且本身思宗也认为毛文龙该死，但这一谣言依然瞄准了思宗最敏感的"通敌"，这样的谣言必然出自最了解他的人之手，而一心为毛文龙被杀而向袁崇焕复仇的温体仁正是嫌疑最大的人。

当时除这些精准针对思宗心理的政治谣言之外，在民间也流传着大量对袁崇焕不利的谣言，流传较广的有袁崇焕谋害大将满桂的"箭射满桂说"：

> 清兵攻南城，桂不支而走，经袁营，竟不出救。俄桂中流矢五，三中体，二中甲，拔视，乃袁兵字号。桂初疑清将反间，伪为袁号耳。及敌骑稍远，细审，果为袁兵所射。❷

袁崇焕援军与满桂所部明军的作战区域并不一致，在空间和时间

---

❶ 文秉：《烈皇小识》，北京古籍出版社，2002年，第46—47页。
❷ 计六奇：《明季北略》，中华书局，2010年，第118—119页。

上也无互相重叠的记录，不存在箭射满桂的可能性，而箭上写有袁兵字号一说更是无稽之谈，明清军器为保证质量、方便追责，多有匠名匠号，但未见有所部名号的战箭，更何况如果袁崇焕要乘乱杀害满桂，必然选用清军战箭，怎么可能故意使用带有自己名号的战箭，可见编造谣言之人不仅缺乏军事常识，而且水平也不高。实际上这则谣言出自明末的一部话本小说《镇海春秋》，情节应来自当时的市井流言，虽在今人看来荒诞不经，但对当时饱经战火摧残、亟待忠义良将拯救、痛恨通敌奸臣的底层民众而言极具煽动性。这些谣言可能由民间自起，也可能由后金一方散布，尤其是满桂于当年十二月壮烈殉国之后，此事因死无对证，流传更广，对袁崇焕极为不利。

可以说，"邪党"编织的谣言、民间自起的谣言，以及后金一方散布的谣言此时一起笼罩着袁崇焕，使其处于极端不利的危险境地，而正是在这种情况下，发生了他早已预料到的后金离间事件，《清史稿》载：

> 翌日，上（皇太极）诫令勿攻，召承先及副将高鸿中授以秘计，使近阵获明内监系所并坐，故相而语，云："今日撤兵乃上计也，顷见上单骑向敌，有二人自敌中来，见上，语良久乃去，意袁经略有秘约，此事可立就矣。"内监杨某佯卧窃听，越日，纵之归，以告明帝，遂杀崇焕。❶

这一离间事件在诸多史料中均有记载，且有范文程墓志铭为佐证：

> 太宗文皇帝（皇太极）即位，察公才堪大任，简置帷幄。天

---

❶ 赵尔巽：《清史稿》，中华书局，1974年，第9366页。

聪三年冬，从踹入蓟门、克遵化，将偏师谕降潘家口、马兰峪、三屯营、马栏关、大安口凡五城皆下之。是时明宁远总制某将（袁崇焕）重兵居前，公进秘谋纵反问，总制获罪去。❶

这一离间计并不高明，设计水平和灵感均不超过《三国演义》中的"蒋干盗书"，这一相对拙劣的计策能够起效，很大程度上是明朝内部政治矛盾激化到不可调解地步的结果，没有前期邪党的政治铺垫，明朝君臣不太可能被这种把戏愚弄。可见袁崇焕下狱事件是在党争背景下，由邪党温体仁等人一手策划，再由后金顺势使用离间计所造成的。

在城内邪党和城外后金的合力之下，思宗对袁崇焕的怀疑日甚一日，越来越急切地催逼袁崇焕作战，而袁崇焕则以兵力不足为由，不同意在离开城墙太远的地方作战。可见此时袁崇焕还没有意识到已经大祸临头，他对与后金军野战依然缺乏信心，还想实施自己"凭城用炮"的策略，希望背靠北京城，在红衣大炮的炮火支援下与后金军抗衡，同时让各地的勤王军消耗后金军的有生力量，殊不知这一策略耗尽了思宗最后的耐心，袁崇焕要求部队进入瓮城休整的举动，更是让思宗笃定袁崇焕要反，十二月初一，思宗设计逮捕袁崇焕下狱。

袁崇焕下狱后，作为袁崇焕座主的韩爌首先引疏退去，此事正中思宗下怀：

> 袁崇焕下狱，韩爌其座主也，情因此颇不自安，适有小辈左庶子丁进、工部主事李逢申以私怨疏劾，愤即三疏引疾求去，帝

---

❶ 钱仪吉：《碑传集》，周骏富辑，《清代传记丛刊》第102册，明文书局，1985年，第264页。

诏许之。❶

　　韩爌是三朝元老，为人老成持重，对思宗的性格和为人有着较深的了解，他已经看出思宗之意不止在袁崇焕，而在整个东林，因此他提前采取了自保的措施。韩爌去职后，东林党势力进一步被削弱，包括阉党余孽在内的"邪党"气焰大盛，纷纷攻击袁崇焕及东林党。但此时思宗对袁崇焕的怒气还停留在"避战"和"通敌"的嫌疑上，思宗也很清楚临阵斩将是兵家大忌，因此逮捕袁崇焕是一时恼怒之举，并未动杀心。但"邪党"的目标是迫使东林党下台，倘若袁崇焕无法"坐实"通敌和谋逆这样杀头的重罪，那么"邪党"的目标也无法完全达成。正在"邪党"找不到头绪的时候，发生了"辽兵东溃"事件，袁崇焕部将祖大寿"惧并诛"，"战栗失措，出即拥兵叛归"，在后金仍威胁京师的情况下，直接率领入援明军东返山海关外。这一举动使得满朝哗然，朝廷无法劝返祖大寿，不得不让身在狱中的袁崇焕写信给祖大寿，祖大寿见信后"下马捧泣"❷，随后率军返回关内。皇命都无法召回的叛军，被袁崇焕一封书信就召了回来，这一事件极大地刺激了对权力高度敏感且疑心病重的思宗，无意中将袁崇焕向死地又推了一步。阉党余孽高捷乘机攻击袁崇焕和钱龙锡："龙锡发纵指示，臣不胜痛心。当执缚崇焕时，大寿口不称冤，两日后忽起异心，殆由龙锡崇焕所挑激，外示专制内胁至尊，因此渐成款局。"❸由此可见，"邪党"的策略非常明确，即必致袁崇焕于死地以攻东林。而此时思宗也已对东林党集团有了清洗之意，但此时后金大军仍在关内，

❶《明史》卷二百四十《韩爌传》，中华书局，1974年，第6247页。

❷ 余大成：《袁督师事迹》，《丛书集成初编》。

❸《明史》卷一百九十六《钱龙锡传》，中华书局，1974年。

如果此时杀袁崇焕很可能导致关外明军再次反叛，因此袁崇焕案一时仍未有定论。

崇祯三年二月，皇太极在关内饱掠之后率后金军主力北归，留贝勒阿敏留守之前所占据的关内四城，五月四日，重新得到启用的老将孙承宗督军誓师，五月八日祖大寿与马世龙合攻滦州，十三日收复滦州，明将靳国臣同日收复被后金军放弃的迁安，驻守永平的后金军出援滦州，被击退后弃城而逃，五月十六日，明军收复遵化，肃清了关内后金军。

实际上皇太极将代善一支孤军留在明朝内地，既有将遵永四城作为日后入塞立足点的考虑，也有借明军之手消灭政敌之意，但不料明军以十倍之众，却未能将代善部歼灭，使其在损失一些部队后退回关外，明朝却将此役夸大为"遵永大捷"，可见明军野战实力之弱，也侧面验证了袁崇焕之前避免在没有炮火支援的情况下与后金军野战的决策在战术层面是正确的，但"遵永大捷"在使京畿地区解除威胁的同时，也意味着袁崇焕死期将至了。

六月，江西道御史袁弘勋上疏，请求以通敌和擅斩毛文龙之罪判处袁崇焕死刑：

> 内外呼应，情状彰彰，可不亟图决计哉？即今戎马在郊，皇上或不欲轻遣缇骑，以惊关门诸将之耳目。何不密降手敕，令枢辅以同谋斩将正斁奏、斁良罪，立斩军前？仍以专杀文龙正崇焕罪，立付西市。且不必言为款、为叛，致奸人挑激，有所藉口，则逆奴之谋既诎，辽人之心亦安，一举万当，又奚惑焉耳？ ❶

---

❶ 孟森：《明清史论著集刊》，《明本兵梁廷栋请斩袁崇焕原疏附跋》，中华书局，1959年，第17—19页。

这封上疏非常精准地针对了思宗的心理，首先后金军对京畿的威胁已经解除，各路勤王军驻扎在北京周围，祖大寿等袁崇焕麾下的将士也曾是孙承宗的部众，对孙承宗比较认可，军心也相对安定，杀害袁崇焕的时机已到。其次袁崇焕通敌叛乱证据不足，为了避免袁崇焕部将申冤和民间舆论反弹，因此擅杀毛文龙是一个比较合适的罪名。这封上疏可谓既阴毒又滑稽，阴毒是因为他完全迎合了思宗的心理，背后必然得到了思宗身边熟悉他心理之人的指点，目的就是坚定思宗对袁崇焕的杀心，促使思宗速杀袁崇焕。滑稽是因为这封上疏里说杀了袁崇焕之后"逆奴之谋既诎，辽人之心亦安"，事实证明事情之后的发展完全与此背道而驰，后金不但顺利除掉了心腹大患，辽东明军也与朝廷日益离心离德，逐渐产生自主意识，开始加速军阀化。八月山东道御史史范上疏攻击钱龙锡："主张袁崇焕斩帅致兵，倡为款议，以信五年成功之说，卖国欺君，秦桧莫过。"❶这一上疏同样精准命中了思宗对东林党政治集团长期以来的心病，使他下定了杀害袁崇焕的决心，思宗御批："崇焕擅杀逞私，谋款致敌，欺藐君父，失误封疆，限刑部五日内具奏。"❷

八月十六日，思宗于平台召对百官，当众宣布了袁崇焕的罪状：

> 谕以袁崇焕付托不效，专恃欺隐，以市米则资盗，以谋款则斩帅，纵敌长驱，顿兵不战，援兵四集，尽行遣散，及兵薄城下，又潜携喇嘛，坚请入城。❸

---

❶《明史》卷一百九十六《钱龙锡传》，中华书局，1974年。
❷《明史》卷一百九十六《钱龙锡传》，中华书局，1974年。
❸《崇祯长编》卷三十七，崇祯三年八月癸亥，第2260页。

所谓"市米资盗"是指崇祯二年春，蒙古哈喇慎部落发生饥荒，请求明朝开市粜米，赈济灾荒。袁崇焕当时已经意识到后金可能通过蒙古方向入塞，为防止哈喇慎部倒向后金，同意了哈喇慎的请求：

> 只许布米易换柴薪，如违禁之物，俱肃法严禁。❶

而且这一决定是得到思宗认可的，并得到过他的亲自批示：

> 其招来属夷，果有饥困，查明部落多寡，计口量许换米，不得卖与布帛及夹带禁物。❷

可见该条罪名不成立，而"邪党"攻击袁崇焕"市米资盗"的理由是在"己巳之变"中哈喇慎部引导后金军入塞，但哈喇慎部倒向后金的一个重要的原因就是明朝粜米赈济不力。"市米"本身是为了避免出现这一情况，而不是"市米"导致了这一情况，因此"市民资盗"的指控完全不成立。而"谋款斩帅"前已论及，也不成立。因此这些罪名根本不是袁崇焕真正被杀的原因，而真正的原因正是前文提及的：第一，袁崇焕夸口五年平辽，思宗调集整个朝廷的资源支持袁崇焕，结果历时一年不但无望平辽，后金兵还已至城下。这一结果尽管成因复杂，并非完全是袁崇焕的问题，但对思宗这种心胸狭窄、刻薄寡恩的专制君主来说，是无法接受的。其二，袁崇焕在"平辽"的过程中急火攻心，树敌太多，深深地卷入了党争之中，最后成了"邪

❶《明清史料甲编》，历史语言研究所，1930年。
❷《明清史料甲编》，历史语言研究所，1930年。

党"打击东林党的突破口，成了党争的牺牲品。其三，袁崇焕在入援的过程中表现出的对辽东明军的绝对控制力，引起了思宗的警觉、嫉妒和猜忌。

袁崇焕于同日被磔于市，妻子兄弟流放三千里，家产抄没入官。思宗甚至想将袁崇焕族诛，可见其对袁崇焕怨恨之深。袁崇焕被杀第三日，思宗再次平台召对，下旨命百官议钱龙锡之罪：

> 龙锡职任辅弼，私结边臣，密嘱情谋，互蒙不举，命九卿科道共正其欺擅之罪。❶

议罪结果是：

> 斩帅虽龙锡启其端，而两次书词有处得妥当、处得停当之言，意不专在诛僇可知，则杀之自属崇焕过举。至讲款倡自崇焕，龙锡虽不敢担承，而始则答以在汝边臣酌量为之，继则答以皇上神武，不宜讲款。总之两事皆自为商量，自为行止。龙锡以辅弼大臣，事关疆场安危而不能抗疏发奸，何所逃罪？但人在八议，宽严当断之宸衷耳。❷

可见在杀毛文龙和议和两件事情上，钱龙锡都持谨慎的态度，对杀毛文龙一事，钱龙锡的态度是告诫袁崇焕"处置慎重"，在议和的问题上，钱龙锡先答"酌量"，继而告诫袁崇焕"天子神武，不宜讲款"。其罪在"私结边臣"，但平心而论，内阁辅臣与封疆大吏私

---

❶《崇祯长编》卷三十八，崇祯三年九月己卯，第2294页。
❷《崇祯长编》卷三十八，崇祯三年九月己卯，第2294—2296页。

下讨论国家大事，而内阁辅臣将边臣引为心腹，以书信遥控边疆，是张居正时代遗留下来的习惯，在天启时代，袁崇焕也与首辅叶向高书信往来，讨论边事。因此即使钱龙锡有罪，也罪不至死。但思宗和"邪党"的目的就是打击东林党，自然不会轻易放过此事。此时钱龙锡已经下狱，"邪党"必欲杀钱龙锡而后快，思宗也对其动了杀心：

> 乃议龙锡大辟，且用夏言故事，设厂西市以待。❶

　　但终因其罪名不实，死刑阻力过大，钱龙锡经多方疏救出狱，遣戍定海卫。在戍十二年，其间崇祯朝两次大赦，均未赦免钱龙锡，直到明亡后，在南明时期才得以归乡。此时东林诸臣已意识到思宗之意在于用"袁案"铲除整个东林内阁，而非与袁崇焕交往较深的钱龙锡一人，于是人人自危。韩爌去职后担任内阁首辅的是东林党人李标，与他同时入阁的六人已去其五，东林党内阁已名存实亡，他也如履薄冰，连续上疏请辞。崇祯三年三月，思宗命他罢官家居，至此，持续了不到三年的东林党内阁彻底土崩瓦解，在崇祯初年因铲除阉党集团，办理"钦定逆案"而意气风发，对思宗这位勤政的"明君"寄托了无限期望的东林党政治集团遭到了来自思宗本人的残酷打击，自此一蹶不振。继天启初年"众正盈朝"之后，东林党政治集团的再次登台也以失败而告终。

　　东林诸公自抱定"自救"与"救国"理念，结为政治集团，自朝堂边缘向中心斗争以来，放弃了诸多政治理想和"君子不党"等道德原则，甚至不惜与小人为伍，乃至抛弃同志，构陷忠良。虽也有诸多

---

❶《明史》卷一百九十六《钱龙锡传》，中华书局，1974年。

铁骨铮铮的君子事迹足以彪炳史册，流传千古，但个体的英雄事迹难以掩盖东林党政治集团作为一个群体在明末历史中一言难尽的作为。然而当时的东林党人依然对此执迷不悟，即使后来提出"天下为主，君为客"这种早期民主思想的大儒黄宗羲，在看待东林党在天启初年和崇祯初年的两次重大政治失败时仍执迷不悟：

> 熹宗之时，龟鼎将移，其以血肉撑拒，没虞渊而取坠日者，东林也。毅宗（即思宗）之变，攀龙髯而蓐蝼蚁者，属之东林乎？属之攻东林者乎？数十年来，勇者燔妻子，弱者埋土室，忠义之盛，度越前代，犹是东林之流风余韵也。一堂师友，冷风热血，洗涤乾坤。无智之徒，窃窃然从而议之，可悲也夫！❶

黄宗羲认为，包括其父黄尊素在内的东林党人在天启、崇祯两朝初年的政治风波中，所作所为均是"冷风热血，洗涤乾坤"的忠义之举，而最终由"众正盈朝"的一片大好形势走向穷途末路，都是因为朝堂之上小人得势与君子为敌，攻击东林党的都是些"无智之徒"。他只看到了"六君子""七君子"等人"勇者燔妻子，弱者埋土室"，却看不见同样抱有救国理想，但仅因政见不同就受到东林党无差别打击排挤的士大夫，甚至在《汰存录》中，有"从来未有中立而不为小人者也"❷之语，认为根本不存在"中立"的士大夫，凡是不认同东林政见的即为小人。可见即使是黄宗羲这样对君主专制制度反思极深的东林党人，其"党人之习"也深到足以迷惑心智的程度，其他东林党人就更无跳出党争魔咒，看清历史真相的可能了。

---

❶ 黄宗羲：《明儒学案》卷五十八《东林学案一》，第1375页。

❷ 黄宗羲：《汰存录》，《黄宗羲全集》第1册，第336页。

实际上，东林党作为明末如烂泥潭一般腐烂污浊的政坛中一股看似具备一定先进性和政治理想主义的"清流"，在天启、崇祯初年的两次重大政治失败，是当时的历史环境和东林党自身的特质共同决定的，东林党两次从边缘接近政治中心，并成为政治中心本身的经历，看似是某种功亏一篑的成功，实际上在成为中心的那一刻起，东林党就已经失败了，而之后在短暂的掌权时间里精疲力尽的争斗，都是徒劳无功的挣扎。

从思想根源来说，正如前文所论，东林党的"自救"和"救国"都是从自身思想体系之中寻找答案，即认为世道和政局的恶化是由思想体系本身的腐败和退化造成的，而解决的方法就是回到"先贤"的状态。

而问题在于，"先贤"时代的皇权和东林党所生活时代的"皇权"已经有了很大的不同，东林党对"权力"的理解逻辑建立在"皇帝与士大夫共天下"的基础上，但在中国古代封建社会的政治结构中，皇帝只要有机会就会尽可能地将权力集中在自己手中，当他没法独自控制和行使如此多的权力时，他就倾向于将一部分士大夫培养成为听话的奴仆，皇帝通过控制这些奴仆来实现自身权力的膨胀，如此一来，皇权的膨胀就势必侵蚀那些不愿为奴的士大夫的权力。

当"天下"日渐衰颓，显露出天亡之秋的末日景象时，这部分士大夫出于维护自身利益的考虑，试图"救天下"，但他们不敢将"天下"沉沦的真正原因指向皇帝本身，只能反其道而行之，将沉沦的原因归结为小人太多、"皇纲不振"，打着皇权的名义进行政治斗争，在进入政治中心并掌权后，再实现自身的改革宏愿。但问题在于，这一设想建立在"共天下"的基础上，即皇帝本身和士大夫都对天下享有权力，并对天下兴亡负责。当皇帝将天下视为私产和禁脔，而将士大夫视为奴仆的时候，这一设想赖以实现的基础就根本不存在，东林党在此基础上进行的一系列努力，都是对皇权潜在的威胁和现实的危害。这正是东林党在天启和崇祯初年都打着"重振皇纲"的旗号上台，却又在很短的时间内被皇权碾碎的根本原因之一。如果说东林党在天启时代的遭遇尚可以委过于魏忠贤窃取皇权，那么东林党在崇祯时代的失败则完全是他们心目中的"明君"思宗一手为之的杰作，东林党试图打着"维护皇权"的旗号限制皇权，以实现自身的政治抱负，这在皇权极度膨胀的大明朝本身就是不可能实现的目标。黄宗羲在朝廷禁毁书院的问题上，实际上已经认识到朝廷的目的，是禁止士大夫以书院为基地，以思想和文化上的权力挑战和限制皇权，而由此引起的矛盾是不可调和的：

> 有所非也，则朝廷必以为是而荣之；有所是也，则朝廷必以为非而辱之。伪学之禁，书院之毁，必欲以朝廷之权与之争胜。其不仕者有刑，曰：此率天下士大夫而背朝廷者也。❶

因此，在遭遇了思宗这样一个极度专权又敏感多疑的独夫皇帝后，东林党注定收获更加惨痛的失败。

此外，正如前文所论，东林党既无明确、统一的纲领，也无明确的组织结构和权力层级，连所谓的"领袖"都是"时人所指"，并非真正意义上的政党，而更接近"阵营"。在这一阵营中鱼龙混杂，即使是同样抱有"救国"和"救天下"政治理想的士大夫，除了"尊君""结君子，远小人"等模糊概念之外，鲜少能够被称为"政治共识"的东西。因此尽管在一些政治事件中表现出巨大的影响力，但实

---

❶ 黄宗羲：《明夷待访录·学校》，《黄宗羲全集》第1册，第11页。

际上既无一个明确的改革计划，也不具备完成改革的能力，其对政治事件的应对策略，大多数诞生于一个或几个极小的圈子。而且因为不存在太多政治共识可言，因此这一阵营内部也充斥着门户之见和内部斗争，使得其更加不可能形成任何可能推动改革的政治合力。这样一个松散而充满内部矛盾的政治阵营，唯一能够进行且适合进行的政治活动就是党争，在党外与"邪党"相争，在党内与意见相左或利益冲突的同志相争。

同时，东林党人尽管有"扶大厦于将倾，解万民于倒悬"的政治理想，但其作为士大夫集团的一员本身就是科举制度的产物，因此其个人能力也受到科举制度本身的限制，使得在这个集团之中真正既具备救国理想，又具备救国才能的人才少之又少。因为有真才实学的人少，因此又流行着一种重义理、轻才学、好空谈的风气，其整个群体常常体现出一种既好危言耸听，又好大言不惭的负面形象，《明史》里评价："明季士大夫，问钱谷不知，问甲兵不知。"[1]东林政治集团中的情况也是一样，崇祯初年朝廷在讨论抵御后金进犯时，御史杨若侨提议由德国传教士汤若望负责铸造西式火炮并训练炮兵，结果遭到东林大儒刘宗周的抨击：

> 汤若望向年倡说天主邪教，蛊惑人心，堂堂中国，止用小技御敌，岂不贻笑天下！[2]

此时欧洲火炮技术已在明朝应用多年，以"红衣大炮"为代表的欧洲火炮早已被奉为克敌制胜的"神器"，明军对其迷信至深，甚至

---

❶《明史》卷二百五十二《杨嗣昌传》，中华书局，1974年，第6519页。

❷ 孙承泽：《山书·责躬做臣》，浙江古籍出版社，1989年，第432页。

将火炮封为"将军",将火炮的发射药称为"钱粮"。被东林奉为大儒的刘宗周连这样的军事常识都不知道,连"宁远""宁锦"两次难得的胜利也视而不见,将其斥为"小技",而击败后金收复封疆的"大技"究竟是什么,其实他自己除了空谈义理之外,也说不出个所以然。但就是刘宗周这样一番迂阔无用的可笑言论,反而得到朝堂之上东林诸公的一致认同,赞誉他"大义凛然",这一政治集团的见识和能力不难得知。

明朝遗民张岱评价袁崇焕:"袁崇焕短小精悍,形如小猱,而性极躁暴,攘臂谈天下事,多大言不惭;而终日梦梦,堕幕士云雾中而不知其著魅著魇也。五年灭寇,寇不能灭而自灭之矣。"❶

除去"短小精悍,形如小猱"这样因门户之见而生的诋毁之词,张岱对袁崇焕性格和能力上的一些缺陷的批评并非空穴来风,袁崇焕的悲剧尽管是明末党争乱局和思宗独夫之心共同作用的结果,但其个人在性格和能力上的缺陷在其中发挥的作用也不可忽视。然而就是袁崇焕这样在其他时期都很难称得上名将的人,已经是东林政治集团中最具军事才能的人物之一,这个集团中其他成员的资质亦不难想见。而极少数富有政治、经济和军事才干的精英成员,或受困、被害于党争之局,或始终未被启用,或孤掌难鸣,这样的一个政治集团要在明末这种困局之中拯救天下,成功的可能性十分渺茫。东林党两次上台掌权期间,除了激烈残酷的党争之外,留下可以称之为"政绩"的记录实在乏善可陈,东林党在国事方面的庸碌和无能,不但导致思宗在失望之余重新启用和依赖"邪党"和宦官,也为后世的阉党编造"思宗秘密下旨为魏忠贤归葬"一类的政治谣言提供了传播环境。

---

❶ 张岱:《石匮书后集》,《续修四库全书》第320册,上海古籍出版社,第497页。

因此，尽管东林党以"清流"自诩，后世也有历史学家将其视为一股具有一定先进性、可以拯救明王朝命运的政治力量，但从其哲学思想根源、政治思想体系、政治组织形式和资质能力来看，这些都是非常不切实际的幻想。

九、天下罪臣

思宗以"袁崇焕案"为"己巳之变"找到了替罪羊，又推倒了东林党内阁，自以为打击了朋党政治，然而他亲信的中立的温体仁、周延儒等人，实际上是一股更加腐朽不堪的势力，如果说东林党是"志大才疏"的话，那么他们不但同样无才，而且连救国之志也没有。在他们上台之后，国事和朝政加速崩坏，党争不仅没有因为东林党的失势而减弱或消失，这些"邪党"彼此之间的政治斗争反而演化成了更为激烈的党争。

温体仁善于伪装，惯会示弱以退为进，而周延儒则善于揣摩上意和见机行事，二人结合之后在"阁讼之争"和"袁崇焕案"中靠揣摩思宗的心思，利用和迎合思宗的心理成功地打击了东林党，从此之后更以此为必胜之法宝。崇祯二年十二月，周延儒以特旨入阁。崇祯三年六月，温体仁虽劣迹斑斑，屡遭弹劾，依然入阁。温体仁深知思宗性格，凡事信奉多做即多错、少做即少错、不做即无错的理念，凡事如利不关己，则能推就推，不能推则"专务刻核，迎合帝意"❶，故意揣摩思宗心思，然后提出迎合的意见。思宗曾以兵饷问题咨询他的意见，他伪装成愚忠却又无能的模样说：

---

❶《明史》卷三百八《温体仁传》，中华书局，1974年。

臣凤以文章待罪禁林，上不知其驽下，擢至此位。贼日益众，诚万死不足塞责。顾臣愚无知，但票拟勿欺耳。兵食之事，惟圣明裁决。❶

身为辅臣不能为皇帝提出任何建议和对策，一切"惟圣明裁决"，如果皇帝事事都能"圣明裁决"，又要辅臣何用？然而这番狡诈又无赖的话却精准地命中了思宗刚愎自用和刻薄寡恩的性格特点，在逃避责任完成自保的同时，又通过示弱于君和自我贬损，取得了思宗的体谅和信任。温体仁说出这番无赖之词后，思宗反而认为他忠厚老实，对他"愈亲信之"❷。在其他问题上，温体仁也多采取这种应对方式，屡试而不爽，因此崇祯一朝五十位辅臣如走马灯般轮番更迭，有"崇祯五十相"之说，这些辅臣短不过一两年，长不过两三年，多被弹劾引去，或被罢官，能留任长达五年以上的只有三人，而像他这样一个无才无德亦无用的人在内阁待了八年之久，担任首辅多年"竟无一罪加身"，也是崇祯一朝的政治生态奇景了。

而刻薄寡恩的思宗对温体仁的这种格外宽容甚至恩宠有佳的态度，正是造就这一政治生态奇景的深层次原因，也是在袁崇焕被杀、东林党内阁倒台后，崇祯一朝的政局越发"有君无臣"，无论在朝堂还是在战场都无人可用的根本原因。

周延儒、温体仁相继入阁之后犹嫌不足，又共同将斗争矛头对准了内阁首辅成基命。成基命于崇祯二年十一月，在周延儒之前入阁，为人"性宽厚，每事持大体"❸。周延儒、温体仁狼狈为奸，对成攻讦

---

❶《明史》卷三百八《温体仁传》，中华书局，1974年。
❷《明史》卷三百八《温体仁传》，中华书局，1974年。
❸《明史》卷二百五十一，中华书局，1974年。

不休，思宗深信周、温二人，致使成基命实际上无法正常履行首辅职务，有钱龙锡、李标、韩爌在前，成基命已经意识到如果不让出首辅之位，很可能会有性命之虞，只能上疏请辞。崇祯三年六月，周延儒得以顺利夺位成为内阁首辅，随后遍植党羽，打击异己，明朝在政治、经济、军事等各个方面都呈现出崩溃的迹象。崇祯四年七月，皇太极再攻关宁锦防线上的重镇大凌河，八月六日围大凌河，使用"围城打援"的战术连续击败明朝援军。此时的八旗军经过多年历练，以及大量明军将士的投顺，力量已不可同日而语，不仅组织了自己的炮兵部队，而且拥有了在野战中运用火炮的能力。袁崇焕死后被明朝启用救急的老臣孙承宗面对残破而混乱不堪的辽东局势回天乏术，崇祯四年十月底，大凌河守将祖大寿投降，大凌河陷落，锦州完全暴露在后金面前，本就不完整的关宁锦防线出现重大缺口，已是岌岌可危了。

在明朝赖以生存的关宁锦防线和关宁军遭到沉重打击，后金朝着山海关越逼越近之时，周延儒、温体仁等不能为此危局出一计、发一言，反而以为天赐良机，争先恐后地以此为由排挤孙承宗，组织言官弹劾孙承宗重修大凌河城激怒后金，招致大凌河之败。在敌人步步紧逼，在两年前业已兵临城下的情况下，这样的理由简直荒唐可笑，但孙承宗已看出思宗内心动摇，事已至此不可为矣，于是毅然引疏辞官归家，并于七年后在故乡与清军的战斗中，与举族子弟一同壮烈殉国。孙承宗这样赤胆忠心的英雄人物，终究敌不过这天亡之秋的窒息，不禁让人扼腕叹息。

周延儒成为内阁首辅之后，温体仁也顺理成章成为次辅，朝政遂为周、温所把持，然而温体仁岂是甘居人下之人，自崇祯四年开始，温体仁开始攻击周延儒，试图将周延儒拉下首辅之位并取而代之，周延儒亦动员党羽进行反击，双方均对思宗的心思揣摩极深，因此斗争非常激烈。周延儒一派深谙思宗对党争的厌恶心理，主要攻击温体仁结党，比如崇祯五年六月，周延儒一派的兵部主事华允诚上疏弹劾温体仁结党：

> 今次辅与冢臣以同邑为朋比，惟异己之驱除。阁臣兼操吏部之权，吏部惟阿阁臣之意，线索呼吸，机关首尾，造门请命，夜以为常。统均大臣甘作承行之吏，黜陟大柄祇供报复之私。❶

这里的"冢臣"指的是时任吏部尚书闵洪学，他是温体仁的同乡，唯温体仁马首是瞻，二人勾结极深。华允诚为激起思宗的猜疑之心，故意针对思宗的"厌党"心理说：

> 皇上恶诸臣之欺，欺莫大于此矣！皇上怒诸臣之擅，擅莫专于此矣！皇上厌诸臣之党，党莫固于此矣！❷

思宗果然将闵洪学罢去，但温体仁的地位仍岿然不动，且故技重施，将所有攻击他的行为和言论都指斥为党争。思宗对温体仁信任之深，以至于弹劾温体仁者或多或少都要遭到皇帝的处罚，再现了"阁讼之争"中群臣对温体仁攻之愈急，思宗反而对温体仁信之愈深的局面，可见周延儒揣摩思宗心思的水平虽然与温体仁不相上下，但在伪装方面尚与温有不小的差距。

那些直击温体仁致命弱点"避事"和"无能"的弹劾，一样无法撼动温体仁在思宗心目中的地位，如崇祯五年十二月，云南道御史王

---

❶《崇祯长编》卷六十，崇祯五年六月己丑，第3454页。
❷《崇祯长编》卷六十，崇祯五年六月己丑，第3454页。

象云上疏称：

> 体仁之可异者，当日公论不许，廷推不及，宜逊避养高，乃
> 为得体。顾攘臂而争之，几同市儿之登垄。迨既有此一番大攘夺，
> 即当作一番大经纶。而数年以来，曾不闻吐一奇画，进一嘉猷，
> 用一正士，戢一祸乱。❶

这番话可谓正中要害，温体仁自崇祯三年奉特旨入阁以来，作为
辅臣确实不曾"吐一奇画，进一嘉猷，用一正士，戢一祸乱"，除了
争斗不休之外，没有任何值得一提的政治建树，连履行作为辅臣的基
本职责都是不合格的，实在是一对国事有百害而无一益的蠹贼。然而
这样切中时弊的上疏，依然无法阻止温体仁的平步青云，崇祯六年六
月，周延儒终究不敌温体仁败下阵来，温体仁在一片反对声中，成为
内阁首辅，南京御史郭维经在其上任之初就预言，温体仁除党争之外
别无所长，其在国事上的无能更会促使其将全部精力投入党争之中，
使朝堂之上的矛盾更加激烈：

> 六年秋，温体仁代周延儒辅政。维经言："执政不患无才，患
> 有才而用之排正人，不用之筹国事。国事日非，则委曰：我不知。
> 坐视盗贼日猖，边警日急，止与二三小臣争口舌、角是非，平章
> 之地几成聚讼，可谓有才邪？"❷

果不其然，在温体仁成为首辅之后，对温体仁的弹劾一日多过一

---

❶《崇祯长编》卷六十六，崇祯五年十二月庚午，第3815—3816页。
❷《明史》卷二百七十八《郭维经传》，中华书局，1974年。

日，思宗反而觉得温体仁因为忠厚而被群臣孤立，"帝谓体仁孤立，益向之"❶，不仅如此，思宗为了安慰被"围攻"的温体仁，"每斥责言者以慰之"❷，每每斥责或处罚弹劾温体仁的言官，而言官傅朝佑在上疏中激烈地指责思宗：

> 夫人主之辨奸在明，而人主之去奸在断，伏愿陛下大施明断，速去体仁。毋以天变为不足畏，毋以人言为不足恤，毋以群小之逢迎为必可任，毋以一己之精明为必可恃。❸

"毋以天变为不足畏，毋以人言为不足恤，毋以群小之逢迎为必可任，毋以一己之精明为必可恃"精准地命中了思宗阴暗的内心，他之所以为了温体仁这样一个有百害而无一用的奸臣与群臣相抗，皆源于其内心对文官群体深深的不信任，正因为他的猜疑到了病态的地步，所以他才容不下忠臣，也正是因为他自视过高、刚愎自用，所以他才容不下能臣。自孙承宗崇祯四年辞官回乡之后，无论农民战争和辽东战事的局面恶化到何等地步，也无论多少朝臣呼吁重新启用孙承宗，思宗一概不应（"中外屡请召用，不报"），其刚愎可见一斑。而温体仁正是摸准了思宗的这一心理，伪装愚忠以安定思宗的疑心，获得他的信任，又坦白无能以避责，处处显出思宗的"圣明"，自然让思宗欲罢不能。而傅朝佑直接揭穿了思宗这种心理，告诫他"毋以群小之逢迎为必可任，毋以一己之精明为必可恃"，自然惹得思宗勃然

---

❶《明史》卷三百八《温体仁传》，中华书局，1974年。

❷《明史》卷三百八《温体仁传》，中华书局，1974年

❸ 傅朝佑：《劾温体仁六大罪疏》，《御选明臣奏议》卷四十，《文渊阁四库全书》，1986年，第678页。

大怒，遭到了残酷的报复，被下狱杖死。这种行为实际上与魏忠贤杖死弹劾他的万燝没有区别，由此可见，崇祯朝的黑暗在某种程度上不啻天启朝，明思宗"勤政"的外皮，根本无法掩盖其残暴昏庸的专制君主的本质。

温体仁对思宗心思琢磨之深，到了可以利用他自作聪明之举打击政敌的地步。思宗自即位之后，因自命不凡又疑心病重，因此处处要显示自己在智力和治国方面胜过群臣，因而有频繁的"改票"之习。"改票"即皇帝认为阁臣对政务的处理意见不妥，亲笔修改或勒令阁臣修改票拟意见，这本是内阁制度的正常程序，但思宗"改票"之多，为明朝建立内阁制度以来之首。所改内容涉及极多，事无巨细。表面上看这是思宗"勤政"的表现，毕竟在神宗时代"留中"奏疏堆积如山，而在熹宗时代则统统委于魏忠贤及其党羽之手，思宗频繁"改票"至少说明他认真阅读了每一道奏疏的内容，否则他是无法给出修改意见的。然而如果认真思考内阁制度的设计初衷，则会发现频繁的改票行为背后有一种悖论：内阁本是辅助皇帝处理政务的机构，皇帝频繁改票证明内阁的意见总是不符合皇帝的要求，那么皇帝为何任命能力如此之差的官员为阁臣？思宗在位十七年，所用阁臣达五十位，与南宋一百三十年历任的阁臣数量（五十一位）差不多，"改票"之举始终不减，难道就从来没有一位阁臣让思宗感到满意？

实际上如果仔细审阅思宗的这些修改意见，就能看出，思宗的"改票"之举，很多时候既是一种彰显自身才智的手段，也是一种忠诚度的测试。前者是为了在阁臣面前显示自身的优越感，贬低和恫吓阁臣，使他们不敢对自己这个少年皇帝有轻慢之心。后者则是为了识别那些敢于"忤逆"自己、心有异志的大臣，以方便日后清洗。但问题在于，思宗极力展示的"才智"很多时候是一种自作聪明，而非真正的真知灼见，而他严重的疑心病和残酷的清洗手段，使得大多数阁臣不敢指出他的"改票"存在的问题，使得很多国家大事完全被他不成熟的意见所左右，造成了一系列的连锁反应。

早在崇祯二年（1629），太常寺卿吕维祺便上疏言：

> 惟是阁臣票拟，或有不当圣心者，改票径批，谁曰非？然第就中，亦有当执奏者，明主可与忠言，将顺可忘匡救，此微之当防者。❶

非常隐晦地提醒阁臣"明主可与忠言，将顺可忘匡救"，不要因为个人安危就刻意地迎合顺从皇帝的个人意志，而忘记了拯救天下的任务。然而可笑之处在于，这番话之所以要如此婉转，生怕惹怒了皇帝，正是因为思宗既非"明主"，更不可"与忠言"。在"五十臣"中，钱龙锡是能力较强、声望较高的首辅，却也只能唯唯诺诺地违心媚上：

> 皇上改票，这是留心政务。且如皇上亲笔改了，毕竟发与臣等，臣等写过，然后进呈发下，这都是皇上圣明处分。臣等每对外廷说知，无不仰皇上圣明。❷

这番话虽是奉承，却不难读出"伴君如伴虎"的战战兢兢，以及无法正常履职的不甘和无奈。因此当思宗这一自作聪明的习惯背后的心理机制被温体仁所掌握的时候，他就很容易利用这一点达到自己的目的。如温体仁素来与东林党人不睦，因此当工科都给事中许誉卿被

---

❶ 金日升：《颂天胪笔》卷十四上，《四库禁毁书丛刊》史部第5—6册，"起用"。
❷ 金日升：《颂天胪笔》卷四，《四库禁毁书丛刊》史部第5—6册，"召对"。

弹劾时，他为了借机将许逐出朝堂，故意票拟意见为"大干法纪，着降级调用"❶，既然是"大干法纪"，那么适用的处分就不可能是"降级调用"，他故意将这个"破绽"卖给思宗，就是为了借思宗之手给出更重的处罚，"体仁拟以贬谪，度帝欲重拟，必发改"❷，果然不出温体仁所料，思宗给出的"改票"意见是将"降级调用"改为"削籍为民"，正中温体仁的下怀。温体仁这一招欲擒故纵屡试不爽，《明史》里说他"欲排陷，故为宽假，中上所忌，激使自怒。帝往往为之移"❸。

当有人指责温体仁"窥测圣心"、算计君王时，温体仁也用这一招进行反击：

> 有诋其（温体仁）窥帝意旨者，体仁言："臣票拟多未中窾要，每经御笔批改，颂服将顺不暇，讵能窥上旨？"帝以为朴忠，愈亲信之。❹

温体仁用自己的票拟意见总是被思宗修改，来辩白自己从来没有故意揣摩迎合思宗的心理，思宗居然认为他"朴忠"，越发地信任他，这实在是讽刺至极。

刘宗周在写给温体仁直斥其奸佞的信里，比较准确地总结过温体仁的发迹之路和行为逻辑：

> 一日入朝，遂有科场之讼。钱谦益本无罪，阁下特因瑕衅以

---

❶ 文秉：《烈皇小识》，北京古籍出版社，2002年，第121页。
❷《明史》卷二百五十一《文震孟传》，中华书局，1974年。
❸《明史》卷三百八《温体仁传》，中华书局，1974年。
❹《明史》卷三百八《温体仁传》，中华书局，1974年。

阻其进，而不虞其重得罪，且阁下竟以此进。自此人人树敌，处处张弧。人之所以议阁下者日多，而阁下亦积不能堪，一朝发难，明借皇上之宠灵，为驱除异己之地，二三匪类又稍稍起而应之，以为牙爪。使昔之立异同者，皆裹足而去。❶

其中最后两句最为重要，温体仁本人贵为内阁首辅，对国事要么迎合上意，要么干脆回答"我不知"，可谓百无一用，而他也从未推举过一位可用之人。相反，他掀起的新一轮党争之风，以及思宗为了维护他而与群臣形成的这种紧张关系，加剧了明朝君臣之间的对抗和离心离德，"有君无臣"的局面已经发展到了皇帝既无臣可用，也无臣愿意为皇帝所用的局面。后世的王夫之对此愤怒地质问：

人才之盛，莫盛于斯，且非废锢林泉，高卧不起也。遍列于九卿、内翰、台省，而不能救宗社之陆沉，仅以一死谢君父，将谁责而可哉？❷

人口上亿的明王朝，走到了这种穷途末路，"将谁责而可哉"？答案是不言而喻的。

在朝堂之上奸佞当道，党争日盛而国事日败之时，因为无人可用又无人肯被其用，思宗再次想起了比温体仁、周延儒这些奴仆式的士大夫更加"忠诚"的人，那就是真正的奴仆——宦官。

思宗在即位之初，引魏忠贤故事以为戒，对宦官管束极严，再次

---

❶ 刘宗周：《刘蕺山集》卷七《与温员峤相公》，《文渊阁四库全书》，1986年，第420页。
❷ 王夫之：《搔首问》，岳麓书社，2011年。

重申了"内臣非奉命不得出禁门"❶的祖制，同时吸取了天启时期宦官和阉党干预军事祸乱边疆的教训，下诏称"内臣协镇，一柄两操，甚无谓。知宦官观兵，古来有戒，其概罢之"❷，撤回了各镇的监军太监，一时天下大悦。然而随着辽东局势进一步恶化，特别是"袁崇焕案"之后，思宗对文臣武将的猜忌愈发强烈，再次正式启用了太监监军制度，他自己对此振振有词：

> 朕不得已，用成祖监理之例，分遣各镇览视，添设两部总理，虽一时权宜，亦欲诸臣自知引罪。❸

除派监军太监监视各边镇外，思宗还使用宦官直接控制了明朝的中央军——京营：

> 京营自监督外，总督捕务者二员，提督禁门，巡视典军者三员，帝皆以御马监、司礼、文书房内臣为之，于是营务尽领于中官矣。❹

因为有魏忠贤乱政的例子在前，文臣武将普遍对宦官参与军政事务有着很深的戒备。崇祯六年御史王志道上疏劝阻思宗让宦官参与军国大事，思宗不以为然，再次用文官无能来解释自己任用宦官的举动：

---

❶《明史》卷二十三《庄烈帝一》，中华书局，1974年。
❷ 谷应泰：《明史纪事本末》，中华书局，1977年。
❸ 计六奇：《明季北略》卷十《谕罢监视太监》，中华书局，1984年，第154页。
❹《明史》卷八十九《兵志一》，中华书局，1974年。

既而廷臣竞门户，兵败饷绌，不能赞一策，乃复思用近侍。❶

　　思宗认为文官党争不休导致朝廷持续内耗，机构运转不灵，同时因为官员庸碌无能，不能于国事有所建树，所以他才要重新启用宦官参政。可见其将国事日坏的责任完全推在士大夫群体身上，自认为毫无责任。明末的文官庸碌无能确是事实，但未接受完整教育，又很少接触外界社会的宦官在处理军国大事方面又怎么可能胜过文官？他们唯一能够胜过文官的地方，在于他们是真正的奴仆，真正的奴仆一定比"奴仆化的士大夫"更能忠实地贯彻主人的旨意，说到底还是认为自己天纵英才，只是文官不忠又无能，没有忠实地贯彻自己的旨意，才导致了政治、军事的接连失败。

　　实际上，思宗和熹宗同样成长于深宫之中，自小与宦官为伴，在亲近宦官的问题上没有本质的差别。思宗之所以在即位之初对宦官防备甚严，源自魏忠贤曾经对他的皇位乃至人身安全造成的严重威胁，而实际上他一直都有属于自己的宦官势力，他在即位时为了保障自身安全，首先做的就是将自己信王府里的亲信宦官带到皇宫之中担任贴身太监。在办理"钦定逆案"的过程中，面对天启时代百官海量的"附阉"和"颂珰"记录，他对士大夫阶层的道德节操和忠诚都产生了深深的怀疑，他曾经说："忠贤一人在内，苟非外廷逢迎，何遽至此？"❷显然将阉党产生和壮大完全归结于士大夫群体的道德败坏和节操不保，所以他憎恨的并非整个宦官群体，而是魏忠贤个人而已。

　　尤其是崇祯初年的"阁讼之争"和"袁崇焕案"，加深了思宗对士大夫群体的猜疑和戒备，为他重新启用宦官创造了环境。一时间宦

---

❶《明史》卷三百五《张彝宪志》，中华书局，1974年。
❷ 文秉：《先拨志始》，上海书店，1982年，第2046页。

官四出，散布各个边镇，提督军务，监视将官，和天启年间并无二致，而且崇祯年间应用宦官的规模更大，宦官参与国家大事特别是军事事务的程度更深，在后期思宗甚至使用常年久居深宫、毫无军事经验的宦官直接指挥作战，引来清军的鄙夷和嘲笑，堪称明末的一大笑话。

在思宗看来，这些监军太监比温体仁、周延儒这样奴仆式的士大夫更忠诚可靠，因为他们是真正的奴仆，然而这些成长于深宫的阉人从小接受的有限教育除了无条件地服从和迎合主子之外，其余的只有简单的案牍工作，他们既非运筹帷幄、决胜千里之才，也不能上马弯弓，上阵对敌。绝大多数宦官天然就会的本领只有弄权和敛财，因此如儿戏般将这些久居深宫的宦官派到天高皇帝远的边疆和战场，实际上给了他们一个更加广阔的施展"本领"的天地而已。

即使在思宗的眼皮底下，宦官也公然贪赃枉法。京营本是明朝中央军精锐中的精锐，担负着保卫京师的重大责任，然而自嘉靖、万历之后，京营日渐衰败堕落，沦为权贵勋戚的免费劳力和奴仆，逐渐失去了战斗力。思宗也正是基于这一点才让宦官掌控京营，然而宦官治军，则军势更颓，营将都成为宦官的私人部曲，兵士奴仆化、游民化程度日益加深："兵惟注名支粮，买替纷纭，朝甲暮乙，虽有尺籍，莫得而识。"军中中下级军官，"非中官厮养，即市井之游食。既乏智勇之能，但熟躲闪之技，见贼撒遁"。❶

在天子脚下尚且如此，宦官在边疆和战场起到的作用只会更坏。崇祯朝烽烟四起，战事频繁，武将地位有所上升，同时又因"有君无臣"局面的日益严重，文臣武将皆有自利、自保、自存的私心，导致武将拥兵自重、军阀化的现象十分普遍。

而对一些尚有军人节操、"耻为之下"的军人来说，监军太监的

---

❶《明史》卷八十九《兵志一》，中华书局，1974年。

存在无异于一种侮辱。崇祯十七年（1644），李自成经山西进逼京师，思宗命令山海关总兵吴三桂、蓟镇西协总兵唐通、山东总兵刘泽清各自率部入援京师。结果只有唐通一路援军到达，思宗大喜过望，赐予锦衣玉带，却又马上派宦官杜之秩监军。唐通怒掷锦衣玉带大呼："皇上太师我，又以内官节制反上我，是我不敌一奴才也！"[1]遂起异心，在作战失利后干脆投降了李自成。即使在将星黯淡的明末，唐通也是一员屡战屡败的庸将，就连这样的庸将也不愿再为思宗效力，可见思宗专用宦官的举动实在是尽失人心。

此外，当监军太监与将帅发生矛盾时，思宗往往信任太监，导致太监侵夺将帅军权，将精锐军队据为己有。胜则抢夺功劳，导致将士离心，军心涣散。当军队打了败仗时，却往往由统兵的将帅承担责任。一些将领苦于太监掣肘，干脆和监军太监沆瀣一气，勾结一处欺上瞒下：

> 监视之设，止多了一扣饷之人，监视之欲满，则督抚镇道皆有所持矣。边臣反乐于有监视，功易饰败易掩也。上性多疑，有监视，又有视监视者，多一人有一人之费，穷边士卒，何不幸一至如此。[2]

对这些将领来说，多了一个监军太监，不过多了一个一同喝兵血的人而已，跟监军太监建立稳固的利益关系，反而更容易通过监军太监，在多疑的思宗那里获得一重安全保障，更方便自己掩败冒功，因此反而乐于接受监军太监的存在。在监军太监和贪腐将帅合力压榨之

---

[1]《明史》卷二百七十二《唐通传》，中华书局，1974年。
[2] 杨士聪：《玉堂荟记》卷下，中华书局，1985年。

下的军队，自然没有什么战斗力可言，面对造反的流民尚可侥幸胜一两阵，真的遇上农民起义军的主力和精锐则凶多吉少，见了关外的清军更是望风而逃。思宗因此对统兵的文臣武将非常不满，干脆命令宦官直接统兵作战，招致更加严重的失败后果。

明崇祯九年（1636），后金改元为清，皇太极率清军第三次入关征明，先后"克十二城，大小五十六战皆捷，共俘获人口牲畜十七万九千八百二十，纵横北京城下，遍蹂畿内"❶。被思宗寄予厚望的宦官高起潜本是内侍，却被认为"知兵"，结果拥重兵屯驻临清，不敢与清军一战。清军饱掠之后大摇大摆地出塞而去，守将崔秉德见清军首尾浩荡，所载财货、妇女众多，请求力守关口截击清军，高起潜亦不敢。但战后论罪追责时，兵部尚书梁廷栋自知难逃一死畏罪自杀，高起潜反而安然无事。思宗这种"败一方即戮一将，陷一城即杀一吏"，唯独对宦官、奸臣网开一面、恩宠有加的做法除了加速文臣犬儒化和武将军阀化，不可能对局势起到任何正面的作用。

实际上，由于文臣武将的反感和对抗，以及宦官对军队和地方上的扰乱，思宗曾于崇祯七年六月下诏，召回了除高起潜之外的所有监军太监，但思宗终究无法按捺自己的猜疑之心，监军太监不久之后又从内廷四出，继续干预军政事务，经过这一番反复无常的折腾，人心更失，使得明朝在各个领域，尤其是在军事上陷入了无人可用的困境，让杨嗣昌走上了历史的前台。清人所修《明史》评价杨嗣昌："明季士大夫问，钱谷不知，问甲兵不知，于是嗣昌得显。"❷作为胜利者书写历史时对明朝"蜀中无大将，廖化作先锋"的鄙夷之情跃然纸上。杨嗣昌系老臣杨鹤之子，万历三十八年（1610）进士出身，在崇

---

❶《清太宗实录》卷三十一，中华书局，1985年，第392页。
❷《明史》卷二百五十二《杨嗣昌传》，中华书局，1974年，第6519页。

祯朝之前一直从事文职工作，未有任何军事经历。前文曾论及，崇祯时期通晓军事的文官往往升迁很快，而且经常得到破格提拔，而"谈兵"正是杨嗣昌所擅长的，他也因此平步青云。崇祯二年，杨嗣昌擢升为霸州兵备，开始了军事生涯；四年九月，受命整饬山海关军备；五年五月升右佥都御史，巡抚永平、山海关等处；七年，杨嗣昌开始引起思宗的重视，"时中原饥，群盗蜂起，嗣昌请开金银铜锡矿，以解散其党。又六疏陈边事，多所规画。帝异其才"❶，因此于同年九月升兵部右侍郎兼都察院右佥都御史，总督宣府、大同等处军务。这一惊人的升迁速度得益于杨嗣昌高超的"谈兵"水平，他曾在户部任职多年，因此在谈论军事时思路清晰，极有条理，不但说得头头是道，而且能够"运筹帷幄"，画地成图，使得思宗对他的军事才能极为欣赏。但其父杨鹤显然对杨嗣昌的军事才能持负面看法，张履祥《言行见闻录》里记录：

> 嗣昌好谈兵，父鹤不悦之。其往复家报，平安外辄论边事，积之成帙。尝叹曰："国家若用此人作本兵，天下事败坏矣！"论者谓鹤有赵奢之风。❷

可见杨鹤毫不认可杨嗣昌的"军事才能"，而且对他纸上谈兵的行为非常不满，预言日后朝廷如果用杨嗣昌掌管军事，一定会造成严重的后果。当时的人认为杨鹤"知子莫若父"，像赵奢知赵括一样对杨嗣昌的本事心知肚明。但这丝毫不影响思宗对他的青睐。尤其是袁崇焕死后，朝堂之上文臣丧胆，武将离心，敢言战守之策者日少，文臣往

---

❶《明史》卷二百五十二《杨嗣昌传》，中华书局，1974年，第6509页。
❷《明史》卷二百五十二《杨嗣昌传》，中华书局，1974年，第6524页。

往视负有军事职能的督、抚为死途，一旦上任则惶惶不能终日，以为或死于后金之兵锋，或死于农民起义之汹涌，当然了，最大的可能还是死在日益酷烈的思宗手里。因此百官往往讳言兵事，若遭思宗追问，或敷衍塞责，或干脆一言不发，宁可受到申斥，也不愿因只言片语而被思宗看中，从而挂帅出征，最后横竖一死，或死西市，或死沙场。因此杨嗣昌这样"好谈兵事"的大臣，自然就有了鹤立鸡群之感。

崇祯九年秋，在后金第三次入塞中领兵作战的兵部尚书张凤翼忧惧而死，逃过了被思宗诛杀的命运。思宗"顾廷臣无可用者"，直接"夺情"将正在为继母丁忧的杨嗣昌升为兵部尚书。一方面可见思宗对杨嗣昌之重视，另一方面也可见明朝军事人才之窘迫。杨嗣昌一上任就崭露头角，他如同盘算账目一般头头是道的"谈兵"方式深得思宗认可，崇祯十年三月，杨嗣昌在平台召对中"博涉文籍，多识先朝故事，工笔札，有口辩"[1]，力压噤若寒蝉的群臣，使得思宗大加赞赏。尤其是杨嗣昌吸取了周延儒、温体仁的经验，非常善于揣摩思宗的心思，清楚虽然后金对明朝的威胁更大，但思宗却一恨流贼经年不平，二恨朝堂有君无臣，因而专门将平贼方略和用人建议作为重点，句句都说在思宗的心里，使得思宗由衷地感叹"恨用卿晚"，在此之后"每对必移时，所奏请无不听"[2]。杨嗣昌也得以进一步向思宗阐述他的战守思想：

> 边境烽火出现于肩臂之外，乘之甚急；流寇祸乱于腹心之内，中之甚深。急者固然不可缓图，而深者更不可忽视。现在腹心流毒，脏腑溃痈，精血日就枯干，肢骸徒有肤革，形势危急。

---

[1]《明史》卷二百五十二《杨嗣昌传》，中华书局，1974年，第6512页。
[2]《明史》卷二百五十二《杨嗣昌传》，中华书局，1974年，第6512页。

*所以臣说必安内方可攘外。*❶

　　杨嗣昌这番分析虽然明显迎合思宗恨流贼胜过恨后金的心理，但也不无道理，清军兵势虽强，但其内部经济危机尚未完全解除，在由部落贵族政治向君主集权专制的政治体制转变中，旧贵族势力与皇太极之间的政治矛盾也很尖锐，而且始终不能突破关宁锦防线，导致清军虽能轻易由蒙古攻入内地，但却无法在内地长期立足，因此虽然有吞并天下之心，但一时不能实现，急欲与明朝议和以解除经济封锁，从而实现对内部的整合，之后再有所图。明清双方都需要一个战略缓冲期来消除内部矛盾。这个战略判断是基本正确的，而关键性的问题在于杨嗣昌根据这一战略判断为思宗献上了他纸上谈兵的巅峰之作"四正六隅十面张网策"：

　　　　以陕西、河南、湖广、凤阳为四正面，此四巡抚与之计兵计饷，责之分任剿而专任防。以延绥、山西、山东、应天、江西、四川为六隅面，此六巡抚查其见兵见铜，责之时分防而时协剿。❷

　　这实际上是一个根据农民军流动作战的特点，将农民军活动的主要区域网格化，然后由多个方向合力向心压迫，逐渐将农民军逼入一个相对狭窄的区域内，然后完成绞杀的计划。这一计划从理论上来看没有太大的问题，但与明朝当时的实际处境差之千里。首先，这个计划得以成功实施的基础是在一个相对安定的外部环境下，十个巡抚各安其位，坚守各自的防区，在统一指挥下堵截农民军，并形成合力向

---

❶《杨嗣昌集》卷九《敬陈安内第一要务疏》，第181—182页。
❷ 杨嗣昌著、梁颂成校：《杨嗣昌集（上册）》，岳麓书社，2005年，第201页。

心压迫，最终完成绞杀。然而在清军三次入关一次比一次深入，收获一次比一次重大之后，继续对明朝进行放血式的入塞作战已经成为后金的既定国策，明朝不可能获得能够实施"四正六隅十面张网"策的外部环境，除非先与后金议和。然而在袁崇焕被杀之后，"议和"已成为举朝上下的禁忌，即使思宗本人也不敢轻易言和，因此这个纸上谈兵的理想化计策从一开始就没有成功的可能。

何况，在方圆数千里的广阔区域内，十个辖区、数十支军队、几十万军人要实现统一指挥和统一协调，在第二次世界大战期间也并非易事，以当时的军事通信技术更是天方夜谭。更何况明末武将普遍存在不同程度的军阀化倾向，遇弱则一拥而上争功，遇强则死道友不死贫道的做派十分严重，调动他们协调作战本来就是难事，而杨嗣昌还凭这个计划向思宗许下了比"五年平辽"更为激进的诺言——"三月灭贼"。因此这个严重脱离实际的作战计划一开始就遭到了以孙传庭为首的一批"边臣"的反对，但无济于事，思宗不仅对这一计划寄予厚望，而且要求朝廷各部和地方督抚对这一计划给予全力配合。

相比战略层面的问题，杨嗣昌在战术层面的问题更为严重。杨嗣昌实施这一不可能完成之计划的具体方法，是利用书信远程遥控，全面掌握前线的军事动态并指挥将领作战。户部出身的杨嗣昌虽然对将领比较尊重，常许以加官进爵，鼓励将领作战，但实际上干预过多，有越权指挥的行为。而且古代军事文书全靠驿站传递，时效性本来就低，明朝裁撤驿卒后，文书传递速度更慢，而杨嗣昌为了全面掌握前线情况，同时干预战事指挥，与将领之间的书信往来非常频繁，"军行必自裁进止，千里待报坐失良机"❶，这种效率极低的沟通方式一来一回贻误大量军机，使得明军常常疲于奔命，在战机转瞬即逝的战场

---

❶《明史》卷二百五十二《杨嗣昌传》，中华书局，1974年，第6512页。

上，这种指挥方式简直不可理喻。连张献忠都作打油诗挖苦杨嗣昌：

> 前有邵巡抚，常来团转舞。后来寥参军，不战随我行。好个
> 杨阁部，离我三天路。❶

王鳌永因此上书提醒过思宗：

> 天下事，总挈大纲则易，独周万目则难。况贼情瞬息万变，
> 今举数千里征伐机宜，尽出嗣昌一人，文牒往返，动逾旬月，坐
> 失事机，无怪乎经年之不战也……嗣昌之驭诸将，不必人人授以
> 机宜，但核其机宜之当否，则嗣昌心有余闲，自能决奇制胜。何
> 至久延岁月，老师糜饷为哉？❷

然而此时与杨嗣昌相见恨晚的思宗是无论如何也听不进对杨嗣昌
的批评的，其原因不仅在于杨嗣昌纸上谈兵的特长深得思宗之心，更
在于在反对与清议和的观点成为朝堂之上的政治正确之后，讨论谁可
平辽则鸦雀无声，但讨论议和则立刻群情汹汹，使得议和这一对明朝
来说现实而迫切的需求无法实现，而这种"政治正确"正是思宗本人
在杀害袁崇焕、打击东林党的过程中一手建立起来的。因此思宗本人
无法公开言和，杨嗣昌作为朝堂上极少数敢于公开言和的人，自然受
到思宗的格外青睐和保护。崇祯十一年三月，杨嗣昌未能实现"三月
灭贼"的诺言，上疏引罪致仕，皇帝非但没答应，反而让他察论各将
领功罪。杨嗣昌建议：

---

❶《明史》卷二百五十二《杨嗣昌传》，中华书局，1974年，第6519页。
❷《明史》卷二百五十二《杨嗣昌传》，中华书局，1974年，第6519页。

> 承畴宜遣逮，因军民爱戴，请削宫保、尚书，以侍郎行事。变蛟、光先贬五秩，与大弼期五月平贼，逾期并承畴逮治。大典贬三秩，可法戴罪自赎。❶

对于这些将领的惩罚，思宗"悉从之"，完全按照杨嗣昌的意见进行处置。而在诸多将领都因此论罪的时候，杨嗣昌本人不降反升，于当年六月入阁议事，以阁臣身份领兵部尚书，权势进一步扩大，弹劾杨嗣昌的大臣都受到了处罚，一如思宗当年对温体仁的"恩宠"，而温体仁并无大用，杨嗣昌则是思宗相见恨晚的"军国奇才"，因此杨嗣昌的地位还在温体仁之上。这一时期杨嗣昌的权势逐渐达到顶峰，在军事方面"和议自专，票拟由己"❷。这一方面是思宗对杨嗣昌高度信任的缘故，另一方面也是思宗有意放权利试图用杨嗣昌对清达成议和。同年九月，清兵再次入塞攻入京畿地区，京师戒严，在此之前杨嗣昌已经与监军太监高起潜、蓟辽总督吴阿衡、辽东巡抚方一藻等密谋与清军议和：

> 陛下有挞伐之志，大臣无御侮之才，始建房未犯塞，高起潜、方一藻曰"当款"，杨嗣昌亦曰"当款"。吴阿衡曰"款必可恃"，嗣昌亦曰"款必可恃"，表里煽谋。❸

因此与主战派的宣大总督卢象升产生了尖锐的矛盾。这本身是战

---

❶《明史》卷二百五十二《杨嗣昌传》，中华书局，1974年，第6512页。
❷《明史》卷二百一十六《刘同升传》，中华书局，1974年，第5711页。
❸ 谈迁：《国榷》卷九十六，思宗崇祯十一年十一月丙寅，中华书局，1988年，第5823页。

略层面的意见分歧，应当由思宗进行裁决，然而在思宗欲言和而又耻于言和的情况下，变成了杨嗣昌和卢象升之间的个人矛盾。虽为个人矛盾，但都是为了国家，但杨嗣昌却利用清军入侵、卢象升勤王的时机，勾结高起潜侵夺卢象升军权，逼迫卢象升在无饷无援的情况下以数千之众迎战数万清军，最终战死在贾庄。卢象升在此战之前已知自己必死无疑，感慨："我不死疆场，死西市耶！"❶谈迁也说："未有权臣在内，而大将能立功于外者。武陵（即杨嗣昌）当国，卢总督不战死即当狱死，死等耳，宁死于战。"❷卢象升的最后一战，或有对皇帝和朝廷彻底失望之后，以死明志之意，因而死得极其壮烈。

然而卢象升死后，却因杨嗣昌阻挠，不仅迟迟得不到哀荣，而且为了防止卢象升之死引起舆论对他的抨击，凡言及真相之人都遭到杨嗣昌的残酷迫害：

> （卢象升）手击杀数十人，身中四矢三刃，一军尽覆。起潜闻败，仓皇遁，不言象升死状。嗣昌疑之，有诏验视。廷麟得其尸战场，麻衣白网中。一卒遥见，即号泣曰："此吾卢公也。"三郡之民闻之，哭失声。顺德知府于颍上状，嗣昌故斩之，八十日而后殓。明年，象升妻王请恤。又明年，其弟象晋、象观又请，不许……方象升之战殁也，嗣昌遣三逻卒察其死状。其一人俞振龙者，归言象升实死。嗣昌怒，鞭之三日夜，且死。❸

---

❶ 杨廷麟：《宫保大司马忠烈卢公事实俟传》，《卢公奏议》卷十，《四库未收书辑刊》第二辑第25册，第270页。

❷ 谈迁：《国榷》卷九十六，思宗崇祯十一年十二月庚子，中华书局，1988年，第5826页。

❸《明史》卷二百五十二《杨嗣昌传》，中华书局，1974年，第6765页。

卢象升作为明末为数不多的忠烈之臣，其人生悲剧固然与其政敌杨嗣昌心胸狭隘、睚眦必报的性格有关，但又不是一个典型的"忠臣被奸臣所害"的故事。卢象升是忠臣不假，但杨嗣昌也并非严格意义上的奸臣，从他早年因不愿附阉而辞官归乡来看，他作为士大夫是有一定政治操守的。他被再次启用后，始终对思宗和朝廷忠心耿耿，既没有勾结敌国，也没有贪赃枉法，始终尽心尽力地完成剿灭流寇的任务。他当然有刚愎自用、争抢军功等种种劣迹，但后世的言官和文人攻击他故意设计杀害卢象升，是为了满足其与满清议和的条件，显然是没有根据的诛心之论。比如陈鼎在《东林列传》中就认为：

> 先生（卢象升）经济武略不在武穆下，武穆见杀于贼桧，而先生见杀于嗣昌，俱不使成其功，此千古所同慨也。嗟乎！假令杨机部之言得行，以军事专委之，国家事尚可为也，奈何贼相必欲杀先生，而卒使明社沦亡也耶！❶

将杨嗣昌和卢象升的关系比作秦桧与岳飞，认为杨嗣昌不愿看到卢象升成功，故意挟私怨谋害忠臣，导致明朝灭亡。字里行间义愤填膺，但实际的情况却要复杂得多。

杨嗣昌逼死卢象升，固然如陈鼎所说，有挟私怨报复的成分，而这种仅因为政见不合就将斗争手段上升到肉体消灭的做法，正是晚明士大夫长期党争，烈度不断升级的结果。晚明少有"将相和"一类的佳话，却多的是"忠臣杀忠臣""忠臣斗忠臣"的悲剧，与长期党争造成的这种残酷的政治环境是分不开的。但杨嗣昌和卢象升的根本矛

---

❶《明史》卷二百六十一《卢象升传》，中华书局，1974年，第6765页。

盾，还是在于"主战"和"主款"之争，但因为思宗一手造成的政治环境，使得与满清议和成为政治禁忌。此时如果由思宗出面主和，那么只有两种可能，要么议和达成，等于承认思宗冤杀袁崇焕，己巳之变和大凌河之败都是思宗一意孤行的结果，要么主款不成，思宗要承担议和失败的责任。无论哪一种结果，都是长期以来自视甚高，从不承认自己有错的思宗所无法接受的。因此思宗非常需要杨嗣昌作为他的白手套，来达成与满清的议和，而杨嗣昌也需要与满清的议和，来实现他"四正六隅十面张网"的计划，以成就不世之功。朝堂之上反对议和的声音居多，但反对议和者绝大多数主战而不能战，只有卢象升这样主战而能战之人全部被消灭，才有可能在维护思宗面子的同时达成"议和"的共识。

先对付满清还是先对付流寇，本是战略上的路线之争，无论是先满清再流寇，还是先流寇再满清，本质上都是为了拯救明王朝。在总目标上，杨嗣昌和卢象升实际上是一致的，他们之间的矛盾并非不可调和。是思宗的偏执型人格导致杨嗣昌和卢象升之间的路线之争变成了生死之争。杨嗣昌自己也非常清楚，思宗对其他的督抚"败一方即戮一将，隳一城即杀一吏"，唯独对他"亡七十余城，而帝眷嗣昌不衰"❶，并不仅仅是因为欣赏他纸上谈兵的"才华"，还因为皇帝需要他完成皇帝想做而不能做的事情。如果杨嗣昌做不到这件事，那么他的命运就离那些悬首九边的同僚们不太远了，所以与其说是杨嗣昌和高起潜合谋害死了卢象升，倒不如说是思宗害死了卢象升。

正是因为思宗和杨嗣昌之间这种难以言说的关系，因此尽管杨嗣昌"三月灭贼"的豪言未成，又屡遭弹劾，但思宗对其仍信任有

---

❶《明史》卷二百五十二《杨嗣昌传》，中华书局，1974年。

加，御赐杨嗣昌三方督师玉印和尚方宝剑，授予他"代朕出征"的称号，赋予他无上的权威，并集合百官为他饯行，嘱托他"流寇肆虐，今以安定重付卿"❶。然而杨嗣昌虽非佞臣，但亦非能臣，他的"四正六隅十面张网"策尽管一度逼降张献忠，又将李自成打得全军覆没，但终因议和未成，始终受到满清的牵制而不能完全施展，陷入了流寇将平而满清入塞、满清出塞则流寇再起的怪圈之中，同时因为武将军阀化严重，左良玉、贺人龙等拥兵自重，养寇自保，使得农民军日渐势大，明朝军事形势极度恶化。崇祯十四年正月，李自成攻陷洛阳，杀福王朱常洵。二月初四，张献忠攻陷襄阳，张献忠知道思宗"败一方即戮一将，隳一城即杀一吏"的习性，因此对被俘的襄王朱翊铭说："吾欲断杨嗣昌头，嗣昌在蜀，今当借王头，使嗣昌以陷藩伏法。"❷随后将其杀害，贵阳王朱常法一同被害。朝野大震，言官争相弹劾杨嗣昌"陷藩"之罪，但都被思宗压下。

尽管杨嗣昌并未因为襄阳陷落、二王被害而被论罪，但他的政治生涯和军事生涯都已经接近尽头，李自成和张献忠的再起宣告了他"四正六隅十面张网"策的彻底失败，而随着明王朝的进一步衰落，特别是"后金－满清"政权四次"砍而不伐"的入塞行动，他手里能够掌握和调动的资源，已经不足以再布置一次包围圈了。实际上在杨嗣昌再次出征前，他就已经忧心忡忡地对思宗说：

> 此身之忧劳病瘁，日呕痰血，夜不得眠，奄奄垂毙，不敢

❶ 任乃强：《张献忠（上）》，巴蜀书社，2017年，第178页。
❷ 赵吉士：《寄园寄所寄》卷九《裂眦寄》，《续修四库全书》，上海古籍出版社，2002年。

言矣！更兼襄库饷无半文，督臣移咨可骇，臣愈增忧愤，不知死所。❶

襄阳陷落成了压倒杨嗣昌的最后一根稻草，三月初一，忧劳缠身、疲于奔命的杨嗣昌在行军途中旧病复发，于军中逝世。思宗"忧懑不知所出"，亲自为杨嗣昌撰写了祭文。杨嗣昌死后仍有勋贵朝臣弹劾他，请求追究杨嗣昌纵敌陷藩之罪，思宗亲自为杨嗣昌辩白：

> 故辅嗣昌奉命督剿，无城守专责，乃诈城夜袭之檄，严饬再三，地方若罔闻知。及违制陷城，专罪督辅，非通论。且临戎二载，屡著捷功，尽瘁殒身，勤劳难泯。❷

又进赠杨嗣昌为太子太傅，归葬其故乡武陵。终崇祯一朝，思宗与杨嗣昌的这种君臣关系独一无二，即使是其素来亲信的温体仁亦不及杨嗣昌半分。究其根本，除了处理国事经验尚浅的思宗对杨嗣昌"才华"的欣赏之外，还在于杨嗣昌惯能揣摩迎合思宗的心思，尤其是敢于"为君分忧"，在思宗欲言和而耻于言和的时候替思宗提出与清议和的主张。但正如前文所论，杨嗣昌虽非佞臣，但亦非能臣，虽能鞠躬尽瘁，但实无匡复天下之才。思宗求才心切，偶遇庸碌之辈逢迎，便以为旷世之才，日后若不能遂己意，势必恼羞成怒。因此如果杨嗣昌未死于军中，而是继续他注定失败的剿寇事业，那么他最终的下场，大概只会比袁崇焕还要悲惨。

---

❶《明史》卷二百五十二《杨嗣昌传》，中华书局，1974年。
❷《明史》卷二百五十二《杨嗣昌传》，中华书局，1974年。

此时的朝政已经并入膏肓，朝臣们眼见病急乱投医的思宗日趋疯狂，避之不及。此时的温体仁已经于崇祯十年因与思宗的心腹太监曹化淳发生矛盾，而被揭发结党营私。这是思宗的死穴，温体仁因而致仕。温体仁虽然已离开朝堂，但其行事作风却影响深远，在温体仁之后终崇祯一朝，几乎所有大臣都将温体仁的"生存之道"奉为保命之圭臬，那就是悉心揣摩皇帝的心思、刻意逢迎皇帝的想法、不说忤逆皇帝的话、伪装清廉、不结党。而那些不愿模仿温体仁这一套为官之道的正直有才之人，早在温体仁去职之前就被逐出朝堂或自己去职归乡了，而且多数人再也不愿回到这个乌烟瘴气的末日朝廷里来。在思宗感到事态严重，又想起曾被自己逐出朝堂的那些阁臣时，这些人多数都不应召，最终愿意回到思宗身边的阁臣，只有李标和周延儒两人而已。一个皇帝真正把自己做到"孤家寡人"的地步，可谓可悲至极，而这个可悲的局面，正是思宗自己一手造成的。

温体仁之后的阁臣要么如同他的翻版，如薛国观，要么明哲保身，只为保住自己的功名利禄，遇事则循默避世，如崇祯十一年入阁的程国祥在位"委蛇其间，自守而已"[1]。思宗平台召对时问计于他，他竟一言不发。蔡国用"居位清谨，与同列张四知皆庸才，碌碌无所见"[2]。崇祯十四年李自成攻陷洛阳，杀福王朱常洵，思宗召对群臣，范复粹无言以对，生怕说错了话，皇帝拉他去讨伐流贼，干脆说"此乃天数"[3]。这样敷衍塞责的鼠辈也能入阁为相，吏治之坏令人发指。在这种情况下，思宗对宦官愈发信任，当其亲信宦官曹化淳建议重新启用周延儒时，思宗立即降旨，将周延儒召回朝廷，直接任命

---

[1]《明史》卷二百五十三，中华书局，1974年，第6543页。
[2]《明史》卷二百五十三，中华书局，1974年，第6543—6544页。
[3]《明史》卷二百五十三，中华书局，1974年，第6545页。

为内阁首辅。崇祯十五年元旦朝会上，思宗对周延儒说"朕以天下听先生"❶，将天下轻易付一奸臣，其穷途末路之相毕露。周延儒上任后摒除了温体仁的一些弊政，但终究江山易改，本性难移，大肆贪污受贿，卖官鬻爵，而且"揽权壅蔽，私其乡人，塘报章奏一字涉边疆盗贼，辄借军机密封，下部，明晨延臣摘发短长，他日败可以捷闻，功可以罪案也"❷。而此时的思宗已经六神无主，失去了往日的自信，将周延儒当作救命稻草，对他听之任之，予取予求。崇祯十六年清兵逼近京师，周延儒迫不得已自请督师，然而他既无统兵之才，又无一战之胆，屯兵通州止步不前，坐视清军大掠京畿，更是谎报军情，自称大败清军。周延儒之后的阁臣，均由宦官推荐，或与宦官勾结甚紧，这已经与天启年间阉党掌权时的情势相仿了。接替周延儒的内阁首辅陈演，在入阁时就摸清了思宗的心思，事先买通思宗身边的亲信太监，探知了思宗考察大臣的试题，得以顺利入阁。之后更是将此作为法宝，皇帝每有事问，陈演必提前通过太监获知思宗想法，因此事事令思宗顺意，然而朝政却毫无起色。陈演之后的内阁首辅魏藻德，更是一可笑之人，思宗为他加官至兵部尚书兼工部尚书、文渊阁大学士，他却盘算得很清：

> 边臣任事少，畏事多，固是时事艰难，人多掣肘，亦因功令太严，恩威莫测，恐一干圣怒，则无功有罪，是以畏首畏尾，俱不敢做，即举用一人，亦恐有受人营求、为人复官之嫌，所以蓄缩耳。❸

---

❶ 《明史》卷三百八《奸臣传》，中华书局，1974年。
❷ 向敬之：《明史不忍细看》，江苏人民出版社，2018年，第212页。
❸ 李清：《三垣笔记·附识》，中华书局，1980年，第158—159页。

因此他在任上不仅没有任何作为，而且一旦感到有风险，即使皇帝问话，他也装聋作哑。崇祯十七年三月，李自成宣称欲与明廷议和，条件是"割封西北一带，犒军银百万"，思宗问计于魏藻德，结果"藻德默然，曲躬俯首，上忧惑于座后，倚立再四，以询藻德，终无一语"❶，有这样的君与臣，明朝不亡，实无天理。

在朝政已成死局，国家渐入死地的倾覆前夜，已经失去理智的思宗将军政大事全部委于宦官之手。崇祯十七年二月，李自成兵锋直指京师，思宗将京城防守拱手交于宦官，派高起潜、杜勋等十人监视山海关内外重镇，三月，又派太监杜之秩协守居庸关，由"秉笔太监王承恩提督内外京城，总督蓟辽。王永吉节制各镇兵符，一切调度权宜进退官吏赏罚功罪等，悉听便宜行事。又起用旧司礼太监曹化淳戴罪守城"❷。

然而在思宗众叛亲离之时，他最为信任的宦官也纷纷背刺于他。崇祯十七年二月，李自成军在宁武关之战中遭遇明山西总兵周遇吉的顽强阻击，伤亡惨重，军心颇为动摇，《明史》曰："贼（闯军）每语人曰：他镇复有一周总兵，吾安得至此。"❸李自成亦认为宣府、大同皆重镇，缺乏强攻的信心，"不如还秦休息，图后举"❹，萌生了退意。不料宣府、大同降表接踵而至，才坚定了他夺取北京的信心。三月，李自成陷大同，宣府巡抚朱之冯"集将吏于城楼，设高皇帝位，歃血誓死守，悬赏格励将士"❺，然而监军太监杜勋早已暗中投降，"勋蟒袍

❶ 戴笠：《流寇长编》卷十七，崇祯十七年三月乙巳，书目文献出版社，1991年。
❷ 计六奇撰，魏得良、任道斌点校：《明季北略》卷二十《山西全陷》，中华书局，1984年。
❸《明史》卷二百六十八《周遇吉传》，中华书局，1974年。
❹《明史》卷二百六十八《周遇吉传》，中华书局，1974年。
❺《明史》卷二百六十三《朱之冯传》，中华书局，1974年。

鸣，郊迎三十里之外"❶，随后居庸关镇守太监杜之秩开关投降，出关迎敌的总兵唐通心中早对思宗有怨，此时腹背受敌，索性也投降了。李自成未经大战，轻而易举就扫平了通往北京路上的雄关大城，连他自己都觉得出乎意料。

情势已危急至此，思宗仍执迷不悟，将通州至京师的防守全部委于宦官之手，直到通州失陷，高起潜弃关而逃，思宗始知太监不可信，但他此时除了太监之外已无太多可以依靠之人，于是他又回头想起他那些势单力薄的亲戚，然而明眼人都能看出，皇帝已然进退失据，是一将死之人了，最终除了他的这些只是"略受皇恩"的可怜亲戚，以及少数宦官和大臣选择为他陪葬，大多数人都放弃了这个刻薄寡恩的独夫。然而直至他生命的最后一刻，他仍执迷不悟地嗟叹：

> 朕凉德藐躬，上干天咎，然皆诸臣误朕。朕死无面目见祖宗，自去冠冕，以发覆面，任贼分裂，无伤百姓一人。❷

王桐龄评价熹宗是一"黄口小儿"，而这个性格扭曲偏执，至死都相信自己并非亡国之君，而众臣皆亡国之臣的孤家寡人，又何尝不是一任性少年，他既无独掌大权的能力，却偏爱大权独揽，并无共享权力的胸怀，危急时刻却又偏要任人唯亲。在中国古代历史上密密麻麻的昏君、暴君之中，思宗作为亡国之君确实有些冤枉，但这样一个人，偏偏赶上这样一个风雨飘摇的时代，又让明朝不得不亡，因此孟心史先生评价：

---

❶《明史》卷二百六十三《朱之冯传》，中华书局，1974年。
❷《明史》卷二十四《庄烈帝二》，中华书局，1974年。

思宗而在万历以前，非亡国之君也；在天启之后，则必亡而已矣！ ❶

　　思宗的悲剧在于他没有在这天地倒悬的危局中救世济民的能力，却偏偏被历史推到了这个位置上，他的禀赋不高，但又自视过高，这就导致他陷入了越努力就越失败、越失败就越努力的怪圈，最终在绝望中迎来国家和自己的灭亡。甚至有史家认为思宗给国家带来的损失和伤害，较"黄口小儿"熹宗更甚，就是因为熹宗虽"至愚至昧"，但对自己的能力没有不切实际的认知，其"躺平"的态度只是在放任滑坡的发生，而思宗的种种"有为"之举却加速了这个过程。

---

❶ 孟森：《明清史讲义》上册，中华书局，1981年，第283页。

辽土、辽人、辽兵——明末辽东汉人的历史抉择

> 长白山前知世郎，纯著红罗锦背裆。
>
> 长槊侵天半，轮刀耀日光。
>
> 上山吃獐鹿，下山吃牛羊。
>
> 忽闻官军至，提刀向前荡。
>
> 譬如辽东死，斩头何所伤。
>
> ——《无向辽东浪死歌》

一、塞上健儿

清代以前，蜿蜒的长城不太规则地沿着400毫米等降水线把古代东亚大陆分成了塞外和中原两个世界。数千年里的大部分时候，塞外游牧人纵马南下的阴影始终萦绕在内地农人的心头，形成一种深入骨髓的记忆，乃至于历史上敢于越过这堵并不高耸的叹息之墙、深入塞外作战的中原帝王和将领，每一位都能彪炳史册。

生活在长城两边、既是农人也是牧人的汉人，有一个很特别的名字：塞上健儿。

在古代，游牧民族让农耕民族忌惮的地方并非他们天生是武德满溢的战斗民族，而是因为在冷兵器时代，游牧的生产生活方式显然比农耕更接近"战斗"本身，"儿能骑羊引弓射鸟鼠，少长则射狐

菀"❶，骑马、射箭、集体狩猎既是生产生活的一部分，也是一种战争训练，草原上永无止境的互相攻伐更是提供了一手的战争经验。游牧生活的产出极其不稳定，也让游牧人锻炼出善跋涉、耐饥寒的品质，使得游牧势力的兵员质量和动员比率都要比农耕帝国高得多。多数时候他们南下纯粹是为了劫掠，或是逼迫中原政权与他们贸易，而不是攻城略地，这种飘忽不定、难以预测的军事行动，让中原政权很难集结起数量庞大的军队给予致命一击，小规模的、以步兵为主的机动部队又常常被其骑兵大军像猎物一样围歼。

而且，草原政治架构的本质是霸者联盟，当一个强权出现时，一大堆来源相近或甚远的部落就匍匐在这个强权之下，使用他的威名自保或扩张。当这个强权衰落解体时，他们就恢复各自名号继续互相攻伐，等待下一个强权的崛起。因此，当中原帝国倾尽全国之力一举深入漠北，彻底摧毁游牧霸权时，实际上也摧毁了草原上的政治生态平衡，为下一个游牧强权的崛起做了嫁衣。两汉击破了匈奴，坐大了鲜卑；盛唐击破了突厥，便宜了契丹。后来的游牧霸权总是比之前的更危险，因为他们能够从前辈的失败中吸取教训，更倾向于将部落联盟改造成原始形态的国家。

但游牧军队并非无懈可击，游牧生活的不稳定性决定了他们在大多数时候不能长时间大规模集结和作战，当他们面临中原的贸易封锁，向西的技术通道又不顺畅时，困在蒙古草原上的游牧军事力量的技术水平就直线下降，尤其是遭遇到大规模自然灾害特别是雪灾时，他们就显得尤其脆弱。

中原王朝很早就意识到游牧和农耕的生活方式在军事上的优劣，倾向于使用具有二者共同优势的族群对付游牧集团，而为周王朝养马

---

❶ 司马迁：《史记》卷一百一十《匈奴列传》，中华书局，2014年，第3483页。

的秦人，在某种意义上就是最早的塞上健儿军事集团。

塞上健儿，或者说边疆汉人，在长期的农牧混作生活中，既具备游牧骑士的军事素质，又兼具他们所没有的优势。农耕生产的稳定性保证了他们能自备更好的武器装备，长城内外广阔土地的产出让他们不但能拥有更多的时间进行军事训练，而且能用粮食培育出比只吃草的草原马更高大的优良战马。曹植的《白马篇》就形象地描述了一位塞上健儿英气凛凛的勇武形象：

> 白马饰金羁，连翩西北驰。借问谁家子，幽并游侠儿。
>
> 少小去乡邑，扬声沙漠垂。宿昔秉良弓，楛矢何参差。
>
> 控弦破左的，右发摧月支。仰手接飞猱，俯身散马蹄。
>
> 狡捷过猴猿，勇剽若豹螭。边城多警急，虏骑数迁移。
>
> 羽檄从北来，厉马登高堤。长驱蹈匈奴，左顾凌鲜卑。
>
> 弃身锋刃端，性命安可怀？父母且不顾，何言子与妻！
>
> 名编壮士籍，不得中顾私。捐躯赴国难，视死忽如归！ ❶

在中原王朝和游牧集团的千年厮杀中，边疆汉人扮演了极其重要的角色，除了担任中原军队的斥候、游骑和向导，更多时候都作为精锐骑兵担任作战的核心力量，其中又以幽、并、青州的健儿最强，最为有名的当属东汉末年公孙瓒的精锐弓骑兵部队"白马义从"，这支由幽并游侠儿组成的精锐职业骑兵在弓马方面不输游牧骑士，在装备、组织、战术上还具有压倒性的优势，在对游牧军事集团的作战中屡立奇功，在塞外立下了赫赫威名。

然而，边疆汉人在战争中，并不永远为中原政权一马当先，他们

---

❶ 郭茂倩：《乐府诗集》卷六十三，中华书局，1979年，第914页。

在战争中的立场也并非一成不变，在隋征高句丽的战争中，河北健儿就唱着从山东半岛传来的《无向辽东浪死歌》，宁死不愿为朝廷征伐辽东。然而短短数十年之后，当唐太宗再伐高句丽时，却是"山东、河北健儿踊跃而从"，争相参加唐军奔赴辽东作战。出身"边地良家子"的薛仁贵正是在这场战争中一战成名，成为日后唐帝国解决边疆危机的一柄利剑，从东海一直杀到天山。

在安史之乱中，更有大批边疆汉人投入安史叛军，引导昔日所要防范的契丹、同罗、奚等游牧部落，一路南下直入大唐腹地，和曾经的敌人一同攻取了当时东亚的心脏——长安。

边疆汉人在"农耕—游牧"战争中的这种复杂性和两面性，曾在中国历史上的多次巨变中起到了关键性的作用，这其中最著名的一次，就是400年前那一次天崩地裂。

二、辽土辽人

"辽人"在明代特指生活在辽东都司辖境的土著汉人、军户和流人，"辽人"这个名称对大明朝廷来说很微妙，即指出了这一群体生活的地域"辽"，又把辽人和山海关内普通的"百姓"或"汉人"区分开来，显示出这一群体的不同之处。

元帝国倾覆之后，帝国的遗民和土著民族、关内流民混处辽东，"大抵华人十之七，高丽土著归附女真野人十之三"[1]，开原卫多蒙古，东宁卫多女真。鉴于北元的威胁尚未消除以及辽东的复杂性和不稳定性，明朝在辽东只设卫所，不设郡县。特殊的地域自然人文环境、特殊的治理结构和特殊的民情，决定了辽人特殊的风俗习惯和心理特点。

---

[1] 任洛：《辽东志》，金毓黻编《辽海丛书》第1册，辽沈书社，1985年，第363页。

东北地区辽阔的土地和稀疏的人口赋予了明代辽人豪爽、粗犷的性格特点，多民族杂居的格局让汉人和塞外民族交融在一起，形成了特有的"边民"群体，卫所制之下的军事化生活让辽人具有了"性悍善骑射"的军事技能，加之蒙古、女真势力经常侵袭辽东，兵民一体的辽人连年与之作战，也形成了辽人重武轻文的政治取向。李治亭在《吴三桂大传》中评价这种风气：

> 辽东的百姓把习武从军看成是他们自己生活的一部分，并成为青壮年所从事的职业之一。❶

辽人的这些特点，使其如汉唐的"边地良家子""塞上健儿"一样，成为中央政权猛将和强兵的来源和守护边疆的力量，然而事情在明代发生了微妙又剧烈的变化。

明代空前加强的中央集权使文官集团的势力达到了前所未有的地步，因为"天下养朱"策略而沦为孤家寡人的皇帝不得不扶植起宦官势力来对抗文官集团，侥幸在明初的政治清洗中幸存下来的勋贵势力在土木堡一战后愈发衰颓，这一切因素都导致军人地位在明中期之后一路下滑，武官不再能和文官平起平坐，而只能在文官和宦官集团之间择势大者匍匐，连戚继光这样的名将也要靠行贿依附权臣才能自我实现，当依附的张居正去世，他也只能在凄凉的晚年中苦苦度日困厄而死。

明朝政治结构的变化，不可避免地导致朝廷和辽东军事集团和辽人群体的分歧和隔阂日益加大。辽东地广人稀，很多生活必需品仰仗内地供给。这里又是著名的马市，辽人并不专事农耕，而是且耕且牧，

---

❶ 李治亭：《吴三桂大传》，江苏教育出版社，2005年，第15页。

热衷与周边少数民族进行商业贸易，除朝廷许可的马市贸易外，还有很大一部分以走私的形式进行。

商业是流动的，中央集权制农业帝国的统治要义，却是用郡县制把农民牢牢束缚在土地上，使士农工商各安其分。帝国厌恶流动，这些"不肯专事农桑"又"沾染胡俗，惟与虏通为利"的辽人，自然被文官集团所把持的朝廷厌恶，被视为"汉人"和"胡人"之间的"第三种人"，朝廷在利用其军事能力的同时，也明里暗里歧视辽人，且对他们抱有一定的防范心理。

更重要的是，辽东不设郡县，只设卫所，导致教育和科举水平远落后于全国其他地区，这不但使文官集团更加轻视辽人的文化水平，也意味着出身辽东的文官较少，在朝堂之上能够代表辽东地方利益说话的喉舌也少。

能够代表辽东在朝廷上表达利益诉求的只有辽人军事集团，而军人地位的一落千丈直接损害了他们的利益，使远在边疆的辽人武将不得不依附于北京朝廷的文官，才有可能建功立业。李成梁集团作为辽东最主要的军事集团之一，其家主李成梁也和戚继光一样，是依附张居正才得以崛起的，在万历年间与戚继光并称"南戚北李"，一时风光无二，似乎辽人军事集团在朝廷的地位上升了，然而，李家的崛起，正是辽人集团和大明朝廷离心离德的分水岭。

三、南戚北李

李成梁本人正是朝廷与辽人重重矛盾的一个典型表现，尽管出身武将世家，年轻时就"英毅骁健，有大将才"❶，然而因为家贫没

---

❶《明史》卷二百三十七《李成梁传》，中华书局，1974年。

钱行贿，人到中年都不能世袭武职，"家贫，不能袭职，年四十犹为诸生"❶，直到遇到朝廷的巡按御史李辅，资助他上京袭职，才正式走上军旅生涯。作为朝廷痼疾受害者的李成梁，尽管在之后因战功享受到了明朝武官最高的荣誉和待遇，但在内心里，始终对朝廷心存芥蒂，打着自己的算盘。"南戚北李"之间的一次交集清楚地显示了李成梁的心思。

万历三年（1575）五月，李成梁上报"虏寇猖獗，鞑靼土蛮部率二十余万骑兵入犯，前锋已到近边大凌"，连万历皇帝都大惊失色，忙问"虏势如何"。❷熟悉蒙古部落情形的张居正清楚，土蛮（图们、察哈尔）一部也不超过一百万人口，如何能有二十余万骑兵？而且游牧民族一向春夏生息，秋冬用兵。春夏交接之际，马瘦人疲，而且春夏辽东多雨，蒙古骑兵惯用的复合弓在雨天作战，不但箭羽容易脱落，弓上的筋角也容易发生崩解，"犯非其时，必有诈"。

张居正一边安慰万历皇帝，一边压住不给李成梁增加军粮，同时吩咐蓟镇总兵戚继光打探情报是否属实，戚继光如实回报：

> 及臣等使人于宣府密探西房青把都动静，则本酋一向在巢住牧，未尝东行。辽东所报，皆属夷诳赏之言，绝无影响。数日以来，更不闻消息矣。❸

戚继光在奏报实情的同时，也对李成梁这种行为进行了不点名的

---

❶《明史》卷二百三十七《李成梁传》，中华书局，1974年。
❷《明史》卷二百三十七《李成梁传》，中华书局，1974年。
❸《明神宗实录》卷三十八，万历三年五月壬戌，历史语言研究所，1962年影印本。

批评："故臣等不以虏不来为喜，而深以边臣之不知虏情为虑也。"❶

这句话说得十分巧妙，并没有直接指责李成梁虚报军情，而是表达了对"边将不知虏情"的担忧，实际上李成梁的"夜不收"（一种斥候）不但遍布辽东和东蒙，而且李的辽军中蒙古将士很多，李家豢养了大批"夷丁"作为核心的骑兵力量，消息渠道比戚继光通畅得多，李怎么会"不知虏情"呢？

事后，李成梁因谎报军情而受到张居正的申斥，不得不有所收敛，但依然我行我素。谎报军情事件的第二年，一个鞑靼小部落得罪土蛮，渡过辽河投奔明朝，李成梁部乘机将其大部屠杀，收获大量牛羊，向朝廷报功，诈称"长定堡大捷"。当时张居正回家葬亲，万历皇帝不辨真伪，告谢郊庙，大行赏赉，加封李成梁为世袭指挥佥事。张居正得知后一针见血地指出，鞑靼小规模入寇，志在掳掠，讲究来去如风，哪有赶着大批牛羊、带着家小辎重来入寇的呢？

张居正除斥责李成梁弄虚作假外，也对李的"二心"加强了戒备：

> 且李成梁节被宠赉，已不为薄。异时边将以功荫子未有世袭者，而渠每荫必世，又皆三品以上大官，今再欲加厚，惟有封爵耳。祖宗旧例，武臣必身临行阵，斩将搴旗，以功中率乃得封。今据所报，彼固未尝领兵当敌，如往者战平虏，擒王杲也。昔唯赏荫，今乃加封，厚薄亦非其伦也。❷

当时的朝臣也一针见血地指出了辽军的套路：

❶《万历起居注》，万历三年五月二十五日。

❷ 宋学洙：《张文忠公遗事》，胡在恪纂，《康熙荆州府志》张居正条，崇文书局，2020年。

捣巢获首功一则报十，十则报百，秋高马肥，虏来报怨，抢一月走二千里不报也，隳三四十墩台不报也，杀一堡人民不报也。❶

李成梁更常见的伎俩是在"北虏"（蒙古）入侵造成损失后，再通过打击比较弱的"东夷"（女真）来找补，埋下很深的隐患，然而终万历一朝，李成梁用这些真真假假的战绩，一封再封，位极人臣，终于形成了朝廷无法信赖却又无法摆脱的李氏军事集团，即使张居正死去，也丝毫没有影响他的荣华富贵。他的思路很明确，如果不是有边患，辽人在朝廷上根本没有话语权，只能任人宰割和鱼肉，有边患才有李家，有李家才有辽东。

万历十一年（1583），李成梁遇到了一个叫努尔哈赤的年轻人，他没能想到，自己一手建立起的李氏军事集团，最后会葬送在这个年轻人手上。

戚继光走了一条完全不同的路，在蓟镇风平浪静地镇守多年之后，他依附的张居正死了，他的命运随即急转直下，最后的日子黯淡而凄惨。他也没能想到，他一手建立起来的戚家军，最后会葬送在李成梁遇到的那个年轻人手上。

四、生辽走胡

辽东军事集团的崛起，并没有带来辽人地位的上升，反而在某种程度上加剧了辽人的不幸。辽东在卫所制的军事管理下，各项政策远较内地郡县简单、粗暴，侵害军户和辽人平民利益的事情时有发生，朝廷派往辽东的文官多出身内地，不了解辽人辽事，无法体恤民情，

---

❶《明神宗实录》卷三百一十八,万历二十六年正月己亥，第5921页。

反而视辽人为蛮夷而加以盘剥和歧视。导致从明中后期开始，大量不堪剥削的军户逃亡，仅存的军户生计困难只能苟活，面对蒙古、女真的入侵只能闭门守城，将城外的百姓和庄稼丢给敌人蹂躏。《世宗实录》记载："各边军士卒，因官军剥削，往往逃窜"❶，"辽东二十五年开原额军士一十五万陆仟九百余名，今役止六万余名，其间，且多老弱"❷，"开原额没兵马五千，逃之大半"❸。

而辽人出身的武将因文武地位尊卑悬殊，往往不能制止，或者干脆和文官沆瀣一气，一同剥削辽东军民，而既没有接受过儒家道德教育，又身体残缺导致心理变态的宦官被派往辽东担任税监、监军时，这种勾结现象往往更甚，造成的危害也更重。其中的典型，就是高淮与李成梁相勾结而引起的"高李之乱"。

高淮本是市井无赖，有妻有子，净身入宫后被派往辽东担任税监，其人阴鸷乖戾，手段狠毒，不但抽筋扒皮，敲骨吸髓，变本加厉地盘剥辽东军民，而且私下蓄养亲兵、战马，与蒙古、女真私下交易，屡有资敌行为。李成梁不但没有予以制衡，反而与高淮紧密勾结在一起，形同父子，使得辽东民不聊生，兵科给事中宋一韩言：

> 近据人言，咸谓高淮之横，实藉总兵李成梁之势。故每见成梁，辄呼太爷，稽首俯伏，而成梁于淮，亦以儿子辈畜之。彼此以权力互援。微高淮之力，马林必不得去，成梁必不得再来登坛。微成梁之力，高淮必不得捆载于辽，人必割刃淮之腹中。两人深相结，辽人逾不可支矣。谣云：辽人无脑，皆淮剜之，辽人无髓，

---

❶《明世宗实录》卷六十九，上海书店，1980年，第2567页。
❷《明世宗实录》卷八十八，上海书店，1980年，第2719页。
❸《明穆宗实录》卷六十，上海书店，1980年，第275页。

皆淮吸之。实成梁代剃之，代吸之矣。试观淮参巡抚，参巡按，参前总兵，而独不参成梁，意可知已。❶

高淮系无赖出身，又是宦官，在辽东并无根基，以李成梁家族在辽东的势力，如果全力与其对抗，高淮必不能造成如此大的危害，李成梁之所以选择与高淮勾结，与其一起祸害自己的家乡，也是利益使然。辽东与京城相隔千里，高淮虽然出身低贱，却是皇帝身边之人，李成梁要长久地据有辽东大权，不仅需要在朝堂上有自己的人，也需要在皇帝身边有自己的人。同时，高淮阴鸷狠毒、不择手段的性格正可以为李成梁所用，借以打击和威慑不驯的文官。而高淮作为宦官，天然受到文官集团的鄙夷和仇视，想在辽东这样一个军事化的边疆社会发财，也必然要攀附半军阀化的本地将领，基于双方利益的这种互补性，二人一拍即合，加剧了辽东的经济、社会和军事危机。

卫所制的崩坏使兵士逃亡、坞堡残破，辽东军事集团无法使用这些卫所兵建立功业，转而采取了私兵制来组建效忠于个人的亲兵。私兵制来自辽军长期对蒙古作战的影响，蒙古的军事习俗是以与大汗同部落且血缘关系较近的青壮年围绕大汗组成近卫，冲锋时为先导，撤退时断后，拼死保卫大汗的安全。

辽东军事集团私兵制的本质是对蒙古部落军制的一种模仿，但辽人没有蒙古的部落组织，转而使用"家丁"和"义子"的方式来构建一种类似的结构。以李成梁的军队为例，除吸纳成梁的子、侄、婿外，还有大量的家丁以"义子"的名义加入，"骁勇军士，随从杀贼，久之遂为家人"❷，如李平胡、李宁、李兴、李有升、李有得、李有华，

---

❶ 陈子龙等：《明经世文编》卷四百六十七，中华书局，1962年，第5131页。
❷《明孝宗实录》卷一百九十六，弘治十六年二月庚戌。

都是成为"义子"后而改姓李的，其中一些是辽人，而另一些则是蒙古、女真人，很多人的籍贯写作"山后"，表面上看是个地名，实际上指"阴山后"，就是蒙古人。

李氏之外的辽人军事集团，也以同样的方式构建，如祖大寿的祖氏军事集团：

> 二祖（祖宽、祖大乐）皆有降丁，宽五百，大乐倍之，凡战赖以摧锋，饮食性情不与华同，非可以法令使，淫掠不下于贼。❶

为了保证这些亲兵的作战表现，他们在饮食、住所、武器装备上都非常优渥，他们也确实不负精锐的名号，为李成梁赢得了"武功之盛，二百年来未有"的无上荣耀。然而这种私兵制度，却隐藏着很大的危机。

其一，豢养私兵需要大量的钱财，武将多采取盘剥自己属下屯兵的方式来豢养私兵，等于拿供养国家军队的资源来培养个人军队，事实上形成了半独立的军阀势力。为了维系自身实力，李成梁还和高淮一起剥削辽民，使辽东经济濒临崩溃，如前文所述，"高淮乱辽"实为"高李乱辽"，李氏家族对财富的高度需求，除用于自身奢靡生活外，也是为了维持自身的军事实力。

其二，私兵部队的规模不可能很大，很适合执行类似反侵扰、破袭一类针对蒙古军队小规模进犯的作战任务，大规模作战时，一旦战事不利，以骑兵为主的私兵很容易随主将一起逃跑，把卫所兵丢给敌军屠戮。

其三，私兵部队的损失难以迅速补充，将领为了避免损失，往往

---

❶ 戴笠：《怀陵流寇始终录》卷九，第408页。

只愿打顺风仗，壬辰战争中，李如松在碧蹄馆一战后只损失了千人就不愿再战，正是因为这千人不是普通军人，而是他的"子侄兄弟"。

其四，优厚待遇和武器装备可以世袭，军事素养和作战技巧却难以遗传，二百年未有的李家军到了萨尔浒时代，不但精兵强将都已老去，家主李如柏也不复当年英气，变得昏聩懦弱，还纳了努尔哈赤的弟弟舒尔哈齐的女儿为妾，辽东童谣讽刺他，"奴酋女婿作镇守，辽东不知落谁手"❶。李如柏不仅见刘铤陷敌而不救，自身望风而逃的同时还互相践踏而死上千人。

其五，辽军私兵中为数不少的"夷丁"，本质是蒙古、女真雇佣兵，其吃穿住用均仰赖主公，因此也只认主公，不认朝廷，并无太多国家认同感可言，不可能真正为国家所用。

到了明末，辽兵的衰落和满洲势力威胁的日益增强，迫使朝廷用"三大征"的模式来处理边疆危机，调集全国之兵汇集辽东，征伐满洲。然而如此大规模的军队调动和集结，需要大量的粮食，辽东的经济不发达，无法供应如此大规模的军队，明朝的粮食要从江南漕运至京师，再运往辽东，这非常不划算，因此明朝往往选择直接运输体积较小、价值较高的白银，这直接导致辽东粮价的剧烈上涨。萨尔浒之战前夕（1618），辽东米价为每石3两，高出京师地区4倍，到1620年，已涨至4两，1年之后（1621）就涨到了12两。军卒连饭都吃不饱，更难以作战，朝廷的应对方法是将更多的白银运往辽东，从1618年到1620年，朝廷共发往辽东白银20188366两，而朝廷每年的财政收入不过300余万两，如此大量的白银涌入经济并不发达的辽东，造成了灾难性的输入通胀。《经略疏牍》里说：

---

❶《明神宗实录》卷五百八十二,万历四十七年五月癸未。

今辽阳小米、黄豆斗值二钱七分矣，草一束值二分五厘，葛柴一束值一分五厘矣。每军一日连人带马须得一钱三四分方能过活，而所领月饷及马止于八分。军兵如何盘缠得过？如何不卖袄裤什物？如何不夺民间粮窖？如何不夺马料养自己性命？而马匹如何不瘦不死？ ❶

　　可见一人一马一天需要1钱3分白银才能活下去，但是一个月的军饷也不过8分银子，除了从马口夺食导致战马大量倒毙外，客兵（指外地调往辽东作战的军队）抢夺辽民的财物粮食的问题，直至清军占领整个辽东都没有解决。时人总结了辽人的"四恨"：

　　　　军兴以来，援卒之欺凌诟谇，残辽无宁宇，辽人为一恨。
　　　　军夫之破产卖儿，贻累车牛，辽人为再恨。
　　　　至逐娼妓而并及张、刘、田三大族，拔二百年难动之室家，辽人为益恨。
　　　　至收降夷而杂处民庐，令其淫污妻女，侵夺饮食，辽人为愈恨。有此四恨，而冀其为我守乎？ ❷

　　此时，辽人与朝廷的矛盾已经到达了顶峰，富户纷纷逃往关内，或渡海逃往山东，穷人宁可死于金人的屠刀，也不愿意配合朝廷的行动，让朝廷里的士大夫发出"辽人皆贼也"的怒骂。熊廷弼也说：

　　　　辽人与贼习，除稍能过活者尽搬移外，惟一二无依穷民，仍

---

❶《经略疏牍》卷二《钱粮缺乏至极疏》，万历四十六年二月初四。
❷《明实录抄·满洲篇》第五册，第420—421页。

依旧巢，抵死不去，曰我搬在何（别）处，无过活亦死，在此亦死，贼来且随之而去，即屡请之而不得也。❶

生于辽而走于胡，大概是历代边疆汉人对中央政府最绝望的宣言。

五、北望故乡

随着辽人对大明朝廷的失望和怨恨达到顶峰，辽人的民族和国家认同感也发生了严重的问题。李成梁集团尽管私心很重，但在国家和民族认同感上并没有太大的问题，李如松入朝赐宴时，配宴官问"辽东特产何物"，如松答"产好李"，再问"不知心若何"，如松答"心亦"。李如松之后也确实为国捐躯，可见是真心之言。

但经过几番恶政、乱政和兵乱蹂躏之后的辽民，并不能再保持这样的"赤心"，除了"生于辽而走于胡"外，民间还流传着"若不罢税，达子就是我投主"❷的说法，熊廷弼指出：

况辽人浸染胡俗，气习相类。贼杀其身及其父母妻子，不恨，而公家一有差役，则怨不绝口。贼遣为奸细，输心用命，而公家派使守城，虽臣以哭泣感之，而亦不动。❸

熊廷弼指出的确实是实情，明清战争的前期，辽军望风而逃、一

❶ 沈国元：《两朝从信录》，中国人民大学出版社，1989年，第125页。
❷ 熊廷弼：《请免商税疏》，《四库禁毁书丛刊》史部第9册《按辽疏稿》卷二，第411页。
❸ 熊廷弼：《辽左大势久去疏》，《熊经略疏稿》卷一下，第56页。

触即溃，辽民甘为汉奸细作，辽人不肯报效朝廷、无心抗敌的现象确实很多，但这并非辽人"浸染胡俗"造成的，而是明朝长期以来在辽东的苛税恶政造成的，并非"辽人皆贼也"，而是"朝廷相逼辽人为贼也"。

前文提到的《无向辽东浪死歌》里，"健儿"宁可与隋军作战，也不愿随隋军征伐辽东，短短数十年后，同一个群体又踊跃参加唐军，征伐相同的目标，明代辽人也是一个道理，世世代代"善骑射，耐搏战"的辽人，怎么可能到了明末，突然就变成了见敌即逃的懦夫呢？

耐人寻味的是，熊廷弼作为朝堂之上为数不多既头脑清醒又了解辽东实情的封疆大吏，却在向朝廷奏报"民心不可用"的现状时，一边痛斥辽民不肯守土、偏爱投敌的"恶习"，一边又声称自己"臣亦不得解"，表示自己也想不明白。

然而在另一道《请免商税疏》中，他对这个问题的认识又显得异常清醒和深刻：

> 始臣廷弼与抚臣奉命出关之日，所至卫所驿堡等处，各无虑数十人，声带呻吟，形如鬼魅，辄向臣泣诉曰："穷民皆高淮残害之孑遗也。欲逃而不逃，将死而未死者，以我万岁爷爷撤高淮入内，止张烨出巡，救民于水火之中，以有今日。近闻催税如故，穷民无可奈何，惟有逃与死耳。"臣不忍闻，第谕以皇上恩德及祖宗法度，抚慰之而去。及抵辽阳，臣又密访民情，有云"抚按新来，想必微我们请罢商税"等语。又有云"若不罢税，达子就是我投主，催税的就是我对头"等语。臣闻之，不任寒心。❶

---

❶ 熊廷弼：《请免商税疏》，《四库禁毁书丛刊》史部第9册《按辽疏稿》卷二，第411页。

可见，熊廷弼对辽人为何从汉唐时英气凛凛、能骑善射的塞外健儿，到明末时变成了人见人厌、唯恐避之不及的汉奸兵痞的原因心知肚明，但他作为一个内地出身的文官，无法感同身受辽人的处境，尽管具备敏锐的洞察力，但作为集权体制下官僚集团的一员，其权力不但处处受到掣肘，更难以直面皇权。无法改变造成这一现象的深层次原因，只能用"臣亦不得解"搪塞过去，在"上意"和"实情"之间做一些类似这样自问自答的文字工作，希望皇帝能够"体察"他的良苦用心，革除积弊沉疴，帮助他完成平辽大业。然而，不但皇帝未能"体察"他，历史的洪流也根本没有给他思考的时间，就把他无情吞没了。

如果不是明朝毁灭性的经济政策在摧毁辽东经济的同时，也无意中打击了后金的经济，辽人与辽土历史至此已无波澜，但明朝向辽东大量输入白银造成的通胀，也沉重地打击了后金的经济，使后金的粮食供应产生了严重困难。此时的努尔哈赤虽然不明白马尔萨斯为何人，但已经成为马尔萨斯主义的坚定信徒，他开始大肆屠杀投向后金的辽民，先杀"无粮之人"减少消耗，再杀"有粮之人"给核心部族留出余粮，几番残酷的屠杀之后，辽人终于认识到后金并非避难所，又开始投向毛文龙的海岛和关宁明军，辽东局势又发生了微妙的变化。

从1626年到1627年，明军破天荒地让后金军连续遭遇了两次军事挫折，辽东局势稍定，而主张"辽人守辽"的袁崇焕，政治势力也达到了顶峰，然而主张"辽人守辽"的袁崇焕和主张"辽人不能守辽"的熊廷弼，其实都没有搞明白，或者说不想搞明白"辽人因何而战"和"辽人为谁而战"的根本原因。熊廷弼看到了辽人在苛政和酷吏的折磨之下无心守土，但又无法解决问题，只能用"不任寒心"这种话来搪塞。袁崇焕只看到辽人组成的辽军恢复了战斗力，却没有认识到辽人能战的根本原因并不是与朝廷的矛盾得到化解，而是因为后金屠杀辽人，辽人不得不战。明天启六年、后金天命十一年，明与后金爆发宁远之战，明军少有地击退了后金的围攻，并利用城头的红衣大炮给后金军造成了一定杀伤，次年的宁锦之战中，明军再次击退后金军，明朝朝廷上下受到鼓舞，以为辽事有望，却忽略了问题的根本，武器装备固然重要，但决定战争胜负的关键因素是人，表面上看，宁远之战是引进红衣大炮的技术胜利，其实是辽人身陷绝境之后重新倒向明朝的人心胜利。辽人可以为大明死，但大明要先让辽人活，但经历了明金两方几度惨烈的拉扯，辽人此时并非为大明而战，而是为自己而战了。

袁崇焕没有明白这一点，但是皇太极显然明白。他上台后，除了纠正努尔哈赤屠杀辽民的错误政策、平抑物价、稳定经济外，还通过丁卯之役征服了朝鲜，使之成为后金的粮食供应基地，大大缓和了后金政权和治下辽民的矛盾，从而得以把全部精力集中于打击和招抚辽东军事集团上。他下决心围困大凌河，正是因为他了解辽东军事集团的实力，他说：

> 明人善射精兵，尽在此城，他处无有也。其山海关以内，兵之强弱，朕所素悉。❶

他几次入关，一个重要的战略考量就是迫使辽军放弃坚城，入援内地，与清军优势兵力野战。他清楚地知道，在明朝文官的催逼下，辽军一定会来，一定会被逼在错误的时间和地点出战，一定会落入他假大明皇帝和文官之手设下的圈套，一定只有被歼灭和投降两个结局。

他算错了局部，但算对了终局，从大凌河到山海关，从祖大寿到

---

❶《清太宗文皇帝实录》卷九，华文书局影印本，第164页。

吴三桂，他的耐心终于有了收获，在几次摇摆和波折之后，辽土最终成了大清的龙兴之地，辽人成了旗人，辽兵成了清兵。

这支曾经的明军带着新蓄的辫子，追着流贼和旧主从山海关一路杀到缅甸，杀死了曾经用生命保护的百姓，杀死了曾经的同僚，杀死了曾经的君父，也杀死了曾经的自己。1678年，最后的辽兵吴三桂死在衡州秋风里的时候，不知道有没有向北望过，他永远也回不去的故乡。

梦里不知身是客——明末党争在清初的终结

一、亡国之臣

明中期之后，勋贵集团的衰退使得统治集团的权力结构失衡，以依科举制度形成的师生、同门关系维系的文官集团和宦官集团彼此争斗不休，皇帝本人则在其中一边干预双方势力的此消彼长，一边从双方的斗争中渔利，斗争双方为了压倒对方，争相向皇帝这个裁判员输诚，皇帝通过控制这种斗争的范围和烈度来巩固皇权。但总体来说，因为宦官既无根基，也无后代，行为手段没有下限，更适合作为皇帝制约文官集团的工具，因此皇帝往往纵容宦官压制文官集团，至其恶贯满盈权倾朝野时再将其铲除以安抚文官集团，这种循环往复的权力游戏从明中后期开始，逐渐成为朝堂的一种常态，也使得政治愈发黑暗起来。

皇帝这种"拉偏架"的统御之术，也使得长期受到压制的文官集团内部发生了不可避免的分裂。到万历后期，"朝士分党，竞立门户"，朋党政治愈演愈烈。各政治势力不断分化整合，至天启年间演变为东林党与阉党两大政治集团的对抗。在铲除阉党集团之后，文官集团再次分化，继续内斗，地方士绅势力也卷入斗争之中，各路人马举着"大义"的旗号，为了一己私利争斗不休，国家运转的内耗和阻力日益增长，行政效率不断下降，国事崩坏一日更甚一日，直到王朝倾覆的前一刻，这些士子仍在互相攻讦，甚至在效忠新主之后，仍旧习不改，试图将前朝的党争之瘤延续到新朝。

来自白山黑水之间的满洲统治者作为明朝覆灭的主要推手之一，其本身曾经是附庸明朝的"顺酋"，又是明朝边将，因此对明朝灭亡的原因不仅心知肚明，而且感悟极深，时时刻刻引以为鉴。在入关前，皇太极就通过各类情报，对明王朝内部的党争之祸，以及各股政治势力之间的强弱、消长了如指掌，在松锦大战时做出了"明已失其鹿"的战略判断。因此，尽管在入主中原和统一天下的过程中，前期重用了范文程、宁完我等汉臣，中期吸收了洪承畴、吴三桂等明朝重臣，入关后又大批留用前明降官、降将，但满洲统治者始终对汉族大臣，尤其是前明旧臣百般提防。这种提防一方面是异族统治者自身的异质性和敏感性决定的，正所谓"非我族类，其心必异"，"党争"之根本在结党，清朝初定天下，无论汉人结党的目的是什么，都是一件足以威胁国本的隐患。另一方面则是对"亡国之臣"的本能反感和警惕，以防止他们将导致旧主覆亡的"积习"和"恶俗"带入新朝，使满洲统治集团重蹈覆辙，将几代积累下来的基业毁于一旦。开国之君顺治帝本人就极其厌恶晚明结党相争之俗，顺治十三年开谕：

> 明末群臣背公行私，党同伐异，恣意揣摩，议论纷杂。一事施行，辄谓出某人意见；一人见用，辄谓系某人汲引；一人被斥，辄谓系某人排挤。因而互相报复，扰乱国政，此等陋习，为害不小，朕甚恨之。近来内外大小诸臣中尚有仍踵前代陋习、妄生意度者，深为可恶。❶

---

❶《清世宗实录》卷一百二十六，顺治十六年五月乙丑。

可见其对党争深恶痛绝的态度。在清朝建立之初，北方尚有农民军残余势力，南方则有南明政权，清朝忙于统一战争，因此一方面以宽松优渥的条件大量接收和留用前明降官，另一方面最大限度保留了明朝的行政体系，使其尽快恢复职能和作用，服务于满清的战争机器。这一时期，大权牢牢地掌握在满洲军事贵族的手中，除少数在入关前即投降满清的汉臣，绝大多数前明降官只有按照命令办事的份，其党争内斗的行为被控制在很低的层级，无法造成大的危害，满洲统治集团除在心理上保持足够的戒心外，在现实中对他们蝇营狗苟的把戏既无暇顾及，也不屑一顾。

在清朝连续消灭多个南明政权之后，又击退了声势浩大的郑成功北伐，基本解除了所有可能导致政权夭折的外部威胁，开始将精力集中于内部治理。首先要解决的，就是党争的问题。官员多在士子阶段就由地域、出身、师门、学社而结成朋党，入仕后相斗不休。顺治帝就指出：

> 今人多结朋党，究其结党之意，不过互相攀援以求富贵耳。若然，是有损而无益也。❶
>
> 朕观宋明亡国，悉由朋党。其时学者程颐、苏轼为圣贤。程颐、苏轼非党，则蜀、洛之名何自而生？嗣后各树门户，相倾相轧，宋之亡实兆于此。❷

---

❶《清史编年》第一卷，顺治十三年二月二十七日丙子，中国人民大学出版社，1985年，第442页。

❷《清史编年》第一卷，顺治十三年二月二十七日丙子，中国人民大学出版社，1985年，第442页。

因此，整治党争，关键在治士子，而治士子，关键在治科举。南方科举发达，士子集中，登科者众，入朝为官者也较北方多，而江南地区又是广大南方地区之中的佼佼者。清初平定江南之后，广大士子从最初的惶恐中稍稍安定，就依旧习在地方结社，在学堂、书院等场所议论朝政、褒贬官员，做官之后又依籍贯、师门等结党经营官场，中央与地方、在朝与在野、官员与在乡士绅、学子纠结在一起，时而彼此攀附提携，时而分党内斗相争，一如晚明。

当时的江南士子，虽然在肉体上被"扬州十日""嘉定三屠"的残暴所惊骇和震服，但在局势安定之后，一部分幸存的士子又回到了原有的生活方式之中，江南地区优越的经济条件、昌盛的文教、丰富多样的娱乐生活，暂时麻醉了他们的亡国之痛，使他们梦回晚明人上人的状态。他们认为自己虽然是被征服者，但依然保有一种高等的、文明的、优越的文化体系和生活方式，因此他们在表面上臣服，内心里依然对满洲统治者抱有一种文化上的优越感。这是他们在晚明鄙视北人、鄙视武人的一贯传统，更何况满洲统治者不仅是他们所鄙视的北人和武人，还是更加不堪的"索虏"。他们甚至幻想利用这些野蛮人的粗鲁和无知，诓骗他们为己所用，甚至控制他们消灭自己的敌人。

士子出身的前明官员，心理也与此并无二致。清朝的经略重心从军事转向内政后，汉族官员的地位略有上升，党争的旧习气也随之滋长起来，他们将明末南北士大夫恶斗的党争恶习带到了清初，依然是"南北各亲其亲，各友其友"，争相攀附、讨好满洲贵族，以实现打击对手、壮大自身的目的。

然而满洲统治者却远比这些四体不勤、五谷不分的读书人和小地主想象的精明得多，他们崛起于关外严酷的自然环境，与比他们强大得多的蒙古和大明连年恶战并取得了不可思议的胜利，并最终让郑成功、李定国等一众名将都饮恨化外。与他们从残酷的战争中积累的斗争经验相比，前明文官和士绅之间的党同伐异和文人相轻简直幼稚如儿戏。刚一入关，他们就精准地找到了前明文官和士绅"文化优越感"的根源，即富裕的经济条件和科举制度带来的文化、功名和官位，以及其配套的特权，其中的关键，就是科举制度。清人对科举制度对人的影响之认识堪称毒辣：

> 明代迷信八股，迷信科举，至亡国时而尤盛，余毒所蕴，至本朝遂尽泄之。盖满人旁观极清，笼络国中秀民，莫妙于中其迷信。始入关，则连岁开科，以慰蹭蹬者之心；继而严刑峻法，俾忮求之士称快。丁酉之狱，主司、房考及中式之士子，诛戮及遣戍者无数。其时满、汉方木火，而汉之无耻者，又欲借满以倾汉，倾汉以结满，故发难者汉人，受难者亦汉人。汉人陷溺于科举，至深且酷，不惜假手于满人，屠戮同胞，以泄多数被摈者之愤，此所谓天下英雄入我彀中者也。❶

由此可见，专为明朝读书人，包括尚未取得功名的儒生、已经取得功名的士绅、在朝及在乡官员编织的一张大网，在清军入关时就已经编织好了。清廷先利用读书人对科举的病态痴迷，在入关的第二年就举行科举考试，之后又"连岁开科"，在笼络读书人的同时，也使他们沉迷科举，防止他们参加抗清斗争。在招揽到足够的读书人之后，又利用晚明科场的勾通关节（即走后门找关系）、徇私舞弊的积习，用严刑峻法追究他们的责任，大开杀戒，动辄将罪人举家发往黑龙江。江南士子耽于八股虚文，往往手无缚鸡之力，更谈不上强健的体魄，往往到达关外苦寒之地没多久就病亡，很多人在路上就死了。这种借

---

❶ 徐珂：《清稗类钞》第三册，中华书局，1984年，第982页。

刀杀人的方法盛行一时，直到康熙朝才由皇帝亲自叫停。

那些小看了满人，试图借助满人之手消灭对头、政敌的汉族士子、官员，往往积极收罗材料、打探消息、罗织罪名以求将对手置于死地。而他们的对手也往往以同样的思路行事，满洲统治集团将计就计，反过来利用他们之间的争斗大开杀戒，制造了一大批科场案，沉重地打击了地方士绅集团和一批负责科举的汉族官员。其中最典型的一次"引蛇出洞"就是丁酉科场案，即前文所提到的"丁酉大狱"。

清顺治十四年（1657）是丁酉年，这一年的顺天府（今北京）乡试首先爆出舞弊案，考官受贿后，按照地位、党属、钱财多寡，"爵高者必录，爵高而党羽少者摈之；财丰者必录，财丰而名非夙著者又摈之"，内定中榜者名单，这本是晚明科场习以为常的恶习，参与的汉人文官以为满人不通此道，行为放肆孟浪，光是大理左右评事李振邺一人就"在外所通关节者二十有五"，"打招呼"的关系户有二十五人之多，可见其胆大妄为。等到事情败露，各官及作弊士子仍抱有侥幸心理，以为清朝仍如晚明一般对读书人网开一面，百般狡辩抵赖。不料弄清他们的舞弊事实之后，满洲贵族"始恨南人之狡"，决定将这一科场案扩大成一场打击、震慑汉族士子的运动。十月二十七日，考官李振邺、张我朴，举人田耜、郭作霖、科臣陆贻吉在菜市口身首异处。十二月四日，其他案犯和他们的家属一百多人在寒冬中被押往关外尚阳堡。

二、积习难改

在清廷对汉族文官和士子大开杀戒之后，其他的汉族文官和士子不惧反喜，以为是铲除异己、打击政敌的好机会，于是科场弹劾之风大起，清廷将计就计，河南、陕西、山东科场相继事发，清廷乘机又屠杀一批官员和士子，有些人罪不至死，被判"杖四十"后流徙尚阳堡，但仍有其政敌暗地里叮嘱行刑的皂吏，故意照其腰部用杖，必欲置其于死地，晚明党祸之烈，文官、士子间仇恨之深，可见一斑。

丁酉大狱虽起于北方，但北方士子集团却并不是清廷打击的首要对象，清初的南北党争延续了晚明的传统，南方因为文教兴盛、科举通达，因此在朝廷为官的人较多，势力较大，同时，士子结成的学社多在南方，其成员在朝为官者多参与南北党争，在野者则多议论朝政，虽不敢公然有"不敬"之辞，但内心保持着对满洲统治者的文化优越感。除满洲统治者"恨南人之狡"外，在入关前就归顺清朝的范文程和宁完我等汉臣，作为明朝科举制度的"落水者"，也对这些南方出身的"上位者"颇有成见，宁完我就与出身南方的前明官员陈名夏等仇怨颇深。因此，南方官僚集团和士子集团，就成为丁酉大狱的最终打击目标。

丁酉年十一月，江南科场案发，次年十一月，刑部审实江南乡试作弊一案，拟判处正主考方猷斩首，拟判处副主考钱开宗绞刑，拟判处同考官叶楚槐流放尚阳堡，作弊的举人方钺等全部革去功名。这一判决与北闱诸案的判决保持一致，在法律上没有问题，但很显然刑部主持审判的官员并没有领会顺治帝借此案打击南方官员和士子集团的意图，因而受到了顺治帝的申斥：

> 尔部承问此案，徇庇迟至经年，且将此重情问拟其轻，是何意见？作速回奏！ ❶

可见顺治皇帝对刑部的审理时间过长、判决结果过轻十分不满，

---

❶ 徐珂：《清稗类钞》第三册，中华书局，1984年，第985页。

要求刑部从严、从重、从快判决涉案之人，以达到打击和震慑南方官员、驯服南方士子之心的目的。结果办事的官员未能领会"上意"，仍将此案作普通司法案件审理判决，结果负责审判此案的满汉尚书、侍郎图海、白元谦，侍郎吴喇禅、杜立德均受到罚俸降级的处分，最后由顺治帝亲自下场，下旨对涉案官员、士子进行重判，两名主考官均被斩立决，十八房考官全部处以绞刑，他们的妻子、家产全部籍没入官，革去功名的有一百多人，前后牵扯入案者有上千人之多，流放关外的有五百多人，此案之惨，甚至在次年引发了科场灵异事件。第二年的江南乡试，考场前严霜厚达三寸，刚一锁住考场的门，考场内就有鬼哭狼嚎之声，可见此案在当时的影响，以及对时人的震撼。

爆发于北方的一连串科场案，遭打击的却多是南方出身的官员，最终落到了清廷处心积虑设定的打击目标——江南，以残酷的屠戮慑服了江南士子，时人感叹道：

> 北闱所株累者多为南士，而南闱之荼毒，则又倍于北闱。北闱房考官之被戮者，仅张我朴、蔡元曦、李振邺三人，且法官拟重，而特旨改轻以市恩，犹循杀之三、宥之三之常格。至南闱，则特旨改重，且罪责法官，两主考斩决，十八房考，除已死之卢铸鼎外，生者皆绞决，盖考官全体皆得死罪矣。又两主考、十八房考，妻子家产皆籍没入官，家产没入已酷，又并其妻子而奴戮之。❶

平心而论，丁酉大狱中惨遭屠戮的考官、士子并非无辜之人，他们延续了晚明科场徇私结党、舞弊成风的恶习，不以为耻，反以为常，本该遭到惩处。事发之后又因党争、私怨互相构陷、揭发，构陷

---

❶ 转引自孟森：《心史丛刊》，中华书局，2006年，第60页。

他人者，转眼又被他人构陷，被清廷将计就计，利用他们之间的斗争杀得人头滚滚。

纵观丁酉大狱的整个过程，不得不叹服清朝统治者心思之细，对明亡之弊病反思之深刻，对科举制度和士子秉性认识之透彻，在开考之前，顺治帝就营造氛围，顺治十四年正月亲谕礼部：

> 近乃陋习相沿，会试乡试考官所取之士，及殿试读卷、学道考试优等，督抚按荐举属吏，皆称门生。往往干谒于事先，径窦百出；酬谢于事后，贿赂公行。❶

要求对科场舞弊"重处不贷"，又亲自叮嘱考官切勿行徇私枉法之事，完全占领了道德与大义的高地，这样一来一旦科场事发，则可以"辜负圣意"为由以严刑峻法重惩违法者。在北闱案发后，顺治帝又亲自将刑部拟定的罪名减轻为"杀三宥三"，让其他有舞弊心思的官员和士子产生了皇帝宽容的错觉，继而抱有侥幸的心理，实在是一步引蛇出洞的高棋。等到目标猎物一步步落入圈套，先是逗引他们互相检举揭发，继而以严刑峻法大肆诛戮，最终实现对江南士子集团"慑其胆、夺其气、收其心"的目标。经此一狱，江南士子人人自危，不复结社讲学之风，有功名者也惶惶不可终日，

如果将满洲统治集团和南方文官、士子集团作两位对弈的棋手，则南方文官、士子集团的每一步棋都在满洲统治集团的算计之中，而颇具智力、文化优越感的南方文官、士子集团对满洲统治集团的每一步棋却都是误判，显示出二者在不同环境历练和积累的斗争经验实在是云泥之别。

---

❶《清世祖实录》卷一百六，顺治十四年正月戊午，中华书局，1985年，第827页。

反观被杀戮、流放的官员和士子，虽然不乏咎由自取的成分，但他们一步步走入清朝精心设计的死局，不仅当时的人觉得"其情可悯"，今人复观仍觉得可悲可叹。在诸多评论之中，《清稗类钞》的作者徐珂的评价最为深刻：

> 士大夫之生命之眷属，徒供专制帝王之游戏，以借为徙木立信之具，而于是侥幸弋获，侥幸不为刀下之游魂者，乃诩诩然自命为科第之荣，有天子门生之号。呜呼，科举之败坏人道，摧残廉耻，而卖国卖君之人，乃亦出于其中，岂创设科举者之所逆料者耶！❶

在通过丁酉大狱整治科场、慑服士子之后，清廷立刻着手整治士子结社、议论的问题。顺治十七年，兵科给事中杨雍建上《严禁社盟疏》，称：

> 请敕该部再为申严行该学道实心奉行，约束士子，不得妄立社名，其投剌往来亦不许仍用社盟字样，违者治罪。倘学臣奉行不为，听科道纠参，一并处治，则陋习除而朋党之根立破，朝廷大公至正之意于此见矣。❷

"禁社盟而破朋党之根"的建议正中顺治皇帝下怀，他随即下旨称："士习不端，结订社盟，把持衙口，关说公事，相煽成风，深为

---

❶ 转引自孟森：《心史丛刊》，中华书局，2006年，第60页。
❷ 谢国桢：《明清之际党社运动考》，上海书店出版社，2004年，第172页。

可恶，着严行禁止。"❶

于是"始有社事之禁"，"自是家家闭户，人人屏迹，无有片言只字敢涉会盟之事矣"。禁社盟不仅是为了整顿士子结社风气以解决官员结党相争的问题，更深层次的原因在于，尽管历代暴力反抗专制统治的民间运动统称为"农民起义"，但起义领袖很少是真正目不识丁的农民，而是以读书人居多，晚明江南学子结成的学社，受到国家衰败的强烈刺激，多有强烈的"经世"倾向，例如几社不仅研究讨论经世济用之学，还讨论兵学，对清朝的统治构成严重威胁。

清朝以整治官员结党为名整顿士风、禁止社盟，无形中消弭了社盟这种汉族读书人的自组织形式，使他们无法结成共同体，自然也无法凝聚起随时可用的力量，最大限度消灭了他们参与反清运动的可能性。

但在明面上，这一系列运动又是以打击官员结党营私的名义进行的，使清廷占据了"大义"的名分，并且从民间得到了相当的支持，实为一箭双雕之举。而接下来对各级学校和明伦堂的整治，则彻底消灭了晚明士子聚集议论朝政、评价官员的公共场所，使得晚明因经济社会发展和专制国家控制力下降而形成的宽松又混乱的言论环境，彻底地黯淡下去，也使得广大士子人人自危，噤若寒蝉，失去了作为公共知识分子的功能，彻底地沉沦为科举机器。清人评价道：

> 明之时，士多讲学，而清代则聚徒结社者渺焉无闻。❷

---

❶ 杨雍建：《黄门奏疏·西台奏议一卷》，《严禁社盟疏》，清道光二十五年杨氏述郑斋刻本。
❷ 贺长龄、魏源等编：《清经世文编》卷七，中华书局，1992年，第201页。

三、如梦方醒

在解决士子这一"结党之根本"的问题之后，满洲集团开始解决前明降官的党争问题。在清初立国的很长一段时间内，虽然前明降官在招降士绅、安抚地方、募集钱粮等事务上出力颇多，部分降官如洪承畴、吴三桂等受到高度重视，但在很长一段时间内，前明降官都受到满洲贵族的严密监视和控制。吴三桂为清廷南征北战，以一己之力攻略西南半壁，立下汗马功劳，后来甚至亲手缢杀旧主向清廷表忠，清廷也对其相当"信任"，兵马钱粮任其驱使，但即使是吴三桂这种已经彻底无法"回头"的贰臣，其在前线作战时，后方战略要地也必有满洲将领驻扎，名为后援，实为监视和督战。功勋卓著的武将尚且是此等待遇，那些在满洲贵族眼里"饰弄虚文，无甚大用"的文官的地位，在清初就更加低微。在清朝立国的很长一段时间内，六部都没有主事的汉官，汉官也没有资格直接向皇帝奏事，只能协助满官处理具体事务，直到顺治十年，顺治皇帝才下旨称：

> 朕自亲政以来，各衙门奏事，但有满臣，未见汉臣。朕思大小臣工，皆朕心腹手足，凡进奏本章，内院六部、都察院、通政、大理等衙门，满汉侍郎卿上会同来奏，其奏内事情或未当者，可以顾问商酌。❶

后来六部设了汉官尚书和侍郎，但其地位和同级的满官不可同日而语，时刻受到上级和同僚的排挤和猜忌，在具体事务上并没有同等的发言权。然而，即使在这种低人一等的政治环境下，前明降官依然

---

❶《清实录·世祖章皇帝实录》卷七十一，顺治十年正月庚午，中华书局，1985年。

没有放弃党争的恶习，彼此攻讦不休，甚至为了置对方于死地，争相攀附、谄媚满洲贵族，也为后来自身的悲剧埋下伏笔。

而少数汉官尽管身居高位，但一边面临满官同僚的倾轧和戒备，另一面又面临党争对手的明枪暗箭，因此往往谨小慎微，极力避免祸从口出，在很小的事务上都不敢发言。《东华录》中就记录了这样一桩怪事，顺治十年，皇帝亲至内院，因为一桩小事训斥了宁完我、陈之遴、陈名夏等几位当时身居高位、炙手可热的汉臣。事情的经过非常简单，京城一个绰号"黄膘李三"的草民胆大妄为，自盖了数间大屋，号称六部，有人来找他办什么事，就进入哪个"部"的屋子，这种胆大妄为的僭越举动受到了惩治。李三是何人今已不可考，但既然"不过一细民耳"❶，那么其势力再大，也不过是京城一地头蛇而已。奇怪的是，顺治帝过问这件已经审结定案的小事时，几位高官均"畏不敢言"，惹怒了郑亲王济尔哈朗，训斥了几人，陈之遴被训斥后才勉强说：

> 李三巨恶，诛之则已，倘不行正法，之遴必被陷害。❷

这显然是前怕狼后怕虎的搪塞之词，自然引起了顺治皇帝的极度不满，责问他"此岂非重身家性命乎"，认为他将自身身家性命置于职责使命之上，非臣子之所为。而陈名夏的回答也与陈之遴相仿，他说：

> 李三虽恶，一御史足以治之。臣等叨为大臣，发奸擿伏，非臣

❶ 蒋良骐：《东华录全编》卷七，顺治十年·五，学苑出版社，2000年，第68页。
❷ 蒋良骐：《东华录全编》卷七，顺治十年·六，学苑出版社，2000年，第68页。

所司。且李三广通线索，言出祸随，顾惜身家，亦人之恒情也。❶

自然也受到了顺治皇帝的训斥。然而奇怪的是，李三这样一个在历史上连全名都留不下的地痞恶霸，却让几位弘文院大学士、太子太傅、六部尚书忌惮不已，陈之遴居然担心被其陷害，陈名夏更是怕得逻辑混乱、语无伦次。既然李三"一御史足以治之"，又怎么会因为"广通线索"，让身居高位的他"言出祸随"。而宁完我在后金时期就已经归顺，与满洲贵族集团的关系更近，更不可能畏惧京城的一个恶霸。很显然他们畏惧的并不是李三，而是另一股与他们敌对的、更强大的力量。这件事情作为清初"南北党争"的一个缩影，也反映出当时前明降官的生存环境和微妙心态。

"南北党争"是从晚明延续到清初，以出身地域为大致阵营，又彼此互相交错，异常复杂的政治斗争。以陈名夏为例，他出身江南士子，本是崇祯十六年殿试的探花，复社名士，自然而然地卷入东林党与阉党的斗争之中。在甲申之变时先降闯，被南明定罪后又降清，仕清后，陈名夏"以才许"，很快被破格提拔到弘文院大学士、太子太保的位置上，继续在清朝与前明阉党冯铨等北党纠缠不休，陈名夏不改晚明"南北各亲其亲"的结党之习，在荐官时多推荐南方官员、士子，不仅伤害了北方官员集团的利益，而且以陈名夏为代表的南方官员在朝中屡得破格提拔，也引起了宁完我等早期依附满洲集团的汉官的不满，使得宁完我等旗籍汉官与北党联合起来对抗南党，而以陈名夏为首的南党则攀附吏部满尚书谭泰，而谭泰的背后是多尔衮。这样一来，汉官之间的党争就和满洲统治集团的权力斗争交织起来，让晚

---

❶ 蒋良骐：《东华录全编》卷七，顺治十年·六，学苑出版社，2000年，第68—69页。

明延续至清初的南北党争变得更加纷乱复杂。

针对陈名夏多荐南官的做法，冯铨就别有用心地对顺治皇帝说："南人优于文而行不符，北人短于文而行可嘉。"一方面打击南方官员、士子，抬高自己，另一方面也有构陷陈名夏之意。陈之遴与陈名夏出身相仿，同为复社士子，早年常与钱谦益作诗唱和，仕清后自然也和陈名夏一起卷入南北党争之中，与宁完我、冯铨一派对抗。而洪承畴因出身南方，也被北党归为南党一派，列为打击对象。

顺治七年多尔衮死后，南北党争形势急转直下，南党处于相当不利的态势。顺治八年，北官出身的御史张煊上疏弹劾洪承畴、陈名夏、陈之遴不法之事，其中最致命的两条，一是弹劾陈名夏攀附多尔衮，二是弹劾陈名夏与洪承畴、陈之遴在火神庙结党议事。经谭泰百般庇护，陈名夏安然无恙，张煊反而以诬告罪被处死，但审理过程中陈名夏极力狡辩抵赖，败象已露，失去了顺治帝的欣赏和信任。顺治帝厌恶地评价他"此辗转矫诈之小人也，罪实难逭"，只是碍于满洲集团内部的权力斗争还未水落石出，暂未清算他。陈名夏短暂夺官之后又复官，但已是今非昔比，而宁完我等人也一直在等待机会，彻底将他和南党置于死地。

因此李三案虽然简单，在场受到诘问的宁完我、陈之遴、陈名夏却恰好属于党争中敌对的两派，因此只有洪承畴正面回答了顺治帝的问题，而宁完我默不作声，陈之遴、陈名夏畏不敢言，遭到训斥后又虚言搪塞，因为只要言语间稍有疏漏，就有可能被政敌抓住把柄大做文章，而他们自己心里清楚，自己虽然身居高位，却并不意味着得到皇帝的信任，清朝皇帝并不像明朝皇帝一样是真正意义上的孤家寡人，他所依靠的满蒙贵族集团有足够的权势和力量来掌控汉人文官集团，自己在皇帝面前没有太多可以犯错的机会。因此，尽管李三只是一介草民，但陈名夏"言出祸随"之语却并非虚妄，他为了避免惹祸上身，对一件普通的案件三缄其口，却万万想不到，一语成谶的却是这句"言出祸随"。

顺治君臣因李三案发生的这番对话次年，宁完我终于抓到了陈名夏的把柄，弹劾陈名夏称：

> 名夏屡蒙赦宥，尚复包藏祸心。尝谓臣曰："留发复衣冠，天下即太平。"❶

清初因"剃发易服"而在江南爆发的一系列此起彼伏的反抗斗争，以及因此而起的残酷屠杀，一直是清廷讳莫如深之事。宁完我以此弹劾陈名夏，显然是要将其置于死地，而陈名夏"辨诸款皆虚，惟'留发复衣冠'，实有其语"，坐实了这句话出自他口。但结合语境猜测，陈名夏此语，很可能并无"反清复明"之意，而是从巩固清王朝统治出发提出的一种策略调整，但陈名夏作为前明降官，对自己的定位产生了错误的认知，误认为自己已经和满洲统治集团是利益一致的共同体，而实际上，前明降官集团一直都是满洲统治集团防备的对象，顺治皇帝和满洲贵族对"留发复衣冠，天下即太平"之语，与陈名夏有着不一样也不可能一样的看法和态度。陈名夏坐实"结党""大逆"等罪状后，论罪当斩，顺治皇帝命令改为绞刑，陈名夏之子陈掖臣押赴北京，杖责四十，流放关外。

四、噤若寒蝉

不久，陈之遴也因结党营私，行贿勾结内监，论罪全家流放奉

---

❶ 赵尔巽：《清史稿》卷二百四十五，中华书局，1977年。

天，最终死在流放之地，几个儿子也相继殒命关外。随后，清廷又以江南士绅集团为目标大兴"奏销""明史""哭庙"三大案，又有"金坛""无为""镇江"等案，合称"江南十案"，自此之后，江南士绅集团及代表其利益的南党均一蹶不振，清初一度激烈的党争之风也逐渐沉寂下去。南北党争虽延续到康、雍时代仍有痕迹，但此时的南北党人不过是满洲贵族权力游戏的卒子和附庸，不再是两支独立的政治力量了。

曾经在明朝酿成巨大政治灾难，并成为直接导致王朝覆灭的重要因素之一的党争之祸，在清朝刚起涟漪就被统治者严酷镇压，其政治集团被连根拔起，主要成员均下场悲惨，带给当时的汉族臣工，尤其是前明降臣极大震撼，使他们在之后的政治生涯中噤若寒蝉，彻底失去了前朝养成的那种知识分子的习气，蜕变成唯唯诺诺的纯粹官僚。

无论是在清初因党争被屠杀、流放的前明降官，还是那些目睹了整风和清洗之后一生如履薄冰的降官、士绅，他们作为一个群体的悲剧都是双重的。

从其自身来说，他们在晚明那种无序开放又混乱繁荣的经济社会环境中形成的心理特质，导致他们在清初屡屡做出错误的政治判断，更有人付出了全家性命的残酷代价。以前文提到的陈名夏为例，他在晚明养成的结党营私、巧言令色、强争好辩习气在清初并无什么变化，但他并未意识到他所熟悉的明朝皇帝和清朝皇帝有着本质的区别，清朝皇帝并不是孤家寡人，他的背后是整个满蒙贵族集团，他对汉人文官的依赖远不如明朝皇帝那么高，掌控力却百倍于前者，所以尽管在表面上顺治皇帝欣赏陈名夏之流的学识和才情，赞许他"无所不知"，但实际上陈名夏并不是什么肱股之臣，对顺治皇帝来说，他不过是一个贰臣，一个消遣解闷和办事的工具，和一条好猎犬、一只海东青没有本质上的区别。清朝皇帝对"工具"所犯下的错误，注定不会有明朝皇帝那样随意和宽容，更不会允许"工具"有任何试图揣测、掌控和绑架君权的想法和举动，这里有一个例子非常典型。

顺治十年三月，前明进士、清少詹事李呈祥以满官语文不熟、政事不通为由，上疏称："部院衙门应裁满官，专任汉人。"[1]惹得顺治皇帝勃然大怒，对洪承畴说："李呈祥此疏，大不合理。朕不分满汉，一体眷遇委任，尔汉官奈何反生异议，若从实而言，首崇满洲，理所宜也。"[2]洪承畴胆战心惊之余心领神会，不久李呈祥就被弹劾，坐巧言乱政之罪，全家发配关外。这件事看起来，是李呈祥脑子发昏，胡乱说话惹祸上身，而实际上，用一些看起来明显荒谬的言论试探皇帝对某件事的态度和底线，正是晚明官僚常用的伎俩，李呈祥品位不高，背后必有人指使，而他故意上疏提出"裁撤满官，专任汉人"的荒唐建议，也是因为他背后的人试图以此试探皇帝对扩大汉官队伍一事的态度，但是李呈祥和他背后的势力意识不到，他们这一套伎俩之所以能在明朝奏效，是因为明朝皇帝对文官集团有一定的依赖性，不愿在权力斗争中过分激怒他们，因此对这种以荒谬言论刺探揣测上意行为的惩罚不过是贬斥和打板子。他们万万想不到，这种在明朝屡屡奏效的"妙计"在清朝不仅无效，还会招来灭顶之灾。

根本原因在于，与明朝皇帝相比，清朝皇帝的专制权力要大得多，也敏感得多，而作为一个异族的专制君主，最忌讳的就是被人揣摩心思。对李呈祥的严厉处罚不仅是一种惩罚，也是对所有抱有相同或相似心思的前明降官的一个警告。

由此可见，前明降官们对清朝皇帝的权力来源，以及满洲统治集团的斗争手段和斗争经验，均有严重的低估和误判，他们在晚明玩的

---

[1]《清实录·世祖章皇帝实录》第三册卷七十二，中华书局，1985年，第570页。
[2]《清实录·世祖章皇帝实录》第三册卷七十二，中华书局，1985年，第570页。

那些钩心斗角的把戏，在满洲统治集团面前不值一提。

被严重误判的，还有他们对自身的定位，陈名夏能当着多位大臣的面，说出"留发复衣冠，天下即太平"这种话，说明他将自身当作统治集团的一员，至少说明他认定自己与统治集团利益一致，他是在以统治者帮手的身份，为稳固其统治提出意见和建议。然而从统治者的角度看，陈名夏非但不是统治集团的一员，即使作为工具来说也不忠诚，是必须铲除的对象。

从时代和局势来讲，从晚明到清初，不过短短几十年，整个国家的政治架构就发生了重大的变化，皇帝不需要再像明朝那样在文官集团和宦官之间玩弄平衡之术，依靠皇帝的"家人"们，即满洲贵族集团，皇帝可以轻易控制文官和宦官，而文官和宦官不可能再控制皇帝。而皇帝是满洲贵族的利益代言人，也决定了满汉之间的"天堑"在很大程度上排除了满洲贵族和汉人文官勾结危害君权的可能，有清一朝，最激烈的政治斗争都发生在满洲贵族之间，在晚明为祸甚烈的文官结党争权和宦官乱政两大顽疾，从来都不是清朝的心腹之患，在太平天国起义爆发之前，也没有任何汉人文官，有左右皇帝意志和掌控朝政的能力和权力，就是最好的证明。

明朝的知识分子群体，包括士绅、官员在明末清初的一系列抉择和遭遇，以及其最终命运，都说明了在晚明这个特殊的社会环境中早产的公共知识分子群体，作为一种在乱世中"不合时宜"的产物，其自身先天的缺陷和局限性都决定了其在剧烈的社会变革中难以发挥后世的知识分子团体的那种作用，其在明末昙花一现，最终消散于清初的专制回潮之中，这种结局与其说是一种令人惋惜的悲剧，倒不如说是历史的必然。只是这些恬不知耻的亡国之臣在新朝故技重演时，依然带着"梦里不知身是客"的天真和愚蠢，倒是为明朝的灭亡提供了几个新的注脚。

神

倒戈之神——明清战争中的"大炮救国"运动始末

一、国之长技

中国是世界上最早将火药应用于军事领域的国家，在南宋时期已有使用管形火器作战的记录。现存于内蒙古蒙元文化博物馆的一门元代铜制碗口铳，其铳身上八思巴文的铭文显示此铳铸造于元大德二年（1298），是世界上现存最早的金属身管火药武器。

早期的金属身管火药武器口径和体积都不大，存在铳、炮不分的现象，主要使用泥模铸造法，由延展性较好的青铜制成，其工艺与铸币、铸钟有相通之处。而古代中国长期使用青铜铸币，亦不乏铸造大型铜钟的经验，拥有相当高超的青铜铸造技术，因此火铳这一新式武器刚一问世，就被大批制造并投入了战场。在元末的天下大乱中，异军突起的朱元璋势力无疑是火器使用水平最高的一支，其使用火铳最早是用于防守城池：

> 元至正二十三年夏四月，陈友谅军攻洪都（今江西南昌）之抚州门，其兵各戴竹盾如箕状，以御矢石，极力来攻，城坏三十余丈，邓愈以火铳击退其兵，随竖木栅，敌争栅，都督朱文正督诸将死战，且战且筑，通夕城完。❶

---

❶《大明太祖高皇帝实录》卷十二，历史语言研究所，1962年。

早期的火铳口径较小，装药量不多，又因身管较短，开火时有大量火药燃气从枪口逸出白白浪费，所以威力和射程都不大。同时因为铳膛内部不平、弹药不能完全合口等原因，弹丸实际上是在一系列与管壁的磕碰中"跌跌撞撞"出膛的，而且没有瞄准装置，必须依靠射手个人经验进行概率射击，因此准确度很差。这种原始火铳要发挥威力，必须由受过专门训练的士兵集中使用，用火力密度来弥补精度的不足。在这场洪都之战中，陈友谅军攻城时在城墙上造成了一个三十余丈的缺口，随后蜂拥而入，而朱元璋部将邓愈指挥士兵用火铳击退了陈友谅军，并竖起木栅保护缺口，以便修补城墙。以当时火铳的威力，要在这个宽度击退涌入的士兵，邓愈肯定集中了大量火铳，可见朱元璋军不但掌握了火器的集中使用原则，而且很可能已经拥有了成建制的火铳手部队。

也正是因为早期火铳的这些缺陷，朱元璋军主要将其作为近距离震慑和杀伤对方有生力量的一种手段，在针对城墙、箭楼、敌台等建筑物时，仍使用威力远超早期火铳的襄阳炮❶与火铳混编，以打击对方防御工事。如元至正二十六年（1366）攻张士诚的平江之战：

> （徐）达军葑门，遇春军虎丘，郭子兴军娄门，华云龙军胥门，汤和军阊门，王弼军盘门，张温军西门，康茂才军北门，耿文炳军城东北，仇成军城西南，何文辉军城西北，筑长围困之。❷

---

❶ 即回回炮，元代因蒙古西征而由中东地区引入中国的配重投石机，在蒙古攻南宋襄阳之战中发挥了巨大作用，因而又名襄阳炮。

❷ 《明史》卷一百二十五《徐达传》，中华书局，1974年。

合围平江后，朱元璋军"又架木塔与城中浮屠对筑台三层，下瞰城中，名曰敌楼，每层施弓弩、火铳于上，又设襄阳炮以击之，城中震恐"❶。

与朱元璋对阵的陈友谅、张士诚势力对火器并不陌生，且装备量不亚于朱元璋，但显然朱元璋的军队使用火器的水平更高，因而取得了明显的战术优势。当后来的明军将火器用于对外作战时，面对那些从未领教过火药武器的对手，明军的装备、技术和战术优势更是展现得淋漓尽致。尤其是早期火器虽然威力和准确度都很差，但发射时产生的巨大轰鸣、火焰和硝烟的刺激性气味，对没有见过火药武器的对手有着极好的惊吓效果，这种惊吓作用及其带来的恐慌效应，甚至超过了火器本身的杀伤力。洪武二十一年（1388）的定边之战就是典型的例子：

> 麓川百夷思伦发叛，命西平侯沐英率兵讨之。时思伦发众号三十万，象百余支，复寇定边，欲报摩沙勒之役，势甚猖獗。❷

叛军头目思伦发的底气，不仅在于对沐英指挥的明军拥有纸面上十比一的兵力优势，更在于他有上百头东南亚风格的披甲战象。大象并不是一种非常适合战场的动物，它们智力很高又非常敏感，容易被爆炸和火焰所惊吓，在战场上往往对敌方和己方都有极大的威胁，这一点在古典时代的多次战争中已被证明。但这种东南亚风格的战象类似甲骑具装，披挂有及膝的铁甲，象背上有战楼，战楼两侧有竹篓，竹篓内有可以投掷的梭镖。象皮本身就厚，披挂铁甲之后，能够抵御

---

❶《大明太祖高皇帝实录》卷二十一，历史语言研究所，1962年。

❷ 徐学聚：《国朝典汇》卷一百七十七《兵部》。

箭矢和小型火器的射击，可以进行短距离的冲锋，尤其是面对不熟悉战象这一兵种的军队时，未经训练的战马看见比自己大几倍的战象往往因恐惧而奔逃，常常可以收获奇效。

沐英初战告捷，已对战象的秉性有所了解，因此再战时，决定针对性地使用火器，先破对手战象：

> 贼之所恃者象耳，吾知其无能为也，乃令军中置火铳，神机箭分为三队，俟象进，则火铳以次而发，破之必矣。❶

两军相遇后，沐英命令部将冯诚率领三百轻骑兵佯攻思伦发军，思伦发见明军以骑兵进攻，果然以战象逆冲明军军阵，沐英针对早期火铳和神机箭装填时间长、准确性差、杀伤力小的缺点，将火铳和神机箭分为三队，提高火力的持续性，集中射击战象没有铁甲保护的膝盖以下部分，战象果然受惊四散奔逃，在掉头逃跑的过程中踩踏践踏了步兵，造成叛军崩溃，明军追击，阵斩叛军主将刀思郎：

> 火枪、火箭一时俱发，象惊惧、却走，自招踩践。刀思郎大败，追及斩之。左阵稍却，命掠阵者所马骥首，骥赴敌死。公挥兵救左翼，得全其师。自是夷震惧，不敢复出矣。❷

定边之战中明军在士气、装备、战术上展现出的压倒性优势让思伦发不敢再战，尤其是沐英以火器大破叛军引以为恃的战象，充分体

---

❶ 徐学聚：《国朝典汇》卷一百七十七《兵部》。

❷ 转引自王叔武：《〈南夷书〉笺注并考异》，《云南民族大学学报（哲学社会科学版）》，2001年第18卷第3期。

现了《孙子兵法》中"先夺其所爱，则听矣"的思想，摧垮了思伦发的心理，只能投降：

> 思伦发惧，遣使乞降，以其地为麓川宣慰司，以思伦发为宣慰使，思伦发乞于麓川下加平缅二字，从之。❶

明军的火器在元末军阀混战，以及明初平定各方敌对势力的过程中大放异彩，使得明军提升了火器在其军事装备体系中的地位和规模，最终于永乐初年建立了专业的火器部队神机营，作为克敌制胜的法宝。神机营虽以"神机"为名，但装备的火器并不止神机箭一种，而是有一个完整的装备体系。神机营的主要作战对象是元朝灭亡后逃窜并盘踞在蒙古草原上的北元势力，此时的北元势力已经失去了曾经的武器制造机构，不但退化成冷兵器军队，而且经历明初的一系列大败，盔甲装备率也大大降低，使得火器部队在对付北元军队时得以发挥巨大的作用。明成祖朱棣在第一次北伐中，就用神机营重创了北元军，《北征录》载：

> 六月九日，发飞云塾❷，虏列阵以待。上敕诸将严行阵。虏伪乞降，上命敢招降敕授之。俄而左哨接战，至为龙口虏众犯御营。都督谭广以神机营兵直冲其阵，败之。追奔十余里。上亲逐虏于山谷间，复大败之。虏叶辎重弥望，牛羊狗马遍满山谷。此北伐

---

❶ 转引自王叔武：《〈南夷书〉笺注并考异》，《云南民族大学学报（哲学社会科学版）》，2001年第18卷第3期。

❷ 在今蒙古国斡难河东北。

之初驾也。❶

北元太师阿鲁台遂引残部向北逃窜，朱棣亲率明军在斡难河河曲处追上北元军，再次以神机营为先锋对北元残军进行火力打击，火器的威力给予北元军极大震慑，因而再一次溃败：

> 上追及虏于回曲津，命安远伯柳升以神机锐（铳）当先，锐（铳）发，声震数十里，每矢洞贯二人，复中傍马，皆立毙，虏怖慑，策马走，我师奋进，大败之，斩其名王以下百数十人。❷

此时的北元军队不但对火器的性能和特点较为陌生，而且盔甲的装备率和质量都大不如前，因此虽然明军所用的早期火器威力不大，但仍给予北元军极大的震撼和杀伤。此后与北元军的战斗中，明军屡次以火器为制胜之利器，并针对北元军以骑兵为主、来去如风的特点，将火铳手五人编为一伍，选一到两名心理素质和射击技术好的作为射手，其余人作为装填手，以提高火力连续性和投射密度。在开火的同时不断燃放纸炮，使北元军分不清火铳发射和纸炮爆炸的声音，无法利用明军装填的空隙接近明军肉搏。明军这些战术改进措施收到了极好效果，并给北元军留下了相当大的心理阴影。如在第二次北征中，于永乐十二年六月初七的忽兰忽失温之战中，明军用火器重创马哈木部，六月十一日，聚集在三峡口的马哈木军因恐惧明军火器，不战而逃：

---

❶ 金幼孜：《北征录》，《中国人民大学图书馆藏古籍珍本丛刊》，燕山出版社，2012年。

❷《明太宗实录》卷一百五，永乐八年六月丁未，历史语言研究所，1962年。

午山三峡口，余寇复聚峡口山上。又有数百人据双海子。诸军乃以火铳先击据海子者，寇（寇）知不能拒，遂遁。余寇在山峡者，恐火铳再至，亦遁去。❶

经过长期与北元势力的斗争，朱棣总结出一套使用火器和骑兵配合的骑铳协同战术：

上命诸将于各营外布阵：神机铳居前，马队居后，令军士暇闲操习。且谕之曰：阵密则固，锋疏则达。战斗之际，首以锐摧其锋，继以骑冲其坚，敌不足畏惧也。❷

这一套战术的核心是利用明军的火器优势，在两军对阵时进行先发制人的火力打击，然后利用火力造成的混乱发起骑兵冲锋。在明初与北元的一系列战争中，明军的这一战术多次得手，使得明军对火器的重视和依赖日益加强，茅元仪评价："本朝之得天下也，藉于火为多。"❸明人以火器为制胜法宝，不断扩大制造和使用规模，按照铳身上的铭文编号统计，明初在四十年内铸造的"天""胜""功""英"等型号的火铳就达十三万件之多，仅"天"字号火铳就有近三万件之多，可见其重要性。

❶ 金幼孜：《永乐北征后录》，《中国人民大学图书馆藏古籍珍本丛刊》，燕山出版社，2012年。
❷《明太宗实录》卷二百六十二，永乐二十一年八月丙寅，上海书店，1982年，第2396页。
❸ 茅元仪：《武备志》卷一百一十九《军资乘·火·制火器法》。

二、停滞的神

然而，在明人将火器视为"国之长技"，认为火器的制造和使用是明朝得以在东亚区域内建立军事技术优势的核心机密之时，明朝本身的火器技术却停滞不前，逐渐被同时期的欧洲赶上，甚至为水平原本不如自己的周边势力所赶超了。越南火器技术的引进，就是明朝前期火器技术停滞的一个标志性事件。明成祖朱棣在亲征漠北的过程中取得了一系列胜利，很多场合都有越南火器技术的影子。

越南作为东南亚小邦，其火器技术得自元朝对越南的征伐战争，与明朝的火器技术同出一脉，但元代火器技术本身较为原始，而越南本身处于欧亚军事技术传播体系的边缘，其所在区域内战争的规模和烈度也限制了军事技术的发展，因此无论从哪个角度看，越南的火器技术都不可能有明朝可以借鉴之处。然而《万历野获编》中却说：

> 本朝以火器御虏，为古今第一战具，然其器之轻妙，实于文皇帝平交趾始得之。即用其伪相国、越国大王黎澄为工部官，专司督造，尽得其传。今禁军内所称神机营者，其兵卒，皆造火药之人也。❶

文献中说的"伪相国、越国大王黎澄"实际上就是永乐五年（1407）五月，明军平定交趾之战中，俘获的交趾国王黎季犛的长子。明军在此战中接触到了安南改进的神机枪炮技术，而被俘的黎澄正是安南的火器专家，朱棣因此重用他并赐其姓陈，任命其为户部尚书，又于永乐八年改任其为工部尚书，创建神机营及盔甲厂，由黎澄专门

---

❶ 沈德符：《万历野获编》卷十七，中华书局，1959年。

负责火器制造。因黎澄对明初火器制造贡献甚大，因此后世在祭祀兵器诸神时，也将黎澄一并配祀。

安南的神机枪炮相对明军原有的火器，并没有什么革命性的技术进步，仍是一种发射箭矢的火门枪，装填时先将粉末黑火药填入铳膛捣实，再用推杆打入一个"木马子"（圆形的木制垫片）保证气密性，然后放入一支铳箭。这是早期火铳的共同思路，因为早期火铳的内膛不够光滑，因而在弹丸不够合口时，射击的准确度异常差。但是在发射箭矢时，因为箭杆在飞行中的稳定作用，因而要较弹丸准确得多。同时期的朝鲜也从明朝得到过这种技术，朝鲜改进的版本中，箭矢露在火铳之外的部分还有起到稳定作用的尾翼。欧洲的早期火器"花瓶炮"也采取了类似的思路。更主要的原因在于早期火铳的装药量少、身管过短，导致弹丸的动能偏小，要靠铳箭锐利的物理外形弥补穿透力和杀伤力的不足，这对杀伤披甲单位尤其重要。而箭头外形的弹丸不可能合口地放入铳膛，箭头可以露在铳管之外的神机枪炮就格外受到明军的青睐。现代主战坦克主炮所使用的平衡尾翼脱壳穿甲弹，本质上也是一支用滑膛炮发射的箭，又走回了火炮技术的原点，可谓一种奇妙的巧合。

明朝引进安南的火器技术，并任命安南的火器专家黎澄负责明朝的火器制造产业，并不足以证明安南的火器水平高于明朝，但至少可以证明作为火药武器"原产国"的明朝在技术上并不高于火器进化与传播链条末端的安南。造成明朝火器发展进步缓慢，甚至停滞的，是一系列复杂的深层次原因。

第一，科学体系制约技术进步。火器的制造和应用是一门涉及金属冶炼与铸造/锻造、弹道学、化学等多种专业科学的复杂技术，即使之前人类历史上出现的最精密的技术兵器——配重式投石机的复杂程度也无法与火器相提并论。而中国古代一直处于前科学时期，始终没有建立火器技术的进步和改革所需的自然科学体系，自然也就没有技术改革与进步的理论支持和实验验证，只能依靠在实际应用过程中的经验积累，而火器这样复杂的兵器涉及的技术点既多又广，靠传统的"摸索–总结–试错"法获得的积累效应，与近代科学所采取的数理测量和量化标准相比，进展极其缓慢，且很容易走入弯路。

尤其是在西洋火器引入之前，明代工匠始终未能掌握"模数"这一身管火器制造的关键技术。"模数"即根据火铳/火炮的口径，按照一定比例推算火炮其他部分的尺寸，制造不同类型的火炮时，采取不同的比例，以使制造出的火炮在固定的质量和尺寸下获得尽可能优良的性能。虽然戚继光这样优秀的将领也在作战中总结出鸟铳"铳管长，长则直而利远"❶这样朴素而实用的经验，但终究未能掌握管状火器的倍径（口径与身管之比）原理。因此明代兵书中所载火器种类甚多，千奇百怪，但很多火器从设计上就违反最基本的物理学原则。而那些比较实用的铳炮类武器，不是因为身管过短导致火药燃气浪费严重，就是因为前后管壁一样厚薄，浪费了过多铸料，导致很重的火炮却威力有限。明朝后期在战场上赖以克敌的，主要还是后来引进的鸟铳、佛郎机、发熕、红夷炮等西洋火器。而那些奇形怪状的产物，大都是前人在摸索和试错中产生的失败产品，很快就被明末严峻的军事形势和烈度日益上升的战场淘汰掉了。

第二，当时的文武官员，以及军事技术人员对火器认知有迷信化倾向。在西方近代自然科学经西学东渐传入明朝以前，明朝人普遍使用阴阳五行原理解释火器制造和使用中出现的种种难以理解的现象，将火药武器的原理玄学化。当时的人被火药武器表现出的远超冷兵器的威力所震惊和慑服，同时又因为缺乏自然科学体系的支撑，无法以

---

❶ 戚继光：《纪效新书（十八卷本）》卷十五《布城诸器图说篇第十五》。

固有的经验和知识理解火器的制造和使用过程中出现的种种不可控的因素，因此表现出既崇拜又恐惧的迷信心态。导致的结果就是火药武器的神格化，普遍地用"神"来命名火器，同时认为火器有自身的意志，无论是在战场发威杀伤敌人，还是炸膛导致自身伤亡，都是火器自身意志的体现，因此一方面要祭祀主管火器的神祇：

> 永乐别有神旗之祭，专祭火雷之神，每月朔望，神机营提督官请祭于教场内。❶

另一方面又将大型火器封为"将军"，对其毕恭毕敬，将大型火炮发射的火药、弹丸等称为"钱粮"。在开铸前和试炮时均举行仪式，以致敬和安抚"将军"。既然火器成为神灵，那么运用火器的战争也就带有了魔法的性质，这使得战争中敌对的双方除了真刀真枪的搏杀之外，往往还围绕着火器的"显灵"与"失灵"展开着一场魔法与巫术的战争。比如在《平播全书·破贼厌镇法》中，就记录了平定播州之乱的明军与叛军之间的一场斗法：

> 为军务事，据营中报，贼凡遇我兵放铳，即令妇人脱去中衣，向我兵以簸扇之，炮不得中，此厌镇法也，合行破解，为此票仰分守川东道，即便移文监军二道知会，以后遇此令，军中即斩黑狗头，以血洒之，法立破。❷

可见叛军根据"阴阳相克"的原理，令"属阴"的妇人裸体面向

---

❶ 范景文：《战守全书》卷一《战部·军祭》，明崇祯刻本。
❷ 李化农：《平播全书》卷十一《牌票·破贼厌镇法》。

明军，用箕向明军扇去一阵"阴风"，使"至刚至阳"的枪炮失去准头，而明军亦有应对之术，就是用黑狗血泼洒过去，则"阴风阵"立破，枪炮又恢复了正常。而因为枪炮在战场中的性能波动被归入魔法和巫术的范畴，则自然无人会从科学和技术的角度去深究枪炮失灵的真正原因。

诸如此类的迷信思想导致一种恶性循环：因为无法解释某种现象，而将其玄学化，同时又因为将其玄学化，而阻断了进一步探索和研究其原理的路径。

第三，制造铳炮的工匠地位和待遇低下，缺乏改进技术的根本动力。明代军人地位不高，军匠的地位则较军人又低一等。明初归入"匠户"，世代从事军器制造的人主要有几类：一是投顺的元朝军匠；二是军中不善征战的军人，转籍成为军匠；三是各类充军的罪犯及其家属；四是收充的幼匠；五是拥有技艺的战俘，除前文提到的黎澄外，明朝在南征交趾的过程中，还俘虏了大量匠人，其中一部分擅长火器制造的匠人都被划归军匠管理，称为"夷匠"，如"锦衣卫夷匠阮清等其先安南人，永乐中以能制火铳短枪神箭及刻丝衮龙袍服，收充军匠"❶。无论是淘汰的士兵、罪犯还是战俘，他们的共同特点都是地位低下，朝廷为防止他们脱离匠籍，禁止他们分户，因而军队和地方上的流氓无赖，往往将难以翻身的匠户作为欺凌和敲诈的对象。而明朝对军匠的多头管理体制，也使得军匠面临着多重盘剥，钱粮常常得不到保障，却往往面临着超负荷劳动，尤其是宦官主掌的内府监局，对军匠的压榨最为严重，活活累死、虐死军匠的情形时有发生，例如嘉靖年间，"大理太和苍山产奇石，镇守中官遣军匠攻凿，山崩，

---

❶《明孝宗实录》卷二十六，弘治二年五月甲戌，明内府司礼监刻本。

压死无算"❶。因此从明中期开始，军匠逃亡现象日益严重，景泰元年（1450），"命有司逮逃匠三万四千八百有奇"❷，而当时在京师地区服役的军匠总共不过十几万人，逃亡比例十分惊人。成化十一年（1475），"命取兵仗局逃故军民人匠一万六千一百八十名"，到了明中晚期，朝廷不得不从民间雇募民匠充当军匠，以弥补军匠的不足。

这种生存境遇之下的军匠，不仅基本生活难以得到保障，甚至还常常面临生命危险，自然也缺乏去改进和研发的根本动力。而且明代的火器制造采取"物勒工名"的管理方式，火器上铸或刻有工匠的名称，如在打仗中出现质量问题，则追究工匠的责任，工匠为求稳妥，很少进行自主创新或技术改进。更何况军匠除军器制造外，经常被指派完成宫殿修缮、攻山凿石、运灰运土一类的杂役，甚至被宦官霸为私役，也没有太多的精力进行研发工作。

第四，战争是武器技术革新的催化剂。在欧洲火器技术的发展过程中，重型火炮往往与城防技术进行攀越式发展，一种新型重炮的出现，必然促进筑城技术和防御工事的革新，犹如"矛"与"盾"的关系。而类似的关系也出现在轻型野战火炮、火枪和盔甲之间。为了穿透中世纪晚期出现的带有穹壳结构的全身板甲，欧洲火绳枪的枪管越来越长、装药量越来越大，弹丸的动能和初速也不断提升，最终迫使板甲的设计思路从全面防御转向重点防御，将有限的重量集中于头部和躯干，以对抗日益强大的火枪。处于同一技术层面的势力在频繁的战争中都试图取得阶段性的技术优势，而这种"矛"与"盾"之间的攀越发展关系促使火器技术不断进化。

然而在明代，情况则有所不同，明代前期和中期的军事威胁，主

---

❶《明史》卷二百三《欧阳重传》，中华书局，1974年。
❷《明英宗实录》卷一百九十九，景泰元年十二月甲申。

要是元朝灭亡后败退草原的蒙古残余势力，他们在退回草原之初就陷入周期性的混乱之中，最终从帝国残余退化成了松散的部落状态，手工业的退化和明朝的贸易封锁不仅使蒙古失去了火器制造和使用技术，也失去了铁矿的开采和冶炼技术，因此尽管草原上一直保留着不错的武器盔甲锻造技术，但巧妇难为无米之炊，盔甲的质量和装备率不可避免地一落千丈，甚至依靠"拾遗戟于沉沙"，即捡拾之前战争中遗落在草原上的武器装备满足钢铁需求。缺铁使得蒙古连铁锅这样的生活必需品都无法自造，导致"铁锅为虏中炊煮之日用。每次攻城陷堡，先行搜掠，以得锅为奇货。今与之衣而不与之食具，虏众何能自赡。廷臣之议，谓锅系铁斤，恐滋虏打造之用，殊未知虏中不能炼炒。生锅破坏，百计补漏用之。不得已至以皮贮水煮肉为食"❶。"不能炼炒"即不具备开采和冶炼能力，因此即使在俺答时代通过各种手段得到了比较多的钢铁，拥有上万精锐甲骑具装，甚至"望之若冰雪然"，并以强大的军事实力迫使明朝吞下"庚戌之变"这样的奇耻大辱，但因为核心原材料和技术控制在明朝手里，这种短暂的局部优势既无法扩大，也难以长久保持。《北虏风俗》里说蒙古盔甲：

> 甲胄以铁为之，或明或暗，制与中国同，最为坚固，矢不能入，徒跃如也……说者谓虏无铁，有铁皆自互市中所阑出者，不知未市之先，岁所掳掠者不知其几。❷

---

❶ 王崇古：《为遵奉明旨经画北虏封贡未妥事宜疏》，《明经世文编》卷三百一十七，中华书局，1962年，第3368页。

❷ 萧大亨：《北虏风俗·教战》，《明代蒙古汉籍史料汇编（第二辑）》，内蒙古大学出版社，2006年，第249页。

因为蒙古得到钢铁的途径只有互市和掳掠，所以只要明朝继续采取封锁或有限贸易策略，通过长年累月的战争损耗和自然锈蚀，这些武器盔甲也会损失殆尽，使蒙古军队的武器装备在大多数时间保持一个低水平状态。

除了武器装备的退化之外，蒙古帝国时代严格的军法和缜密的战术传统也不断被遗忘和失落，以至于除了几位"雄主"短暂称霸期间，大多数时候蒙古军队的军事行动都更接近流寇，一方面因为缺铁，以至于"取刃器取釜，今乃接战夺甲，得车焚轮"❶，连打仗时抢来的盔甲也舍不得穿戴，抢到的战车也焚毁（为了得到车轮上的铁箍），另一方面也为了更好地胜任这种意在掳掠的流寇式作战，蒙古军队自身也在日益轻装化。

长期与这种技术和战术都在不断退化的对手交战，使得明朝缺乏改进火器技术的根本动力。蒙古人既然无坚固的城池堡垒，明军自然也没有发展重型攻城火炮的必要。蒙古人无力大规模装备精良的铁甲，明军也就不需要能够射穿坚甲的火铳。相反，流寇化、轻装化的蒙古军队不但来去如风，而且因志在掳掠而往往不愿死战，稍遇挫折就会退走。要对付这样的对手，对火器有着完全不同的要求。首先是要小型化、轻便，便于携带和机动，能够适应这种高机动性的战争形态。其次是要有比较好的震慑效果，以骇人的发射和爆炸效果，达到吓阻、驱逐蒙古军队的作用，反而对杀伤力和射程没有太高的要求。茅元仪《武备志》中就收录有大量介于武器和烟花爆竹之间的火器，大都是明军在与蒙古军队作战中的发明创造，徐光启的门生韩霖认为这些火器杀伤力低下，根本没有实用价值，因而批评《武备志》"兼收

---

❶ 尹耕：《塞语》，天一阁藏本影印版。

不择，滥恶之器，不可枚举"❶，实际上，这类武器本身的目的也并不纯是为了杀伤，它们的存在是明蒙之间低烈度、低水平战争的证明。

基于上述原因，明代的火器制造技术长期停滞不前，应用技术则有明显的倒退，明初形成的一些好的战术，比如以火力小组作战以提高火力投射频次和密度，用纸炮混淆开火的声音以迷惑敌人等逐渐被遗忘。相反，明蒙之间低烈度战争使很多明军部队养成了胡乱开火的恶习，蒙古军队因志在掳掠，往往不愿与明军主力正面交战，因此很多明军在射程之外就大张旗鼓地向着对手发射火器，力图用震耳欲聋的声响和遮天蔽日的烟尘吓退对方，如此一来，蒙古军队"知难而退"，明军也心满意足地收获又一场"大捷"。而实际上蒙古军队往往并无实质性损失或损失很小，不过是避开明军锋芒，换一个地方蹂躏而已。

明军这种胡乱开火的恶习，除了是明蒙之间特殊的战争形态使然，另一个重要的成因是明军步兵的退化。早期火器因为装填速度慢、有效射程近、射击准确度低的缺点，容易让使用者被迫卷入极其不利的近战，因而常需要步兵的保护。在普遍装备刺刀之前，欧洲各国的军队都将火枪兵与长枪兵按照一定比例混编作战，明朝的神机营也编有大量使用冷兵器的步兵负责保护铳手。明初军队在使用原始火器的情况下，往往可以对敌人造成不错的杀伤效果，就是因为在有合格步兵的保护下，铳手敢于将敌人放入很近的距离再进行射击。然而随着明军的不断衰落，明初"虽燕赵之精骑不及也"的江淮长枪兵早已不复存在，明军不断提高火器的装备比例，试图用提升火力密度的方法，来弥补射击准确性的下降，却加剧了军队对近战的恐惧和胡乱开火的恶习。

曾在蓟镇练兵，并对麾下北军进行了一系列针对性改革的军事家

---

❶ 韩霖：《守圉全书》卷三《制器篇·小论》，《四库禁毁书丛刊补编》第32册，第85—86页。

戚继光就毫不留情地指出这种恶习的根源：

> 成造本拙，工尤粗恶，身短体薄，腹中斜曲，口面大小全无
> 定制，不堪击敌……徒为虚器。故虽敌畏火器，而火器又不足以
> 下敌，惟有支吾不见敌面而已。❶

当时的欧洲传教士利玛窦在札记中评价明代的火药武器及火药的应用技术时也颇为不屑：

> 最后，我们应该谈谈硝石。这种东西相当多，但并不广泛用
> 于制备黑色火药，因为中国人并不精于使用枪炮，很少用之于作
> 战。然而，硝石却大量用于制造焰火，供群众性娱乐或节日时燃
> 放。……我在南京时曾目睹为了庆祝元月而举行的焰火会，这是
> 他们的盛大节日，在这一场合我估计他们消耗的火药足够维持一
> 场相当规模的战争达数年之久。❷

可见在利玛窦来到中国的16世纪中期，中国的火器技术已经落后于欧洲。利玛窦还指出中国的火药"质量很坏"，实际上是化学知识的缺乏导致火药配比不合理、爆速较低造成的。

三、神自西来

军队的整体素质和战术水平不断下滑，引以为傲的火器技术又停

---

❶ 戚继光：《练兵实纪·杂集》卷五《军器制解》，第319页。
❷ 利玛窦、金尼阁，何高济等译：《利玛窦中国札记（上）》，中华书局，1983年。

滞不前甚至倒退，这样的军事实力显然无法应对明朝中期之后接连爆发的边疆危机。嘉靖时期来自日本的海盗集团（即倭寇）和早期的欧洲殖民者对明朝东南海疆的袭扰，使得明朝接触到一系列威力和准确度都在明朝火器之上的欧洲火器，并迅速加以仿制和推广，并一度依靠这些火器稳定住局势，并赢得了包括日本入侵朝鲜在内的一系列对内和对外战事的胜利。这些舶来火器中最具代表性的无疑是鸟铳、发煩和佛郎机。

鸟铳是明清两朝对欧洲早期轻型火绳枪的统称。明代鸟铳技术的来源主要有三个：早在正德年间，明朝见识过葡萄牙殖民者携带的鸟铳，更在之后的冲突中缴获并仿制过一批；稍后的西班牙殖民者也将自己的火绳枪技术带到了菲律宾，并通过贸易传入了明朝，即"闽铳"；但明朝最主要的火绳枪类型，却是"倭铳"，即葡萄牙式火绳枪传入日本后，经日本人改进而成的衍生品。明代李言恭的《日本考》中曾记录过鸟铳传入日本的过程：

> 鸟铳原出西番波罗多伽儿国，佛来释古者传于丰州铁匠。近来本州铁匠造鸟铳一门，价值二十余两，用之奇中为上。其别州虽造，无此所制之妙，其价所值不多。❶

"波罗多伽儿"即"葡萄牙"的音译，经日本人改进的"倭铳"质量更好，也更符合东方人的使用习惯，因此明军在双屿之战中一经缴获，便以此为样本，大规模仿制和装备起来。明代军事学家郑若曾在追溯明式鸟铳的来历时写道：

---

❶ 李言恭、郝杰编，严大中、汪向荣校注：《日本考》卷二《百工器械》，中华书局，2000年。

> 鸟铳之制，自西番流入中国，其来远矣，然造者多未尽其妙。嘉靖二十七年，都御史朱纨遣都指挥卢镗破双屿港贼巢，获番酋善铳者，命义士马宪制器，李槐制药，因得其传，而造作比西番尤为精绝云。❶

发煩则是16世纪欧洲传入中国的前装加农炮的统称，又有发贡、发矿、法矿等种种讹译，都是葡萄牙语Falcão的中文音译，本意指当时欧洲的一种轻型野战加农炮：鹰炮，以及与之相似的小鹰炮（falconet），因为其低伸平直的弹道特性，因此在作为野战炮的同时，也常常被武装商船用作自卫舰炮，因而被葡萄牙人大量地带到远东来，并在与明军的冲突中被缴获。嘉靖二十八年（1549）二月，福建都司佥事卢镗击败入侵明朝海域的葡萄牙武装商船，缴获"佛狼机大铜铳二门，每门约重一千三百余斤，中号铜铁铳一十架，每架约重二百斤"❷，"佛狼机大铜铳"即发煩，因其倍径比较大，身管较长，因而膛压较高，多用延展性好的青铜铸成，又因比之前明朝人缴获的其他小型甲板炮体型要大，故称"大铜铳"，后来为了与另一种提心式后膛炮（佛郎机）区别，改称"发煩"。

当时欧洲火炮的形制也比较混乱，鹰炮可以指代多种火炮。这一现象在明朝也存在，明朝仿制了大量发煩炮，并根据需要进行了改进，根据大小又有头号、二号、三号之分。明军大型战船多以发煩炮作为舰首主炮。除此之外与之类似的火炮也统统称为发煩，甚至与大型佛郎机混称，因此发煩炮后来也成为对红夷大炮之外的所有大中型长身管火炮的统称。

---

❶ 郑若曾撰、李致忠点校：《筹海图编》卷十三《鸟嘴铳图说》，中华书局，2007年。
❷ 朱纨：《甓余杂集》卷五，《四库全书存目丛书》集部第78册。

发熕炮是明朝得到红夷大炮技术之前最强的舶来火器，其威力远胜明朝本土火器，以及其他类型的舶来品，带给明人极大震撼，因而对其威力的描述颇多玄幻之处，比如最早介绍发熕的《筹海图编》里记载：

> 每座约重五百斤，用铅子一百个，每个约重四斤。此攻城之利器也，大敌数万相聚，亦用此以攻之。其石弹如小斗大，石之所击触者，无能留存。墙遇之即透，屋遇之即摧，树遇之即折，人畜遇之即成血漕，山遇之即深入几尺。不但石不可犯而已，凡石所击之物，转相拚击，物亦无不毁者，甚至人之支体血肉，被石溅去亦伤坏。又不但石子利害而已，火药一蒸之后，其气能毒杀乎人，其风能煽杀乎人，其声能震杀乎人。故欲放发矿，须掘土坑，令司火者藏身，后燃药线，火气与声，但向上冲，可以免死。仍须择强悍多人为之护守，以防敌人抢发矿之患。若非攻坚夺险，不必用此也。或问：用之水战可乎？曰：贼若方舟为阵，亦可用其小者，但放时火力向前，船震动而倒缩，无不裂而沉者，须另以木筏，载而用之可也。曰：城上可用乎？曰：不可，发矿便于攻高，不便于攻下故也。❶

这段记录十分有趣，一方面记录者非常翔实地记载了发熕炮的主要杀伤方式和次要杀伤方式，比如"墙遇之即透，屋遇之即摧，树遇之即折，人畜遇之即成血漕，山遇之即深入几尺"即加农炮实心炮弹的动能毁伤效果，"凡石所击之物，转相拚击，物亦无不毁者，甚至人之支体血肉，被石溅去亦伤坏"即石弹碎裂后的溅射杀伤效果。"其气能毒杀乎人，其风能煽杀乎人，其声能震杀乎人"描述的则是开火

---

❶ 郑若曾：《筹海图编》，《中国兵书集成》第16册，解放出版社，1994年。

时炮口附近的冲击波杀伤效果。另一方面，记录者又过分夸大了发熕炮的威力，进而衍生出很多荒诞离奇的说法，比如炮手必须在发熕炮旁边挖一个土坑，点火的瞬间翻入土坑，方可避免被冲击波所伤，又比如发熕炮的后坐力太大，以至于作为舰炮时"船震动而倒缩，无不裂而沉者"，到了毁伤战船的地步，必须另外放置在一个木筏上使用。

这种毁天灭地的威力对五百斤重的发熕炮来说，是不太可能的。记载者很可能并未亲眼见过发熕炮开火的真实情形，而是道听途说。从这些描述者既敬且畏的夸张叙述来看，当时以发熕炮为代表的西洋火器，其威力对明朝人的心理震撼是很大的。

佛郎机则是一种提心式后膛火炮，它敞开式的炮腹很像婴儿的小床，故得此名（berços）。佛郎机采取了母铳和子铳分离的设计，母铳包括炮管和敞开的炮腹，提心式的子铳则类似现代火炮的定装式弹药，发射时将提心式的子铳放入母铳炮腹中，并通过炮闩固定，可以通过更换子铳实现快速开火，发射速度比同时代的前膛火炮快得多。

但佛郎机也有致命的弱点，首先其发射时的膛压有很大一部分由子铳承担，但为了实现快速开火，子铳的重量不能太大，因此限制了装药量。其次因为当时的制造技术不可能实现子铳和母铳的无缝结合，因此有相当一部分火药燃气并未做功于弹丸，而是从子铳和母铳之间的间隙逸出了。这两点极大地限制了佛郎机的威力和射程，因此虽然其有着诸多优点，但依然在短暂流行之后，被战争烈度越来越高的欧洲战场所摒弃，沦为一种自卫武器。欧洲的军舰和武装商船常在船尾设置带有回旋式炮架的佛郎机，以便在接舷战时用来装填霰弹横扫对方和己方甲板，在那种短兵相接又人员密集的情况下，佛郎机威力小、射程近的劣势被降到最低，而装填便捷、火力迅猛且持续的优点则被发挥到极致。因此佛郎机又被称为"回旋炮"。

但在明朝，佛郎机的命运则截然相反。明朝的主要对手无论是缺乏火器与盔甲的蒙古人，还是只有类似鸟铳这样小型火器的日本人，在火力水平上都和明军有着巨大的差距。佛郎机不但在射程和威力上足以压制大多数对手，而且其开火迅捷且火力持续性强的优点，可以使明军最大限度避免卷入白刃近战的危险，而这正是近战能力日益衰落的明军最为恐惧的事情。

因此，在葡萄牙人出现在明朝海岸线之初，明朝人就注意到佛郎机"弹落如雨"的独特性能，认为这是一种"较诸蕃独精"的先进武器。明朝通过收买、贸易等手段获得了佛郎机技术，又在正德十六年（1521）的屯门之战和嘉靖元年（1522）的西草湾之战中缴获了一批"正版"佛郎机。明军经过对佛郎机的实验和运用，对其评价很高，认为佛郎机"铳之猛烈，自古兵器未有出其右者，用之御虏守城，最为便利"[1]，广东海道副使汪鋐向明世宗奏请"颁其式于各边，制造御虏"[2]，明朝政府极其重视这一武器，将其视为头等重要的火器，不但作为舰炮大量仿制，而且"（明朝工匠）更运巧思变化之：扩而大之……乃大弗朗机也；约而精之……乃小弗朗机也"[3]。戚继光在《练兵实纪》里也对佛郎机的性能称赞有加，并列出了明军装备的六种佛郎机的规格，其中头号、二号和三号属于"大样佛郎机"，作为舰炮使用，同时发往九边各堡，作为城防火炮；而四号则属于"中样佛郎机"，作为轻型野战炮使用；五号、六号则作为单兵火器，供北方的骑兵使用。此外还有流星佛郎机、马上佛郎机、万胜佛郎机等诸多类

---

❶ 严从简撰、余思黎校：《殊域周咨录》卷九《佛郎机》，中华书局，1993年，第321页。

❷ 严从简撰、余思黎校：《殊域周咨录》卷九《佛郎机》，中华书局，1993年，第321页。

❸ 严从简撰、余思黎校：《殊域周咨录》卷九《佛郎机》，中华书局，1993年，第321—322页。

型。可见明军对佛郎机的肯定和热衷，使得明军不仅将其作为一种火炮加以仿制，更是形成了一个庞杂的佛郎机体系。

四、沉疴难救

明军依靠鸟铳、发熕、佛郎机这些舶来的西洋火器建立了对周边势力的火力优势，并在很大程度上用这种优势弥补了明军日益衰落的近战能力，从而取得了包括抗倭战争和"万历三大征"在内的一系列胜利，但明军在大量仿制并装备这些火器，在短时间内就完成了火器的更新换代，构建了以西洋火器为主的全新火器体系的同时，其在火器的装备和使用方面仍存在很多的弊病和隐患。

例如鸟铳一项。其在明军内部装备的过程中就受到了明显的阻力。倭铳传入明朝不久，兵仗局就一次性仿造了一万支装备明军，各地督抚也纷纷仿制，数量亦不少。尤其是戚继光对其麾下的军队进行了一系列军队编制、武器装备和战术改革之后，鸟铳更是在很大程度上取代了那些射程短、威力小的旧式火器，成为南军步兵射手的主要装备。

但北方的情况则有很大不同，九边各镇军士常年与蒙古军队作战，蒙古军队几乎不使用火器，亦无太多高质量的盔甲，在长期的"袭扰－吓阻"这种低烈度战争模式中，以骑兵为主力的明军北军形成了高度的路径依赖，没有南军面对倭寇和欧洲殖民者的那种军事技术和武器装备上的压力，因而也没有进行改革的动力。因此戚继光于隆庆二年（1568）在蓟镇练兵时，发现在南方被视为"御虏之利器"的鸟铳"尚未传至北方，知用者少"[1]，一营（约3000人）之中能使鸟铳者仅18人。即使在戚继光以实践证明鸟铳远胜北军原有的神枪、夹

---

[1] 戚继光：《练兵实纪》卷一，中华书局，2001年。

靶、三眼铳，大力推广之后，反对意见仍然很强：

> 北兵不耐烦剧，执称快枪三眼铳便利过于鸟铳，教场中打
> 靶，鸟铳命中十倍快枪，五倍弓矢，犹自不服。❶

北军对鸟铳不以为然的主要原因有三：一是长期路径依赖形成的妄自尊大心理。在辽东的建州女真势力崛起之前，明军的首级记功制度中，"北虏"（即蒙古人）的赏格为最高，"东夷"和"南倭"俱不及北虏，更不用说内地的寻常反贼。因此长期与"北虏"交战的北军不仅见识有限，而且态度保守傲慢。二则鸟铳装填、打放、保养步骤比较烦琐，戚继光推动的军事改革对唯钱是命、积习难改的北军将士没有经济上的现实好处，却徒增了新的训练项目，因此兵士"不耐烦剧"，守旧将官也暗中作梗。三是北军以骑兵为主力，在马上使用鸟铳很不方便，而缠绕在手臂上的火绳可能因为颠簸而从龙头上脱落，引燃身上的火药（后来的鸟铳上增设了一个套管来避免这种风险），北军骑兵因而有排斥心理。

戚继光首先展示了缴自倭寇的武器装备，破除北军将领的盲目守旧和妄自尊大心理：

> 继出所获倭夷盔甲枪刀、铳具之属，诸将皆观之皆吐舌曰：
> "一向只说倭贼易杀，如此观之，骁当在今敌之上，今只势耳，
> 若论军器，十不当一。"❷

---

❶ 赵士祯：《神器谱》，民国玄览堂丛书本，第9页。
❷ 戚继光：《练兵实纪·杂集》卷四《登坛口授》，《景印文渊阁四库全书》。

继而恩威并施推广改革，按照《练兵实纪》中记载的蓟镇车营的组成来看，一营官兵共3119员，装备有佛郎机炮265门、炮手768名、鸟铳手512名，火力充沛且配置合理，然而随着戚继光在万历十一年因张居正倒台而被迫黯然去职，北军的改革也戛然而止。从萨尔浒战役后金方面缴获明军的火器类型来看，改革并未给明军留下太多痕迹，一直到天启年间，孙承宗编练的车营部队中，一营（6627人）中鸟铳手仍不过256人，而被戚继光淘汰的三眼铳手却达到了1728人，可见明军中抗拒改革的守旧力量之顽固。

除装备和应用思想存在严重问题外，以鸟铳为代表的西洋火器在技术层面也存在诸多问题。比如利玛窦认为明朝士兵在使用鸟铳时"不知道怎么瞄准"，这显然是一个片面的刻板印象，因为包括戚继光在内的大批明朝军事家都非常强调瞄准和精确射击技术，南军中亦不乏优秀射手，在壬辰倭乱后留在朝鲜，帮助朝鲜训练新军。朝鲜新军"三手军"中的射手军，就是由明朝南军铳手和降倭训练出来的以鸟铳为主要武器的部队。

但同时这一时期的史料中，关于明军士兵不善瞄准、射术低劣的记录也比比皆是，原因除了上文提到的那种临敌胡乱开火、"打完收工"的恶习之外，更因为明代普遍地使用煤炭炼钢，而未脱硫的煤炭使得硫和磷两种有害的元素进入了钢铁之中，造成钢铁的热脆性和冷脆性，使得由铁卷成或钻成的铳管不能承受很高的膛压，稍有不慎就容易炸膛。尤其是明朝北方因为缺乏木材，使用煤炭炼钢更为普遍，加上制造不得法，导致北方制造的鸟铳"恶尤甚，多伤人"，使得很多射手不敢进行贴腮的精确瞄准射击。戚继光对这些粗制滥造的鸟铳深恶痛绝：

近来，洞晓此中病痛者既少，而又不任怨任真责成工匠，听其卷成铁筒，粗细厚薄不同，已可容三四钱铅子矣。腹内未曾用钢钻钻光，以致铅子不得到底。出口不直，厚处不容子入，薄处遇火爆裂。甚至单筒卷成，举即炸损，人手安敢托架于前！ ❶

在明军最后的南军精锐和优质鸟铳在辽东战事中消耗殆尽之后，明军的精确射击传统也随之趋于消亡，被明军训练出的朝鲜鸟铳手反而后来居上，被认为是优秀的上乘射手，甚至在明朝灭亡后，仍被清朝征调前往雅克萨与沙俄殖民者作战。

鸟铳之弊只是明朝中后期引进的西洋火器技术的一个缩影，相同或相似的问题在佛郎机、发熕的制造和使用上同样存在，产生的原因也与鸟铳之弊相同。一方面是明朝政治和军事体制的痼疾所致，由个别地方督抚和将领推广的局部改革对明军火器的整体水平提升有限，新式和旧式火器的混用使得本来就杂乱无章的火器体系更加混乱。一旦改革者去职，改革往往人亡政息，取得的成果也逐渐被消耗殆尽。另一方面则因为明朝在引进这些武器的过程中侧重"技术"层面，而对这些技术背后起到支撑作用的西方近代科学不甚留意，陷入了"知其然而不知其所以然"的前科学时代困局之中。

这些西洋火器在弥补了明军日益惨淡的肉搏能力的同时，也在一定程度上掩盖了明军不断衰落的事实。对低水平对手的一系列不算轻松的胜利，反而形成了一种"中兴"的假象，使得前文提到的弊病不但没有得到革除和矫治，反而潜养成祸，在"天启—崇祯"朝酿成了一场更大的军事危机。

正如前文论及的，明军在大规模引进西洋火器技术后，对周边的低水平对手形成了明显的技术和火力优势，不用说蒙古这样缺乏火器

---

❶ 戚继光：《纪效新书》（十四卷本）卷三《手足篇第三》，第56页。

技术的势力，即使是日本这样同样大量装备舶来火器的势力，在与明军对阵时也往往因火器的数量和质量差距而处于被压倒的劣势之中，如朝鲜接伴使李德馨在向宣祖汇报明军收复平壤之战时，描述了明军使用火炮压制日军城防火力的情形：

> 德馨曰：平壤陷城时见之，则虽金城汤池，亦无奈何。上曰：以何器陷之乎？德馨曰：以佛狼器、虎蹲炮、灭虏炮等器为之，距城五里许，诸炮一时齐发，则声如天地动，俄而火光触天，诸倭持红白旗出来者，尽僵仆而，天兵骈阗入城矣。❶

可见刚一开战，明军就使用射程和威力远超倭铳的各式火炮，压制了城头的火力，继而夺取了城池。而在单位时间内在对方射程之外投射尽可能多的火力击垮或击退对手，在攻城中用火炮压制城防火力然后登墙夺城，在野战中预设带有反骑兵障碍物的火力阵地，将步、骑置于阵地之中，诱使对方进攻并使用密集火力予以杀伤后，步骑兵再一齐出击，在防守中则以九边密布的城堡群为火力投射阵地，利用火器杀伤进攻的敌人，正是这一时期明军赖以克敌制胜的主流战术。这一战术在对付组织程度和战术水平都较低的对手时相当有效，但在遇到组织严密、战术素养较高，而且对明军火器和火器战术都非常熟悉的后金时，却引发了严重的军事危机。

萨尔浒之战中明军将领马林率领的北路军使用的，正是明军的经典战术，马林在得知杜松的西路军已全军覆没时，立刻与北路军潘宗颜部以及西路军残余龚念遂部设置"品"字形的防守阵地，转攻为守，马林亲守尚间崖，潘宗颜守斐芬山，龚念遂守斡珲鄂谟，以应对

---

❶《宣祖实录》卷四十九，正统年间刻本。

后金军的到来，《清实录》中描述了马林设置的阵地：

> 次日，大王领兵三百余先往，马林方起营，见大王兵至，遂撤兵布阵，四面而立，绕营凿壕三道，壕外列大炮，炮手皆步立，大炮之外，又密布骑兵一层，前列枪炮，其余众兵皆下马，于三层壕内布阵。❶

可见马林设置的阵地颇有章法，不但居高临下，而且围绕营垒挖掘了三道壕沟，在第一道火力阵地和第二道火力阵地之间布置了骑兵，主力在壕内据守，战术意图十分明显，就是迫使后金军在不利的地形上逆攻明军预设的火力阵地，最大限度迟滞后金军的移动速度，以发挥火力优势尽可能多地消灭后金有生力量。潘宗颜、龚念遂构筑阵地的方式，也与马林相似，都是居高临下，通过掘壕、立栅、楯车设置障碍，将大小火器层层环列布置。潘宗颜部兵力与火器虽不如马林部，但据守地势更为险要。龚念遂部本为西路军辎重部队，运载有大量未能及时抵达战场的火器，因此虽然兵弱，但火力亦不可小觑。

后金虽在萨尔浒之前已缴获极少量明军火器，但并不使用，此时还是一支比较纯粹的冷兵器军队，与明军这样的冷热兵器混用的军队，在技术上相差一个时代。理论上这样一支落后的军队，在地形不利的情况下主动进攻布置了大量火器的坚固阵地，必然碰得粉身碎骨，但战斗的结果却截然相反，后金军连破龚、马二营后，又攻破地势极其险要的潘宗颜营。除马林率少量人马逃脱外，龚念遂、潘宗颜及其所部均殁于阵。

---

❶《清实录》卷六，中华书局，2008年。

这样令人愕然的结果不仅让明人"举朝皆惊"，即使以今人眼光观之，也不免认为不可思议。后金军当然不是金刚不坏之身，面对险要山巅之上的明军营垒，没有也不可能有什么高超的战术，无非集中兵力、悍不畏死猛攻明军阵地的薄弱之处，迫使明军进入近战以抵消其火力优势，然后在肉搏中消灭对手。得益于东北地区丰富的铁矿资源和森林资源，后金军盔甲装备率及盔甲质量不仅远超明朝的老对手"西虏"，亦优于大部分明军，曾与后金交手的朝鲜将领郑忠信描述后金军队：

> 其兵有八部，二十五哨为一部，四百人为一哨。一哨之中，别抄百、长甲百、短甲百、两重甲百。别抄者着水银甲，万军之中，表表易认，行则在后，阵则居内，专用于决胜。两重甲用于攻城填壕。❶

"别抄"是"特选"之意，即《满文老档》中所记载的白甲兵，身穿甲叶在外的札甲，明朝也称为"明甲"，因其甲叶经过抛光，因此朝鲜人又称之为"水银甲"，是一种精锐骑兵。"长甲兵"是身穿布面铁甲的骑兵，其铠甲覆盖至膝盖以下，形制与明军北军一脉相承，并无太大差异，但要比明朝弊病丛生的军器制造机构生产的盔甲质量可靠。"短甲兵"是轻步兵，着齐腰锁子甲，主要作为射手，短兵相接时亦拔刀肉搏。"两重甲兵"是重步兵，在布面铁甲之外再穿一层棉甲，主要用于攻坚。后金不仅钢铁产量不低，锻造技术亦不逊于明朝，《栅中日录》的作者、萨尔浒战役的亲历者李民寏评价后金军的

---

❶《李朝宣祖实录》，国家图书馆出版社，2011年。

盔甲"极其坚致，除非强弓，必不能贯穿于百步之外"❶。

后金军作战时：

> 披长厚甲者，执长矛及长柄大刀战于前，披轻网甲者持弓箭
> 从后射之。所选精兵骑马立于他处观之，见有不胜，相机助战。
> 故每战皆能取胜。❷

即以长甲兵在前进攻，短甲兵跟随在后，用弓箭掩护长甲兵进
攻，骑兵在战场机动，寻找机会加入战局，一举摧垮敌人。除两重甲
兵外，别抄、长甲、短甲兵均在近战兵器之外装备有长梢满洲战弓，
在进入肉搏之前可以压制明军单兵火器的射击，并有效杀伤缺乏护甲
保护的明军铳手。后金军在萨尔浒歼灭北路军之战中，先击破龚念遂
部的车阵，又逆攻险要的斐芬山巅，击破潘宗颜部防守严密的火器阵
地，就是依靠这样的战术：

> 见斐芬山上尚有敌兵一万（潘宗颜部），大贝勒三次使人告
> 于汗。时汗于斡珲鄂谟之野，见明一营兵万人（龚念遂部）携枪
> 炮、战车、藤牌等一应器械而行。汗率兵不满千人往战，明一营
> 兵万人掘壕置枪炮列战车藤牌应战。汗命不足千人之一半下马步
> 战。明兵连发枪炮而不响，我兵遂全线进击，推倒其战车盾牌，
> 击败其一万兵，并合歼之。❸

---

❶ 李民寏：《紫岩集》，《韩国文集丛刊》第82册，景仁文化社（韩国），第383页。
❷ 中国第一历史档案馆整理，中国社会科学院历史研究所译注：《满文老档》第
4册。
❸ 中国第一历史档案馆整理、编译：《内阁藏本满文老档》（19），辽宁民族出版
社，2009年，第26页。

连破龚念遂、马林部后，后金再攻潘宗颜部：

> 自此回师往袭斐芬山另一营明兵。命半数兵下马，擐重甲者执长矛及大刀在前，轻甲者自后射箭。另半数兵骑马殿后，向山上行，以围攻其大山。明军于山上树牌，发枪炮以战，我军全然不顾，一拥而上，遂破其挡牌。未刻，尽杀其一万兵，乃收兵。❶

在北路军覆灭的三场战斗中，除马林部是因为指挥失当，放弃火力优势，将重壕内外兵合在一处向后金发起反冲击致败之外，龚念遂、潘宗颜部都是后金冒着火力强攻而克的，在这之前，后金军击破西路明军萨尔浒大营的方式也与之类似。以明军构筑营垒选择的地势以及其设置火力阵地的方式来看，《满文老档》中所谓的"诸申英明汗（即努尔哈赤）之兵阵殁者二百人"❷实不可信，盖因此时后金刚刚完成除叶赫之外女真各部的整合，极其忌讳其他"新附"的部族侦知其在战争中的真实伤亡。

后金在萨尔浒之战中这种强攻战术，在取得胜利的同时必然也遭受了一定损失。但从萨尔浒战场后金军主力转战多个战场连续作战，以及在战后短时间内连破开原、铁岭，又灭亡叶赫来看，萨尔浒之战中后金的伤亡并未伤筋动骨，完全在其可以承受的范围之内。

《满文老档》一类的文献为了掩盖后金一方的真实伤亡，往往将胜利归结为"天佑"，并将明军"丸不透甲""丸皆中马""（枪炮）皆不响"作为后金一方得到"天佑"的证据。这当然不是什么"天佑"，

---

❶ 中国第一历史档案馆整理、编译：《内阁藏本满文老档》（19），辽宁民族出版社，2009年，第26页。

❷ 中国第一历史档案馆整理，中国社会科学院历史研究所译注：《满文老档》第4册。

而是衰落已久的明军长期被火器战术和技术优势所掩盖的种种弊病集中爆发的结果，火器遮蔽了明军的问题，当火器本身出现问题的时候，问题就无法再掩盖了。

明军在纸面上超高的火器装备率，说是军事技术上的有限优势，倒不如说是退化的一种特殊表现。前文已经论及，火药武器的发展是一个逐渐成熟的过程，在火药武器出现后的很长一段时间内，都需要冷兵器的保护和补充。时至今日，世界主要军事大国的步兵装备中仍保留了刺刀一项。明军在火器技术和战术还不足以完全独当一面的时候，白刃能力就过早衰退，而为了弥补过早衰退的白刃能力，明军又装备了更多技术上不够成熟的早期火器。这种错误的思路之所以可以在蒙古、日本等对手身上奏效，是因为他们的军队组织度较低，承受伤亡的能力较弱，而遇到组织度较高、盔甲坚固厚重、悍不畏死的后金军队的时候，自然就失效了。

受到明朝军事体系深刻影响，同样高度仰仗火器的朝鲜军队，在萨尔浒战役中的遭遇，和明军几乎一模一样，参战的朝鲜军队"甲胄则不坚不密，重且龃龉；弓矢刀枪则歪弱钝弊，不堪射击；炮铳则四五放，多有毁裂者。其他诸具，皆非著实可用之物"❶。唯一可以仰仗的是壬辰倭乱之后由明朝南军和降倭训练的"炮手"，即火绳枪（鸟铳）射手，因此其作战方式也与明军相去不远：

> 左营阵前面高峰，中营阵于元帅所登之阜，右营阵南面一阜。❷

---

❶ 李民寏：《建州闻见录》，见辽宁大学历史系辑清初史料丛刊第九种《建州闻见录校释》，1978年，第49页。

❷ 李民寏：《栅中日录》，万历戊午七月，见《清入关前史料选辑》第三辑，中国人民大学出版社，1991年，第451页。

朝鲜军同样居高临下设置阵地，以期最大限度迟滞后金军的进攻，以远程火力对其造成杀伤。然而同样因为火力不足以击退后金军的骑兵冲锋，近战能力又过于孱弱，因此在第一轮射击之后就被后金军冲垮，"瞬息间，两营皆覆"❶。

而且从萨尔浒之战中后金军缴获的明军火器来看，除部分西洋火器外，大部分仍是较为原始的明朝本土火器。这些本土火器身管短、装药少、射程和穿透力都较差，根本不足以仰恃。以单兵火器为例，萨尔浒明军装备数量最大的三眼铳早在几十年前就倍受戚继光诟病：

> 远不及鸟铳，又手夹铳后，又必手发，远近高下势不由人。然北军惯习之，一铳入二三子，放毕当锤击之，痼不可变。❷

三眼铳实际上是将三支原始的火门枪组合在一起，除了提高了火力持续性之外，对火门枪射程短、威力小、准确度差的固有缺陷无一改良。《满文老档》中有后金骑兵以长梢满洲战弓与手持三眼铳的明朝步兵对射的插图，可见在单兵远程武器方面，明军在射程、威力和准确度上均无优势可言。在当代的一些不甚严谨的测试中，复制的三眼铳使用现代配比的黑火药，其枪口初速和穿透力亦不乐观，射不穿后金军的盔甲，也在情理之中。

因此明军装备中理论上有能力对后金军造成有效杀伤的，实际上是明军装备的大量中小型野战火炮，然而正因为前文提到的，长期与

---

❶ 李民寏：《栅中日录》，万历戊午七月，见《清入关前史料选辑》第三辑，中国人民大学出版社，1991年，第452页。
❷ 戚继光：《练兵实纪》卷一，中华书局，2001年。

蒙古势力在边境的冲突，使得明朝在火器技术的发展中，存在片面重视轻量化、片面重视射速和火力持续性的特点，因为蒙古军队作战的战术，是精锐在前，老弱在后，只要明军第一轮最猛烈的齐射打击能够对其精锐造成较大损失，就有相当的概率能够瓦解其进攻的势头。因此明朝的中小型野战火炮本身为了机动性能，重量和威力都偏小，如明军最常用的二号佛郎机"长六七尺，铅子十两，用药十一两。三号长四五尺，铅子五两，用药六两"❶，弹重和装药量本就不大，又为了最大限度扩大火力的封锁范围、提高火力强度而常装填霰弹，这就必然进一步降低了单个弹丸的动能，使得火炮的射程和穿透力都下降了。

而后金的战法则与蒙古完全不同：

> 奴贼（即后金）战法，死兵在前，锐兵在后，死兵披重甲，骑双马冲前，前虽死而后乃复前，莫敢退，退则锐兵从后杀之。待其冲动我阵，而后锐兵始乘其胜……与西北虏（即蒙古军）精锐居前，老弱居后者不同。❷

因此，明朝北军用于对付蒙古军队的野战火器体系，并不能有效击退后金军。后金敢于在斐芬山腰这样的劣势地形，顶住山巅明军居高临下的炮火，"全然不顾，一拥而上"，甚至在炮火下抵近明军营垒，清除了明军为迟滞对手、发挥火力所设置的障碍，也可足见后金并不十分畏惧明军大量小口径野战火器的攒射。

战后后金方面缴获明军火器逾两万件，但并无大规模仿造及应用

---

❶ 茅元仪：《武备志》卷一百二十五。
❷《明神宗实录》卷五百九十，万历四十八年正月壬寅。

的记载，仅保留少量作为信炮使用，仍以冷兵器为主要作战手段，以弓箭作为主要的远程武器，也说明后金军对这些武器缺乏兴趣。这侧面印证了明军的野战火器体系走了歪路，在面对实力较强的冷兵器对手时原形毕露，根本不足以仰赖。如果说在萨尔浒之战中，明军中小型火炮和单兵火器射程太短、威力太小，野战工事过于脆弱，不足以阻挡后金的冲锋，在萨尔浒之后很短的时间内，后金又连克军事重镇铁岭、开原，则证明了明军的城防火器亦不足恃。

　　萨尔浒之战后，明金之间攻守之势倒转，万历四十七年（1619）六月十日，新胜的努尔哈赤挟萨尔浒余威，亲率四万大军进攻开原城，萨尔浒败将、开原总兵官马林据城固守，双方围绕城墙交锋不久，后金军即于南面越墙而入，明军如惊弓之鸟四散奔逃，在突围中大部被杀，其余在城内近战中被歼灭。开原是辽东重镇，地理位置重要，后来经略辽东的熊廷弼曾称其为"河东根柢"，于万历三十七年七月十九日即上《议屯田修边疏》请求整饬修缮开原、铁岭一带城防，朝廷予以批准并拨款修缮，因此开原城城大且坚，失陷之后引发了更大的恐慌。七月二十五日，后金军再次轻取铁岭。

　　开原、铁岭之失，固然有将领指挥失当、城内奸细作祟的缘故，但后金军得以楯车为掩护，轻易抵达城墙，也暴露出明军城防火力不足的问题。楯车是一种攻城器械，上面有可以活动的木制挡板，厚五六寸，合今16—19厘米，覆盖有生牛皮和铁皮，用长甲兵推动楯车抵近城池后凿城、破门或树立云梯登城，是后金获得红夷大炮技术之前的主要攻城手段，也是冷兵器时代常用的攻城战术，楯车本身及其战术均无新奇之处，无非后金的楯车为了对付明军的火器，制造得特别坚固而已。但这种并不稀奇的攻城器械，却带给明军很大的麻烦。明军大多数的中小型火炮不能有效摧毁楯车，而大型火炮虽然威力足够，但装放太慢，效率太低，可靠性也很差。

后金连下开原、铁岭，又于同年八月出兵消灭顽敌叶赫部，不仅尽得叶赫部的城寨、人口、牲畜以及精锐骑兵，而且扫清了通往黑龙江、松花江的障碍，得以从更北面的通古斯诸族中得到兵力补充。努尔哈赤遂于天启二年（1621）正月十二日与诸王祭天，三月初十即亲率大军进攻沈阳。沈阳为辽东第一大镇，且在萨尔浒之战后经过熊廷弼修缮，拥有大量火器，成为一个极为坚固的军事要塞。十一日，明军各墩台举炮放烟向沈阳告警，因此在十三日后金军攻城之时，明军已有严密的守备：

> 十三日卯时，棉甲兵携楯车，往攻城东。明人掘堑十层，深一人许，堑底插有尖木。堑内一箭之地，复浚壕一层，壕内侧以一二十人始能抬起之大木为栅。栅内又掘大壕二层，宽五丈，深二丈，壕底插有尖木。壕内侧排列盾车，每车置大炮二门、小炮四门，第车间隔一丈，筑土为障，高至肚脐，障间设炮各五门。❶

后金军见明军守备严密，遂以哨探抵近壕沟侦查明军布防，明军在前哨战中获得小胜，守将贺世贤轻敌，酒后率家丁轻率出击，结果中了后金埋伏，战死于沈阳西门之外，另一守将尤世功出西门接应贺世贤，亦中伏而死。明军刚一开战即折两员主将，自然人心惶惶。后金军遂以棉甲兵推着楯车抵挡明军炮火，掩护长甲兵和短甲兵抵近战壕，进入弓箭射程后，利用明军装填的火力间隙，从楯车后突出射杀明军步兵，然后将楯车后的小车里的泥土装入壕沟之中，一旦壕沟填平，骑兵就乘着炮火的间隙猛然冲入，《两朝从信录》中也描述过这

---

❶ 中国第一历史档案馆整理，中国社会科学院历史研究所译注：《满文老档》第19册。

种战术：

> 有为奴兵结阵，前一层用木板，约至五六寸，用机转动如战
> 车之制以避枪炮，次一层用弓箭手，次一层用小车载泥土以填沟
> 堑，后一层仍用铁骑，人马皆重铠，待我火炮发，突而出，势若
> 风雨。❶

除城外的预设火力阵地外，城上明军也拼命施放枪炮，但均不能
阻止后金军抵近城门，明军枪炮反而因为发射频率过高而出现了不少
炸膛事故，使得明军一方更加慌乱。后金军乘明军火力减弱之机加速
填壕，城内降夷和后金奸细也乘机发难，打开东门放后金军入城。明
朝倾注了大量人力、财力、物力修筑，战前又经熊廷弼专门修缮整饬
的辽东重镇沈阳，前后不足三天就沦陷了，不仅大量器械、粮饷、军
火落入敌手，人员损失亦十分惨重，《满文老档》记载：

> 聚歼明军七万，阵斩主将贺总兵官、尤总兵官及道员和副
> 将、参将、游击等大员三十人，其余千总把总等低级官员，不计
> 其数。❷

随后，后金军又在浑河岸边，连续击败前来救援沈阳的川、浙客
兵。其中援辽川军系石柱、酉阳土司兵，与高度依赖火器唯求"不
见房面"的其他明军不同，川军土司兵善于使用一种带钩的长枪，近

---

❶ 沈国元：《两朝从信录》，明刊本。
❷ 中国第一历史档案馆整理，中国社会科学院历史研究所译注：《满文老档》第
19册。

战能力十分强悍。后金军刚取沈阳，士气高涨，在不熟悉川军战法的情况下贸然以精锐骑兵冲击川军长枪方阵，结果川军长枪方阵岿然不动，后金军反而遭受了很大伤亡。一筹莫展之际，投靠后金的明朝降将李永芳看出了川军破绽，川军以步克骑，唯赖长枪如林且悍不畏死，千人一心，后金军想像对付普通明军那样用精锐骑兵一锤定音无异于送死，但同样，川军在长枪方阵始终处于后金的威胁之中，也难以进行快速的战术机动，方阵这样一个人员密集而又相对固定的目标，正是炮火打击的极佳对象，于是"李永芳得中国炮手，亲释其缚，人赏千金，即用以攻川兵，无不立碎者" ❶，川军遭到来自沈阳城头的炮击后果然阵型出现弱点，后金军乘势而上，击溃了川军，这一骑、炮协同战术，与马里尼亚诺战役中法军击败瑞士长枪方阵的战术有相似之处。后金军又渡过浑河，再次使用楯车战术抵消明军野战火力优势，歼灭了善于使用车营和火器的浙军。

三月十八日，努尔哈赤又率军直取辽阳，辽阳守军出城布阵，且放太子河水灌壕，并在城头布置大量火炮，阻止后金军接近城墙登城，结果不仅城外明军惨败，城头明军拼命施放火炮、火箭，投掷火罐，也未能阻止后金军夺取西门桥，左、右各四旗兵遂于西、北两面先后登城，辽阳城很快陷落，明朝在山海关外的最高军政长官、辽东经略袁应泰自焚而死。辽、沈失陷之后，辽东诸城望风而降，明朝失去辽东，退守辽西。

明军从萨尔浒战役之后在辽河以东的一系列惨败，证明明军的火器体系不仅在野战中无法抵挡后金军的重甲步、骑兵次第冲锋战术，在守城中，大多数火器也无法有效击毁后金军楯车，阻止后金军接近城墙。尤其是在浑河之战中，后金开始将楯车这一攻城器械用于野战

---

❶ 谷应泰：《明史纪事本末补遗》，中华书局，1977年。

之后，明军那些装备了大量中小型火炮的车营部队，就更难在野战中战胜后金军。面对后金中世纪式的重甲加楯车战术，装备了大量火器的明军陷入了一场"火力危机"之中，射速快、机动性能高的中小型火炮无法有效击毁楯车，杀伤敌人，而能够击毁楯车的重型火炮机动性太差、射速很低，而且很不可靠。

尤其是浑河之战中，后金利用被俘的明军炮手，反过来炮击明军，更是引起了明朝有识之士的担忧，比如李之藻就意识到，虽然明朝这些火器不能有效抵挡后金，但后金军一旦得到这些火器，与其强悍的近战能力相配合，会使明军陷入更加不利的境地：

> 顾自奴倡乱三年以来，倾我武库甲仗，辇载而东以百万计，其最称猛烈如神威飞电大将军等亦以万计……一切为贼奄有。贼转区（驱）我之人，用我之炮，佐其强弓铁马，愈以逆我颜行。❶

在这种"火力危机"之下，为了提升火炮威力，明军走入了通过一味增加火炮的装药量来提升威力的误区，使得本来就不可靠的火炮变得更加危险。在火炮的倍径不变的情况下，单纯增加火药量对威力的提升极为有限，反而因此使得膛压过高，炸膛的风险水涨船高。尤其是明军那些身管较短的火器，装填了较多的火药之后弹丸过于接近炮口，产生的火药燃气尚未充分做功于弹丸，就从炮口喷逸而出。然而在缺乏相关科学知识的情况下，即使是熟知兵事的边臣良将，亦很难理解其中的道理，比如当时明朝最有才能的边臣熊廷弼，就做过一个有趣的实验：

---

❶ 中国第一历史档案馆整理，中国社会科学院历史研究所译注：《满文老档》第19册。

解到自造（吕宋）铜炮数位，职亲下教场以羊豕祭之，然后试放，乃一试而重千斤一位者逐炸碎无存，时张名世亦以所造灭虏炮重二百余斤者，铅药分两与千斤铜炮同，而声更猛更远，连试数位皆无恙，一时解炮官军皆无色，道将以下无不人人笑铜炮无用，而谓张火器之精有如此，大司寇忧国忧辽，尚专疏论制虏者莫如火器，若请自铸铜炮遣子弟从军，顾不能宽一善用火器之名世耶？❶

"吕宋大铜炮"是西班牙殖民者带到亚洲来的一种形制介于发熕和红夷炮（寇菲林长炮）之间，倍径为17—18厘米的青铜加农炮，其技术源自马尼拉炮厂，故被明朝人称为"吕宋大铜炮"。这批在萨尔浒之战后紧急解往辽东应对明军火力危机的"吕宋大铜炮"，是时任南京兵部尚书黄克缵雇佣的一批曾在马尼拉炮厂参与或学习过铸炮技术的"闽匠"在北京铸成的，总计二十八门，分为一千斤、两千斤、三千斤三种规格，熊廷弼用倍装药法实验的，就是其中一门一千斤的加农炮。熊廷弼用相同质量的弹丸和火药分别测试了吕宋大铜炮和锻铁灭虏炮两种火炮，结果千斤重的吕宋大铜炮发生炸膛损毁，而两百多斤的灭虏炮则完好无损，他因此得出了吕宋大铜炮不如锻铁灭虏炮的结论。

实际上，除了熟铁经过锻打之后脱碳成钢，强度较青铜更高，且炮身有多重加强箍之外，轻得多的锻铁炮能够和吕宋大铜炮使用同样多的火药而不炸，还因为锻铁炮的身管较短，倍径较小，大量的火药燃气从炮口喷出，因而不容易炸膛。也许这些福建工匠确实学艺不精，铸造的吕宋大铜炮确实存在质量不佳的问题，但仅根据这一极不严谨

---

❶ 中国第一历史档案馆整理，中国社会科学院历史研究所译注：《满文老档》第19册。

实验就得出千斤的铜炮不如两百斤的灭虏炮的结论，也足见时人物理知识的匮乏。

明朝不仅在军事上处于全面劣势，在战略上没有采纳熊廷弼提出的"以守代攻"的策略，在战术上无力解决火力危机问题，无法克制后金军的战法，在政治上也深陷党争泥潭，内耗严重，党争之祸从京城延烧至辽东战场，使得山海关内外督、抚不合，使得辽西走廊也很快失陷，退缩至山海关一线。

明末清初的传教士卫匡国所著的《鞑靼战纪》中，也记录了明军遭遇的这场火力危机，以及其造成的严重影响和后果：

> 他们最害怕的是火枪子弹，于是使用计策，出敌意料外地减少神秘火枪的杀伤力。鞑靼王命令第一批攻城部队用坚硬的木板作盾牌，如同一堵木墙，后面跟着携带云梯的登城队，最后是骑兵部队。他以这样的阵势四面包围了城池。先用木墙挡住火枪的火力，顷刻之间，云梯已经架上城头，不等敌人第二次开火，他们已经登上城墙冲入了城市。鞑靼人迅猛而敏捷（在这方面他们超越了所有的民族，并以此为主要的技能），他们能够在瞬息之间进退自如。在这场战争中，中国人使用火枪的那点技巧没有起什么作用，他们来不及开第二枪就被鞑靼士兵蜂拥而入的浪潮所吓倒，立刻慌不择路地四散奔逃，却遭到飞快的鞑靼骑兵的追击，大部分都随着城市的陷落覆灭了。这个城市被占领后，鞑靼人又象一股洪流般淹没了很多不太有名的城镇，其中有壮丽的广宁城（Evamgning），又迅速占领了整个辽东。❶

---

❶《清代西人见闻录》，中国人民大学出版社，1985年，第6页。

五、见骥一毛

而在此之前，徐光启、李之藻等一批与欧洲传教士交往频繁，并接触了西方近代科学技术体系的士大夫，就已经产生了引进相对先进的西方火药武器以对抗后金的想法。

徐光启于万历三十二年（1604）中进士，授庶吉士，因而结识同时在京的传教士利玛窦，当时一些抱残守缺的守旧士大夫因为西方传教士传播的基督教思想与中国传统文化有相异之处，因而对传教士有抵触和仇视心理。徐光启则"每布衣徒步，晤于邸舍，讲究精密，承间冲虚"❶，以旺盛的好奇心向利玛窦虚心求教。同时，徐光启也没有一般的中国官员重视西洋技术而不重视科学的功利主义态度，对自然科学的理论知识也相当感兴趣，利玛窦说他：

> 他把从我们这里所听见的好事和有益的事，或有关于圣教道理，或有关于西方科学，凡可以加重我们声誉的，他都笔录下来，预备编辑成书。❷

在通过利玛窦接触西方近代科学技术时，徐光启自然也了解到同时期西方军事科技与明朝之间的差距，以及造成这种技术差距的根本原因——科学，因而产生同时引进西方军事科学与军事技术，用以解决晚明军事危机的想法。而对利玛窦来说，在这样一个充满了敌意的传教环境之中，士大夫特别是朝廷官员与他的交往，对他的传教事业

---

❶《徐光启集》，中华书局，2014年。
❷《利玛窦书信集》下册，1605年5月10日《致高斯塔神父书》，商务印书馆，2018年，第290页。

至关重要，因此也对徐光启知无不言，言无不尽。同时利玛窦也认识到，与他交往的这些明朝士大夫并不是单纯对他所推广的那个神——上帝，心怀崇敬之意和皈依之心，他们对另一种"神"——科学，往往表现出更浓厚的兴趣。而这种兴趣的背后除了个人意愿之外，更多的是基于拯救日益衰败的祖国的赤诚之心。尽管明朝士大夫想要的"神"不是或不完全是传教士们想要他们信奉的那个神，但传教士们仍将明末的军事危机视为一次绝佳的，能够与明朝高层建立紧密而良好关系的机会，而且利玛窦在一路北上传教的艰辛过程中，一直将西方的科学和技术当作某种"神迹"和"异能"，通过展示随身携带的自鸣钟、三棱镜吸引信众，并通过展示天文历法演算能力的方法吸引皇帝和官员，因而想救国的士大夫和想走上层路线传播宗教的神父们一拍即合，掀起了明末军事领域"西学东渐"的高潮。

在与利玛窦的学术交流中，徐光启认识到西方近代技术体系的根源在于其自然科学成就，而自然科学的基础在于数学，因此于万历三十三年（1605）向利玛窦建议，翻译一批理论类书籍，向守旧派士大夫证明"泰西之学"对中国非常有用，利玛窦欣然应允。双方合作翻译了古希腊数学家欧几里得的著作《几何原本》的一部分，书中首创的一系列名词，如点、线、面、直角、四边形、平行线等被沿用至今。《几何原本》向当时的中国人展示了一种完全不同于传统算术的科学思维，引起很大震动，徐光启受此鼓舞，又于万历三十五年（1607）与利玛窦合译了《测量法义》。利玛窦的学生李之藻后于万历四十一年（1613）向万历皇帝上呈《请译西洋历法书疏》，次年与利玛窦合译了《同文算指》。在此书的序言中，李之藻丝毫不掩饰对利玛窦人品和学识的钦佩，以及对西方近代自然科学知识的重视：

往游金台，遇西儒利玛窦先生，精言天道，旁及算指，其术不假……加减乘除总亦不殊中士。至于奇零分合特自玄畅，多昔贤未发之旨。至于缘数寻理，载在几何，本本元元……如第谓艺数云尔，则非利公九万里来苦心也。❶

　　身为儒家士大夫和朝廷官员的李之藻在序言中尊称利玛窦为"西儒""先生"，不但将利玛窦视为"泰西大儒"高度认同，而且以师礼待之，足可见以利玛窦为代表的西方传教士"科学传教"策略的成功。本应是对立关系的科学和宗教，就这样以一种奇妙的方式结合了，并且在明末士大夫苦苦思索救世良方的过程中，科学之神和宗教之神的界限，愈发模糊起来。

　　除与利玛窦合作外，万历三十九年（1611），徐光启还与熊三拔（Sabatino de Ursis）神父合译了《简平仪说》。1614年，熊三拔和周子愚、卓尔康合译了《表度说》。

　　这些自然科学类译作中，有相当一部分知识是近代军事技术的基础。几何学是近代培养军官的必修科目，《测量法义》和《同文算指》中均介绍了多种军事测量方法，其中就包括使用矩度进行战场测距的方法，矩度是一种L形的测量仪器，能够在战场上通过测量和运算得到己方与目标物之间的距离，炮兵通过对距离的测量和判断，结合铳规、铳尺（即伽利略发明的比例尺）及炮表，选择合适的火炮及仰角对目标进行打击。

　　在这些理论类书籍的引进和翻译中，对西方科学与技术感兴趣，并与传教士结交的一批开明士大夫，在接受西方近代科学技术熏陶的同时也大多接受了天主教，并萌生了借助西学应对王朝危机的想法。这批士大夫以徐光启、李之藻与杨廷筠、孙元化等为代表。也正因为

---

❶《利玛窦中文著译集》，复旦大学出版社，2001年，第649—650页。

有西方的自然科学体系作为支撑，以及这一批开明士大夫的鼎力实践，使得明朝这一轮军事技术的引进和应用，呈现出和之前完全不同的作用和结果。

使"天下震动"的萨尔浒之战刚一结束，徐光启就对战后的辽东危局发表了自己的看法，提出选精兵、求良将、用利器的对策：

> 用兵之要，全在选练……精求天下勇力捷技奇材异能之士，丰其饷给，厚其抚循，优其作养。又精求良将以统率之，选用教师，群居聚处，日夜肄习之。又博求巧工利器，如车乘甲胄军火器械等，尽法制造以配给之。❶

同年六月，徐光启又上疏建议在京师周围建造铳台（装备火炮的防御工事），特别指出"但造台制铳，多有巧法，毫厘有差，关系甚大，须于前项荐举人材中，求其深心巧思、精通理数者，信任专管，斟酌指授"❷，说明徐光启已经开始意识到明军在后金军面前火器不能用、城池不能守的症结所在。

开原、铁岭、沈阳、辽阳接连失陷后，全辽告急文书纷至沓来，徐光启综合多份战报，更加坚定了明军在火器制造及应用、城池构筑和防守方面存在严重缺陷的判断：

> 臣昔年诸疏大都言，战胜守固，必藉强兵。欲练强兵，必须盔甲利器。今之兵将，皆明知以我予敌，谁肯向前？既不能战，便合婴地自守，整顿火炮，待其来而歼之，犹为中策。奈何置炮

---

❶《徐光启集》卷三《敷陈末议以殄凶酋疏》，中华书局，2014年，第98—99页。
❷《徐光启集》卷三《辽左阽危已甚疏》，中华书局，2014年，第111页。

城外，委以资敌，反用攻城，何城不克？今欲求堪战之兵，必悉用臣言，日夜营办，迟之数月，然后可得，而寇在门庭，又不能待。臣之愚见，以为广宁以东一带大城，只宜坚壁清野，整齐大小火器，待其来攻，凭城击打，一城坚守，彼必不敢蓦越长驱，数城坚守，自然引退。关以西只合料简大铳，制造火药，陆续运发，再用厚饷招募精兵能守城放炮者，令至广宁、前屯、山海诸城助之为守。万勿如前，列兵营火炮于城之壕外。待兵力果集，器甲既精，度能必胜，然后与战。❶

这份奏疏中指出了一个极其重要的问题，就是徐光启所说的"既不能战，便合婴地自守，整顿火炮，待其来而歼之"，既然不能野战，那么至少应该依靠城池使用火炮固守。然而在萨尔浒之战已验证明军在野战中完全不是后金对手的情况下，在之后的开原、铁岭、沈阳、辽阳之战中，明军指挥官仍不约而同地采取了出城布阵、以阵护城的战术，最终都不免阵殁、城陷、人亡的悲剧结局，似乎有悖常理。但开原、铁岭、沈阳守将均是久经战阵之宿将，袁应泰虽不知兵，但也是通明练达之人，麾下也有诸多将领，不至于"玩兵"自误，他们不约而同地放弃婴城固守的战术，实际上有着非常合理的理由，那就是城不可守。

传教士利玛窦在北上的途中，除悉心记录明朝的风土人情之外，也因为明朝正在与日本作战，故而非常留意明朝内地军队的武器装备和训练情况，以及城市的守备情况，在观察了包括南京在内的一系列军事重镇的防务情况之后，利玛窦在书信中认为：

---

❶ 韩霖：《守圉全书》卷三《钦奉明旨录前疏疏》，明崇祯十年刊本，第79—82页。

尽管他们确实拥有大量的要塞，许多城市壁垒森严，但却不堪一击。因为这些防御性城墙不是根据几何原理建筑的，它们既无避弹掩体，亦无城壕沟堑。[1]

利玛窦的观察无疑是正确的。在红夷大炮传入之前，明朝的火器无论是本土技术的产物，还是西洋舶来品，本质上都是作为一种威力更大的弓弩和投石机的替代品，被投入仍处于中世纪形态的战争之中去，武器的局部进步并未带来战争形态的变化，自然也不足以刺激整个军事体系的改革。以火炮为例，即使在明军装备了大量各式火炮，并以火器作为主要作战方式之后，明朝边疆地区的城池、墩台、堡垒仍按照冷兵器时代的式样构筑，因为明军在整个区域内既没有装备和使用火炮的同级别对手，自身也没有太多攻坚的需求。这就导致一种十分尴尬的局面，明军既缺乏能够应对火炮的城池，也缺乏能够应对城池的火炮。万历三大征之一的宁夏之役中，数万明军携带的数百门大小火炮，连续数月都不能奈何夯土包砖的宁夏城墙，最后不得不决水灌城才取得胜利。而在同时期的平壤之战中，明军火炮虽能完全压制住城头日军火力，但也不足以轰塌城墙。

而明朝自己的城池和堡垒，即使是那些在明军火器化程度已经很高了之后才新建的，也仍旧依据冷兵器时代的样式设计和建造，很少考虑火炮的射界、射角等问题，方形的敌台（角楼）正面存在一个比较大的火力死角。城墙上的守军火力对进攻方的杀伤范围也十分有限，一旦进攻方穿过火力覆盖区域抵近城墙，城上的枪炮就因角度问题而难以对其进行有效杀伤，只能依靠从城头投掷火罐一类的火器阻止敌

---

[1]《利玛窦中文著译集》，复旦大学出版社，2001年。

军登城或凿城。

同时，明朝在辽东失陷的很多大城，尽管在设计之初比较多地考虑了军事职能，但本质仍是城池、城镇而非要塞、城堡。城市规模越大，城墙越长，防守方的兵力和火器配置越分散，当敌人进行重点突破的时候，因城池构造缺陷导致火力无法交叉覆盖，就会出现整体兵力优势、局部兵力劣势，整体火力优势、局部火力不足的情况。

而且这类旧式城池、墩台在设计时就没有考虑火器的后坐力问题，威力巨大的重炮开火的后坐力，以及引发的震动往往对城墙的结构造成损伤。类似的现象也出现在大海上，尽管明军拥有吨位很大的船只，但明军战船上装配的火炮不仅数量少，而且重量、威力都不大，就是因为战船的结构并没有跟随火炮的发展而发展，既不能承载太多火炮，也不能承受重型火炮发射时带来的后坐力。其根本原因在于战争形态未发生根本改变的情况下，无论是火炮、城池还是战舰，大体上仍按照原有的路线孤立发展，并未形成欧洲那种火炮技术与军事工程技术攀越式演进、彼此争雄又相互匹配的发展态势。

更致命的问题在于，中国古代的战争避祸观是"小乱入城、大乱避乡"，在短暂的小规模战争，比如流贼过境、盗寇侵扰中，进入城市躲避能够有效避免被战火波及，尤其是能够避免被贼寇和乱兵杀伤。此外，在皇城之外的其他地方城市里，象征着权力秩序的行政管理机构也在城里，地方上府治、县治所在的城市，一定是朝廷防守的重点，有效的防守需要维持相对严密的城内秩序，而这种严密的秩序要以军事手段和暴力维持，能够有效震慑试图乘乱作恶的宵小，大大提高入城避乱民众的生命和财产安全。因为小股流贼、盗寇往往并不是官兵的对手，志不在占据一城一地，而在于劫掠财货，裹挟人口，往往不愿在惨烈的攻城战中遭遇伤亡，所以城市抵抗稍强就绕城而走，这样避入城内的人自然就得以保全。因为越大的城市防守越严密，所以往往出现乡民避入县城、县城富户避入府城、府城士子避入省城的现象，"越大越保险"是避城策略的根本逻辑。

然而在天翻地覆的大乱中，"入城"就从生路变成了死路，因为古代城市虽然有一定军事防卫职能，但多数城市的主要职能还是生活，其人口承载能力是一定的，战时大量非军事人口涌入，会造成城市的人口承载能力很快达到上限，如果战事不能很快结束，围城旷日持久，物资紧缺造成的饥荒和人口稠密导致的瘟疫必然接踵而至，使得城内难民的生存压力陡然升高。后金在战争前期夺取的城池，均有奸细混入打探，潜伏城中待机，伺机内应外合的情况。

开、铁、辽、沈的明军守将不约而同地在城外列阵迎敌，就是为了克服这些问题，集中兵力依托城池抵抗后金军，本质上是不得已而为之。

而徐光启、李之藻等初步具备科学思维的"奉教士大夫"，针对明军火力不足、战不能战、守不能守的困局，提出了同时引进西方先进火炮技术和军事工程技术，彼此配合克制后金军的对策。

针对明军装备的佛郎机、虎蹲炮、灭虏炮等火器威力不足、质量又差，仿制的"吕宋大铜炮"等火器技术和工艺不过关的问题，李之藻在天启元年（1621）二月上《奏为致胜务须西铳乞敕速取疏》，首先建议就近向盘踞澳门的葡萄牙势力购买西洋大炮：

> 为致胜务须西铳，乞敕速取，以扬天威，以靖仇敌事。邑思火器一节，固有不费帑金，不侵官守，深于战守有裨，而可以一骑立致，如香山澳夷商所传西洋大铳者。臣向已经营有绪，兹谨

循职言之。❶

　　同时李之藻指出，泰昌元年（1620）十月，经徐光启、李之藻联络，澳门的葡萄牙人已向明朝捐赠四门青铜长蛇炮（寇菲林长炮），并选派精于炮术的葡萄牙兵四名、翻译六名一同前往广东，打算北上助战，但遭到明朝朝廷内部的守旧派官僚阻挠，将入粤葡萄牙兵逐回澳门，大炮滞留江西上饶，此时应一并将人、炮送来。

　　澳门的葡萄牙殖民者如此热心而积极地参与到明－后金的战争中，有着非常复杂的原因。首先，葡萄牙人寄居澳门，很多物资都需仰赖广东供应，葡萄牙人与明朝官方的关系，直接影响到葡萄牙人在整个东亚的贸易和殖民活动。其次，西班牙和荷兰旷日持久的战争，也影响到了葡萄牙在东亚的贸易活动（当时西班牙、葡萄牙为一国），荷兰人在关键水道频繁地袭击葡萄牙商船，给葡萄牙带来很大的损失，同时荷兰开始谋划袭击和夺取澳门，葡萄牙人迫切地希望明朝政府能够在葡、荷的冲突中，为葡萄牙人提供帮助。而最后一点也是最重要的，那就是明朝内部一直都有一股反天主教、反西方的守旧势力。在万历四十四年（1616）南京教案之后，守旧派的势力达到了顶峰，极大地威胁着葡萄牙人在澳门的利益。如果信奉天主教的葡萄牙士兵能够打败凶悍的野蛮人，帮助明朝政府解决愈演愈烈的辽东危机，必然能够与明朝政府建立更近的关系，这无论是对天主教在中国的传教事业，还是对在澳葡萄牙人的利益，都无疑是天大的好事。

　　李之藻同时建议，召回因南京教案被逐的耶稣会传教士，以联络澳门方面进行进一步的军事援助：

----

❶《徐光启集》，中华书局，1963年，第178—181页。

忆昔利玛窦伴侣尚有阳玛诺、毕方济等，若二人，原非坐名旨遣选人，数其势不能归。大抵流寓中上，其人若在，其书必存，亦可按图揣摩，豫资讲肆。是应出示招徕，抑以隐致在澳夷商。诏示国家广大茹汲之意，令毋疑阻，愈竖效顺之忧也。❶

解决了炮的问题，徐光启进一步提出方案，解决炮与城不能匹配的问题，即之前提到的炮不足用、城不足守的问题。他上疏建议：

今京师固本之策莫如速造大炮。盖火攻之法无他，以大胜小，以多胜寡，以精胜粗，以有捍卫胜无捍卫而已。今欲以大、以精胜之，莫如光禄少卿李之藻所陈，与臣昨年所取西洋大炮。欲以多巧之，莫如即令之藻与工部主事沈棨等鸠集工匠，多备材料，星速鼓铸。欲以有捍卫胜之，莫如依臣原疏建立附城敌台，以台护铳，以铳护城，以城护民，万全无害之策，莫过于此。若能多造大铳，如法建台，数里之内贼不敢近，何况仰攻乎？❷

这个"以台护铳，以铳护城，以城护民"方案，实际上就是围绕城池，按照几何原理构筑一系列配备西洋大炮的西式防御工事，除了炮台的造型根据几何原理设计之外，炮台的位置亦根据几何原理安排，使得各台之间射界彼此覆盖，能够形成交叉火力拱卫城池，而城防火力的射界也与各炮台相互覆盖，最大限度减少火炮的射击死角。

而他建议在京城外建造的"万年敌台"，根据其描述的"三角三

---

❶《徐光启集》，中华书局，1963年，第179—181页。
❷《徐光启集》卷四《奏为制胜务须西铳乞敕速取疏》，中华书局，1963年，第175页。

层空心样式，内置大炮"的造型，应该是设置在两个马面之间、独立于城墙的三角堡，这是当时欧洲棱堡的一个附属设施，用来加强两个角之间的防守。徐光启的建议，是在北京城墙的构造已经固定不可改变的前提下，用西方军事工程学思想予以改造并提高防守能力的有效方案。

这个方案很好地解决了明军在城池防守中面临的一系列困境。"以台护铳"解决了明军在城外布阵时，用野战工事保护的火炮阵地总是轻易被后金军突破的问题。而"以铳护城"则通过计算好的布局和射界，能够使防守方的火力优势最大化，使进攻方的局部兵力优势最小化，同时使进攻方围城的难度大大提高，最大限度保护自身的补给线。而且炮台作为完全军事用途的防御工事，其中通常没有非军事人员，难以通过里应外合夺取。而由炮台组成的堡垒链将城市围住，使得城内奸细和城外敌军的配合变得极难。

徐光启、李之藻的这个战术层面的方案，虽然因为二人在官场的沉浮始终未能在京城实现。但后来和孙承宗、袁崇焕在战略层面的方案（即关宁锦防线）结合，取得了宁远、宁锦两次防御战的胜利，并将明－后金之间的战争态势由后金战略进攻、明朝战略防御，推入了明－后金战略对峙相持的阶段。后人在谈及明－后金的战略形势转变时，往往只提袁崇焕"凭城用大炮"之策，而忽略了徐光启、李之藻才是这一战术构想的先行者。

此时朝中的保守势力仍竭力阻止向"澳夷"购炮，但他们除了空谈"大义"之外，拿不出任何可以阻止后金逼近山海关的办法，使得徐光启、李之藻的意见占据了上风，朝廷随即下旨命张焘、孙学诗持兵部檄文与葡澳当局联系购炮事宜。在明朝迫切的需求和葡澳当局的热切迎合下，事情进展得十分顺利，但澳门当时处于荷兰的严重威胁之下，火炮需用于澳门的防卫，并无多余的火炮可以提供给明朝。恰好泰昌元年（1620）英国东印度公司的武装商船"独角兽号（Unicorn）"在驶往日本的途中遭遇台风沉没于广东阳江海域，时任肇庆推官邓士亮组织军民将独角兽号上的舰炮打捞出水，于是在两广总督胡应台的协助下，将其中的26门铸铁舰炮解往北京，葡澳当局也选募炮师准备与大炮一同北上。1621年10月，大炮、炮师都已准备妥当，然而行动却再次受到阻挠，4名葡萄牙炮师被阻拦在广州，最终被遣返回澳门，张焘、孙学诗护送大炮北上，并于次年（1622）抵达北京。而之前于澳门所购，滞留于江西上饶的四门葡制青铜炮也于稍早前运抵北京。

当时的明朝人对英国比较陌生，但是根据葡萄牙人与英国人之间的敌对关系，误判独角兽号为"红毛船"（即荷兰船），因此打捞上来的这批舰炮也被讹传为"红夷大炮"。在中国人民革命军事博物馆门前仍有此炮实物留存，从长度和口径看比较接近半寇菲林（demi-culverin）或杂种寇菲林炮（bastard culverin）。寇菲林长炮（culverin）是16—17世纪欧洲常用的一种火炮，因其身管较长、倍径较大而得名"蛇炮"，也因此射程较远，并能进行比较精确的射击，被广泛作为舰炮应用于海战之中，但当火炮甲板出现之后，寇菲林为了能够放置在甲板之下普遍缩短了身管，由此产生了半寇菲林炮和杂种寇菲林炮，独角兽号上的舰炮就是这一种。

而之前张焘、孙学诗在澳门所购的四门青铜大炮应系寇菲林长炮，明朝人形象地将其称为大蛇铳，而"独角兽号"上的半寇菲林舰炮则被称为"半蛇铳"，明朝将这类长炮笼统地称为"红夷大炮"。26门半寇菲林炮和4门寇菲林炮的到来，使得明朝手里的红夷大炮总数达到了30门之多。

然而没有经过专业训练的炮兵，火炮无法自己作战。经过不懈努力，若翰·哥里亚（Joao Correa）等七名葡萄牙炮师终于在天启三年

（1623）抵达北京，开始在京营教习炮术。明朝非常重视炮术教习工作：

> 兵部尚书董汉儒等以澳夷教演火器，条上事宜三款。一防奸
> 细，教演之所，行巡视御史，委兵马司官，时时巡绰，毋令外人
> 阑入窥伺漏泄一重。责成演习之人行戎政衙门，于京营选锋内精
> 择一百名，令就各夷传授炼药、装放等法，仍以把总二员董之。
> 朝夕课督，不许买闲度事。一议日费，夷目、通事、傔伴诸人，
> 日给务从优厚，俱于先年钦颁皇赏支剩银内支给应用，硝黄物料
> 器具估价买办。上是之。❶

葡萄牙炮师在京营教习炮术不足半年，除教授测量、定距、望
准、施放的方法外，也教授火药的配比与制造之法，培养了彭簪古等
一批表现优异的炮手。以明朝的体量和国力，如果假以时日，不难拥
有一支当时东亚最强的欧式炮兵。

然而一次意外再次打断了这个进程，在天启三年八月二十六日的
一次试炮中：

> 试验红夷大铳，命戎政衙门收贮炸裂。伤死夷目一名、选锋
> 一名，着从优给恤。❷

在这次炸膛事故中，葡萄牙炮手若翰·哥里亚和一名京营选锋当

---

❶《明实录·熹宗悊皇帝实录》卷三十三，天启三年四月乙酉，历史语言研究所，
1962年，第1729页。

❷《明实录·熹宗悊皇帝实录》卷三十七，天启三年八月甲申，历史语言研究所，
1962年，第1926页。

场身亡，若翰·哥里亚后葬于西便门青龙桥。

一直以来，朝中守旧势力就认为借助"澳夷"的力量防守辽东，不仅使天朝上国脸上无光，而且会使周边四夷认为中国无人，招致轻慢，遂将这批葡萄牙人视为眼中钉、肉中刺，必欲除之而后快。加之当时中国人普遍将火炮视为拥有灵魂与自我意识的神物，将炸膛事故视为神明不悦或上天示警，守旧派因此大作文章，徐光启、李之藻遭到保守派弹劾相继去职，剩余的葡萄牙炮手给资遣返回到澳门。历史学家 C. R. 博克塞亦在其著作《1621—1647 年葡萄牙援明抗清的军事远征》中记录了这一事件：

> 一个名叫若翰·哥里亚的人和他六个葡萄牙人同伴，在天启皇帝的命令下去了北京指导中国人使用大炮。许多京城大官看到火炮十分恐惧，他们十分乐意见到葡萄牙人被赶走。不幸的是，恰在此时的试炮演练发了意外，一名葡萄牙炮师和三四个中国人死亡。❶

尽管如此，明朝炮手通过几个月的学习，仍然初步掌握了西洋火炮的测量、观瞄、施放方法，天启四年，朝廷将 29 门红夷大炮中 18 门大炮用于拱卫京师，剩余 11 门大炮随炮手入援辽东，以配合孙承宗、袁崇焕的堡垒封锁链战术（即关宁锦防线）。

在关宁锦防线的设计和修筑过程中，除徐光启、李之藻之外的另一位"奉教士大夫"孙元化起到很重要的作用。孙元化在徐光启、李之藻关于"以台护铳，以铳护城，以城护民"的战术构想层面上，进

---

❶ C.R.Boxer，*Portuguese Military Expeditions in Aid of the Mings against the Manchus*，1621—1647.

一步运用所掌握的西方军事工程学理论，提出了具体的实施方案。孙元化提出，这个方案奏效的先决条件是炮与台、城必须匹配，中国传统的城、堡样式仍停留在冷兵器时代，要"凭城用大炮"击败后金军，必须依照西洋式样建造新的要塞与堡垒。孙元化在介绍西方军事理论和军事技术的著作《西法神机》中，具体阐述了自己的观点：

> 今筑城则马面台宜为小锐角，城之四隅，宜为大锐角；若止筑台，则或于四隅为大锐角，或于四面各出小锐角。城虚而锐角皆实，故城薄而锐角皆厚。台则体与角皆实皆厚矣。城用大铳于角，而鸟铳弓矢助之于墙。台用大铳于中，而弓矢鸟铳助之于角。用大铳之处，旁设土筐，一以防铳，二以代堵。角之锐也，外洋法也。❶

孙元化所说的"小锐角"实际上是中国传统方形马面的三角形变体，因方形马面的正面容易形成射击死角，故而改为锐角三角形，即欧洲城防工程中的凸角堡（Redan）。另一部明末军事著作《守圉全书》的作者韩霖清楚地阐明了传统方形马面的劣势及三角形马面的优点：

> 今之郡邑，敌台（即马面）皆作方形，纵两面相救，前一面受敌矣，故须作三角形为妙。❷

❶ 孙元化：《西法神机》，河南教育出版社，1994年。
❷ 韩霖：《守圉全书》，上海图书馆藏崇祯刻本，《四库禁毁书丛刊补编》第32—33册，北京出版社，2005年。

俯瞰城池时，附着于城墙的凸角堡仿佛邮票上的锯齿，相邻的"锯齿"所形成的交叉火力能够阻止进攻方接近城墙。"大锐角台"则是一种原始的三角形棱堡，安置在中国传统的方形城池的四个角上，大锐角台是实心的，能够承受重炮发射时产生的震动，故用来安放"大铳"（重炮），两座相邻的大锐角台相对而击，可以较远的射程封锁很大的一片区域。土筐即同时期欧洲炮兵常用的堡篮（Gabion），就是装满泥土的筐子，主要用来降低攻城方火炮的威力，防止实心弹命中砖石工事时造成的溅射伤害，同时在进攻方火炮在己方防御工事上造成缺口时，土筐可以迅速用于堵住缺口。

这样的城池虽然算不上严格意义上的棱堡，但仍是运用西方军事工程学知识对中国传统城防体系的一种改良，其攻防思想已经处于棱堡时代，即进攻方围绕一城一池的争夺，实际上是双方火炮的较量。尽管当时后金还完全不具备运用火炮攻城的能力，但孙元化已经预先进行了考虑。

这样经过改良的城池，配合《西法神机》里的那种原始星堡（《西法神机》铳台说中的第四图），能够形成一个极其有效的城、堡防御体系，它迫使进攻方必须逐个攻克炮台，方能接近城池，而在围攻任何一个炮台时，进攻方都要至少面对2-3个甚至更多炮台的交叉射击。因此孙元化说："故铳以强兵，台以强铳。然台有一定之形势面角，有一定之周径广狭，其直其折其平，有绳矩；其虚其实，其屯营其更舍，有方位。稍不合法，不可用铳也。"又云："即敌已至台，而我高彼下，有互击法，有联击法，又皆铳台相乘以为功者。"❶

---

❶ 韩霖：《守圉全书》，上海图书馆藏崇祯刻本，《四库禁毁书丛刊补编》第32—33册，北京出版社，2005年。

要突破这样的堡垒链，需要进攻方有大量射程超过防守方的重型火炮，或根据军事工程学原理进行大量的土工作业（纵横防炮壕）接近铳台进行爆破，这对当时尚处于冷兵器时代的后金来说是不可能的。

天启二年，孙元化会试落第，经举荐过袁崇焕的吏科给事中、东林党人侯震旸疏荐，又得孙承宗赏识，得授经略衙门赞画军需一职，赶赴山海关应对辽西大败后的危局，向当时的辽东经略王在晋连上《上王经台清营设险呈》《议三道关外造台呈》《上王经台乞定三道关山寨铳台揭》三疏，主张在关外修建西式防御工事抵御后金，奈何王在晋意在弃辽守关，因此孙元化不得志，直到孙承宗主持辽东防务后，孙元化才有了用武之地：

> （孙元化建议）处辽民、核器械、束营阵、设山台、结海营、修一片石防守诸事，阁部（孙承宗）皆纳之。于是（辽东）始筑台造铳，城守之具渐修矣。❶

《明史》也说：

> 承宗代在晋，遂破重关之非，筑台制炮，一如元化言。❷

可见在构筑关宁锦防线的过程中，孙元化出力颇多。天启三年（1623），兵部将孙元化召回，次年升任主事。同年，宁远城修筑完成。有人据此推断宁远城系孙元化修筑的"棱堡"，实际上缺乏实际的证

---

❶ 孙元化：《西法神机》，河南教育出版社，1994年。

❷《明史》卷二百六十四《孙元化传》，中华书局，1974年，第1696页。

据（明代宁远城已毁，现存之宁远城系清代按传统样式重建），且从"宁远大捷"的战斗经过中也可推断出，宁远城并非孙元化按照西洋式样建造，恰恰相反，按照传统样式建造的宁远城，一度因为其缺点陷入了极其危急的境地。

天启六年正月，时任兵部主事的孙元化上疏请求在京城修建西式防御工事：

> 中国之铳，惟恐不近，西洋之铳，惟恐不远，故必用西洋铳法。若用之平地，万一不守，反藉寇兵，自当设台。然前队挟梯拥牌以薄城，而后队强弓劲矢继之，虽有远铳，谁为照放。此非方角之城、空心之台所可御，故必用西洋台法。请将现在西洋铳作速料理，车弹药物安设城上，及时教练。俟贼稍缓，地冻既开，于现在城墙，修改如式，既不特建而滋多费，亦非离城而虞反攻。都城既固，随议边口。❶

六、回光返照

可见孙元化虽在京城，仍苦心一片，试图通过在京师建设西洋铳台，将铳台推广至边关。就在孙元化上疏当月，宁远之战爆发，战况十分激烈：

> 马步车牌钩梯炮箭一拥而至，箭上城如雨，悬牌间如猬，城上铳炮迭发，每用西洋炮则牌车如拉朽。当其至城，则门角两台，攒对横击，然止小炮也，不能远及，故门角两台之间，贼遂凿

---

❶《明实录·熹宗实录》，历史语言研究所影印版，1962年。

城，高二丈余者三四处。于是火毯、火把争乱发下，更以铁索垂火烧之，牌始焚，穴城之人始毙，贼稍却。❶

可见在战斗中，后金军仍然采取了惯用的战术，即由重步兵推着楯车（牌车）进入弓箭的射击距离后，以箭雨压制城头守军，试图接近城墙，明军则以火炮回击；与以往不同的是，让明军火器一筹莫展的楯车，在威力巨大且射击相对精准的红夷大炮的轰击下"如拉朽"，使得攻城的后金军遭受了很大的伤亡。

尽管明军解决了楯车的问题，但旧式的城防工事限制火炮发挥的问题仍然十分突出，"则门角两台，攒对横击，然止小炮也，不能远及，故门角两台之间，贼遂凿城"，可见城池四角安置的是"小炮"而非"大铳"，而且并未计算过射程射界，导致火力不能交叉，使得后金军通过两台之间的火力盲区抵近了城墙之下，将牌车斜倚在城墙上，兵士则躲在牌下凿城，守城明军从城上用铁链坠着爆燃物垂下来焚烧，才解决了这一部分凿城的后金军。

可见宁远城尽管"城高且坚"，但仍按照传统样式筑成，不但限制了火炮的发挥，而且被后金找到防守弱点后，一度陷入危险境地，依靠红夷大炮的强大威力和守城将士拼死作战得以幸存。沈弘之评价宁远城的缺陷：

> 天启六年，建夷努尔哈赤攻辽之宁远城。宁前道袁崇焕，以西洋大炮，及从月城及角台上横击之。虏不敢近城身，乃攻角台。以牌倒倚墙上，人从牌下凿墙，铳炮不能及。顷刻而城凿穴如城门大。非通判金启倧用万人敌以烧之，则城崩矣。乃知角台当斜

---

❶《明实录·熹宗实录》，历史语言研究所影印版，1962年。

出而长，长则可以顾城身，斜则城身可以护角台。**❶**

　　也可见宁远城并非棱堡，其四角的敌台也并非孙元化所极力推崇的"大锐角"。基于宁远之战中红夷大炮所显示出的巨大作用，以及传统的旧式城池暴露出的诸多缺点，宁远之战后，朝廷命孙元化再赴关外，帮助袁崇焕督造火炮，改造城池。同年六月，孙元化回京为袁崇焕搜集更多的红夷大炮及炮师，准备进一步完善关宁锦防线和"凭城用大炮"的战术。

　　"宁远大捷"这场并不完美，甚至十分惊险的胜利极大地鼓舞了垂死的明王朝，远渡重洋的红夷大炮成了明朝君臣的救命稻草，连明熹宗都说"（此战）深足为封疆吐气"**❷**。天启七年夏，皇太极新汗即位后为解决后金内部深重的经济和政治危机，再次率兵尝试突破关宁锦防线，结果先攻锦州不克，再攻宁远不克，复攻锦州再不克，不仅损兵折将，且因不熟悉红夷大炮的射程和威力，连设在城外的大帐（指挥部）都遭大炮击毁。且历来惧怕与后金军近战的明军，利用城头红夷大炮射程远的特点，敢于背倚城池，在城头火力的掩护下主动与后金军近战，使得衰颓不堪、畏敌如虎的辽东明军，在红夷大炮的加持下，隐隐有了中兴之象。

　　然而在内有徐光启、李之藻、孙元化，外有孙承宗、袁崇焕、满桂，似乎用红夷大炮为死局之中的明军找到一条新生之路时，李之藻的一番不经意间的话却在多年后一语成谶，预示了这次"大炮中兴"的终局：

---

❶ 范景文：《战守全书》卷九，崇祯刻本，《四库禁毁书丛刊》子部第36册，北京出版社，2000年。

❷《明实录·熹宗实录》，历史语言研究所影印版，1962年。

> 光启谢事，虑恐铳到之日，或以付之不可知之人，不能珍重；万一反为夷虏所得，攻城冲阵，将何抵挡？是使一腔报国忠心，反启百年无穷杀运，因停至今，诸人回吞。❶

李之藻所说的，是泰昌元年他在澳门所购的四门青铜长蛇铳（寇菲林长炮），当时因徐光启去职，李之藻担心贸然将火炮解送北上，一旦落入不懂得火炮的妄人之手，损坏遗失固然可惜，然而一旦落入敌手，更会"是使一腔报国忠心，反启百年无穷杀运"。

李之藻的忧虑背后，有着深刻而现实的原因。在红夷大炮技术引进之前，火炮只是战争中诸多武器中的一种，并未造成战争形态根本性的改变。而在红夷大炮技术引进之后，战争的形态势必悄然改变，红夷大炮相较同期其他火炮的强悍性能，固然可以成为明朝一时的救命稻草，然而从长远来看，这一技术对明朝的威胁远大于对后金。

因为红夷大炮作为一种舰炮，本身并不适合用来杀伤人员，其火炮身管长、炮弹初速高、射程远、弹道低伸平直的特性，本身是针对大型相对固定目标（舰船、堡垒）而设计的，除用作舰炮外，当时也常作为岸防火炮使用。只不过明军机缘巧合地得到红夷大炮后，发现它威力大、射击精确的特点能够很好地化解后金的楯车战术给明军带来的火力危机，同时其射程较长的特点，能够在城头掩护明军与后金军野战，给后金军带来更大杀伤，因而被明军奉为神器。

然而绝大多数明朝大臣和明军将领都没有意识到一个问题，红夷大炮在毁坏后金军攻城器械、击杀后金军有生力量方面固然有着不俗的表现，然而它一旦回归其本来的用途，作为攻城火炮使用时，势必

---

❶《徐光启集》卷四《奏为制胜务须西铳乞救速取疏》，中华书局，2014年，第180页。

能够发挥更大的作用。而在明朝与后金的战争中，拥有大量城池而长期处于防守态势的无疑是明朝，在明朝将红夷大炮投入战场之前，明金双方既无可以用于攻城的火炮，也没有可以有效抵御攻城火炮的城防工事，仍处于冷兵器战争的阶段，然而红夷大炮一旦大量投入战场且为后金得到，双方的城池争夺战必然升级成为一场火炮对火炮的战争，而届时的情况就会演变为后金拥有可以攻城的火炮，而明朝却没有可以有效抵御火炮的城池。这对明朝来说无疑是比"火力危机"更加凶险的危局。

　　而且处于崛起期的后金政权在努尔哈赤和皇太极父子的经营之下，虽然在努尔哈赤统治后期遭遇了一系列危机，但皇太极上台后，通过调整政策缓和内部矛盾、征伐朝鲜应对经济危机等做法，在较短的时间内化解了大部分问题，相较日落西山的明朝，后金无疑是一支处于上升期的新兴势力。明朝得到红夷大炮技术，也无非借此与后金在辽东相持，在被动防御中取得"宁远大捷""宁锦大捷"这样的有限胜利而已，但后金得到红夷大炮，则意味着不仅关宁锦防线岌岌可危，曾经望而兴叹的天下第一山海雄关，以及关内的一系列高城大堡也指日可待了。这就好比一病入膏肓的暮年大汉，与一青年搏斗，纵使这暮年大汉偶然得到一柄利刃，也无非借此与青年勉强对峙周旋而已，但利刃一旦为青年所得，则大汉只能引颈受戮了。

　　李之藻作为最早将红夷大炮技术引入明朝的人，同时也是最早觉察到红夷大炮技术的引进可能给明朝带来更大危机的人。除李之藻之外，孙元化也很快意识到了这一点，他极力主张新建西式防御工事，并在后金尚未全面掌握和应用火炮技术前，就提出防御工事要具备"防铳"的能力。而另外一位奉教士大夫、明末军史著作《守圉全书》的作者韩霖则极为精准地预测，红夷大炮的广泛应用必然带来战争形态的变化，明朝必须在发展火炮的同时开始新修、改造城池、堡垒，以应对这种变化：

> 筑城凿池，守围第一要务。不佞留心讲求，颇异常法。大炮既精，兵法至今一变。敌台之制，尤设险所最急也。余兄景伯，从西洋陪臣新授造城法，乃奉旨所译旁通西学之一，为亘古未发之秘。因未呈御览，不敢付梓，略采数端。当共参订成书，传布海内。❶

韩霖不仅意识到"大炮既精，兵法至今一变"，也同时意识到，他们心怀救国之志而孜孜不倦引进的这些知识和技术决不能为敌人所得，因此不仅对西洋筑城技术"不敢付梓，略采数端"，而且在《卷三·制器篇》中涉及西洋大炮制造和使用的部分，只采录诸家疏章，但"秘其法"，以"利器不可示人"为由不录其技术要点和关键数据，也可见其远见卓识、用心良苦。

然而国家沉沦日久，以数万万人之大国，屡次被区区几十万人的后金所蹂躏羞辱，从朝堂之上到乡野之中，无不弥漫着一股悲痛愤懑又无能为力的怨气。昔日调集九边之精锐、各省之强兵尚不能制，导致十数万将士成为游荡关外的孤魂野鬼。如今关外孤城几座，仅靠11门红夷大炮就连胜宁远、宁锦两局，可知"凭城用大炮"的战术确实可以有效克制后金，若有110门大炮，战局必然发生根本性转变，而以明朝的国力，1100门大炮也并不是不能办到，在这种"唯武器论"的逻辑之下，朝野内外遂将大炮视为救国神器，追捧得无以复加，君臣弹冠相庆，以为倚此神器则复辽有望，立即开始着手布置一场轰轰烈烈的购炮、铸炮运动。而李之藻、韩霖这样的有识之士对"救国神

---

❶ 韩霖：《守围全书》，上海图书馆藏崇祯刻本，《四库禁毁书丛刊补编》第32—33册，北京出版社，2005年。

器"开启"无穷杀运"的担忧，就被时局的危机和时人的狂热，冲淡消散在历史中了。

看到希望的大明朝廷全力全速投入大炮救国运动之后，在引进火炮、培养工匠、训练炮兵、翻译著作等方面均有进展极快。鉴于葡萄牙人短暂训练的炮兵就在宁、锦取得了极好的战绩，朝廷中的仇视基督教与西洋人的保守派势力被暂时压制下去，关于再次雇佣葡萄牙军人的建议很快被提上日程。崇祯元年（1628）七月二十三日，明思宗任命王尊德为兵部右侍郎兼都察院右佥都御史总督两广兼巡抚广东，下旨其与前任两广总督李逢节赴澳门再次购买红夷大炮，并招募炮术高超的葡萄牙军人，以应付辽东局势。

而此时的澳门当局在得到宗主国西班牙自马尼拉方向的援助之后，已经暂时解除了荷兰殖民者长久以来对澳门的威胁，而且在当时欧洲最著名的铸炮师之一曼努埃尔·博卡罗（Manuel Tavares Bocarro）的主持之下，澳门的卜加劳铸炮厂已经成为当时世界顶级的铸炮工厂，负责向马尼拉以东的葡萄牙和西班牙殖民地提供武器。

而且葡萄牙人对自身的武器质量和武力水平充满信心，因为少量的葡萄牙雇佣兵和他们所雇佣的日本武士就曾经影响甚至左右过包括安南和暹罗在内的多个东南亚国家的军事局势，尽管明帝国坚决反对葡萄牙人雇佣日本武士的行为，也决不允许任何日本武士踏上明朝土地，但葡萄牙人仍坚信能够通过对明帝国提供军事技术援助，来解决明帝国的边疆危机，进而以此扩大葡萄牙人在明帝国的影响力，进而获得更大的势力范围和政治、经济利益。尤其是通过在天启年间与明朝的一系列合作，明朝对澳门当局的态度有所改善，在澳门当局和荷兰人的军事冲突中，明朝采取了支持葡萄牙人的态度，因此澳门当局对援辽一事表现得非常积极踊跃：

兹崇祯元年七月内，蒙两广军门李逢节奉旨牌行该呇，取铳取人，举呇感念天恩，欢欣图报，不遑内顾。❶

崇祯二年（1629）初，澳门当局就已将入援队伍组织妥当：

谨选大铜铳三门，大铁铳七门，并鹰嘴护铳三十门；统领一员公沙·的西劳，铳师四名伯多禄·金苔等，副铳师二名结利窝里等，先曾报效到京通官一名西满·故未略，通事一名屋腊所·罗列弟，匠师四名若盎·的西略等，驾铳手十五名门会鼠等，傔伴三名几利梭黄等及掌教陆若汉一员，系该呇潜修之士，颇通汉法，诸凡宣谕，悉与有功。遵依院道面谕，多等敦请管束训迪前项员役，一并到广，验实起送。复蒙两广军门王尊德遣参将高应登解铳，守备张鹏翼护送，前来报效。❷

因携带重炮，葡萄牙援军行进速度较慢，崇祯二年十月才进入山东境内，此时适逢己巳之变爆发，后金汗皇太极绕过关宁锦防线，从蒙古方向突入明朝内地，威胁明京畿地区，援军遂弃舟行陆，星夜驰援京师，并在十二月初在北直隶遭遇后金军，并参与了涿州攻防战：

十二月初一日，众至琉璃河，警报良乡已破，退回涿州。回

---

❶ 韩霖：《守圉全书》卷三《报效始末疏》，傅斯年图书馆善本书室藏明崇祯十年刊本，第90—91页。
❷ 韩霖：《守圉全书》卷三《报效始末疏》，傅斯年图书馆善本书室藏明崇祯十年刊本，第90—91页。

车急拽，轮辐损坏，大铳几至不保。于时州城内外，士民咸思窜逃南方。知州陆燧、旧辅冯铨一力担当，将大铳分布城上。臣汉、臣公沙亲率铳师伯多禄·金苔等造药铸弹，修车城上，演放大铳。昼夜防御，人心稍安。奴房闻之，离涿二十里，不敢南下。咸称大铳得力，臣等何敢居功。兹奉圣旨议留大铳四位保涿，速催大铳六位进保京城。❶

后金军并未与葡萄牙援军在涿州爆发激烈冲突，主要原因在于后金军志在劫掠，有了宁远、宁锦两次失利，更不愿贸然进犯有大炮防守的坚城，而且后金军破关而来，一路翻山越岭，不可能携带太多的重型攻城器械，也没有做好攻城的准备。但大炮的震慑作用无疑是非常明显的，这也坚定了援军和明朝朝廷双方的决心，崇祯三年（1630）正月，葡萄牙援军抵达北京，开始训练明朝军人。

而明朝的最终目的，正如徐光启在《战守惟西洋火器第一议》中所说的，是要"必造我器尽如彼器，精我法尽如彼法，练我人尽如彼人而后可"❷，而在操作层面，则是由葡萄牙雇佣兵先行训练京营中精选出的士兵，待这些士兵完成训练之后，再各自回营担任教习，训练出更多掌握西洋火器技术和战术战法的士兵。这本来是一个长期的、循序渐进的计划，但很快就被己巳之变后急剧恶化的战争形势所改变。为了应对辽东局势，传教士陆若汉和葡萄牙雇佣兵很快被派往靠近辽东前线的登莱，协助熟悉西洋武器和战术的登莱巡抚孙元化制造大炮和训练士兵，以便能够在最短的时间内支援辽东前线，登州成为

---

❶ 韩霖：《守圉全书》卷三《报效始末疏》，傅斯年图书馆善本书室藏明崇祯十年刊本，第90—91页。

❷《徐光启集》卷四《战守惟西洋火器第一议》，中华书局，2014年，第180页。

明军炮兵的装备制造中心和训练中心，然而这个急功近利的决定，最终酿成了极其严重的后果。

除直接引进西洋火炮外，明朝政府亦利用闽、粤两省的资源和区位优势，大量铸造红夷大炮。闽、粤两省作为沿海贸易省份，与西方殖民势力接触很多，前文提到的葡萄牙人在澳门开设的卜加劳铸炮厂，就有"粤匠"在其中工作，同时往来福建与马尼拉之间的商民之间，通过西班牙人学习过铸炮技术的"闽匠"亦为数不少。同时，闽、粤两省不仅距离葡萄牙人控制的澳门较近，且都有为数不少的传教士居住，是当时东西方技术汇聚的地方。

同时通过长期的技术摸索，以及与西方殖民者之间的技术交流，明朝工匠对火器制造的各个方面也逐渐形成了一些深入且精准的认识。比如赵士桢的《神器谱》中就指出：

> 制铳需用福建铁，他铁性燥不可用。炼铁炭火为上，北方炭贵，不得已以煤火代之，故迸炸常多。❶

可见明人虽未能认识到煤炭之中的硫、磷等元素对钢铁质量的影响，但已经通过朴素的观察和总结，发现了使钢铁"性燥"（即热脆和冷脆）的罪魁祸首在于煤炭，而使用木炭则可以解决这个问题，福建省森林资源丰富，故钢铁质量较高，适合制铳、炮。而广东省与福建省的情形相仿，因此在资源、区位的双重优势下，闽、粤两省在崇祯初年一跃成为除登州之外的另一制炮中心，闽、粤各地方官或出于爱国之心，或为邀功上进，组织铸造了大量红夷大炮，仅两广总督王尊德就以葡萄牙人提供的大炮为蓝本，前后铸造红夷炮逾200门之多，

---

❶ 转引自杨宽：《中国古代冶铁技术发展史》，上海人民出版社，2004年，第166页。

福建总督熊文灿也组织铸造"红夷二号炮"（可能是略小的半寇菲林或杂种寇菲林炮）上百门之多，其余地方官员、士绅捐造的大小红夷炮更是多得无法统计，这些火炮多数被解往京师，然后辗转发往登莱和辽东。

同时，明朝本土工匠在仿造西洋火炮的过程中，也将明朝本土的铸造技术融汇其中，对欧洲铸炮技术进行了一系列改进，例如明朝工匠利用液态青铜与铁的凝固点不同，制造出内膛是铁、外壳是青铜的铁芯铜体炮，较青铜炮更加节省铸料，又比铸铁炮轻便，这一技术后来又发展成为更加先进的内锻外铸法，产物即内膛为熟铁或低碳钢的锻铁、外壳为铸造生铁的双层铁炮。中国古代工匠长久以来都能够利用不同钢铁之间的特性差异，使用复合材料制造刀剑，用软而韧的低碳钢制造刀脊，用硬而脆的高碳钢制造刀刃，双层铁炮技术可能正是受到这一传统的启发，用软而韧的熟铁和低碳钢制造内膛承受火炮爆炸的威力，使用硬而脆的铸铁保证内膛的形状。明末清初本土匠人利用西洋技术铸造的一系列火炮，无论是铜炮还是铁炮，在性能上并不落后于当时的欧洲同类产品，甚至还有超越。

此外，因广东外海雷州、肇庆一带海况复杂，往来东南亚－中国－日本之间的西方殖民者船只多有倾覆，同时在英国、荷兰和葡萄牙、西班牙的争霸战争中，也有一些船只被击沉，一些沉没的武装商船上往往装备着数量可观的舰炮，闽、粤地方官员一经获知，往往设法组织军民打捞，除前文提到的从英国东印度公司"独角兽号"武装商船上打捞的数十门舰炮外，闽、粤官员在其他沉船上亦打捞出为数不少的西洋火炮，大部分也运往京师和辽东。

同时，因闽、粤两省"铸料精、工匠多"，还选送了一批工匠远赴登州，协助孙元化及葡萄牙雇佣兵铸炮。此外，各地关心国运的官员、士绅在这一时期受到宁远、宁锦之战的鼓舞，也积极投入"大炮救国"运动之中，自铸、捐铸了一大批型号大小不一、质量良莠不齐的红夷大炮及其他各式西洋火炮，除一部分用于加强自身辖区防务力量外，其他也多解往蓟、辽前线，使得明朝掌握的红夷大炮数量呈爆炸式增长的态势。

一般认为，技术的传播、继承和发展分为三个层次，第一层次在于"匠"，即工匠自身在长期实践的过程中"熟能生巧"形成的技术，如果工匠本身文化程度较低或不善于总结和表达，那么技术往往随着工匠本身生命的终结而被带入坟墓而不能传承。第二层次在于"技"，即工匠在"熟能生巧"的过程中通过对"巧"的总结和提炼而形成的经验，这些经验通常以手手相传、口口相传的形式在父子、甥舅、师徒之间代代相传，但这些基于直接观察和实践总结出来的技术经验，往往因为缺乏科学理论的指导而呈现出真知灼见和归因谬误杂糅的状态，而且因其传承方式的局限性，经常面临"失传"和"断代"的问题，而这一问题正是中国古代技术史的常态之一。而第三层次在于"术"，"术"是在第二层次"技"的基础上，将总结出的经验文本化，文本化除了在传播、继承方面拥有毋庸置疑的优势外，还能够让后人对前人总结的经验进行甄别和证伪，这对技术的发展至关重要。明代中后期，受到国家安全环境日益恶化的刺激，心忧国家的有识之士已经认识到"术"的重要性，一大批军事科技著作如雨后春笋般涌现出来，在中国古代历史上形成了一个高峰。

红夷大炮技术传入之后，因其威力大、射程远的特点，在战场上发挥威力高度依赖相关的数学、物理和化学知识，在"西学东渐"之风的熏陶下，尤其是在部分"奉教士大夫"及传教士的亲力亲为之下，明朝除在制造、训练方面进展迅速外，在火炮相关的数学、物理、化学知识的引进和军事化方面也有长足进步。这一时期涉及西洋火器技术的军事技术著作有成书于崇祯五年（1632）的《西法神机》（作者孙元化）、成书于崇祯九年（1636）的《守圉全书》（作者韩霖），以及成书于崇祯十六年（1643）的《火攻挈要》（汤若望、焦勖）。《西法神机》和《火攻挈要》以及更早的军事技术著作《兵录》（作者何汝宾）中关于火炮技术的部分均出自西班牙工程师路易吉·柯拉多（Luigi Collado）1586年所著的《实用炮术手册》（*Pratica Manvale Di Artelie-ria*），论述有较大篇幅的重合之处，又各有侧重点，应当是不同的译者在相近的年代中翻译了同一本著作的结果，也侧面显示出当时有志于救国的开明士大夫对欧洲军事技术知识的渴求。

在天启至崇祯时期的这一系列军事技术著作中，第一次提出了基于用途的火炮分类法，即将火炮按照不同的技术特点和应用场合分为战铳、攻铳、守铳三类，战铳即以杀伤人员、摧毁装备为目标的野战炮和舰炮，明朝最早从澳门得到的4门青铜寇菲林，以及后来从英国沉船上获得的铸铁"红夷大炮"均属此列。明军在野战中应用较多的大号佛郎机也属于战铳。攻铳则是以摧毁城墙和工事为目标的加农炮，明军之前从西方殖民者手中夺取及自制的一批身管较红夷炮更加短小的发熕炮应属此列。守铳则主要是用于防守城池和堡垒的城防火炮，因为其炮位相对固定，不会经常移动，因而往往拥有更大的口径和重量。此外，各类发射霰弹和早期开花弹的臼炮（如虎蹲炮）也属于守铳。

前文已经提及，欧洲火器逐渐追上和赶超明朝火器的主要原因，在于"模数"和"倍径"的概念。这一时期的相关译作根据不同火炮的分类，引入了相关概念，使得明朝火炮的铸造达到了一个崭新的高度。"模数"即火炮各部分尺寸与火炮口径之间的最佳比例，不同种类的火炮拥有不同的"模数"，按照"模数"铸造出的火炮能够在火炮的重量和威力之间达到一个相对最佳的状态。当工匠需要制造更大或更小的火炮时，只要按照"模数"对尺寸进行等比例放大或缩小即可。火炮的弹重和装药量也是根据"模数"确定的。而"倍径"即火炮内口径与身管长度之比，是决定火炮技术性能最关键的一组"模数"。《火攻挈要》对"模数"的概念进行了精妙的阐述：

> 西洋铸造大铳，长短、大小、厚薄尺量之制，必依一定真传，比照度数，推例其法，不以尺寸为则，只以铳口空径为则，盖谓各铳异制，尺寸不同之故也，惟铳口空径，则是就各铳论，各铳以之比例推算，则无论何铳亦自无差误矣。❶

从明末清初的一系列自铸火炮的铸造水平和金相分析来看，明朝在铜铁铸造技术上相比同时期的欧洲并无明显劣势，从铁芯铜体技术和内锻外铸双层铁炮技术来看，还有自己的独到之处。而之所以对西洋火炮趋之若鹜，奉为神明，差距主要在于"西法"传入之前，明朝的大多数火炮在铸造时并不遵循"模数"和"倍径"的原则，而是模糊地根据火炮的尺寸和大小区分火炮的威力和用途，这导致同样重量的明朝本土火炮，威力和射程远不如欧洲火炮，而一味地增加火炮的重量和尺寸，往往浪费了大量铸料，不但对威力和射程提升有限，甚至有可能起到完全相反的作用。

火炮的管壁厚度和口径、身管之比不符合"模数"大大增加了火炮发射时的风险，而仅凭经验总结，且颇具随意性的装药量是引发灾难性炸膛的另一个重要原因。《火攻挈要》的序言里非常准确地指出明朝火器的缺陷：

---

❶ 汤若望、焦勖：《火攻挈要》，中华书局，1985年。

铸造无法，其大器不过神威发烦、灭虏虎蹲，小器不过三眼快枪。此皆身短，受药不多，放弹不远，且无照准而难中的。铳塘外宽内窄，不圆不净，兼以弹不合口，发弹不迅不直，且无猛力。头重无耳，则转动不活，尾薄体轻，装药太紧，即颠倒炸裂。[1]

此外，因为没有"模数"，在仿制西洋火炮的初期，明朝工匠只能严格按照原品的尺寸进行复制，难以在不影响火炮性能的前提下，根据自身需求进行改进。可以说，"模数"和"倍径"是造成同时期的明朝本土火炮与欧洲火炮性能差距的根本性原因。而掌握了这一概念之后，使得明朝的火炮制造发生了质的变化。

除火炮制造外，《西法神机》等著作还引入了铳规、比例尺、望远镜等多种测量工具，使得火炮射击的精确度大大提高，《火攻挈要》中较精准地记录了铳规形制和测量方法：

以铜为之，其状如覆矩，阔四分，厚一分，股长一尺勾长一寸五分，以勾股所交为心，用四分规之一，规分十二度，中垂权线以取准，则临放之时，以柄插入铳口，看权线值某度上，则知弹所到之地步矣，其权弹用药之法，则以铳规柄画铅铁石三样不等分度数，以量口铳若干大，则知弹有若干重，应用火药若干分两。但铁轻于铅，石又轻于铁，三者虽殊，柄上俱有定法，无论各样大铳，一经此器量算，虽忙迫之际，不惟不致误事，且百发百中，实由此器之妙也。[2]

---

[1] 汤若望、焦勖：《火攻挈要》，中华书局，1985年。
[2] 汤若望、焦勖：《火攻挈要》，中华书局，1985年。

在四十五度以下，则火炮的仰角越大，火炮的射程越远，《西法神机》记录了仰角与射程之间的关系：

（平放）则弹远到二百六十八步，仰放高一度，则弹较平放远到三百二十六步，共五百九十四步；高二度较高一度又远二百步，共七百九十四步；高三度较二度又远一百六十步，共九百五十四步；高四度较三度又远五十六步，共一千十步；高五度较四度又远三十步，共一千四十步；高六度较五度又远十三步，共一千五十三步。❶

在装药量固定的前提下，火炮仰角度数与射程之间的数值汇总就形成了原始的炮表，炮表的存在使得不具备复杂计算能力的炮兵在兵荒马乱的战场上，也能够快速地确定射击诸元，可以在有效射程内进行大致准确的快速射击。配合"窥远神镜"（即望远镜）和伽利略式比例尺之后，可以进行远距离射击。测量工具和测量方法的引入，大大超出了传统炮兵"熟能生巧"的经验范畴，对在短时间内需要培养大量熟练炮兵的明朝有着至关重要的意义。

除了火炮制造和应用之外，这些著作对火器应用的其他方面也不乏真知灼见，如《西法神机》在指出不同配比的黑火药燃速不同，发射药、爆破药各有不同的配比之外，还准确地指出了明军使用的粉末状黑火药因成分中的硝、磺、炭比重不同，而导致的分层沉积结块问题：

最可笑者，今人不知修治不用水捣，只研细拌匀，以为得法，一付军士挈带或步行或跨马，终日撞筛，硝磺性重者，必

---

❶ 孙元化：《西法神机》，河南教育出版社，1994年。

沉，炭性轻者，必浮。初放不响，炭多故也；后放铳炸，磺多故也，此皆不可不察者也。军人带药，奔走摇晃，以至炭质本轻，渐浮于上，磺质本重，渐沉于下，所以先放无力而不响者，以炭多故也，后放而铳炸者……❶

从"不知修治不用水搗"的叙述来看，当时明朝已经拥有或引进了黑火药颗粒化技术，颗粒化技术除能够解决粉末状黑火药分层沉积结块问题，还能够大大提升黑火药在封闭空间内爆炸的威力。

以上的一系列例子足以说明，明朝火炮技术在萨尔浒战役之后至甲申国难这一段时间中狂飙式的发展，是东北边疆危机的压力和西学东渐的风潮共同作用的结果，远远超过了"以火器立国"的明朝在之前二百年的积累，使明朝火炮技术一跃达到了世界先进水平，更是使明朝对仍基本处于冷兵器时代的后金政权形成了碾压式的军事技术优势。

七、病入膏肓

然而在这种碾压式的军事技术优势的背后，却隐藏着深重的多重危机，这些危机恶化之后造成的影响相互叠加，不但抵消了明朝在火器方面的局部优势，反而使这种优势逐渐倒向后金一方，最终加速了明朝的灭亡。

首先，明朝的"大炮救国"运动缺乏一个自上而下的组织和领导体系，亦无短期或长期的规划，在朝堂上主要由以徐光启为首的几个奉教士大夫力主推行，而一些对前线战况有切身体会和深入了解的

---

❶ 孙元化：《西法神机》，河南教育出版社，1994年。

"边臣"如孙承宗、袁崇焕等给予遥相呼应。他们在明末愈演愈烈的党争之中往往沉浮不定，几起几落，被逐出权力中心后自身难保，一旦被降罪往往人亡政息，无力推进军事改革这样事关全局的长期工程。

在地方上则是以两广总督王尊德、福建总督熊文灿为代表的一批地方督抚，利用辖区内的资源和区位优势，为前线提供军事支援。然而这种自发式的举动既得不到中央政府的实质性支持，也难以与其他有志于"大炮救国"的势力形成合力。而且在言路长期被清流把控的情况下，地方督抚不论是与欧洲人保持相对紧密的合作关系，还是铸造和拥有较多的红夷大炮，在政治上都是一件充满危险的事情。因此在最初的几次捐造、呈送之后，往往灰心丧气、后继乏力了。

其次，无论是在中央还是在地方，都存在一批极度仇视西方的官员和士大夫，极端守旧派妄自尊大，空谈义理，认为西洋人不足信，西洋火器不足恃，西洋战法不足用，认为利用葡萄牙人对付满洲人是"驱虎吞狼"，既反对用西洋火器，更反对用西洋技术和西洋人。但他们的空谈不着边际，于国事和战局没有半点用处，红夷大炮的威力和战绩却是实实在在的，且各边镇再三上疏请求朝廷拨发红夷大炮加强防务，对火炮的需求旺盛且急切，因此极端守旧派造成的阻挠有限。相反，温和守旧派则坚持"用器不用人"，主张西洋火炮可用，而西洋人不可留，他们摸准了思宗既想利用西洋火炮挽救辽东危局，又对洋人心存忌惮的心理，往往能够造成决定性的危害。如阻挠第三批援辽葡萄牙兵北上的礼科给事中卢兆龙，从崇祯三年（1630）五月到十二月，连上三疏，层层递进，一手造成了最大规模的一批葡萄牙雇佣兵尚未抵达前线，即在中途被遣返的结果。在首封上疏中，卢兆龙提出：

> 堂堂天朝，精通火器、能习先臣戚继光之传者亦自有人，何

必外夷教演然后能扬威武哉？ ❶

这一论调首先从逻辑上就站不住脚，卢兆龙拿来证明"中华有人"的戚继光，正是鸟铳、佛郎机等西洋火器最坚定的支持者和最积极的推广者，一直积极主张吸收先进军事技术，用于明军的军事改革。而且此时距离戚继光掌兵的时代已经过去了半个多世纪，在军事技术日新月异的17世纪初，试图依靠继承先人几十年前的军事成就来应对眼下的危局，这种刻舟求剑、抱残守缺的思维本身就违背了戚继光的军事思想。因此这封上疏并未真正对葡萄牙兵援辽起到阻挠作用，但卢兆龙很快找到了思宗的要害，再上一疏，指出：

> 西洋异类不可引入中国，窥我虚实，启彼戒心。且辇毂重地，招聚多夷，万一变生意外，事关非细。❷

这封上疏精准针对了思宗"多疑"这一性格特点，使思宗对葡萄牙兵入援一事从认可和支持转向迟疑和猜忌。卢兆龙眼见事成一半，趁热打铁上了第三疏，构陷赴澳求援的官员姜云龙：

> 姜云龙取彝（通夷，指葡萄牙人）到澳。彝人听其挑唆，通同要挟，初则不肯应命，徐则需索多方。豪镜岙原系香山县地，彝人擅筑城台，曩用大兵临之，拆不及半。今要挟曰：必筑复城

---

❶《崇祯长编》卷三十四，崇祯三年五月丙午，历史语言研究所，1962年，第2091页。

❷《崇祯长编》卷三十四，崇祯三年五月丙午，历史语言研究所，1962年，第2091页。

台而后三百人始肯应调。香山旧设参将，驻兵防弊冲突，今要挟曰：必撤将、必撤兵。粤中沿海设哨以防番船拦入及奸细私通，今要挟曰：必勿诘、必勿禁。其谋蓄兵粮也，则要挟多买米数万石；其谋割澳地也，则要挟免其岁输地租银一万两。❶

思宗性格刚愎偏执，又多疑善妒，平素最恨大臣结党营私，朝臣勾结外敌，此疏一上，立刻引得思宗勃然大怒，下旨姜云龙回籍待查，将已经行至江西南昌的葡萄牙援军立即遣返澳门，澳门当局最后一次，也是规模最大的一次派兵入援行动就这样宣告失败了。事后经明廷查证，对照澳门当局的文献记载，澳门当局添筑炮台、要挟当局、要求香山撤兵撤将以及拒付租税之事均系子虚乌有，完全是卢兆龙一手捏造，所谓朝廷拨付给雇佣军的军饷由姜云龙和葡萄牙人一分也查无实据。那么卢兆龙又为何不惜冒险构陷同僚，来阻挠葡萄牙兵入援辽东呢？

答案是经济利益。临近澳门的广东香山豪门巨族，多年以来通过把持与澳门方面的贸易，获取了巨大的经济利益，如果葡萄牙援军在辽东战场上取得胜利，那么立下大功的澳门当局势必会得到其渴望已久的经济和贸易特权，并与明朝中央政府甚至皇帝本人建立直接的联系，导致作为"中间商"的广东商人失去利益。因此他们贿赂同为广东香山人的言官卢兆龙，极力阻止葡萄牙援军抵达辽东战场。学者C. R.博克塞也认为：

明帝会授予葡萄牙人长期向往的特权以示报答，让他们在沿

---

❶《崇祯长编》卷四十一，崇祯三年十二月丙辰，历史语言研究所，1962年影印本。

海其他地方和中国内地进行贸易。这样，广州将会丧失宝贵的垄断权，广州官员也将失去可进行榨取的宝贵财源。❶

不仅如此，卢兆龙于次年（崇祯四年）二月，再次上疏弹劾急请葡萄牙兵的登莱巡抚孙元化，污蔑孙元化手握"数万貔貅"，不思训练，反而寄希望于"夷人"，看不起朝廷供给盔甲枪牌，只想着要洋人的大炮，如此妄自菲薄不但有损国威，而且会招致洋人的轻视和嘲讽。

除了空谈"大义"与"国威"，卢兆龙依旧不忘针对思宗多疑的性格，进行恫吓和挑拨，污蔑葡萄牙雇佣军一旦在战场取胜，必然萌生反意倒戈相向：

> 若谓挟其胜器胜技可以前驱无敌，即此胜器胜技愈足深忧。傥其观衅，生心反戈相向，元化之肉恐不足食也。❷

明末言官大言不惭，无视明军在辽东一败再败、丧师十数万、糜饷上千万的事实，为了达到个人政治目的吹嘘什么"数万貔貅"倒也罢了，但唯恐自家军队在战场取胜，不惜一而再，再而三的污蔑构陷，却是王朝末期独有的奇景。这些所谓的"清流"往往以维护皇帝和国家为幌子，将自身利益置于国家利益之上，甚至不惜为一己私利破坏有志之士救亡图存的最后努力，本来就是当时的朝堂常态，而卢兆龙也不过是其中一个典型而已。这样一股势力的存在，始终牵制、

---

❶ C.R.Boxer, *Portuguese Military Expeditions in Aid of the Mings against the Manchus，1621—1647.*

❷《崇祯长编》卷四十三，崇祯四年二月丙寅，历史语言研究所，1962年影印本。

阻挠、破坏着"大炮救国"运动，使运动中各方努力的成果被不断抵消，始终难以积少成多、聚沙成塔，实现从量到质的关键性转变。

再次，除了明朝内部对"大炮救国"存在着复杂而尖锐的矛盾之外，为明朝提供援助的各方势力与明朝在利益上也不完全一致，彼此之间既有谨慎的合作，也有激烈的冲突。比如为了"西援"而积极奔走协调、翻译书籍，甚至直接参与铸炮、训练和战争的耶稣会传教士们，他们帮助明朝的根本动机一方面是希望获得朝廷和皇帝的好感，以改善"南京教案"之后恶化的传教环境，为基督教在明朝的传播争取更大的空间和更好的基础。另一方面则是因为当时绝大多数传教士并未弄清蒙古人与满洲人的区别，因而将其统称为"鞑靼人"继而将欧洲人对蒙古人的心理阴影投射到满洲人身上。在传教士看来，明朝人相对"鞑靼人"，显然是文明程度更高、更容易接受基督教的群体，而"野蛮人"则更容易对基督教采取仇视态度。出于明金双方悬殊的实力对比，以及对"野蛮人"天然的恐惧和厌恶，传教士很自然在明金战争中选择支持明朝一方。

但这种态度中也包含着相当微妙的因素。在明朝和传教士的合作中，明朝渴求的是传教士所掌握的天文、物理、化学和军事知识，而传教士渴望明朝接受的却是宗教，这种目标上的不一致始终影响着双方合作的深度和层次。传教士既欣喜于自己在权力中心的地位不断提升，又担心明朝完全将传教士视为臣子和下属，有损教廷尊严以及传教事业。因而传教士尽心尽力完成任务的同时始终不忘反复重申，传教士是"上帝的仆人"而不是"皇帝的炮兵"，并时时不忘传教。这加深了明朝对传教士的猜忌，守旧派的士大夫往往据此攻击传教士"心怀叵测"，并有意在党争之中将传教士的思想和言行作为攻击点，进而打击亲近传教士的政治对手，这在很大程度上影响了皇帝的判断，进而影响到双方合作的实际效果。

澳门的葡萄牙当局与明朝之间的合作关系也存在类似的问题。在明朝看来,葡澳当局作为"借地"的外夷,是明朝的藩属和臣子,对明朝的军事支援属于天经地义的"报效朝廷",只有明朝对葡澳当局的"赏赐"和"恩典",葡澳当局没有权力与明朝谈条件。而澳葡当局则试图通过对明朝的援助,获得相对平等的政治地位和贸易条件,尤其希望能够得到自由进入广东乃至中国内地的权利,以摆脱地方官员无休止的盘剥和勒索。

这种认知上的根本矛盾使得双方都有很强烈的合作意愿,但实际中的合作却一波三折,援辽葡萄牙兵或无功而返,或不能久留,使得明军中的葡萄牙雇佣军人数始终处于一个非常低的水平,严重影响了训练和作战的效果。

此外,澳门是一弹丸之地,又长期面临远东的英国和荷兰殖民者从海上的威胁,葡澳当局的实力相当有限。而且葡澳当局对明金战争的认识也不足,将少量葡萄牙射手和雇佣日本武士主宰东南亚战场的经验和模式套用在辽东战场上,因此葡萄牙人对局势的估计过于乐观,组织的历次援辽队伍都规模偏小。而实际上东南亚小国之间的争霸战争与明金战争相比,无论是在战争规模、战争烈度、技术层次还是在战略战术水平上都不可同日而语。过于残酷的战况、人员伤亡和严重恶化的战局,影响了葡萄牙人的信心。因为明朝内部矛盾而导致的数次大费周章的折腾,也消磨了葡澳当局援辽的积极性。因而自登州兵变之后直至明亡,葡澳当局对明朝再无实质性的军事援助。

最后也是最关键的问题,在于明朝内部主导"大炮救国"运动的主力——奉教士大夫们的知识和能力都有一定的局限性,也使得他们主导的改革效果大打折扣。

以徐光启、李之藻为例,其强兵救国的一系列建议既有诸多真知灼见,也有一些不切实际之处,比如徐光启提出的练就"一人可兼数人之饷，即一人可当数十人之用"❶的西式精兵的建议，就没有完全考虑到明王朝病入膏肓的财政状况，因而被守旧派的士大夫乘机攻击其军事改革的主张是"骗官盗饷之谋"，进而攻击他"以朝廷数万之金钱，供一己逍遥之儿戏，越俎代庖事小，而误国欺君其罪大"❷。这无疑影响了徐光启作为"西法派"的领袖在朝廷中的威信和地位，进而影响了其一系列改革的实际效果。

再如孙元化作为明朝当时首屈一指的西洋火器专家，其著作《西法神机》在当时引入了诸多革命性的概念，在中国的火器发展史上有着划时代的意义，但其中也存在着一些低级甚至拙劣的错误，比如他在翻译的过程中用"斤"来翻译"磅（pound）"这个重要单位，而实际上明代的一斤约合597克，而一磅约合454克，二者相差100多克。如果按照明朝仿造较多的"半蛇铳"（即半寇菲林或杂种寇菲林）来说，则可能一次多装填2574—3575克火药，尽管大多数火炮在铸成时都经过超装药测试，但在激烈的战斗中多次使用超装药发射仍然是非常危险的行为。此外，《西法神机》中还将西方的"步"直译为中国的"步"，而实际上西方的"一步"相当于中国的"一跬"，如果不注意单位的换算，则很容易根据书中的数据得到比实际大得多的错误射程。

而孙元化本人虽然在火器理论方面有着极高的造诣，但天启二年在辽东铸造西式火炮时，连续三次试炮失败，因而引咎去职，当时督辽的孙承宗善于识人用人，他看出孙元化理论水平很高，仍不失为一可用之才，因而勉励他"大器晚成"，但孙元化的火器理论在实践中存在相当的问题也是事实。

---

❶《徐光启集》，上海古籍出版社，1984年。
❷《徐光启集》，上海古籍出版社，1984年。

造成奉教士大夫群体眼高手低，长于理论而短于实践的根本原因，在于其教育背景和教育经历，以及从政之后的履历。奉教士大夫在接触西学之前，都接受过完整的儒家教育，其中没有太多关于自然科学的内容，因此对"西学"的学习都是半路出家，存在基础不牢的问题。

另外奉教士大夫在学习西学的过程中主要以传教士为师，而部分传教士尽管拥有良好的教育背景，但其终归是神职人员，无法为士大夫提供完整的、系统的自然科学教育，而且传教士为了让士大夫皈依宗教，往往夸大西学的效用，以唤起士大夫对基督教和西方世界的崇敬之情，如利玛窦对徐光启描述西洋火炮的威力：

> （西人）通无养兵之费，名城大都最要害处，只列大铳数门，放铳数人、守铳数百人而止。其铳大者长一丈，围三四尺，口径三寸，中容火药数升，杂用碎铁碎铅，外加精铁大弹，亦径三寸、重三四斤。弹制奇巧绝伦，圆形中剖，联以百练钢条，其长尺余，火发弹飞，钢条挺直，横掠而前，二三十里之内，折巨木，透坚城，攻无不摧。其余铅弹之力，可及五六十里。❶

实际上利玛窦所说的"弹制奇巧绝伦，圆形中剖，联以百练钢条，其长尺余，火发弹飞，钢条挺直，横掠而前"的炮弹是当时欧洲海军常用的杠弹或链弹，这种炮弹像一个炮弹被剖成了两半，中间用铁链或铁杠相连，发射后在空中旋转前进，在海战中用于近距离摧毁敌方舰船桅杆和船帆，进而使对方战舰失去动力。这种炮弹的射程很近，往往在快接舷时才发射，不可能有二三十里的射程，也不可能

---

❶《徐光启集》，上海古籍出版社，1984年。

有"折巨木，透坚城"的威力。但这种言过其实的描述对当时渴望救国又缺乏实际从政、治军经验的士大夫来说非常有吸引力，然而如果真的把这种描述当真，进而以此为据思考，则很容易得到不切实际的结论。

传教士出于"折服"士大夫的心态，往往对事实有所美化和夸大，而折服于西学的奉教士大夫，以及一些热心引进西洋火炮的边臣边将，为了让皇帝和同僚接受自己的主张，往往在对传教士的说法全盘接受的基础上，进行再美化和再夸大，希望以此在朝堂论争中取得优势，而经过两次"加工"的"事实"，往往已经与事情的本来面目相去甚远了。明末各类论及引进西洋火炮的奏疏，以及记录西洋火炮的书籍中，在火炮威力和射程方面均存在不同程度的夸大，有的射程超过火炮真实射程数倍之多，有的威力描述超过了现代的大口径加榴炮，或多或少都是受到这种思想的影响。

此外，当现实情况与奉教士大夫的描述存在较大偏差时，自然会损害奉教士大夫的威信和地位，如当时的言官就攻击徐光启"以词臣而出典兵"，指责他缺乏实际经验，言过其实。这些士大夫在引进西洋火炮以及与其相关的西学的过程中因自身能力和认知局限而产生的问题，无疑也限制和影响着"大炮救国"运动的实际作用。

这本身不是也不该是这些奉教士大夫的责任，他们在历史中本来应该扮演的角色，是东西方两个世界连通之时"开眼看世界"的那一批人，只是历史的洪流在这样一个天亡之秋把他们推到了挽救这必败之局、匡复这必亡之国的舞台上，让他们演出了这样一场从天下到国家、从共同体到个人的悲剧，今人在认识到历史的必然性和个人的局限性的同时，实在不应给予他们过多苛责。

八、倒戈之神

在奉教士大夫和边臣边将费尽心机试图利用以红夷大炮为代表的"神器"使明王朝免于灭亡的命运之时，后金方面的统治者也在费尽心机，试图利用以红夷大炮为代表的"神器"打破关宁锦防线造成的战略僵局，一举灭亡明王朝。这使得明朝与后金之间的战争除了是天下之战、国运之战外，还成为一场围绕着红夷大炮展开的军备竞赛。

满洲军事集团在建立后金，与明朝分庭抗礼的初期，确实不重视火器的运用，在萨尔浒战役缴获明军大量火器之后，依然在很长的一个时期几乎完全依靠传统的冷兵器方式作战，即使在夺得辽、沈这样的大城，获得部分重型火炮之后，后金军队的作战方式依然没有发生根本性改变。在欧洲殖民者带着早期火器在世界各地征服"野蛮民族"的时候，装备着大量火器的明朝军队却在自己的国土上被完全使用冷兵器的"野蛮人"打得一败涂地。后金在立国初期在辽东以冷兵器方式取得的一系列军事胜利，不仅给了清朝统治者编造和吹嘘"弓马取天下"神话的空间和素材，也一直是军事专家和历史学家研究的焦点之一。

实际上后金立国初期对火器的轻视乃至鄙视态度，成因是复杂且多方面的。首先，努尔哈赤作为明朝的地方官员，长期与辽东明军保持着密切的关系，且曾多次参与明军的军事行动，对明军的武器装备、训练水平、战术战法了如指掌。他对明军火器的特点和缺陷的认识是非常精准而深刻的，萨尔浒战役的几次主要战斗经过也证明，后金军队完全有能力以冷兵器战术在野战中克制明军的火器。其次，萨尔浒战役前后明军大量装备的三眼铳等单兵火器性能较差，与弓箭相比并无多少优势，甚至因为粗制滥造，可能还有所不如。而明军以佛郎机为代表的野战火炮虽具备一定威力，但瞄准、施放均需要专业技能，此时的后金缺乏熟练炮手，也全无制药、铸弹等配套设施，因此后金虽然在萨尔浒战役中缴获上万件明军火器，却弃之不用。而且经过女真统一战争的历练，后金军队已经有了一套完整而成熟的冷兵器战术体系，引入火器势必改变这一行之有效的体系，而火器本身又根本不足以给后金军队的战斗力带来大幅度的提升（甚至可能导致下降）。

最重要的一点在于，后金军队虽有能够克制明军火器的有效战术，但是并无能够使用火器的技术，势必要将火器交给投顺或被俘的汉人和朝鲜人操作，而在战争初期明强金弱，且后金内部尚未完成整合的情况下，这样做无疑存在着相当的风险。

因此，后金在立国之初缴获大量明军火器却搁置不用，坚持使用传统的冷兵器战术并不是因为对火器威力的无知，恰恰相反，这是努尔哈赤基于对明军火器和战术特点的清楚认识而做出的选择。表面上看，以努尔哈赤为代表的满洲军事贵族集团轻视火器，而实际上他们轻视的并不是火器，而是轻视明军低下的火器质量和拙劣的训练和应用水平，他们清楚地知道，制造得法、质量过关的火器在经过严格训练的明军手里，能够给后金军队造成重大创伤。后金军队对明军的所有针对性战术，都是围绕着火器展开的，如何最大限度削弱明军第一轮（也是威胁最大的一轮）齐射，降低明军火力对后金军有生力量的杀伤，并利用明军发射后再次装填造成的火力间歇进行突破，一直是后金军战术的核心。萨尔浒之战后，后金不仅在攻城中高度依赖克制明军火力的楯车，在野战中也有不携楯车直接冲击明军阵营因而受罚的案例，前文提到的明末清初传教士卫匡国所著之《鞑靼战纪》中提到"他们最害怕的是火枪子弹，于是使用计策，出敌意料外地减少了神秘火枪的杀伤力"❶亦可作为佐证。

虽如前文所述，努尔哈赤始终对大量武装后金统治下的汉人心存芥蒂，但开原、铁岭之战后，随着后金阵营内投顺的前明降军越来越多，后金还是组建了以汉人为主体、以火器为主要装备的黑营，即以黑纛为标志的火器营。这些投降或被俘的前明军官兵习惯于使用火器，也无法融入后金的战术体系之中，因而被单立一营，仍装备鸟铳等火器，但此时的黑营官兵仍隶属于各牛录之下，仆从满洲军队作战，在后金军事体系中地位很低，长期受到歧视和提防，其装备长期得不到改善，《旧满洲档》中有关于黑营汉兵的装备情况记载：

> 除驻防兵以五十人为炮手外，随军出征兵每百人中，以二十人为炮手。无炮、鸟枪者造甲。每牛录造良甲五十副，新造良甲给满洲兵穿，旧且劣者给汉人用之。❷

除装备外，黑营汉兵战术也与明军无二，因此也没有突出的战绩，更无法影响战争的走向。在努尔哈赤统治后期，后金在明朝的经济封锁之下陷入经济危机，社会矛盾和民族矛盾空前尖锐，关于黑营的记载亦不复见于后金一方的记载之中。

在明军引进以红夷大炮为代表的新式西洋大炮，以及相关的科学技术之后，战争的形态已悄然发生改变，然而从努尔哈赤自宁远城下"大怀忿恨而回"没多久，皇太极就再次使用相同的战术进攻同样有大炮防守的锦州来看，后金统治者显然没能及时意识到这一点，除了因为统治者本人和其统治集团的受教育背景和生活环境之外，主要因

---

❶《清代西人见闻录》，中国人民大学出版社，1985年，第6页。
❷《旧满洲档》第3册，天命八年正月十五日，1968年，第1307页。

为当时的东西方技术交汇带主要在闽、粤等东南沿海地区，而后金政权所在的东北亚则处于技术传播链的末端，极大地限制了后金统治集团的眼界和认知。直到经过宁锦之战，后金往昔无往而不利的楯车战术再次顿挫于坚城大炮之下，皇太极才认识到这场军事变革的来临，承认"鸟枪火炮，自远而至，目不得见，避之诚难"[1]，同时意识到以往对明军百试百灵的传统攻坚战术已不能取胜，能够对付明军"凭城用大炮"战术的唯一方法，就是拥有比明军更多和更强的大炮。

在宁锦之战的刺激之下，皇太极加快了后金制造和装备火器的进程，天聪五年（1631）正月，后金首次利用明朝降官降匠铸成"天佑助威大将军"火炮。此炮虽为红夷炮样式，但因技术水平有限，未能按照模数原理铸造，仍属于按明军火炮原尺寸复刻的仿制品。根据清代史料《铸造红衣炮金火拜唐阿铜工功绩总谱》记载，该炮原品系明军战船沉没后搁浅的一门青铜舰炮，炮身铭文为"镇国龙尾大将军"，后金获得此炮后，张榜招募工匠，悬赏进行仿制，可见后金在火炮制造方面受制于技术环境，水平与明朝仍有较大差距。但以后金的条件，能够在如此短的时间之内仿制出红夷大炮，已经属于相当惊人的成就，后金亦备受鼓舞，《清太宗实录》载：

先是我国未备火器，造炮自此始。[2]

比后金技术起点高得多的明朝在仿造红夷大炮伊始，也经历了多次失败。而后金在短时间内就铸成了可用的火炮，其中的奥秘就在"天佑助威大将军"的铭文上。后金仿制的火炮按照明朝铸炮习惯，镌

❶《清太宗实录》卷五，辽宁大学历史系，1978年。
❷《清太宗实录》卷五，辽宁大学历史系，1978年。

刻有负责铸造的人员名单：

> 督造官总兵官额驸佟养性，监造官游击丁启明，备御祝世荫，铸匠王天相、窦守位，铁匠刘计平。❶

这些人之中除额驸佟养性原系混迹明朝的"熟夷"（汉化满洲人）之外，其余参与铸造人员都是汉人。其中丁启明原系明军副将，被后金俘虏后因为通晓红夷大炮的铸造方法，被授予二等参将。祝世荫系明朝镇江游击祝世昌之弟，天启元年随其兄一同降清，因善于铸炮被授予备御一职。掌握关键铸造技术的铸匠王天相则是后金在己巳之变中攻陷永平时掳来的明朝铸匠。他们有的是后金曾经的敌人，有的则与后金有仇，且无一例外在努尔哈赤统治后期遭受过民族歧视和民族压迫。而他们勇于应募，积极为后金铸造红夷大炮，甚至为后金使用红夷大炮攻打明朝出谋划策的原因十分简单，就是皇太极登基后为改善后金严峻的经济危机和社会矛盾，采取了一系列较为缓和的民族政策，使得汉人的生存环境得到了改善，同时赏罚分明，使汉人看到了通过为后金效力而实现阶层上升和待遇改善的希望。为后金首铸红夷炮的铸匠、铁匠愿意为官者，均可授予喇布勒哈番之职，世袭罔替。不愿做官者，赏给世代金火拜唐阿，每月食钱粮银二两，每季米领五石三斗，又赏赐住房、田地、奴仆。对普通工匠尚且如此，丁启明、祝世荫等有官职之人得到的赏赐就更加优渥。

相比之下，在宁远大捷叙功之时，连魏忠贤那些不知战场在何处的祖父母、侄子都因宁远之功封了伯爵，而组织军民从英国东印度公司武装商船"独角兽号"上打捞起红夷大炮的肇庆推官邓士亮却寸功

---

❶《清太宗实录》卷五，辽宁大学历史系，1978年。

未获，以至于愤愤不平：

> 前此锦、远捷报叙疏中，管放夷铳者俱获加升，其后藉此邀焦头烂额之赏者不少，职不得不为一披陈……[1]

与那些一边殚精竭虑地为朝廷做事，一边应对清流言官明枪暗箭的奉教士大夫，和那些一边自筹经费铸造火炮，一边提心吊胆地防备各类"异心""谋反"的怀疑与指责的地方督抚比起来，邓士亮遭受的不公待遇只是一个很小的缩影。正是因为处于上升期的后金和处于衰亡期的明朝之间完全不同的体制运行效率和政治环境，使得明朝起步早、起点高，但不仅资源难以集中，而且获得的有限成果有相当一部分都被体制低下的运转效率和无休止的内耗所抵消。反之，后金造炮起步晚、起点低，但利用体制和环境优势，集中了有限的资源，直接从明朝吸引了一支技术和经验都相对成熟的铸炮队伍，在很短的时间内就完成了红夷大炮的仿制工作。

这种情况与努尔哈赤统治后期民族矛盾激化，后金境内汉人大量逃亡关内、朝鲜，后金汉人官员惶惶不可终日，纷纷"反正"投向明朝的情形完全不同。在努尔哈赤统治后期，努尔哈赤曾剥夺汉人"伊尔根"的身份，全体编入托克索为奴。皇太极上台后，恢复了汉人的"伊尔根"身份，同时建立了一套完整的制度，保障了汉军的地位和待遇，重新获得惶恐不安的汉兵汉将的效忠，进而通过他们获得了制造和使用火器的能力。在己巳之变中，皇太极就携带使用火器的汉人组成的火器营入关作战，这些汉兵汉将在面对曾经的故国时作战勇猛忠诚，如在己巳之变的遵永之战中：

---

[1]《清太宗实录》卷八，辽宁大学历史系，1978年。

天聪三年，大兵征明，过北京，思忠驻防遵化。值大兵回边外，明将谢尚忠等以枪炮、火箭来攻城者三，俱击退之。又以火箭射我火器营，火药焚起，兵惊溃。思忠约束整齐，使各归汛地。❶

李思忠系李成梁族侄，李氏在明朝举族为将，世受荫封，其父李如梴曾任明太原同知，后金攻陷铁岭时殉国，李思忠有兄李存忠、李一忠，与其父一同殉国。李如梴为其子取名存忠、一忠、思忠，显然是要其子忠于明朝，然而作为后金将领的李思忠在明朝境内作战时，在主力东返关外、军队火药爆燃、兵士溃散的情况下也无降意，而是收拢士卒保全军队，其"忠"可见一斑。

皇太极本人对明朝的人才和技术源源不断流向后金的态势感到十分欣喜和得意，他对明人说：

现在恩养之人，逃回尔国者亦少，且辽东广宁各官，在我国者，感我收养之恩，不待命令，自整汉兵，设立营伍，用火器攻战。❷

后金通过张榜悬赏招募来的这支铸炮队伍固然层次不高，水平有限，但皇太极即位后明朝与后金之间在体制运行效率和政治生态环境之间的差距，让明朝和后金就好比一高一低两个连通的水池，无论初时阶段高的那个水池中的水位比低的水池高多少，最终都会被低的那个水池吸收殆尽。而后金铸造"天佑助威大将军"，显然只是两个水

---

❶《八旗通志·初集》卷一百七十五，第4240页。
❷《清太宗实录》卷八，辽宁大学历史系，1978年。

池连通的开始。

九、天地倒悬

得益于这种源源不断的汲取效应，后金不仅在红夷大炮的铸造上进展神速，而且很快形成了一支主要由熟练的汉人炮手组成的、具备相当战斗力的炮兵部队，号乌真超哈（ujen cooha），意为"重兵"，任用佟养性为昂邦章京，很快在接下来的大凌河之战中给予明朝沉重打击，并彻底改变了明清战争的走向。

崇祯四年（1631）五月，自锦州归降后金的汉奸张士粹等向皇太极报告，明军已基本完成大凌河城的基础建设部分，引起皇太极及满洲贵族警惕，多次派兵侦查大凌河城修筑情况。六月，后金斥候侦知大凌河城尚未完成，明军正在城外修筑墩台的情报，决定出兵，七月二十七日，皇太极亲率大军直趋大凌河，再攻宁锦防线。皇太极对此次出兵的目的解释道：

> 我等所居沈阳、辽东之地，原系我属乎？乃天赐与我也。若不事征讨，坐视明国开拓疆土，修建城郭，缮治军械，使得完备，岂能使我等安是耶？❶

他的判断无疑是非常准确的，大凌河城在大凌河以西，小凌河以东，距锦州约四十里，是关宁锦防线上的重要战略支点，明军在此处筑城，又在四隅筑台，明显是徐光启、孙元化主张的"以铳护台，以台护城"战术的体现。大凌河并不是一座简单的城池，而是一个

---

❶ 中国第一历史档案馆整理，中国社会科学院历史研究所译注：《满文老档》第33册。

"城-堡"防御体系，这个防御体系一旦形成并完善，进可图广宁，退可保宁锦，能够对后金造成重大威胁。

而且前文已经提及，要突破这样的防御体系，需要进攻方有大量射程超过防守方的重型火炮，逐个击破铳台之后，方能接近城池，或根据军事工程学原理进行大量的土工作业（纵横防炮壕）接近铳台进行爆破，这对尚处于冷兵器时代的后金来说是不可能的。

但此时拥有强大炮兵的后金军队已完全不同于努尔哈赤时代，一次就出动了红夷大炮、大将军炮四十尊从征。因而虽有宁、锦之败在前，皇太极却依然敢于再次攻坚。八月七日，皇太极确定"隳台逼城，围城打援"的战略，一面逐个击破城外铳台，一面环城掘壕，力图彻底围困城内明军，吸引锦州方向明军救援，进而在野战中大量消灭明军有生力量。后金军挖掘的壕沟防守严密，正好位于城上红夷大炮的极限射程之外，也显示出后金军对红夷大炮的忌惮：

> 壕沟周长三十里，城与壕之间有三里。壕深一丈，广一丈，壕外砌墙，高一丈，墙上有垛口。于墙内五丈外掘壕，其广五尺，深七尺五寸，覆以秫秸，掩上其土，于周围尽扎营，营外亦掘壕，深五尺，广有五尺，防守既固，困于城内之人不能出，城外之人不能入。❶

后金军要彻底围困大凌河，除掘壕围城外，还必须清除大凌河城周围的铳台。铳台是装备了大量中小型火器的堡垒，既是城池的屏障，也起到保护补给线的作用，如果不能彻底清除这些铳台，后金不仅围

---

❶ 中国第一历史档案馆整理，中国社会科学院历史研究所译注：《满文老档》第33册。

不死大凌河，而且即使不顾铳台强行攻城，攻城方向也会受到铳台火力的极大限制，大大增加了攻城的后金军被城防火力杀伤的风险。

铳台因结构问题，往往不能设置重型火炮。但并不意味着其容易攻破，与传统的城池相比，铳台是纯粹用于军事用途的城堡，主要驻扎军人，后金以往使用的奸细战术难以奏效，如果使用冷兵器时代的攻城战术逐台争夺，势必造成大量伤亡。但后金一方的红夷大炮的出现使得这一战术不再奏效，后金炮兵首先以红夷大炮轰击城南之台，守台明军没有料到后金军装备了重型火炮，大炮仅仅毁坏了城垛，守军就在惊骇之中投降了。后金军攻克南台后，得以抵近轰击南城。此后，后金军又炮击城东之台，城东之台守军亦被炮火所惊弃台而逃，被后金军全歼，这样城东也进入了后金军的火力范围之中。从八月到十月，后金军以火炮攻克大凌河城周围及广宁方向的多个大型铳台，其余铳台守军慑于重炮的威力，或接受招抚，或在炮击后归降。

后金一方的红夷大炮不仅在夺台、围城方面发挥巨大作用，在野战中也能有效压制明军炮兵。九月，明太仆寺卿监军道张春、总兵官吴襄率领援军自锦州方向来援大凌河，在长山与后金军交战，后金炮兵与明军在锦州大道发生激烈炮战，双方"火器齐发，声震天地，铅子如雹，矢下如雨"❶，后金炮兵因得到步、骑兵较好的配合和掩护，得以在明军阵地东侧炮击明军，"发火炮、火箭毁其营"❷。在后金军的步、骑、炮协同战术之下，仍以传统的车营战术迎敌的明军全军覆没，其携带的三门红夷大炮和七门大将军炮都被后金军缴获。

---

❶ 中国第一历史档案馆整理，中国社会科学院历史研究所译注：《满文老档》第33册。

❷ 中国第一历史档案馆整理，中国社会科学院历史研究所译注：《满文老档》第33册。

后金炮兵在战役中的最为关键性的作用，在于迫降了明军在大凌河城外最大的铳台子章台。十月初九，后金军以红夷大炮六门、大将军炮五十四门，集中轰击子章台。子章台地势险要，城垣坚固，守军火器较多，但后金军集中重炮在明军火器射程之外轰击铳台，使子章台守军的中小型火器无可奈何，后金军连续炮击子章台三日，严重毁坏了台身和台上的防御工事，守台明军不仅无法登台防守，还面临着铳台崩塌被活埋的危险，只能于第四日投降。子章台被攻克后，"周围各台明人闻之，近者归降，远者皆弃台而逃"❶。

子章台之战规模不大，却是整个明清战争中的一个标志性事件。后金首次大规模地将重型火炮集中起来用于攻城，不但预示着双方军事技术水平的接近，也预示着双方围绕着关宁锦防线而形成的战略僵持态势即将被打破。子章台之战充分证明了在攻城方能够彻底围困守城方的情况下，用红夷大炮攻城要比用红夷大炮守城有效得多，因为与人员、装备或炮兵阵地比起来，城池和堡垒显然是一个大得多的、更容易被命中的目标。而且在彻底围困的状态下，进攻一方可以轻松集中大量火炮猛轰城池一隅，而固定安放在城墙上的红夷大炮尽管因为居高临下可能具有一定的射程优势，但难以快速集中，因而在炮战中处于不利的地位。后金军通过子章台之战完全围死了大凌河城的同时，也认识到了战争形态和战略战术已经悄然发生改变，《清太宗实录》中评价这一战时认为：

> 至红衣大炮，我国创造后，携载攻城自此始。若非用红衣大炮攻击，则于"子章台"必不易克；此台不克，则其余各台不逃

---

❶ 中国第一历史档案馆整理，中国社会科学院历史研究所译注：《满文老档》第33册。

不降，必且固守，则粮无由得，即欲运自沈阳，又路远不易致。今因攻克"子章台"，而周围百余台闻之，或逃或降，得以资我粮糗，士马饱腾。以是久围大凌河，克以厥功者，皆因上创造红衣大炮故也。❶

大凌河被彻底围死，守军在突围无望、外援断绝的情况下，最终投降，皇太极得以毁大凌河城挟胜而还，但比大凌河之役更能加速战争天平倾斜的，却是这场战役引发的连锁反应。在发现后金军已经掌握红夷大炮技术，并导致攻守之势急剧变化的时候，明朝紧急命令驻守登州的孙元化部驰援大凌河，这支集中闽、粤、澳门甚至朝鲜的资源打造而成的火器部队不但拥有当时最先进的装备，而且由葡萄牙教官训练而成，代表着当时明军火炮技术运用的最高水平。然而在孙元化于崇祯四年八月命令左营参将孔有德率军渡海驰援大凌河之后，孔有德一直以风大浪急等诸多借口为由不肯开拔，直到十月，大凌河已危在旦夕，孙元化再次下令孔有德从陆路救援大凌河，孔有德才不情愿地开拔，一路徘徊不前，十一月末才行至河北吴桥，恰逢雨雪天气，粮草不继，孔有德治军不严导致军纪涣散，冻饿的士兵沿途劫掠，声名狼藉。且孔有德部下多辽人，在努尔哈赤统治后期，大量不堪忍受后金凌虐的辽人逃往朝鲜和山东半岛，因明朝政府对这些难民缺乏妥善的安置手段，导致辽人和当地人因土地、资源问题屡有摩擦，关系紧张。长期生活在辽东军事化社会中的辽人性格强悍，迫于生存压力也多有不法之事，而当时军人社会地位极端低下，当地人对待这些"丧家之人"的态度和方式，亦不难推知。而且在袁崇焕死后，其"以辽人守辽土"的主张也被普遍抨击，因此当时的舆论也多歧

---

❶《清太宗实录》第十卷，天聪五年十一月，新文丰出版社，1978年。

视、诋毁辽人，以至于内地民众视辽人与鞑虏无异，己巳之变时就有守城的京营士兵视入援辽兵为后金奸细，故意打死打伤士卒的事情发生，时人认为：

> 辽人恃其强，且倚帅力，与土人（关内人）颇不相安，识者久忧之。自文龙诛，部下义子耿仲明、李九成、孔有德等畏罪逃四方。后闻袁崇焕磔死，文龙事稍白，复相聚于登，夤缘为将。然此辈数，狞悍贪婪，不知法度，视登为金穴，欲得而甘心焉？❶

在这种普遍歧视、仇视辽人的大环境下，援军所到之处，百姓关门闭户，唯恐被其所害，军民关系恶劣到了极点。在这种情况之下，孔有德部的士兵在劫掠中招惹当地豪门望族，军队在与地方交涉中重重矛盾不断交织升级，终于引发军队哗变，孔有德一不做二不休，索性自号"替天行道都元帅"，率军叛明。叛军武器精良，训练有素，因受过葡萄牙教官训练，因而在操作火炮时"对城攻打，准如设的"❷，轻而易举地攻破诸多县城，叛乱的辽兵为发泄与本地人长久以来的积怨，杀掠之残酷不亚于入关的后金军，造成了"残破几百里，杀人盈十余万"❸的严重后果。十二月底，叛军围攻登州，以红夷大炮攻城，城中葡萄牙雇佣兵亦以红夷大炮自城头与之对射，城下的叛军与城上的葡萄牙雇佣军展开了一场当时东亚最高水平的炮战。这场师徒之战的最终结果是作为师傅的葡萄牙人技高一筹，暂时守住了登州城，然而城下的叛军也以精确的炮火给葡萄牙人造成了惨重的伤亡。最终，

---

❶《崇祯长编》卷五十五，崇祯五年正月辛丑，历史语言研究所，1962年。

❷ 汤若望、焦勖：《火攻挈要·序》，中华书局，1985年，第2—3页。

❸ 汤若望、焦勖：《火攻挈要·序》，中华书局，1985年，第2—3页。

孙元化麾下的辽将耿仲明、陈光福与孔有德里应外合，夺取了登州城，获得明朝历年在此积攒的大量军火、物资，史载登州城陷落后：

> 城中旧兵六千人、援兵千人、马三千匹、饷银十万、红夷大炮二十余具、西洋炮三百具、其他火器甲仗不可胜数，及城中金帛子女皆为贼有。❶

孔有德夺取登州之后实力倍增，明朝多次试图招安，均被孔有德假意诡骗，反而给朝廷带来沉重损失。朝廷决议镇压，但关内的羸弱之兵无力对抗装备了大量西洋火器的骄兵悍将，最后不得不从关外抽调辽兵镇压叛乱，经过艰苦的战斗才击败叛军，将孔有德围困在登州。叛军断粮后以人肉为食，熬人油为灯烛也不肯投降，露出了与明王朝彻底决裂的真面目。困兽犹斗的孔有德最终于崇祯六年（1633）四月逃奔大海，在明军和朝鲜军的围追堵截之下，在鸭绿江出海口镇江堡归降后金。孔有德在致皇太极的乞降书中声称：

> 本帅现有甲兵数万，轻舟百余，大炮、火器俱全。有此武器，更与明汗（皇太极）同心协力，水陆并进，势如破竹，天下又谁敢与汗为敌乎？❷

孔有德本部装备的红夷炮，加上在攻破各州县的过程中缴获的红夷炮，再加上攻破登州之后缴获的二十余门红夷炮，使得孔有德手里掌握的红夷炮数量达到了一个惊人的数字，即使在战败逃窜的过程中

---

❶《崇祯长编》卷五十五，崇祯五年正月辛丑，历史语言研究所，1962年。
❷ 萧一山：《清代通史》卷一，中华书局，1986年，第145页。

有所损失，在当时仍是一股能够左右天下之势的力量。孔有德明白这一点，因此才在乞降书中以此夸耀实力，以期在后金谋取更高的政治地位和更大的经济利益。皇太极和后金群臣也明白这一点，将孔有德和其所携带的火炮、部属，视为上天赐予后金"成大事"的礼物，宁完我直言不讳地说："臣每虑红夷炮攻城甚妙，而路远为艰，若孔、耿来降，可得船百余支，红夷（大炮）六、七十位。"❶他亲自出郊十里相迎，并给予极高的待遇。受此引诱，明广鹿岛副将尚可喜也于次年十月携带四门红夷大炮及大量火器投降后金。

登州之变是病入膏肓的大明王朝多重不可调和的尖锐矛盾互相叠加造成的结果，以大凌河之战为导火索，明朝内部文官和武将的矛盾、中央和边疆的矛盾、军队和地方的矛盾、主兵和客兵之间的矛盾、军人和百姓之间的矛盾集中爆发在登莱这个明王朝"大炮救国"运动的中心。明王朝穷尽闽、粤、澳之资源、技术、人员，以及徐光启、李之藻、孙元化等奉教士大夫历年奔走之心血而铸造出的西洋火炮，以及葡萄牙教官训练出的精锐炮兵，不但未能如明朝所愿对抗后金拯救危局，反而彻底摧毁了登莱这一火器中心，并给作为抗金补给基地的胶东半岛造成了严重损失。

此变之后，孙元化、张焘因登州之变被斩首弃市，徐光启也遭到波及，营救不成后心灰意冷，转而专心钻研历法；支持他们的兵部尚书熊明遇也被解职；登州城内的三十余名葡萄牙雇佣兵中有十二人在平叛中阵亡，十五人重伤，由朝廷给予抚恤后，命陆若汉送回澳门。此时的澳门当局一方面因贸易航线衰落，英、荷等新兴海上强国威胁而陷入窘境，另一方面也有感于明金战争之酷烈，直至明亡也未再组织成规模的入援活动。而曾受葡萄牙教官训练、因炮术精湛而在宁远

❶ 罗振玉编印：《史料丛刊初编》之《天聪朝臣工奏议》，1924年。

之战中立下大功的将领彭簪古，早在此之前就因参与欠饷而起的宁远兵变而被朝廷处死。轰轰烈烈的"大炮救国"运动彻底宣告失败，其有限成果除一部分保留，一部分内耗外，大部拱手让敌，明朝和后金的这场围绕着红夷大炮的军事技术竞赛，就这样以一种偶然而又必然的方式，发生了"攻守之势异也"的重大转变。

十、无穷杀运

在大凌河之战中，后金炮兵在清除铳台、轰击阵地等方面发挥了至关重要的作用，但也在战斗中暴露了其缺点，比如后金军炮击铳台的效果往往很好，但清理铳台得以抵近城池之后，炮击城池的效果却不佳，比如后金军在炮击城南之台时：

> 穿一垛墙，击毙一人。明台兵大惧，遂降。内有兵二十八人，即付王总兵官养之。❶

很快就用炮击迫降了守台之兵，其余各台也多用这种方法攻克或招降。但是后金军从南面炮击城池本身的时候，仅仅"坏其雉堞四，敌楼二"❷，并未对城池造成实质性的损伤，实际上直到大凌河守军投降，后金炮兵都未能对大凌河城墙造成结构性的损伤，这也是后金军始终没有强攻的重要原因。

----

❶ 中国第一历史档案馆整理，中国社会科学院历史研究所译注：《满文老档》第39册，第1136页。
❷ 中国第一历史档案馆整理，中国社会科学院历史研究所译注：《满文老档》第39册，第1136页。

后金军对铳台的炮击效果较好，而对城池的炮击效果不佳的原因是多方面的。在当时，要用火炮攻克有城墙防守的城池，首先要在一定区域内组织尽可能多攻城火炮，集中打击城墙上比较薄弱的一点，实心炮弹在城墙上的落点不能相距太远，这样才有可能造成城墙成片倒塌的效果。同时炮火要连绵不断，压制住对方的工程部队修补城墙，才能确保炮击效果，不断扩大缺口的尺寸，让尽可能多的进攻部队涌入城内。这就要求火炮不但要多，而且炮击要准确，而刚起步的后金炮兵在这两方面均有所欠缺，火炮数量不但偏少，而且均为后金汉人工匠根据明军火炮复制的仿制品，性能上不及孔有德部装备的澳门进口火炮和闽、粤所制火炮。而且与明军孔有德部叛乱时"对城攻打，准如设的"❶的精湛炮击水平相比，后金炮兵在技术仍有相当大的差距，其炮击城池时仅毁坏雉堞、敌楼，有可能是弹道偏高，也有可能是根本没有以城墙为目标。

炮击加围困的克城战术固然比努尔哈赤时代的强攻战术的损失和伤亡要小，但如果后金炮兵始终停留在这个水平，那么每一座像大凌河这样有红夷大炮防守的要塞城市，都需要旷日持久的围困才能攻克，以后金和明朝之间的体量差距，夺取天下必然遥遥无期。孔有德、耿仲明的归降解决了这一问题，叛军不仅为后金带来了包括红夷大炮在内的大量西洋火炮，还带来了受过葡萄牙教官训练的熟练炮兵，以及制造火炮和弹药的工匠。这些明朝千辛万苦培养出的高水平炮兵，很快就为后金把炮口对向了故主。孔有德投降后金三个月后，皇太极命贝勒岳托、德格类，汉军固山额真石廷柱等率领马步兵一万人，及孔、耿所部，进攻明军防守的旅顺。其中岳托、德格类既负责总指挥，也负责暗中监视新归降的孔、耿。而石廷柱即在佟养性死后，继任的

---

❶ 汤若望、焦勖:《火攻挈要·序》，第2—3页。

乌真超哈昂邦章京，负责率领乌真超哈与孔、耿协同作战，意在向孔、耿所部炮兵学习，提高乌真超哈的炮术水平，同时打破孔、耿的技术垄断，防止这些有严重军阀倾向的前明军挟技自重。

孔有德急欲在新主面前邀功，且与旅顺明军守将黄龙素有私怨，因而表现得极为卖力。旅顺系明军重要军港，不仅布置有包括十门红夷大炮在内的诸多西洋火炮，且有名将黄龙防守，但此时后金已在火炮数量上完全压制了明军，且随着孔有德的归降，在技术上亦不亚于明军，经过激烈的战斗，后金军得以压制住明军火力，抵近以火炮攻击城墙，最终后金军突入城内全歼明朝守军。

后金和明朝掌握的红夷大炮从数量上来看，则后金远远不如明朝，即使在孔有德归降之后，明朝拥有的红夷大炮仍多于后金。但在明金战争中，后金处于主动进攻态势，而明朝处于被动防守态势，后金不需要分出大量的红夷大炮去防守众多的城池，而是可以在攻城战中集中使用，以形成对明军的局部火力优势。旅顺之战就是一例明证，而后金军攻克旅顺后掳获的大量火炮，使得后金军的局部火力优势像滚雪球一样越来越大。而随着明清战争的发展态势越来越明显，后金军与明军进行大规模野战的机会越来越少，城池和堡垒攻防战必然成为战争的主要形式，因此前明军将领祝世昌向皇太极建议：

> 若攻打城池，必须红衣大炮，今算我国红衣大炮新旧并船上旅顺所得者三十多位，留四位沈阳城守，其余尽皆随营。❶

皇太极采纳了祝世昌建议，并根据明、金双方炮兵力量对比的变化，以及旅顺之战中孔、耿部下的表现，对后金的攻城战术进行了重

---

❶ 孙方明等：《清入关前史料》选辑二，中国人民大学出版社，1989年，第76页。

大调整：

> 若城可（炮）击，用红衣炮击之。倘一举炮，彼即归顺，不得加害。举炮时，不可击城上女墙，当击城之中间。俟十分颓坏，方令我兵登进，其小有破坏处，毋妄令登进。❶

前文曾经论及，与火炮时代的低矮厚实的城池、堡垒相比，冷兵器时代的城墙相对较薄，而且比较高耸，这是为了对付钩梯、井阑等攻城器械的。这种传统的城墙在面对火炮时存在天然的劣势，如果城墙中段有甲乙丙三个点，那么当火炮在甲点和丙点造成缺口时，继续炮击乙点则可能造成甲－丙之间的城墙成段倒塌，造成一个很大的缺口。明朝大城市如南京那种横截面为梯形、夯土包砖的厚重城墙在防御炮击方面的表现要比欧洲中世纪高耸的石质城墙好，但仍处于冷兵器时代的水平，尤其是后金能够在单次战争中集结的红夷大炮越来越多时，这些大城市也不再像从前那样安全了，更何况绝大多数的州、府、县城的防御水平根本无法与西安、南京相提并论。

因此皇太极命令，在攻城时能够以炮火迫降就以炮火迫降。如要强攻，也不要再像大凌河之战那样去炮击城墙之上的防御工事，而是瞄准城墙中段，力图造成结构性损伤。不要在火炮刚在城墙上造成缺口时就让士卒蜂拥而入，这样使士兵密集在固定区域中容易遭到守军火力的密集杀伤，而是必须等待炮击使城墙成段倒塌时，再让士卒进攻。

旅顺之战前后后金军的这种战术调整，使得后金除了"骡台逼城，围城打援"的围困战术之外，又拥有了直接以火炮摧垮城池的能

---

❶《清初内国史院满文档案译编》下册，光明日报出版社，1989年，第468—469页。

力，红夷大炮从围困战的辅助武器，变成了可以直接克城的主要武器，在后金军事体系中的地位和重要性进一步上升。清军在后来对关宁锦防线的总攻，以及在入关后平定天下的过程中，均遵循了皇太极奠定的这一战术。皇太极认识到了火炮数量和质量对战争形态的改变，并针对这种改变调整战术应用到战争之中，不愧是一代豪杰。然而首先认识到"大炮既精，兵法为之一变"的，却是明朝《守圉全书》的作者、明朝士大夫韩霖，这种战争理念上的"后发先至""彼思我用"只不过是明金军事技术竞赛中的一个具有代表性的缩影而已。

而面对这种"天地倒悬"的绝望局势，明朝君臣也不愿坐以待毙，仍试图铸造更多、更大的火炮扭转局势，然而此时原属于明朝的技术、资源、人才优势，要么已经在内讧和内耗中消耗殆尽，要么已经转向了后金一方。穷途末路的明思宗只能抓住最后的救命稻草，责成传教士汤若望、罗雅谷在京师设厂铸炮，汤若望系德意志人，虽为传教士，但受过良好的自然科学教育，精通数学、物理、化学，且有一定实际军事经验。汤若望在京师尽心尽力为朝廷铸炮，直到1644年明朝灭亡，汤若望铸炮逾五百门之多。但此时明朝曾经初具框架的炮兵体系已经不复存在，铸造出的这些火炮，无非矗立在城头，让李自成和入关的清军换个地方蹂躏，晚些再来，或是在前线以各种各样的方式为清军所得。

然而希望以红夷大炮拯救国家的奉教士大夫们此时多已悲惨而凄凉地淡出了历史舞台，但明朝内部反对西洋火炮的声音却一直存在，即使国家已经危在旦夕，所谓的大儒刘宗周仍认为任用德意志人汤若望铸炮，丢了朝廷的脸面：

> 臣闻国之大事，以仁义为本，以节制为师，不专恃一火器。
> 近来通不讲人才，不讲兵法，任敌所到即陷，岂无火器？反为

敌用。若堂堂中国，止用若望铸炮小器，恃以御敌，岂不贻笑边方？ ❶

再强大的武器也需要人来部署和操纵，在有识之士要么含恨而死，要么大辟弃市，空谈义理的腐儒充斥朝堂的情况下，什么武器也无济于事了。在这样已经无药可救的必亡之局里，汤若望铸造出越多的红夷大炮，反而越会加速其彻底灭亡的过程。

---

❶ 李清：《三垣笔记·附识》中卷，《明清史料汇编》影印清刊本，第10—12页。

阴阳错忤鬼神淆——明末社会异动及灵异恐慌

一、塔儿变色

元朝至正末年，一首怪异的童谣自大都而起，迅速传播到京畿周边地区，进而顺大运河南下，传遍了大江南北。在杨慎的《古今风谣》中记录的版本为："塔儿白，北人是主南人客。塔儿红，南人来做主人公。"[1]童谣中的"塔儿"指建于辽代寿昌二年的辽白塔，清人说此塔"塔制如幢，色白如银"[2]，后来毁于战火。白塔遗址在元世祖忽必烈在位时期屡次出现奇异的"佛光"现象，民间风传皆因白塔内供奉有佛祖舍利，又有传言认为，建立辽国的契丹人和建立元朝的蒙古人都是草原方向所来的"北人"，因此辽白塔屡现佛光，主北人入中土坐天下之兆。此时正值元朝–南宋战争的关键时刻，元世祖忽必烈闻此兆喜不自胜，于至元八年（1271）命人发掘白塔，果然得到"舍利二十粒，青泥小塔两千"，于是更加崇信。契丹与蒙古虽都为"北人"，且渊源颇深，但终非一族，于是元世祖下诏新修佛塔供奉舍利。于崖山海域灭宋之战当年（1279）修成释迦舍利灵通塔（今北京市妙应寺白塔），并将舍利供奉其中。塔成之初，佛光再现，元世祖又下旨围绕宝塔兴修寺庙，至元二十六年（1289）建成

---

[1] 杨慎：《古今风谣》，中华书局，1985年，第58页。
[2] 孙承泽、王剑英点校：《春明梦余录》，北京古籍出版社，2018年，第1271页。

圣寿万安寺，元世祖敕"大圣寿万安寺"（今北京市妙应寺），成为元朝的皇家寺庙，这一颇具神异色彩的行为使得该塔与元朝的国运紧密联系在一起。

因此，当万安寺于至正二十八年（1368）毁于雷火，白塔被熊熊大火映红之后，民间自然流传起元朝气数已尽的说法，那首关于塔儿变色的童谣也顺理成章地变成了"塔儿黑，北人作主南人客。塔儿红，朱衣人作主人公"，童谣变化的原因也很简单，反元战争之初，南方有多股反元势力，"南人来做主人公"里南人既可以指朱元璋势力，也可以指张士诚等其他势力。而此时其他势力均已被消灭，明尚火德，而朱为国姓，"朱衣人"的谶纬指向无疑精准得多。定都南京的明王朝受到极大鼓舞，同年，明军攻入大都，顺帝北逃，更是坐实了这一说法。明朝也视此为天命，明人所修《元史》中对万安寺火灾的书写，就充满了隐晦的神异化色彩：

> 六月甲寅，大都大圣寿万安寺灾。是日未时，雷雨中有火自空而下，其殿脊东鳌鱼口火焰出，佛身上亦火起。帝闻之泣下，亟命百官救护，唯东西二影堂神主及宝玩器物得免，余皆焚毁。❶

这段记录在字面意义上没有太多"怪力乱神"的色彩，但通过对火灾，以及对君臣在末日来临之际仓皇无措的表现的描述，不显山不露水地表达了元朝受到天谴，失去神灵庇佑的深意，间接引出明朝"受命于天"的结论。相比之下，明朝开国功臣刘基的《白塔寺》则较直白地指出了这一征兆与天下易主之间的关系："物换星移事已迷，

---

❶《元史》，中华书局，1976年，第1101页。

从来此地惑东西。可怜如镜中天月，独照城乌夜夜啼。"

二、龙蛇异动

"塔儿变色"只是元末明初的改朝换代中，诸多谶纬或灵异事件中的一个。在中国古代历史上，没有任何一个中央王朝的崛起过程像明朝一样，充斥着如此之多的宗教色彩，国号"大明"即来自"明王"。在元末农民战争中，各支红巾军均不同程度地受到白莲教（弥勒教）、摩尼教等民间宗教的影响，将宗教作为组织形式和宣传手段，"明王下世""弥勒降生"等宗教概念成为号召百姓反元的重要口号。明王朝的建立者朱元璋出身底层，既熟悉宗教，又熟知民间社会心理，自起事之初就将宗教作为武器，利用元朝末年政治失衡、社会失序、人心惶惶又高度敏感的环境，通过在一系列诸如"塔儿变色"这样的灵异事件中呼风唤雨和推波助澜，沉重地打击了元王朝的统治合法性，间接加强了自身的"天命"色彩。因此元朝越接近灭亡，各种各样的"妖异"也就越多，最典型的如"雨白鬐"现象。

"雨白鬐"是一种怪异的天象，即类似动物毛发或羽毛的东西像下雨一样从天而降，京房《易传》曰："前乐后忧，厥妖天雨羽。"又曰："邪人进，贤人逃，天雨毛。"认为是主奸佞当道、国家衰亡的不祥之兆。元朝末年，"雨白鬐"现象突然多了起来，根据《元史》记载：

> 元统二年六月，彰德雨白毛，俗呼云"老君鬐"。民谣曰："天雨鬐，事不齐。"至元三年三月，彰德雨毛，如线而绿，俗呼云"菩萨线"。民谣曰："天雨线，民起怨，中原地，事必变。"六

年七月，延安路鄜州雨白毛，如马鬃，所属邑亦如之。**❶**

随着元朝日渐走向穷途末路，"雨白氄"现象也越来越频繁：

> 至正十三年四月，冀宁榆次县雨白毛，如马鬃。七月，泉州
> 路雨白丝。十八年五月，益都雨白氄。十九年三月，兴化路连日
> 雨氄。二十五年五月甲子，京师雨氄，长尺许，如马鬃。二十七
> 年五月，益都雨白氄。**❷**

随着天上"降下"各种奇怪的毛发，"天雨线，民起怨，中原地，
事必变"一类民谣也如野火般在北方大地上愈演愈烈。有趣的是，在
元朝灭亡、明朝建立之后，"雨白氄"现象也神秘地偃旗息鼓，重新
变成了偶发事件。类似的现象还有各种各样的"龙蛇异动"，古人将
其视为天地翻覆、君王出世的征兆，随着朱元璋起义军逐渐逼近元王
朝统治的核心区域，这些神话中的动物也似乎得到了某种感召一般，
开始频繁地出现在人世间：

> 至正十七年六月癸酉，温州有龙斗于乐清江中，飓风大作，
> 所至有光如毯，死者万余人。八月癸丑，祥符县西北有青白二
> 龙见，若相斗之势，良久而散。二十三年正月甲辰，广西贵州
> 江中有物登岸，蛇首四足而青色，长四尺许，军民聚观而杀之。
> 二十四年六月，保德州有黄龙见于咸宁井中。二十七年六月丁
> 巳，皇太子寝殿新甃井成，有龙自井而出，光焰烁人，宫人震慑

---

❶《元史》，中华书局，1976年，第1109页。
❷《元史》，中华书局，1976年，第1109页。

仆地。又宫墙外长庆寺所掌成宗斡耳朵内大槐树，有龙缠绕其上，良久飞去，树皮皆剥。七月，益都临朐县有龙见于龙山，巨石重千斤，浮空而起。二十八年十一月，大同路怀仁县河岸崩，有蛇大小相绾结，可载数车。❶

元亡之后，汹涌的"龙蛇异动"也和天上降下的白氅一样神秘隐去，重新变成"见首不见尾"的云中之物，偶尔露出一鳞半爪。在朱元璋及其建立的明王朝"如有神助"的背后，是其一次又一次利用宗教心理对元王朝发动"人心之战"的大获成功。

三、鬼妖之威

德国哲学家路德维希·费尔巴哈曾经在《基督教的本质》中，对宗教现象产生的原理有过极其精妙的描述，他写道："人使他自己的本质对象化，然后，又使自己成为这个对象化了的、转化成为主体、人格的本质的对象。这就是宗教的秘密。"❷简单地讲，人们关于愿望的想象力是无限的，但实现愿望的能力和手段却是有限的，在这样一种对立的矛盾之中，宗教现象应运而生。正是在元朝末年这一人心惶惶的衰世之中，整个国家和社会在朝不保夕的状态下产生了对"变"的预感和向往，希望通过一场剧变实现从"大乱"到"大治"的转变，才会在高度的焦虑和敏感中将某些自然现象神异化，进而产生"塔儿变色""雨白氅""龙蛇异动"等"天兆"。换言之，种种象征着江山易主的"天兆"不过是渴望江山易主的时人扭

---

❶《元史》，中华书局，1976年，第1099页。

❷ 路德维希·费尔巴哈，荣震华译：《基督教的本质》，商务印书馆，1984年。

曲的心理投射。反之，这些"天兆"又在不断对人们产生心理暗示，鼓动他们或主动或被动地投入这场即将发生的剧变之中，加速和催化了旧秩序的覆灭和新秩序的崛起，"帮助"人们实现了内心深处的"变天"愿望。

用费尔巴哈的话说："神是人公开的内心，是人坦白的自我。"❶ 实际上不仅是神，鬼妖精怪作为宗教现象，同样是人类扭曲的心理投射，而对自然的无知和对鬼神的迷信通常是一体两面，对底层人民来说，"神佛之教有常"而"鬼妖之威无测"，在某种程度上，鬼妖精怪带给人们的心理暗示效果更强。而朱元璋正是基于对宗教原理和底层社会的了解，才能使宗教为其所用，在元末的各支起义军中脱颖而出，最终建立了明王朝。

因此朱元璋非常清楚，宗教既可为己所用以攻人，亦可为人所用以攻己。比如前文提到的在元末搅得天下大乱的"塔儿变色"的童谣，实际上还有一个截然相反的版本，在刘侗的《帝京景物略》里记录的版本名为《元初京师童谣》，内容为："塔儿红，北人来作主人翁。塔儿白，南人作主北人客。"与元末流传的童谣结构完全一致，但结论却完全相反。同样是白塔变红这一现象，在元初象征着北人得"天命"入中原，在元末却象征着南人得"天命"驱逐北人得天下。可见这"天命"究竟在哪一边，不过是人为操弄的结果。

正是因为有对宗教威力的深刻认识，在天下局势大定之际，朱元璋就逐步清除了白莲教等民间宗教在军队中的影响，并在讨伐张士诚的过程中指责白莲教"不幸小民，误中妖术，不解其言之妄诞，酷信弥勒之真有"，彻底与其决裂。在建国之初朱元璋就提倡宗教要"阴翊王度"，即宗教要对君主的统治起到稳定而不是破坏作用，因此大

---

❶ 路德维希·费尔巴哈，荣震华译：《基督教的本质》，商务印书馆，1984年。

力推行儒、释、道三教合一，不断地援儒入佛、道，起到巩固其统治的作用，同时对白莲教等旨在不断颠覆现行秩序的民间信仰进行了严厉的压制和严格的管理。《明会典》载：

> 凡师巫假降邪神、书符咒水、扶鸾祷圣，自号端公、太保、师婆及妄称弥勒佛、白莲社、明尊教、白云宗等会，一应左道乱正之术，或隐藏图像、烧香集众、夜聚晓散、禳修善事、扇惑人民，为首者绞，为从者各杖一百、流三千里。❶

大明律规定：

> 凡造谶纬、妖书妖言及传用惑众者，皆斩。若私有妖书隐藏不送官者，杖一百，徒三年。❷

四、"天命"难逃

可以说，朱元璋完全以工具的眼光看待宗教，超越了其同时代的大多数人，同时他也敏锐地意识到，宗教可以用于推翻元王朝，有朝一日也可能用于推翻明王朝，因此做好了各种预防措施。然而所有的专制王朝走到穷途末路之时，面临的境遇和问题，以及由此而起的人心变化都是相似的，因此由此而生的种种神鬼灵异现象也是相似的，只不过明朝的灭亡过程极其悲惨，因此在这一过程中出现的种种超自然现象也显得极为诡异。在本书《岂是天意——从王恭厂奇灾看明末

---

❶《明会典》卷一百二十九《禁止师巫邪术》，《四库全书》第618册。
❷《明会典》卷一百三十《造妖书妖言》，《四库全书》第618册。

的灾与异》一节中曾经提到明人有诗句云，其实衰世多的何止是奇灾，还有种种的神鬼之象和灵异事件。自古以来，古人每每希望通过种种现象窥探"天命"，而"每逢衰世多奇灾"和"每逢衰世多鬼神"其实才是所有专制王朝逃不过的真正"天命"。

万历、天启、崇祯三朝，是明朝从日落西山到穷途末路，最后土崩瓦解的过程，也是明朝历史上种种奇灾和灵异现象最为密集的时期。尤其是整个国家在天启末年已入死局，导致崇祯即位时，整个大典都呈现出鬼气森森的不祥之象，除了在群臣朝贺时出现了不祥的"黑眚"❶之外，还出现了象征国君横死、国家灭亡的"鼓妖"事件，叶梦珠《阅世编》载：

> 天启七年丁卯八月❷，崇祯帝即位，南面正立，将就宝座，而大声发于殿之西，若天崩地塌然。仗马既惊，百僚震恐，上亦为之震动。识者曰，西方其有事乎？此鼓妖也。❸

"鼓妖"是一种灵异现象，指突然出现的来源不明的巨响，因为其声音类似鼓声，因此得名"鼓妖"。古人认为君主昏庸、奸佞当道之时，"鼓妖"就会出现，"振聋发聩"，这一灵异现象主"正卿（即当朝的权臣）"有难，当权者应当罢退正卿，以避免更大的灾难发生。此事在《怀陵流寇始录》《国榷》中也有不同版本的记载，可见在明思宗的即位大典上确实出现了原因不明的巨响，但《阅世编》中对这一事件的记载和解读，显然是最具有宗教意味的。

---

❶ 天空中成因不明的团状黑气或黑雾，有攻击性，古人以为妖异，主君崩国亡。

❷ 天启七年即崇祯元年。

❸ 叶梦珠：《阅世编》卷十《纪闻》，中华书局，2007年。

"鼓妖"事件恰巧发生在明思宗的登基大典上，带有极强的心理暗示性。此时的魏忠贤虽然因为明熹宗的驾崩而失去了靠山和权力来源，同时阉党集团内部的矛盾也因此空前尖锐起来，但从表面上看依然保有强大的势力，并且控制着内廷，能够直接威胁思宗的人身安全，使得思宗即位前的生存环境危机四伏。《明季北略》载：

　　　　申时熹宗崩，首相施凤来、张立极、英国公张惟贤等具笺往信府劝进。忠贤结信藩旧监徐应元，遂自请王入。王心危甚，袖食物以入，群臣闻之，咸欲奔入。至殿门，宦者不纳。是夜王秉烛独坐。夜分，有阉携剑过，王伴取视，留置几上。❶

　　从魏忠贤在熹宗驾崩后通过信王府的旧相识"自请王入"的举动来看，他虽权势滔天，但在明王朝的政治制度设计限制之下，他无法也不敢谋害思宗，擅行废立之事。因此他的策略是变被动为主动，以"拥立有功"的身份接近思宗，进而使用控制熹宗的手段继续控制思宗，以延续自身和党羽的权势和富贵。但这个想法在政治上非常幼稚，魏忠贤此时对思宗是什么姿态已经不重要了，他的存在本身就已经构成了对国家政治安全和思宗人身安全的重大威胁，双方唯有你死我活一种结果而已。因此思宗对魏忠贤防备甚严，除了袖子里从王府自带的食物之外不吃任何宫里的东西。

　　除主动接近之外，魏忠贤还软硬兼施，对思宗进行了恐吓，在思宗秉烛独坐时安排宦官挟剑而过。然而无论是主动接近还是威胁恐吓，都是为了使思宗屈服，进而继续像熹宗一样将皇权滥授于他。然而如前文所述，这种在你死我活的政治斗争中仍寻找妥协之道的思路，是

---

❶ 计六奇撰，魏得良、任道斌点校：《明季北略》卷三《信王登极》。

一种十足的政治幼稚，只会加速魏忠贤的灭亡。即使在思宗即位之后，这种企图控制思宗的试探仍未终止：

> 上初立，魏逆进国色四人，欲不受，恐致疑，遂纳之入宫。遍索其体，虚无他物。止带端各佩香丸一粒，大如黍子，名迷魂香，一触之，魂即为之迷矣。上命勿进。❶

在这种政治环境之下，整个朝野对魏忠贤的不满情绪已到极点，因而将即位大典上的莫名巨响解释为"鼓妖"，进而衍生出"罢退正卿"的征兆，体现了当时的儒家士大夫希望思宗能够诛灭魏忠贤、恢复正常政治秩序的迫切心理。在他们对异响做出"鼓妖"的解释之时，内心中未必有希望明朝灭亡的想法，更多是从"天人感应"的角度出发，试图以"妖异"引起皇帝对时局的警惕和重视。然而他们却无法想到，他们对此做出的灵异解释流向民间之后，加剧了王朝末期的人心恐慌，使得整个社会弥漫着一股"国之将亡"的悲观情绪。在这种恐慌而悲观的情绪之中，人们更倾向于将所有无法解释的自然现象灵异化，进而与"亡国"联系在一起，这种人心的异变，使得"天启年灾祸遍地""崇祯年鬼妖横行"成为一种特殊的政治景观。

在明亡之后，部分"遗民"士大夫虽对亡国有切肤之痛，但在反思过程中未能对晚明政治得失进行彻底的批判，尤其对自身所处的士大夫阶层的责任反思不足，在思考中往往陷入悲观的宿命论之中，将部分责任推卸给"天意"，比如记录了"鼓妖"事件的计六奇，就认为："自古有国家者，一代之兴，必有绝异之休祥，著于始；一代之

---

❶ 计六奇撰，魏得良、任道斌点校：《明季北略》卷三《信王登极》。

亡，亦必有非常之灾侵，兆于前。验之天地，征之人物，断断不爽者。"❶ 在这种思维之下，他们在书写明亡过程时往往有意无意地将各种历史事件附会到灵异事件之上，加强了"天命"的意味。比如《明季北略》中关于"鼓妖"的记录后半段出现了"识者曰，西方其有事乎"，"西方之事"显然指思宗即位之前，于天启七年七月爆发的陕北王二起义，正是这一事件拉开了明末农民战争的序幕。这一段记录显然是后来加入的，为的是将明末此起彼伏的"民变"和思宗即位时的"鼓妖"联系起来，得出明亡于天意的结论。

在用"天意"的存在将明朝灭亡的复杂原因简单化的同时，士大夫阶层在这一过程中的道德和政治责任也被减轻了，因此这种神异化思维在明末清初的历史书写中比比皆是。最典型的如清人孙之𫘤记录明朝灾异的著作《二申野录》，这部书以编年体的形式收录了从洪武元年到崇祯十七年发生的自然灾害和灵异现象，其中记录崇祯时期灾异的第八卷就占了全书五分之一的篇幅，其中的原因不言自明。而书中记载的种种"灵异"现象，也与"鼓妖"的形成机理相仿，如吴伟业的《绥寇纪略》里记载："崇祯元年三月二十五日五鼓，全陕天赤如血。巳时，渐黄，日始出。占曰：此赤眚也，主大旱，有急兵。是年，白水贼王二反。"❷ 同样是把灵异现象和王二起义联系了起来，使得官逼民反的"民变"带有了"天意"的色彩。

又如《二申野录》中记载："（崇祯十年十二月）京师宣武门外斜街民家白鸡，羽毛鲜好，喙距纯赤，重四十。慈溪孝廉应廷吉见之，愀然曰：此鹜也，所见之处国亡。"❸ 而后又将"鸡（鹜）祸"同西北

---

❶ 计六奇：《明季北略》卷一《纪异》。

❷ 吴伟业：《绥寇纪略》卷十二《虞渊沉》。

❸ 孙之𫘤：《二申野录》（点校版《明朝灾异野闻编年录》），安徽师范大学出版社，2012年。

的流寇联系起来。"鹜"是传说中的一种不祥的鸟，白羽而红喙，这种鸟的出现往往预示着国家的灭亡。明人说出"此鹜也，所见之处国亡"的时候，可能只是假借这只样貌奇特的白鸡，抒发对时局痛心疾首又无能为力的悲愤心情。然而在后人的记录里，鹜出现在宣武门外、流寇四起、国家灭亡构成了一个完整的逻辑链条，成为明朝灭亡原因的一种超自然解释。

而在民间流传最广、影响力最大的，莫过于"崇祯开匣"的灵异故事，文秉《烈皇小识》中记录的版本最为详细，说宫中有一年代久远、从未开启的宝匣，"上至是忽欲开阅。珰以从来未开为言，而上意甚坚，珰不敢逆，开进，空无所有，止后架贮小红箱一只，捧至，预书'崇祯某年某月某日开'。上以其预定也，益异之。及启视，止盛画三轴：其一则无数军民，相背而立，上曰：'此殆言军民背反耶？'其二，则无数官吏士民，俱若仓皇逃窜之状，上曰：'嘻，乱离不远矣。'其三，则止有一人被发赤体，其貌则俨然御容也。群珰相顾动容，上怃然不乐而出"。❶这个故事显然和"鼓妖"一样，在流传的过程中经过了后人的多次加工，甚至将思宗批发覆面、自缢煤山的历史事件附会其中。"遗民"士大夫们通过这些灵异叙事寄托对前朝哀思的同时，也通过其中流露出的"天意难违"思想，来推卸皇帝和自身在国家灭亡过程中的政治责任。毕竟被自己痛恨且鄙夷的"鞑虏"击败并征服，对心理上有着极强文化优越感的明朝士大夫来说，是难以接受的。而"天命"则是一种不可抗力，"天命"的存在，极大地缓解了士大夫对自身在明末未能力挽狂澜、拯救国家的道德负罪感。

而清人在修明史时，又往往如获至宝，将此类事件作为明朝气数已尽、清朝天命所归的象征予以再次加工和书写，这和元末明初时明

❶ 文秉：《烈皇小识》，北京古籍出版社，2002年，第242—243页。

人的所作所为，又是何其相似！

五、无救危亡

"天启朝灾祸遍地""崇祯朝鬼妖横行"的局面在某种程度上是王朝末期变异人心的一种扭曲的折射，反过来，这种"灾祸遍地""鬼妖横行"的局面又造成整个国家和社会陷入了普遍的灵异恐慌。这一机制的原理，和元朝末年的"塔儿变色""天雨白氅""龙蛇异动"是一模一样的，借鬼神之力起家的明王朝，终于再一次陷入了鬼神之力的漩涡之中，只不过这一次，"鬼神之力"站在了明王朝的对立面。

在这种局面之下，士大夫阶层除了高倡"义理""修省"之外，对拯救国家和稳定社会束手无策，他们"借鬼神言人事"的习气反而自觉不自觉地生产着各种谣言和谶纬，加剧了这种普遍性的恐慌，使得整个国家加速滑向深渊。和士大夫同样对国事束手无策的，还有明思宗本人。他在即位之初轻而易举地诛灭了看起来强大无比的魏忠贤及其党羽，这为他积累了相当的政治自信心，甚至到了看不起唐太宗的地步，但这也助长了他刚愎自用的性格。他很快就在治国中发现，无论是关内的李自成、张献忠，还是关外的皇太极，都是远比魏忠贤强大得多的对手。在明朝的官僚体制的痼疾以及他自身刚愎自用和刻薄寡恩的性格让他日渐陷入"有君无臣"的境地之后，他开始投向宗教的怀抱，试图从宗教中获得拯救社稷的力量。

明思宗最初如历代明朝帝王一样崇奉道教，兼信佛教。宫中常年设有斋坛，每逢水旱蝗瘟，崇祯帝都去斋坛做斋醮，祈求神明降福消灾。然而如果佛、道真的能够救国救民，那么经过嘉靖、万历等几代"溺教"帝王落入思宗之手的大明江山，就不会是现在这个样子。在国事渐入绝境之时，思宗也逐渐开始疏远佛、道两教，在徐光启、汤若望等人的引导之下开始接近来自西方世界的天主教。

从思宗本人多疑的性格来讲，他很难虔诚地信奉任何一种宗教，他最初崇奉道教的动机是纯粹功利性的，他从佛道转向天主教的动机也完全一样。在明季士大夫普遍"一问三不知"却敢"攘臂谈天下"的状况下，性格谨慎谦虚，为人不卑不亢，通晓自然科学知识，能够修订历法、预测日食月食，还能铸造火炮的汤若望、龙华民等西洋传教士给思宗留下了很好的印象。同时，在当时明朝军事体制趋于瓦解，将领军阀化，士卒兵痞化，每每未见敌而先奔的情况下，登州城里的三十余名信奉天主教的葡萄牙雇佣兵却能于绝域孤城中死战到底，几乎伤亡殆尽，也给思宗带来很大的触动，使他对天主教产生了一定好感。

但促使思宗亲近天主教的最关键原因，仍在于徐光启、汤若望等人关于引进西方军事技术和军事力量，荡平流寇和关外满洲人的策略。奉教士大夫和传教士们利用思宗急欲解决内忧外患的迫切心理，不断向其灌输接受天主教能够使其得到更多来自西方的支持这一观点，最终使其开始疏远和排斥佛道，转而亲近天主教。这一转变的关键节点，在于崇祯五年九月的"撤像"事件。刘若愚的《酌中志》记载："崇祯五年九月内，将诸像（道教神祇）移送朝天等宫安藏。六年四月十五日，更名中正殿。"❶朝天宫是明代皇家道观，也是朝廷管理道教事务的机构。同年秋，又将宫内的佛教造像移送至大隆善寺（护国寺）。《汤若望传》中标榜这是汤若望对思宗施加宗教影响的结果，这标志着思宗远离佛道，开始转向天主教。

客观上讲，思宗是因为自身无力，群臣无能，因而才试图通过在

---

❶ 刘若愚：《酌中志》，北京古籍出版社，1994年，第146—147页。

宗教方面改弦更张来获得更多的帮助和支持。然而这却惹恼了一众素来将天主教视为邪教的保守派士大夫，他们在治国理政和带兵打仗方面毫无建树，但在政治斗争方面却是轻车熟路，他们不敢公开忤逆思宗，而是不断地把一些自然灾害和自然现象加以神异化书写，再利用"天人感应"和鬼神之说借灾异言事，拐弯抹角地把自然灾害和灵异事件指向思宗对天主教的态度，对思宗进行道德施压。

思宗的"撤像"之举，也触动了宫内信奉佛、道两教之人的利益，这些宦官和宫女开始编造一些神佛显灵的故事，意在使思宗感受到神佛因"撤像"而产生的震怒。如王誉昌的《崇祯宫词》里说，乾清宫屋檐上的佛像在"撤像"事件前一天的夜里突然显灵，"殿中忽闻乐声锵鸣，自内而出，望西而去"[1]，道教神祇也开始显灵，"内玉皇殿，永乐时建。有旨撤像，内侍启钥而入。大声陡发，震倒像前供桌，飞尘满室。内侍相顾惊愕，莫敢执奏"[2]。

同时，这些人在宫内装神弄鬼，宫中出现了多起"闹鬼"事件，白昼之时也有"鬼影憧憧"，弄得宫中人心不安。保守派士大夫乘机将神佛震怒和白日闹鬼事件添油加醋之后在社会上传播，意在利用舆论压力迫使思宗放弃天主教。然而他们不计后果的短视行为产生了灾难性的后果，虽然他们自己未必相信这些神佛显灵、白日闹鬼的灵异故事，但正如前文所述，在局势动荡不安、人心高度敏感的社会环境之下，宗教叙事对社会底层的一般民众有着特殊的魔力，这些灵异故事在明朝发达的市井文化中不断演绎变化并广泛传播，加剧了整个社会

---

❶ 王誉昌：《崇祯宫词》卷上，见《甲申朝事小纪》卷九，书目文献出版社，1987年，第441页。

❷ 王誉昌：《崇祯宫词》卷上，见《甲申朝事小纪》卷九，书目文献出版社，1987年，第441页。

的灵异恐慌，毕竟连身负天命的"天子"居住的地方都开始闹鬼的时候，就没有什么地方是安全的了。同时，各种暗示皇帝本人遭到上天厌弃的灵异故事在民间肆意传播，极大地动摇了皇帝和朝廷在百姓心目中的形象，使得本来就已经涣散的人心更加无法收拾。受到"上层"传来的灵异故事鼓动，有着丰富民间宗教传统的底层创造出了更多的灵异故事，几乎涵盖了整个社会生活的方方面面，比如说崇祯时期因为朝廷经济困难导致币制混乱，法定货币"崇祯通宝"的版别极多，有一种崇祯通宝钱背面穿孔下有一匹奔跑的马，被称为"跑马钱"，时人谓："门下有一马，闯王得天下。"这本是市井小民牵强附会的无稽之谈，但在明末的乱世之中，却产生了意想不到的传播效果。可以说在明朝末年的灵异恐慌中，社会顶层和社会底层、统治阶级和被统治阶级共同解构着这个摇摇欲坠的社会，尽管他们的动机和出发点天差地别，但最终指向的结果都是一个，即灭亡。

崇祯十三年七月初五思宗五子朱慈焕夭折前后，这种针对思宗的宗教胁迫通过"九莲菩萨显灵事件"达到了顶峰。"九莲菩萨"并非佛教典籍中的神祇，而是明神宗的生母慈圣宣文明肃李太后，也就是思宗的曾祖母。她一生崇信佛教，因曾在慈宁宫中发现瑞莲花，又得蒙菩萨在梦中传真经，因而得名"九莲菩萨"。思宗五子朱慈焕病重之际，"九莲菩萨"突然显灵，借朱慈焕之口"历数（崇祯帝）毁三宝（佛）之罪，及苛求武清云云"，"九莲菩萨"显灵之后，朱慈焕旋即死去，这一事件使得思宗大为恐惧。《明史纪事本末》记载：

> 上常忧用匮，国观对以"外则乡绅，臣等任之；内则戚畹，非出自独断不可"。因以李武清为言，遂密旨借四十万金。李氏尽鬻其所有，追比未已，戚畹人人自危。因皇子病，倡为"九莲

菩萨"之言，云上薄待外戚，行夭折且尽。上大惧。❶

　　这显然又是一个内廷与外朝勾结，利用灵异事件干预政治，对皇帝进行施压的骗局。起因是思宗听从内阁大学士薛国观的馊主意，利用武清侯李国瑞家中的家产纠纷向其讨要"助饷"，结果武清侯李国瑞拿不出钱，只能拆毁宅邸，当街售卖家产，以示家中确实无钱可借。结果思宗大怒，认为其有钱不肯出，故意使皇帝受辱，将其夺爵，导致李国瑞受惊吓而死。而这位"九莲菩萨"李太后，正是第一代武清侯李伟之女。很显然，勋戚勾结内廷利用朱慈烺夭折的时机，制造了"九莲菩萨显灵事件"，勋戚们通过这一事件反击了思宗，保住了自身的地位和财产，而信奉佛教的宫人通过这一事件对思宗施加了巨大的宗教压力，可以说，"九莲菩萨显灵事件"是一场一拍即合、各取所需的阳谋。后来修《明史》的清朝史官也持此看法，《明史·薛国观传》里直接指出：

　　（武清侯死后）戚畹皆自危。因皇五子病，交通宦官宫妾，倡言孝定太后已为九莲菩萨，空中责帝薄外家，诸皇子尽当殄，降神于皇五子。俄皇子卒。❷

　　然而在丧子之痛的沉重打击和九莲菩萨"行夭折且尽"的恐吓诅咒之下，思宗不仅放下了对勋戚的算盘，恢复了武清侯的爵位，而且将已经免职的大学士薛国观作削籍处理。同时将之前移送出宫的佛道神像悉数迎回宫中，开始斋戒并大作斋醮，为夭折的五子朱慈烺追

---

❶ 谷应泰：《明史纪事本末》卷七十二，中华书局，2018年，第1202页。
❷《明史》卷二百五十三，第6540页。

赠道教封号"孺孝悼灵王玄机慈应真君",又追封自己的生母刘氏为"智上菩萨",同时对显灵的"九莲菩萨"大加尊奉。从思宗的一系列表现来看,这一事件对他的打击和震撼很大,并使他再次转向佛教和道教。保守派士大夫们对思宗这一"浪子回头"式的宗教转向沾沾自喜,然而却对这一系列事件带给国家和社会的伤害视而不见。明朝灭亡之后,钱谦益后来回忆此事时仍志得意满地称"先帝偶惑左道,旋归正法"❶,也显示明末的士大夫阶层普遍地将个人或小团体利益置于国家利益之上,因而对自身在国家灭亡中扮演的不光彩角色缺乏清晰的认知,更不可能对国家灭亡的悲剧有全面深刻的反思。

而就此转向佛教和道教的思宗也并未能得到神佛的庇佑,随着明王朝在政治、经济、军事等各方面都进入绝境,思宗本人也在宗教意义上进入了绝境,各种各样的灾异和妖孽如雪花般涌来,几乎淹没了他生命中最后的几年:

> 十六年正月二日,大风昼晦,五凤楼前门闩风断三截。又风吹建极殿庑檐椽桶俱折,殿瓦皆碎。

> 十七年甲申正月朔,大雨霁。有占:风从干起,主暴兵破城。城未破之前十余日,风霾大作,自辰至未止,拔去关帝庙前旗杆、琉璃厂大树。

> 十七年正月,司天奏帝座下移。[按:帝座有五,北枢紫微、太微、天市、大角、心中央,皆王者所居之处。当八年九月荧惑犯太微,占者以太微天子之宫庭。流寇以八年春犯凤阳祖陵,烧

---

❶ 钱谦益:《牧斋杂著》,上海古籍出版社,2007年,第348页。

享殿，天垂象以陵寝不守，贼将入天子之宫庭。及乎帝座下移，则其兆已成，不可为矣。]

十七年南京孝陵夜哭。❶

到了他生命的最后一年，京师已经到了"鬼行市上，啸语人间"的地步，宫廷之中也频现鬼妖之迹，思宗仍未放弃宗教方面的努力，他为天师张道陵上尊号"六合无穷高明大帝"，又加封第五十二代天师张应京为太子太保，崇祯十七年二月，为了应对"天灾屡见，宫禁多妖"，命天师张应京"至万寿宫中建罗天大醮，又于附近宫观寺刹，选僧道各三百人，在坛执事，建醮四十九日"❷。然而，结果却是"终无验"，最后，连思宗寄予厚望的天师张应京也抛弃了他，借故回乡去了。一个月后，李自成攻破北京，思宗自缢而死。

冯梦龙的《燕都日记》甚至"精准"地预测了崇祯皇帝的死亡："十七年三月十九日，是午，白光起东北，闪烁久之。人皆以为帝之灵气达于天也"❸。这个由"天命"而起的王朝，最终在"天命"中灭亡，不知那座象征着明朝"天命"的白塔，在大明王朝终结的最后时刻，是红色的还是白色的。

---

❶ 吴伟业：《绥寇纪略》卷十二《虞渊沉》。
❷ 计六奇：《明季北略》卷二十三，中华书局，1984年，第663页。
❸ 冯梦龙：《燕都日记》。

鬼

服妖、物妖、人妖——晚明江南社会的畸变风潮

"妖"在中国传统的儒家文化语境中，是一个非常特别的概念，它既代表某种异常的存在，又代表这种异常本身，任何不符合儒家政治社会秩序和伦理道德的存在，譬如某件奇异的物件、某个古怪的人、某种离奇的现象都可能被冠以"妖"之名，从而成为一个与政治密切相关的概念，并与儒家思想中的天人关系和灾异学说联系起来，成为社会秩序崩坏、伦理道德沦丧的噩耗，进而成为某种灾祸和异变的征兆。

因此，物、事、人，一旦被冠以妖之名，必然受到严厉的制裁和打击，甚至在尚未"罢黜百家，独尊儒术"之前，这种制裁和打击就已经非常残酷，《荀子·非相》里记载了这样一件事：

> 今世俗之乱君，乡曲之儇子，莫不美丽妖冶，奇衣妇饰，血气态度拟于女子。妇人莫不愿得以为夫，处女莫不愿得以为士，弃其亲家而欲奔之者，比肩并起。然而中君羞以为臣，中父羞以为子，中兄羞以为弟，中人羞以为友。俄则束乎有司而戮乎大市。❶

可见早在先秦时代，就有男性出于标榜自我、吸引异性的目的穿着女装、模仿女性姿态，进而成为一种互相追逐攀比的风潮，最终引发社会秩序混乱，导致这些"美丽妖冶、奇衣妇饰"的"服妖"被当

---

❶ 荀况著，杨倞注：《荀子·非相》卷三，《摛藻堂四库全书荟要·子部》。

街处决，这无疑是《周易》中"冶服诲淫""作异服者杀之"的政治原则的体现。

在进入秦制时代之后，更加严密和完善的礼制被重构和强化起来，防范和清除妖异得到了制度化保障。虽然各个朝代对"妖异"的容忍程度不同，但总体上来讲，服妖、物妖、人妖等种种异态始终被严格约束和管制，并被社会主流边缘化。中国历史上从未有一个时期像明代中晚期的江南社会那样，种种妖异不但弛禁解严，而且成为一股席卷社会的畸变风潮。这股风潮不但侵蚀和解构着传统的社会秩序和伦理道德，而且大有取而代之，以"非主流"置换主流的态势，即使是中国历史上以恣意放荡的风气著称的魏晋南北朝时期，也从未出现过这种现象。

惯于将明朝灭亡归咎于天意、灾异、流贼的清朝君臣自然不会放过这个难得的"异象"，清代从官方正史到民间私人笔记，"男变为女，明失其鹿，阴化为阳，亡国之兆"的谶纬之词密布其间。今人自然不会相信大明王朝倾覆于这些所谓的"异象"，然而细细揣摩其中的关系，却也不难得出与古人"器以藏礼，器以载道"相似的结论，即晚明江南社会种种妖异怪状的背后，是和明王朝的治理体系同步崩坏的人心。

一、人弃常，则妖兴

在中国古代社会，服饰作为一种政治符号，始终起到明确阶级界限、巩固上下秩序的作用，在"服"与"饰"中，又以"服"的形制和服色的作用最为明显。明代对官、民，男、女穿戴的衣服形制和色彩均有明确要求，对男性服色约束极严，对女性则稍稍放松，"令民间妇人礼服惟紫绸"，"袍衫止紫、绿、桃红及诸浅淡颜色，不许用大红、鸦青、黄色，带用蓝绢布"，整体形象上也较男性更为鲜艳，而晚明"服妖"之风泛起，也是从色彩开始的。

明朝这套服饰制度从明中期开始，逐步出现从松动到缓慢瓦解的趋势，其中成化、弘治年间出现的马尾裙风波是一个重要转折点。这种自朝鲜传入的新奇服饰一开始只流行于倡优、歌姬和一些流连于勾栏瓦肆的富家公子中。但很快，马尾裙就作为一种风尚从社会边缘从下到上蔓延开来，史载：

> 初服者惟富商贵公子歌妓而已，以后武臣多服之。京师始有织卖者，于是无贵无贱，服者日盛。❶

到成化末年，连朝堂上的文武官员都一并穿上了马尾裙，男女、官民、贵贱之间的界限全被打破，朝廷将这一现象怒斥为"服妖"，但除颁布效力可疑的禁令之外，并没有什么更好的办法，尤其是在民间，实际上已经很难约束住这股僭越服制的妖风。

这一现象无疑是明朝中期商品经济发展、物质相对丰富的副产物之一，商业流动带来了新的技术和理念，物质唤起了人性中的欲望，对压抑人性的封建礼教构成了强有力的挑战。这一过程和同时代的欧洲文艺复兴有些许相通之处，但也表现出一些特点，这些特点在日后逐渐发展成为愈演愈烈的"服妖"现象的整体规律。

首先，"服妖"往往首先出现在倡优、歌姬这些封建社会中地位相对低微，常被人视为下贱的人群中，尤其是在明初的服制中，朱元璋有意用服饰将"贱籍"与庶民妻女分离开来，以免倡优乐伎与平民女子无法区分。其中，士庶妻"首饰用银镀金，耳环用金珠，钏镯用

---

❶ 陆容：《菽园杂记》卷十，《四库全书·子部十二·小说家类》。

银，服浅色团衫，用纻丝、绫罗、绸绢"，乐伎则"明角冠、皂褙子，不许与庶民妻同"❶。

然而这股与圣意背道而驰的"妖风"却能自下而上、自边缘向中心迅速蔓延整个社会，单纯用大众审美的转变无法解释这股"服妖"之风的传播速度，其中势必伴随着大量盲目追寻时尚风潮的狂热行为。可见物欲既唤醒了人性，也使只有商品刺激，并无人文精神熏陶的人民失去本就不多的理性。

尽管也有相对保守的士大夫对这一现象进行了反思，但也只能限于维护封建礼教的层面，进行"世风日下""国之将亡，必有妖孽"的封建道德批判，远远达不到思辨的层次。

其次，马尾裙本名骏裙，源自辽金时代东北亚民族妇女的裙撑，是一种半硬质的衬裙，穿着者将马尾裙穿在袍服之内，自然将宽大的袍服下摆撑起，形同一把张开的伞。如果袍服的上身剪裁贴身合体，则自然可以凸显腰肢的纤细柔美，因此一开始是勾栏瓦肆的高级歌伎招蜂引蝶的器物，游荡其间的富家子弟出于猎奇和标新立异的心态穿着也并不奇怪。但武官群体先于文官群体接受马尾裙，对明王朝来说却实为某种不祥之兆，因为在明初的服制中，考虑到武官的职能，设置了较文官更短而便捷的要求（文官衣服去地一寸，武官去地五寸，军人去地七寸），而这种半硬质的衬裙不但不便于骑马，也妨碍佩戴刀剑，武官群体率先放弃男子气概和军人尊严，只为了追求时尚转而接受一种来自倡优群体的女性服饰，尤其是在因马尾裙流行，连军马都被人偷偷拔尾织裙而掉膘的情形下，依然穿着马尾裙招摇过市，这是土木堡之变后明朝内地军人群体武德和廉耻都日益衰微的噩兆之一。

---

❶《明史》卷六十七《志第四十三·舆服三》。

在保守士大夫群体对这场马尾裙风波的反思和批判中，最接近问题本质的无疑是引自《左传》的"人弃常，则妖兴"。在商品经济日渐繁荣的明中期，政治制度却并未伴随经济形势的变化而出现变革，因此当旧的封建道德体系开始瓦解，新的道德体系却不可能出现，势必在某种程度上带来秩序的混乱和道德的堕落，而在危机四伏的王朝末年加速这一解构过程，确实不啻一张催命符。

二、俗风入世，僭礼越制

隆庆开关之后，源源不断的美洲白银经马尼拉不断输入明朝，大量的日本白银也在稍晚时候通过贸易进入明朝。保守估计，从16世纪中叶到17世纪中叶的一百年中，超过1亿5千万两白银从世界各处流入明朝，这些白银不仅帮助明朝度过了纸币废纸化的经济危机，而且帮助明朝完成了"银钞易位"，贵金属货币取代了毫无信用的纸币，因商品经济规模不断扩大而造就的、无法满足交易需求的铜钱则自动退位成为辅币，明朝的内部经济环境在短时间内得到了极大改善，在商品经济发达的三吴地区，被称为"资本主义萌芽"的雇佣手工业工坊集中出现，似乎大明朝就要与欧洲同步发生价格革命，携手进入资本主义时代，但历史的走向却与此大相径庭。

秦制国家的政治惯性永远停留在小农经济的轨道上，不可能通过发展工商业自然过渡到资本主义阶段。因为缺乏投资渠道，这些白银成为一种"凝滞的财富"，雇佣手工业工坊的经营者在得利后，并不会将利润投入再生产，而是去捐官、置地，或者干脆把白银贮藏起来。投入再生产的白银是资本，流通的白银是货币，而贮藏起来的白银只能是贵金属，因此所谓的"资本主义萌芽"既不能开花，也不能结果，永远只能停留在萌芽阶段。

随着人口的不断滋长，这形成了一种事实上全社会的赤贫，社会中大多数阶层在满足日常基本生活需求之后没有消费欲望和能力，占人口比例最大的小农阶层几乎不进行生活必需品以外的消费。这是近代资本主义国家在早期很难攻破的小农经济壁垒。

与之相反的是，商品经济的局部发达促进了江南地区的城市化进程，市民阶级兴起，具有消费主义和世俗性特点的市民文化泛起，士大夫、富商阶级和市民阶级手中的财富与日俱增，在捐官、置地、购宅和贮藏之外，他们很快找到了白银的其他用途，即奢侈品消费和追逐时尚，他们既具备一定的文化素养和审美品鉴能力，也具备足够的消费能力，尤其是手工业和娱乐业发达的三吴地区为这种消费和享受提供了充分的物质保障。海量的白银便像一剂春药，在大明王朝摇摇欲坠的病躯上刺激出一场光怪陆离的回光返照。

万历时代的《松窗梦语》记载：

> 代变风移，人皆志于尊崇富侈，不复知有明禁，群相蹈之。如翡翠珠冠、龙凤服饰，惟皇后、王妃始得为服，命妇礼冠四品以上用金事件，五品以下用抹金银事件；衣大袖衫，五品以上用苎丝绫罗，六品以下用绫罗缎绢，皆有限制。今男子服锦绮，女子饰金珠，是皆僭拟无涯，逾国家之禁者也。❶

可见在当时的江南和京师社会中，人们不再遵守等级身份的限制，而是以财富多寡评判地位，普遍地追求奢侈华丽，不仅在过去只有王公贵族才能使用的大红、大紫成为平民妇女随意穿戴的颜色，连与"君权天授"息息相关的龙凤、蛟蟒、斗牛、飞鱼等神兽纹饰也飞

---

❶ 张瀚：《松窗梦语·风俗纪》。

入寻常百姓家，明初对于服饰的种种限制，此时已经名存实亡，失去了最后一点约束力。历朝遭受批判、镇压和残酷惩治的"服妖"不但摇身一变成了司空见惯的常态，而且逐步从边缘走向主流，从幕后走向台前，开始成为万民追逐的时尚风向标了。到万历后期，京师的浪荡女子居然可以在街市上租赁到大红色的蟒服穿着乘车招摇过市，被人误认为命妇。随着僭越行为越发普遍，时人不但见怪不怪，反而互相攀比，唯恐被他人嘲笑，朝廷此时方才以治罪相威胁，却已是法不责众了。

三、国之将亡，倒转阴阳

而曾经处于明王朝"服饰压迫链"最后一层的"贱籍"，如倡优、乐伎等，因为消费主义和享乐主义的兴起而积聚了一定财富，社会地位得到提升，甚至在某种程度上受到了追捧，从而一跃成为时尚弄潮儿，开始引领整个社会的风气。谈迁在《枣林杂俎》里写道：

> 余观今世妇女装饰，几视娼妓为转移。❶

实际上在万历至崇祯时代，以倡优、乐伎的起居穿戴为模仿对象的不只是女子，还有男性，这无疑是成化、正德年间马尾裙风潮的大型重演。某种风潮的引领者往往是倡优，而"浪荡子"紧随其后，随即沦陷的是读书人和官员，伍袁萃的《林居漫录》中说：

---

❶ 谈迁：《枣林杂俎》，《四库全书存目丛书》子部杂家类第113册，齐鲁书社，1996年，第37页。

男人以红紫为袴，盖自嘉靖之季始，然惟市井轻薄儿有之。近则诸生辈皆效尤焉。而且有以此为衣裳者。❶

可见，本是妇女穿着的红紫色裤子，在嘉靖时代只有"市井轻薄儿"穿着，然而到了万历年间，竟然成为读书人争相效仿的对象，难怪老先生忧心忡忡地继续写道：

殆所谓"服妖"欤？抑男化为女，阳变为阴之象欤？❷

伍老先生观察到的"阴阳倒转"之象，实际上是"服妖"僭礼越制之外的另一表现："男女混装"。尽管《礼记》里明确规定"男女不通衣裳"，但作为一种非主流的偶然现象，男女混装古已有之，或为戏曲表演，或为贵族狂士一时兴起而为之，或为掩饰身份，但像晚明江南社会这样成为一种具有普遍性的社会现象，在历史上绝无仅有。

晚明时期江南社会中的女着男装现象主要出现在"名妓"这一群体中，她们是前文提到的"贱籍社会阶层上升"这一过程中脱颖而出的佼佼者，不仅受到同样享受阶层上升的商人群体的追捧，而且因为普遍受过不同程度的文化和艺术教育，其才华和艺能得到了士大夫和儒生群体的认可和推崇。从前被视为玩物和泄欲工具的妓女，突然可与高高在上的士大夫坐而论道、吟诗作对，这种巨大的反差给喜好新奇的士大夫强烈的感官和思想刺激，这种刺激盖过了圣贤教诲，因此从前被认为"悖逆"的异装行为也被容忍和宽恕，士大夫不但罕有斥其为"服妖"的，反而乐在其中地与名妓交往起来，传下了不少所谓

---

❶ 伍袁萃：《林居漫录》卷五《多集》，伟文图书出版社，1987年，第671页。
❷ 伍袁萃：《林居漫录》卷五《多集》，伟文图书出版社，1987年，第671页。

的"佳话"。

客观看待晚明江南社会中女着男装的现象，固然有部分社会风气开放、妇女思想解放的因素在其中，然而究其根本，是所处社会阶层较低的青楼女子在晚明这一特殊历史时期得到了礼教维护者——士大夫阶层的特别"恩准"，得以以女着男装这种新奇的方式迎合和取悦男子，而士大夫和预备士大夫——儒生则投桃报李，装模作样地与着男装的名妓以读书人之间的礼仪交往起来，其本质仍然是以阶层较高的一方主导的角色扮演游戏，与现代社会中的"男女平等"和"着装自由"没有一丝一毫的关系。

在这角色扮演游戏发生在大运河下游的同时，上游饱受旱灾之苦的北直隶小男孩贱至几百文一个，小女孩儿贱至一捧米而已，北上的运米船贱买女孩之后南下转卖，青楼将其扮成男孩模样，加以训练，或以奇货卖于大户人家为婢，或置于船中接客，满足性癖特殊客户的喜好，此风至清中期仍十分盛行，时人记载：

> 船中索弦侑酒，又别置辫发雏姬，女扮男装，多方取悦于客，俗呼"鼻烟壶"，言其幼小未解风情，只堪一嗅而已。舒铁云诗"不男不女船中娘"，正谓此也。❶

可见在这场"男女混装"的风潮中，女性实际上仍是弱势、被动的一方，在"恩准"之下获得穿着男装的权利，无助于改变其身为玩物的地位，且不提身世悲惨的"船中娘"，即使是那些获得与所谓名士"平起平坐"资格的名妓，在明清鼎革之际也鲜有好的结果。

与少数女性"被恩准"身着男装相比，晚明江南社会中男子穿着

---

❶ 顾禄：《清嘉录·桐桥倚棹录》，中华书局，2008年，第389页。

女装的现象不但更多、更普遍，而且更具主动性，其标志之一是本应身为封建礼教维护者的预备士大夫——儒生阶级不但普遍混穿女装，而且"口脂面药""逶迤而行"，从外表和气质上全面女性化了。《见闻杂记》中关于这一怪状的记载不少：

> 至万历十一年间，学道巡湖，民生俱红丝束发，口脂面药，廉耻扫地。❶
>
> 熟闻二十年来，东南郡邑，凡生员读书人家有力者，尽为妇人红紫之服。❷
>
> 昨日到城郭，归来泪满襟，遍身女衣者，尽是读书人。❸
>
> 富贵公子衣色大类女装，巾式诡异难状，朝廷亦曾设禁，士民全不知警。❹

可见与女性穿着男装现象具有高度局限性和特异性相比，男性穿着女装的现象已经到了泛滥失控的现象，并且引起了保守派士大夫的警觉和批评，比如《见闻杂记》的作者李乐不仅将这一现象明确归为"服妖"，并且将之后当地发生的水灾和饥荒归咎于此。

李乐在江南见到这种乱象的时间是万历十一年（1583），而意大利传教士利玛窦在次年写给西班牙国王派驻马尼拉基地代表的信里写道：

---

❶ 李乐：《见闻杂记（上）》卷二之二十六，上海古籍出版社，1986年，第167页。
❷ 李乐：《见闻杂记（下）》卷十之二十九，上海古籍出版社，1986年，第816页。
❸ 李乐：《见闻杂记（下）》卷十之二十九，上海古籍出版社，1986年，第817页。
❹ 李乐：《见闻杂记（上）》卷二之十三，上海古籍出版社，1986年，第155—156页。

关于中国人我都不得不承认他们不是好战之徒，他们的外在气质和内在心灵，像极了女子：……每一天，他们都不惜花上两个小时一丝不苟地伺弄头发和打理服饰，悠闲自得地享受着美好时光。❶

在接下来的笔记中，利玛窦多次表达了对明朝军事能力的强烈不安，尽管这种担忧是出于获得一个稳定传教环境的考虑，但也从侧面显示这种异常的社会风气并非只引起了保守派士大夫的警觉，同时也引起了远渡重洋而来的外国传教士的注意和忧虑。

但如果像李乐和利玛窦一样，单纯地将男性穿着女装、化妆、模仿女子举止姿态甚至缠足的风气视为"女性化"则未免流于浅表，从同时代的大量相关文献记载来看，这些男着女装的"服妖"不但保持着身为男性的生理性别，除去一部分同性恋者外，绝大部分也保存着普通男性的性取向和性需求，并不是真正意义上的性别倒错者，所谓的"女性化"实际上是主动地将自身的"雄性标识"削弱乃至去除，因此，与其称之为"女性化"倒不如称之为"去雄性化"更为贴切。

那么又究竟是什么原因，造成晚明江南地区的男性心甘情愿地放弃自古以来引以为特权的男子气概，自愿穿上红装，以至于"口脂面药，斯文扫地"呢？

第一是出于性吸引的目的。在古代社会中，"君权、父权、夫权"是男性权力的三种主要表现形式，也是妇女面临的三种主要的压迫形式，传统的、富有男子气概和雄性威严的男性，在多数场合都以"君、父、夫"的压迫者形象出现。因此，当"去雄性化"的男性

---

❶ 史景迁：《利玛窦的记忆之宫：当西方遇到东方》，上海远东出版社，2005年，第60页。

以"君、父、夫"之外的形象出现时，无疑会让妇女感受到放松、安全和温暖。同时，在古代社会中，"君权、父权、夫权"与男性义务是相匹配的，与传统男性终日忙于生计的沉闷枯燥相比，"去雄性化"的男子多是不事生产的浪荡公子和市井无赖，有大量时间用于从事吸引异性的活动，利用繁多的取悦手段让女性对其感到好奇和吸引。不少浪荡弟子熟谙这一奥妙之后，主动"去雄性化"，以此作为一种勾引方式，以女性化的外表和无威胁的弱势形象降低女性的戒备之心，借此达到性满足的目的。

成化年间的"桑冲案"即是一个极端例子。桑冲本不过一乡间无赖，经人传授淫人妻女之邪术后，淫乱乡里十数年，奸淫妇女百余人之多，而他所谓的"邪术"，不过是忍痛缠了足，又施了粉黛打扮成女子模样，托言丈夫早死，父兄横暴，不堪忍耐，借此博得同情之后，潜入大户人家，教授深宅中的女性针线女红，伺机奸淫，十年间竟无一受害者站出来指控他，甚至不少受害者还长期和他保持着通奸关系，直到他自己走背运，在一户人家遇到了试图奸淫他的男子，反抗不成露了馅，事情才算败露，而桑冲被凌迟处死之后，"受害者"之中竟有自尽为他殉情的，可见受害者之中有被强奸而碍于颜面不敢声张者，也有对其倾慕而勾搭成奸，主动帮其掩盖身份者。

而古代女性对男性的欣赏标准，也并非一成不变。一般来说，在兵荒马乱的动荡岁月里，女性通常较为欣赏富有男子气概的传统男性，概因其虽以夫权主宰女性生活，但也承担与男性权力相应的男性义务，能够在动荡中为女性提供一定程度的安全保障。对安全的需求影响了情感和性的选择，使女性更倾向于高大、强壮、雄性特征明显、富有男子气概的对象。

而在承平日久的太平年月中，因为威胁女性生存的外部环境不复存在，其安全相对得到了保障，女性则更倾向于具有"去雄性化"特征的阴柔男性，以满足其摆脱压迫和束缚的情感需求。

不同时代女性对男性的欣赏标准的变化，很大程度上影响着以"去雄性化"作为性噱头的"服妖"群体的规模，采花贼桑冲被擒时，供述传授其"男扮女装"的系山阴县人谷才，而其"再传弟子"有北家山的任茂和张虎、谷城县的张端大、马站村的王大喜、文水县的任和成孙原等七人，可见在当时，这些男扮女装的淫贼已经形成了有传承的犯罪群体。可以想象那些不如他们胆大包天，只敢"口脂面药，男扮女装"招摇过市，在公开场合与女子眉眼传情借以勾搭成奸的"服妖"的数量，自然要比这多得多。

另一个影响这一群体规模的因素，在于官府的态度。有趣的是，官府对这一群体的态度与女性在某种程度上具有一致性，在干戈四起的动乱时代，官府出于维护统治的需要，必然强调男子的雄性属性，以获得合格的农夫和兵员从事乱世的唯一要务：耕战。招蜂引蝶、不男不女的"服妖"既不能耕也不能战，其游手好闲、四处游荡的行为习惯还可能危害战时的社会稳定，自然遭到官府的极度憎恶。前文所提《荀子》中那群"美丽妖冶，奇衣妇饰，血气态度拟于女子"的"服妖"，所图者不过炫耀自身，勾引女性，却因生逢动辄灭国的战国乱世，最终还是被公开处决以儆效尤。

而在太平年岁中，官府虽依然厌恶"服妖"群体，但在其没有造成实际危害之前，只对其进行种种限制，一般也不会对其进行残酷的镇压和杀戮。但是像晚明这样，官府无力限制，以致其成为大范围社会现象的情况，在之前是从未有过的。尤其是从万历中后期开始，国家连续发生边疆危机，战事不断，逐渐陷入战乱和动荡，此时相对稳定的江南社会中"服妖"现象不但没有收敛，反而大有愈演愈烈之势，也是古代社会前所未有的奇景。

第二是出于自我标榜和彼此认同的目的。明朝初年，南方经济繁荣、文化昌盛、教育发达的态势就已十分明显，南方士子在科举考试中处于绝对优势地位，虽经"南北榜案"的打击，"南强北弱"的整体形势也未能得到扭转，朱元璋死后就连续出现江西吉安府的士子包揽科举前三名的现象。江西在明初的一百年中，科举出身的进士人数冠绝全国，之后南直隶、浙江、福建等省也陆续崛起，南方士子主宰了科举考试，也主导了明朝的文官集团。

与之相比，明初的北方受到元末战争的摧残较重，经济、文化、教育远不及南方发达，且出于防备蒙古的目的，在北方边疆设置九边重镇，设置大量卫所，卫所中设有卫学，大量适龄学童被送入卫学，培养成为擅长骑射武艺、粗通文墨的基层军官。这种格局一直延续到晚明时期，《万历明会典》中有相关记录：

> 通行各都司卫所，凡武职官员下儿男应袭优给，并其余弟侄年十岁以上者，俱听提调学校风宪官选送武学读书，无武学去处，送卫学并附近府州县儒学。❶

在南方士子主导科举，视仕途为禁脔时，大量的北方人难以与之竞争，便顺势投身军旅建功立业，这种现象在辽东等战事频繁的边镇尤为普遍，如《吴三桂大传》中指出的那样：

> 辽东的百姓把习武从军看成是他们自己生活的一部分，并成为青壮年所从事的职业之一。❷

---

❶《大明会典》卷一百五十六·兵部三十九，第4页。
❷ 李治亭：《吴三桂大传》，江苏教育出版社，2005年，第15页。

这种"南人读书，北人当兵"的人才分布格局延续到晚明时，已经成为明王朝"南北撕裂"现象的一部分，经济中心在南，而政治中心在北，文官多出于南，而武官多出于北，明亡之后，南明虽已失去绝大部分北方地区，其武将群体中仍有超过三分之一来自北方。

有明一代，文官集团对武官群体的普遍轻蔑和歧视既有经济文化发达地区对经济文化落后地区的心理优越感，也有读书人对武人的文化优越感，这种旷日持久的轻蔑、歧视和打压得到了皇帝本人的默许，到了晚明，军人已经成为一种低贱而耻辱的职业，受到整个江南社会的歧视，正如传教士利玛窦在万历时代的南方所见：

> 这个国家中大概没有别的阶层的人民比士兵更堕落和更懒惰的了。军队的每个人必定过的是一种悲惨的生活，因为他们应召入伍并非出自爱国心，又不是出自对皇上的忠诚，也不是出自任何想获得声名荣誉的愿望，而仅仅是作为臣民不得不为雇主劳作而已。……当他们不从事军事活动时，他们就被派去干最低贱的活计，例如抬轿、饲养驮畜以及其他这类的奴婢行业。❶

军官的地位比士兵也高不到哪里去：

> 无论是官是兵，也不论官阶和地位，都象小学生一样受到大臣鞭打，这实在荒唐可笑。❷

---

❶ 利玛窦、金尼阁著，何高济等译：《利玛窦中国札记（上）》，中华书局，1983年，第95—96页。

❷ 利玛窦、金尼阁著，何高济等译：《利玛窦中国札记（上）》，中华书局，1983年，第96页。

在这种形势之下，南方的士子普遍以军职为贱业，以从军为耻辱，迫切地需要从外形上与低贱的体力劳动者和军人区分开来，而女性服饰往往比男性服饰耗费更多更昂贵的布料，穿戴之后行动也更加不方便，既能标榜穿戴者的经济实力，又能显示穿戴者不必从事任何体力劳动和军事训练的事实，可谓是一举两得。涂脂抹粉，描唇绘眉，以及令利玛窦惊诧不已的长头发和长指甲，都强化了这种自我标榜，这种着装差异使他们在外形上和"贱业"——体力劳动者和军人明显地区分开来，还能使他们彼此之间根据外形判断远近亲疏，从而迅速建立起文化和价值观认同。

第三是出于性别倒错和同性恋的目的。同性恋指对相同性别者产生的情感和性欲。古代历史上的"分桃""断袖"之说均指此现象。通常来说，中国古代社会对同性恋的容忍程度较高，在同性恋者不妨碍传统农业社会的根本要求"传宗接代"时，社会从上到下都持一种默许态度，视之为一种无伤大雅的反常性癖。尽管如此，同性恋依然长期作为一种被刻意忽视的亚文化存在，人们尽管默许这一现象存在，却极少公开讨论和表达，并发明了一系列隐晦且猥亵的词汇用于描述这一现象。

然而在晚明时期，这一亚文化却以"男风"的形式在京师和江南、闽越地区公开流行起来，成为上至王公贵族，下至贩夫走卒都极为热衷的时髦举动，从亚文化变成了一种普遍文化。诞生于这一时代的文学作品《金瓶梅》对此有大量细致入微的描写，万历至崇祯年间的《龙阳逸史》与《弁而钗》《宜春香质》并称晚明三大男色小说，风靡一时，可见其时男风之盛。

在现代男同性恋的关系之中，通常由较为阳刚、雄性特征较强的一方扮演异性恋中的男性一方，同时由较为阴柔、具有较多女性特征的一方扮演异性恋中的女性一方，因此扮演女性一方的男同性恋者在外形和举止上模仿女性，以表明自己的同性恋倾向，同时获得取向相同的同性青睐，就显得十分自然了。

　　然而在晚明的"男色"风潮中，男同性恋之间的关系则复杂得多，通常都是不对等的，社会地位较高、经济实力较强的一方在同性关系中占据了主导地位，然而他们中的很大一部分并非真正意义上的同性恋者，而是《金瓶梅》中西门庆式的纵欲者，他们尝试同性关系多出于猎奇或纵欲心理，而非同性情爱。同样，与他们建立同性关系的对象通常是社会地位较低、经济实力较弱的一方，他们中的很大一部分也并非真正意义上的同性恋者，或是基于取悦对方以获取钱财的目的，或是基于讨好对方以获得好处的目的，或是因为畏惧对方的权势委曲求全，主动或被迫打扮成女性形象，以迎合强势一方的反常性癖。在这种关系中，同性恋对象的性别身份和生活方式，是以异性恋为模板建构的，除了发生关系双方的生理性别相同外，其他方面与异性恋并无二致，被动的一方通过对女性的病态模仿，获得了新的社会性别。正如朱迪斯·巴特勒在《模仿与性别反抗》里指出的：

　　　　男扮女装者建构了一种世俗的方式，在其中性别被适应，被扮演，被穿戴，被完成。❶

　　在这种模仿中，性少数群体的意识觉醒和性别平等无从谈起，在权势的威压和金钱的利诱之下违反人性的"性别模仿"却比比皆是，比如前文提及的《龙阳逸史》中鲜少出现两情相悦的同性关系，描绘的尽是南方的达官贵人玩弄小官（打扮成女性模样的男性娼妓），以

---

❶ 朱迪斯·巴特勒，郑宏霞译：《模仿与性别反抗》，《国外社会学》2000年第2期，第48—59页。

及小官之间争风吃醋、尔虞我诈的低俗情节，既有达官贵人恬不知耻地说"大凡鸡奸一事，只可暂时遣兴，那里做得正经"❶，也有小官在骗得钱财之后娶妻纳妾、狎妓取乐的情节，显示出晚明时代这种男风流行、"服妖"遍地并不是同性恋者突然增多的结果，而是商品经济之下的一种性剥削和性压迫。

除占据社会优势地位的男性出于猎奇的性心理和倒错的性欲外，导致大量男扮女装的"服妖"出现在皮肉行业中的另一个重要原因是明朝的法律制度，鲁迅先生在《中国小说史略》中指出：

> 明代虽有教坊，而禁士大夫涉足，亦不得挟妓，然独未云禁招优。达官名士以规避禁令，每呼伶人侑酒，使歌舞谈笑；有文名者又揄扬赞叹，往往如狂酲，其流行于是日盛。❷

《弁而钗》里则说得更加直白：

> 此南院乃聚小官养汉之所，唐宋有官妓，国朝无官妓，在京官员，不带家小者，饮酒时，便叫来司酒。内穿女服，外罩男衣。酒后留宿，便去了革服，内衣红紫，一如妓女也。分高低上下，有三钱一夜的，有五钱一夜的，有一两一夜的，以才貌双全为第一，故曰男院。❸

可见在一些法度较严的地区（如京师），小官（男妓）是作为妓

---

❶ 醉竹居士：《龙阳逸史》第三回。
❷ 鲁迅：《中国小说史略》，中国书籍出版社，2020年，第232页。
❸ 醉西湖心月主人：《弁而钗》第一回。

女的替代品而在上层社会流行起来的，其与性取向和性偏好都没有太大的关系，纯粹是法度约束和身份限制下，娼妓的一种特殊形式罢了。而社会上层出于不得已而形成的"男风"却无意中成为时尚的风向标，弥漫了整个晚明社会，引起争相模仿，尤其在以追求时髦、新奇、刺激为主流风潮的江南社会，男风之盛不仅亘古未有，连今人读起来也觉得惊异，《宜春香质》里写道：

> 如今世事一发不好了，当时相处小官，以为奇事，如今小官那要人相处，略有几分姿色，未至十二三，梳油头，挽苏髻，穿华衣，卖风骚，就要去相处别人，那要人相处他。❶

在这种社会风气之下，前文提到的《枣林杂俎》里说的晚明良家女子模仿娼妓服饰以为时尚的现象，实际上也在以追逐男风为风雅的官员、士大夫、儒生、富商和与之厮混的"小官"之间发生着。因此，江南社会中"遍身女衣者，尽是读书人"的异景也就不奇怪了。

四、天灾未见，人祸难逃

通常来说，在中国古代社会中，承平日久的太平年岁里才容易出现民风黯弱、武德衰退的现象，然而纵观万历至崇祯时期，前有"万历三大征"和明缅战争，后期更是深陷关内农民战争和关外与满洲政权（后金－清）战争的泥潭中不能自拔直至灭亡，在这种战事不断的天亡之秋下，从官方到民间，"强武救国"的思潮和呼声愈演愈烈，既有徐光启、李之藻等人试图通过引进欧洲先进军事科技救国安邦，

---

❶ 醉西湖心月主人：《宜春香质·风集》第二回。

也有程宗猷、茅元仪等人提倡武学以提高军队近战能力，甚至连当时在华的传教士如汤若望、阳玛诺、毕方济、陆若汉等人也不遗余力积极帮助明朝政府制造火器、招揽西洋炮手和工匠。据统计，有明一朝的军事类书籍数量为历代之最，共有1165册/部，至今存世的仍有748部，其中一半以上都诞生于风雨飘摇的晚明时期，许多“久不知兵”的文人儒士也“相与清夜置酒，明灯促坐，扼腕奋臂，谈犁庭扫穴之举”，在这股兴武修兵、救亡图存的风潮中，江南社会却反常地出现大批既不能耕，更不能战的“服妖”，确实是大厦将倾之际诸多令人费解的“异象”之一，晚明的保守派士大夫往往用法律松弛、道德沦丧和世风败坏来解释。比如《型世言》的作者陆人龙就说：

> 如今世上有一种娈童，修眉曼脸，媚骨柔肠，与女争宠，这便是少年中女子；有一种佞人，和言婉气，顺旨承欢，浑身雌骨，这便是男子中妇人；又有一种躬踽步，趋膻赴炎，满腔媚想，这便是衿绅中妾媵。何消得裂去衣冠，换作簪袄？消得脱却须眉，涂上脂粉？但举世习为妖淫，天必定与他一个端兆。我朝自这干阉奴王振、汪直、刘瑾与冯保，不雄不雌的在那边乱政。因有这小人磕头掇脚、搽脂画粉去奉承着他，昔人道的举朝皆妾妇也。❶

这种将“服妖”现象视为政治黑暗、国势日衰征兆的说法并没有抓住问题的关键，“服妖”现象并不是上天警示人间的征兆，而是一系列复杂的经济社会因素共同作用的结果，而这个结果又反过来作用于晚明社会，加速了明朝的灭亡。

---

❶ 陆人龙：《型世言》第三十七回。

具体来讲，"服妖"、物妖、人妖赖以风行的这个经济发达、奢侈之风横行的江南社会，实际上是因为明代政治中心与经济中心分离，作为经济中心的江南在地理上远离专制中枢，获得相对自由的发展条件和发展环境而形成的一个腐朽而繁荣的特区。逐渐成形的市民社会、发达的商品经济、奢侈淫靡的风气、重文轻武的民俗，使得江南地区在晚明的危局中仿佛一座置身事外的孤岛，在其以巨大的经济和文化影响力辐射整个帝国，并获得万众憧憬和仰慕的同时，也因它的富庶丰饶和阴柔黯弱，在帝国毁灭的天亡之秋里，引起多方势力的觊觎和野心，也决定了其最终被征服和蹂躏的命运。

　　在农民战争和清军五次入关的接连打击下，至1644年清军入关前，明帝国北方的大部分地区经济实际上已经崩溃，一些地方行政机构已经趋于瓦解。而与此同时，江南有长江天险可恃，不仅未经大的兵火蹂躏，拥有比较发达的经济和充足的资源，而且在南京还保留着一套完整的统治机构，六部、都察院、通政司、大理寺及宗人府、翰林院等机构设置与北京完全相同，尽管职位上都是一些闲散官员，职权也被限制，但如果正式启用，将其治理扩张到整个长江以南地区并不成问题。

　　总而言之，明王朝1644年北京陷落时所面临的形势，较失去北方的宋王朝和更早的晋王朝，理论上要好得多。清廷掌握的军队仅有十多万，其中满兵不过五六万，仅能控制京畿之地，而南明坐拥鱼米之乡、财赋重地，且掌控漕运命脉。如果南明依托江南地区，以整个南方的经济和资源作为军事支持，不但仰仗长江天险保住半壁江山不难，羽翼丰满后卷土重来也未可知。因此在南明弘光政权初立之时，清廷并未下定决心一统天下，不少满洲贵族认为清军连年与明军精锐在关外鏖战，损失惨重。明王朝过于庞大，南明实力不可小觑，此次清军乘乱入关，据有北方半壁江山已是侥幸，如果再图江南，一旦遭受决定性失败，不但现在取得的战果难以享受，甚至连关外的"祖业"也难以保住，不如彻底破坏整个北方之后，留下几个战略支点，退保山海关，或索性退出关外，持这种观点的代表人物是武英郡王阿济格，他曾说：

> 今宜乘此兵威，大肆屠戮，留置诸王以镇燕都，而大兵则或还守沈阳，或退保山海，可无后患。❶

这种观点虽非满洲统治集团的主流，但在守旧派贵族中仍有相当多的支持者，因此多尔衮在以皇太极遗命为由拒绝了阿济格之后，也多次向弘光政权表达了"辅立贤藩，共保江左"的态度，史学界多认为这是清廷在与大顺军残余势力激战不休，无暇南顾的缓兵之计，意在迷惑弘光政权，避免在西、南两面受敌，这固然是主要原因，然而另一个很重要的因素是清廷不完全了解明王朝核心统治区的情况，尚未摸清弘光政权的底细，忌惮于长江天险、河网交错的南方地形，以及弘光政权纸面上的"强大"实力。因此清廷内部最积极主张南下的并非满洲贵族，而是前明降官，一方面他们知晓明朝文官集团的政治秉性和江南地富而人弱的情况，渴望在征服江南的过程中获取更多的财富和权力，如果清廷只占据北方半壁江山，那么封赏完入关有功的满洲贵族后，这些半路出家的降官还能分到多少，就可想而知了。另一方面，如果守旧派的满洲贵族主导了清廷，使清廷在劫掠之后退出关外，那么大部分降官既不可能跟随清廷退往关外，也不可能在明朝卷土重来之后恢复投降之前的权势和地位，甚至有被秋后算账的可能性。因此，前明降官集团极力怂恿和逗引多尔衮引兵南下，积极献计

---

❶《朝鲜王朝实录·仁祖实录》卷四十五，二十二年八月二十三日。

献策，力图在清兵南下的过程中获取首功，积累政治资本。如故明参将唐虞时上奏称：

> 南京形胜之地，闽浙江广等处皆视其顺逆，以为向背，今宜乘其危惧，即颁令赏格。❶

又唯恐清朝统治者信心不足，举棋不定，吹嘘自己可以"往南京宣谕官民，江南之地可传檄而定也"。因此在清廷与弘光的和谈过程中，前明降官集团中有的人"杜门噤声"，不敢与南明使臣接触，而急欲南下争功的降官则"惟绝通好，杀使臣，下江南以取容悦"，其"建功立业"之心，比满洲贵族还要急切和凶狠。

这些急于南下灭亡南明的前明降官出于争功之心，固然夸大江南的富庶与丰饶，兵势和民情的黯弱，但他们在目睹满洲军事集团强大的军事实力之后，结合自己所熟悉的江南情形所做出的判断，却也不无道理。弘光政权统治中心虽在江南，但具备作战能力的兵将却大都来自北方，尤以陕西、山西、辽东这些故明"九边"之地的军人居多，其中既有归正的"流贼"，也有前明军队，这些北方来的军人在目睹弘光政权的腐败堕落和明争暗斗以及江南地区的富庶繁华之后，也逐渐生出虎狼之心来。因为在"服妖"、物妖、人妖横行的江南地区，南明政权既无强兵可征，更无良将可用，经济实力无法直接转化为军队的战斗力，因此在军事上完全依赖行伍出身的北方军人，到了予取予求的地步，在地域、阶级、出身、利益的驱使下，这些北方军人在江北结成数个军事集团，时而干预朝政，时而互相争斗，时而索饷渔利，弘光政权设置四镇守江守淮，在南京西北面形成环抱拱卫之

❶《清世祖宝录选集》，《台湾文献史料丛刊》，台湾大通书局，1984年，第6页。

势，本意是防范大顺军从北京南下，却受其所制，成了一个被军阀掌控、政令不出江南的瘸腿政权。而在明王朝被歧视了上百年的北方军人集团，终于在南明翻身上位，他们坐享高官厚禄，欺侮文官，胁迫皇帝，无非仰仗两点，第一是吃准了弘光政权只能仰仗江北军事集团抵御大顺军和清军的进攻，第二是吃准了江南没有，也不可能产生可以制约江北军事集团的武装力量。这些骄兵悍将虽然在江南横行一时，但却少有敢于跟清兵力战的勇气，但他们在清兵来袭时无论是败是逃，都不忘在江南大肆劫掠一番，李自成打不过清军阿济格部，便去打武昌的左良玉，意图攻克武昌后顺流而下夺取南京，左良玉打不过李自成，却敢去南京问罪马士英，清兵攻至南京时，南明广昌伯刘良佐就在南京城门外纵兵焚掠，见清兵至，平素骄横的刘部明军立即"倒戈降，慑伏不敢动"，可见江南在他们眼里，仿佛一块唾手可得的肥肉，其"强者"与"弱者"心态的转换，透露着暴力至上的乱世中，过着刀头舔血生活的强者对富庶而阴柔的江南社会贪婪的觊觎和轻蔑的鄙视。

清兵三月初七自西安出发，五月十五日即攻克南京，南明号称的五十万大军全线崩溃，明军除在扬州有较顽强抵抗外，其余不是一触即溃就是望风而降，投降清军者前后计马步兵二十三万八千三百，江南自隆庆开关以来积累百年的巨量财富，未能转化成保卫和复兴大明朝的军事实力，反而成了清廷进一步攻略整个南方、一统天下的重要经济来源，而那些风骚一时的"服妖"、人妖们，也因为在乱世中既不能耕，也不能战，就此被铁蹄踏为历史的齑粉。

五、乱世孤岛，无根浮萍

归根结底，晚明江南社会的"服妖"、物妖、人妖风潮，是江南这一乱世孤岛中产生的一种特殊的社会现象，雄厚的经济基础、重文轻武的社会风气、穷奢极欲的消费和享乐文化、日渐崩塌的伦理体系，以及具有强烈"反体制""去中心"倾向的商民和士子群体，共同在兵荒马乱的帝国黄昏中，孕育出这样一个不合时宜的文化怪胎。

在一个以战争和动乱为主题、以权谋和暴力为安身立命之术的时代中，"服妖"们得以"反其道而行之"，以武为耻，以弱为荣，正是因为身处江南这样一个特殊的孤岛环境之中，北方的流贼和更北方的满洲大军固然可怕，但自有北方的朝廷和北方的军人去抵挡，连绵不绝的水旱蝗灾确实是麻烦，但只要对他们的锦衣玉食影响不大，也不必担心。他们生活在江南这个富足的孤岛之中，也困在其中，以至于无法感知和预测天下即将发生的危险巨变。当然，这也并不是"服妖"这个群体的特有心态，而是晚明江南士子乃至商民的普遍心态，即将自身与整个国家隔绝开来，更重视自身生活的小环境而非整个国家的大环境，更重视自身的境遇而非国家面临的困局和问题。万历四十四年（1616）在历史上是具有特殊意义的一年，满洲贵族努尔哈赤公然于辽东擅自称汗，建立后金政权，出言威胁大明属国朝鲜，与大明朝廷分庭抗礼，其磨刀霍霍之势，昭然若揭。连偏安东亚一隅的朝鲜君臣，都惶惶不可终日地预料道："老乙刻赤（努尔哈赤）久有异志，必为中国之大患。"然而这一年震动江南士子和整个大明朝廷的"大事"，却是因争抢婢女而起的"董其昌抄家案"，以及另一场荒唐的科场舞弊案，这样的气泡式社会中产生的特定文化现象具有高度的特异性和环境依赖性，一旦失去所依赖的环境，就像无根之萍、见日之露，很快就会消亡覆灭。

清军平定江南之后，虽然用剃发和屠杀震慑住江南社会和士子集团，然而后者虽然在表面上臣服清廷，内心却依然对清朝统治者和南下的北方汉人军事集团保持着相当的文化优越感，并试图在政治和经济上服从和配合清廷，换来文化上的有限自由，继续在"新朝"延续自己旧的生活方式。然而清朝统治者作为"异族"和文明体系中的"下位者"，在文化上并没有明朝统治者那样自信，倾向于采取更加保守和专制的文化政策，在肉体上征服儒生集团的同时，也在精神上压制和驯化天然具有反抗意识的读书人，以获得一个安全的、稳定的统治环境。

因此，当清朝陆续消灭一系列南明政权后，很快开始着手打击江南市民社会和士子集团。在平定江南的过程中，清朝已经清楚地认识到，江南士子集团的文化优越感来自"有钱、有闲、有权"，江南富甲天下，有钱自不必说。同时，晚明宽松的社会文化环境，使得一批衣食无忧的读书人在社会中拥有了一定的影响力，这些读书人或是已有功名但未任官，或是放弃了科举，因此"有闲"经常参与社会事务，发表见解，批评地方官员，议论朝廷。明代更给予读书人特殊的优待地位，除去社会地位、官民礼仪上的特权之外，更允许读书人在明仁堂等讲学场所评议地方官员，乃至上书朝廷，有相当的参政权和议政权。

因此清廷打击读书人集团时也以"三有"为首要打击目标，首先通过对江南敛税重课和强力征收压制和打击江南的经济地位和经济优越感，再通过"哭庙案""奏销案"两起政治大案，屠杀、流放了一批不驯服的士子，剥夺了一大批士子的功名，在恐吓震慑士子集团的同时，也打击和剥夺了他们作为知识分子在明朝就拥有的一系列权力，最后通过对教育制度的改革，使明仁堂这类讲学场所失去了论政的功能，剥夺了士子的参政议政权力，使他们唯有科举一途可走，彻底驯服了士子集团。在失去经济优势地位，继而失去了主心骨和意见领袖之后，整个江南社会也不得不匍匐在清朝统治者的脚下，使清朝统治者得以将自己的统治意志贯穿整个江南社会，并按照自己的意愿对其进行改造。

而当江南社会这个乱世中的气泡被外界的强力打破之后，依赖于气泡中独特环境的种种特异生物也随之灭亡。随着清朝文化政策的日趋保守和高压，对种种"淫邪"和"荒悖"之举的惩治也愈发严厉，"服妖"作为一种社会现象也烟消云散，蜕变成梨园戏子的一种特有的"贱业"风俗，清代戏园子成为男性同性性行为的集中场所，也与此有关。

综上所述，出现在晚明江南社会的这一股"服妖"风潮，不过是乱世孤岛中的无根浮萍，更多的是知识分子和市民阶级在一种特殊的社会环境之下，基于自我展示和自我放纵，使用特殊权力进行的病态展示，其反抗封建礼教、对抗君权的所谓"进步主义意义"很大程度上是后人穿凿附会。而其中涉及同性恋的成分，不过是古代社会中异性之间性压迫和性剥削关系的同性变体，与"性意识解放"毫无关系，更无任何值得称道之处，后人对其的种种刻意美化，依然无法掩盖其"强弱分明，尊卑自现"的关系特点，也提醒我们，历史中不可能出现超越其所属社会阶段的社会现象，任何一种看起来"超时代"的社会现象，都是特定历史阶段中特定环境里的特殊产物。在国家危亡之际，这种偏安社会里的病态表演带给个人和国家的，只能是远在天边又近在眼前的灾难和耻辱。

万户萧疏鬼唱歌——明末大瘟疫中的众生相

崇祯十六年（1643），日落西山的明帝国在各方面都无法掩饰地表现出大厦将倾的衰颓，除了在政治、经济、军事上的全面失败，自然灾害和瘟疫也纠缠着这头泥足巨人，让它难以支撑。

比起"朝病夕逝，人人惴惴不保，有全家数十口，一夕并命者"❶的惨烈瘟疫，恐慌的杀伤力似乎更大，从十一月开始，堂堂的帝都北京城，居然大白天闹起鬼来。

市井街头纷纷议论着诡异的"鬼客"的现象，传闻一些位于闹市的店铺接待完客人之后，转头却发现收到的银两和铜钱变成了给死人烧的纸钱。店家不得不在店门口放置一个盛有水的铜盆，让客人自己将钱投入盆中，用响声和是否浮起来辨别银钱和冥币。

> 日中鬼为市，店家至有收纸钱者，乃各置水一盆于门，投银钱于水，以辨真伪。❷

"鬼行市上，啸语人间"的诡异事件连崇祯皇帝都惊动了，他下令龙虎山张应京真人举行法事，然而最终无济于事，"建醮，而

---

❶ 李逊之：《崇祯朝记事》卷四，《四库禁毁书丛刊》史部第6册，北京出版社，1997年，第540—541页。
❷ 李逊之：《崇祯朝记事》卷四，《四库禁毁书丛刊》史部第6册，北京出版社，1997年，第540—541页。

终无验"❶。

瘟疫引发的人心之变，永远比瘟疫本身更可怕，帝国从上到下的手足无措让百姓从心理上抛弃了朝廷。

景象萧条，识者早卜有甲申之祸矣。❷

一、大战、大灾、大疫

几千年来，自然灾害、战争和瘟疫从未分家，彼此之间以一种复杂机制互相影响，天灾造成的饥荒无限拓展了平民百姓的食谱，从观音土再到他们能找到的任何野生动物，直至老鼠囤积在地下的粮食和同类的尸体，让病情猛烈的腺鼠疫和其他传染病在灾民中肆虐，为求得一线生机的灾民纷纷投身闯王的军队，让农民战争的野火烧得无穷无尽，感叹"贼杀不尽"的明军将领化身不自觉的马尔萨斯主义者，留下一个又一个尸横遍野的修罗战场。在走在路上都会随时倒毙的乱世，显然不可能有人去认真收殓战殁者的尸首，他们互相重叠的躯体在大自然和微生物的作用下变成了巨大传染源，带来更新更猛烈的瘟疫。

从1629年开始四次入关的"后金－清"势力，为了最大限度破坏明帝国的战争潜力，在整个华北有意识地组织大规模的劫掠、破坏和屠杀行动，这种人为的恐怖除了造成上述那种尸横遍野的瘟疫之源

---

❶ 李逊之：《崇祯朝记事》卷四，《四库禁毁书丛刊》史部第6册，北京出版社，1997年，第540—541页。

❷ 李逊之：《崇祯朝记事》卷四，《四库禁毁书丛刊》史部第6册，北京出版社，1997年，第540—541页。

外，还驱使天性恐惧背井离乡的北方农民走上躲避兵灾的逃亡之路，加剧了瘟疫的传播。

邓拓先生的《中国救荒史》中统计的中国历代瘟疫发生次数是周代1次，秦汉13次，魏晋17次，隋唐17次，两宋32次，元代20次，明代64次，清代74次。《中国古代疫病流行年表》统计的数字则比此数大得多（明代176次、清代197次）。

仅从统计数据上看，明清两代瘟疫爆发次数最多，这里面固然有距离现代越近的朝代，历史文献档案保存越多越完备的因素，然而最主要的原因，是明代以来人口不断增长，工商业不断发展，胡焕庸线以东人口密度不断增高、流动性不断增强，而公共卫生条件和医疗水平没有明显提高。

崇祯三年，明朝人口达到峰值，全境人口1.7亿左右，人口最多的浙江省达到2485万人，人口密度246人/平方公里，京师地区（北直隶）虽然连年遭到兵祸和瘟疫，依然有超过1000万人口，人口密度超过70人/平方公里。在古代的卫生条件下，这种人口密度为大规模的传染病流行创造了良好的条件，其中又因为地理和气候的原因，北方的公共卫生条件比南方恶劣，北京城街道上有半尺余深的浮土，其中混合着人畜粪便，每当起大风则天地昏黄不辨日月，遇到天灾人祸，更容易造成严重的传染病危害。万历年间的官员就指出：

> 京师住宅既逼仄无余地，市上又多粪秽，五方之人，繁嚣杂处，又多蝇蚋，每至炎暑，几不聊生，稍霖雨，即有浸灌之患，故疟痢瘟疫，相仍不绝。❶

---

❶ 谢肇淛：《五杂组》卷二《天部二》，《续修四库全书》子部第1130册，第364页。

明朝最严重的一次瘟疫就是这种大战、大灾、大疫的复合爆发，这次大疫是从崇祯九年（1636）李自成在陕西安定击败明榆林总兵开始的，"大疫大机，瓦塞堡厉疫尤甚"。❶崇祯十年，张献忠攻陷湖北蕲春、黄石，蹂躏江西九江，引发当地饥荒、大疫。崇祯十一年，南直隶太平府大疫，死者甚多。崇祯十二年，山东历城、齐河大旱，随即大疫。崇祯九年到崇祯十三年，河南连续五年大旱。官兵、流贼交替屠杀百姓，状况极惨：

　　　　五载旱蝗，兼兵贼焚掠，厉疫横作，民死于兵、死于贼、死于饥寒并死于疫者，百不存一二。存者食草根树皮，至父子兄弟夫妻相残食，骸骨遍郊野，庐舍邱墟。❷

　　明朝灭亡前几年，这种惨烈的复合式灾难每年都会发生，有时一年几次，范围也不断扩大，人们也逐渐从这种越来越频繁的瘟疫中，隐约发现了其中的规律：

　　　　灾疫接踵，无岁无贼，逢岁疬疫，贼势益炽。❸
　　　　是年凡贼（李自成军）所经地方皆大疫，不经者不疫。❹

　　当时的人们观察到的，正是灾害、战争、瘟疫三者之间的相互关系，灾害引发了饥荒和瘟疫，迫使被郡县制束缚在土地上的农民为了

---

❶ 雍正《安定县志·灾祥》；道光《安定县志》卷1《舆地志·灾祥》，第3页。
❷ 康熙《获嘉县志·杂志》卷10；乾隆《获嘉县志·祥异》卷16，第5页。
❸ 乾隆《通许县志》卷1，《舆地志·祥异》，第40页。
❹ 康熙《怀来县志·灾异》卷2，第17页；光绪《怀来县志·灾祥》卷4，第16—17页。

生存而逃亡，当无处可逃时就情愿或不情愿地加入闯王的大军，开始了一场大规模的、反常的人口大迁徙，当这些曾经老实巴交的顺民到达自己毕生不曾想象的远方时，也把致命的瘟疫带到了那里。这也是李自成的大军常年流窜疫区，规模却越来越大的原因——无论他的军队因为瘟疫死掉多少人，只要军队本身始终保持运动，就能源源不断地获得兵源补充，这甚至成为某种自然选择机制，他的军队中那些始终没有战死或病死的中坚力量，很可能因为这种残酷的环境获得了对某一种或某几种瘟疫的免疫能力，使他的军队在未遭受严重军事失败的情况下，架构始终保持完整。但是当闯军长时间停留一地时，也不可避免地受到瘟疫的沉重打击，山海关战役失败后闯军急急忙忙撤出北京城西窜而不是借助北京城坚固的城防和城头的大炮与清军一战，就是因为不能承受瘟疫造成的持续减员和潜在的瓦解风险。

而大明朝的官府和军队一边感叹"贼杀不尽"，一边又无可奈何地把受灾和受疫的百姓送入闯军。

这种军队对所经过的地方来说无疑是一只瘟疫大军，"凡贼（李自成军）所经地方皆大疫，不经者不疫"❶正是闯军当时携带的某种烈性传染病的真实写照，"所经地方皆大疫"说明传染性很强，"不经者不疫"可能说明这种病感染后死亡极快，感染者还没有来得及逃亡别处就病发身亡了。

除这种行军传播方式外，嗜杀的张献忠还用一种特别的方式传播瘟疫：

　　　　三月献贼入蜀，积尸蔽江而下，臭闻数十里，一月方尽。是

---

❶ 康熙《怀来县志·灾异》卷2，第17页；光绪《怀来县志·灾祥》卷4，第16—17页。

年大疫，死者十之七八。❶

张献忠攻入四川造成的战乱受害者的尸体被抛入长江，顺江而下漂入湖北省境内，在长江转弯处的湖北宜都县江面堆积，造成了严重的瘟疫。

明朝灭亡前两年，瘟疫发展到了严重威胁统治的地步，"京师自春徂秋大疫，死亡略尽"❷，"大疫，南北数千里，北至塞外，南逾黄河，十室鲜一脱者"❸，出现了本节一开头白日鬼行市上，啸语人间的怪状。

二、官救、自救、天救

尽管从万历后期开始，瘟疫接踵而至，也引起了整个社会的重视和恐慌，但受限于古代的卫生条件，当时从官府到民间，都没有防治疫情的水平和能力，对绝大多数的百姓来说，被感染后的命运只有病死（大部分）和自愈两种。这是当时人们对传染病的认知程度、公共卫生条件和医疗水平共同决定的。

自然灾害引发的饥荒，是引起瘟疫的一大原因，明代用于救灾备荒的粮食仓储制度有官仓、预备仓、义仓、社仓等，粮食赈济能在一定程度上让灾民留在原地减少流动，从侧面控制疫情，且利于灾后疫后恢复生产。然而随着时间推移，各种救灾备荒制度逐渐失效，粮仓普遍无粮或干脆废弃。尤其是明清战争开始后，全国的物资和经费开

---

❶ 康熙《宜都县志·灾祥》卷11；同治《宜都县志·杂志》卷4，第12页。

❷ 谷应泰：《明史纪事本末》卷七十二《崇祯治乱》，《御批历代通鉴辑览》卷一百一十一。

❸ 万震霄撰：《青县志》卷13，《故实志·祥异》，民国20年影印版。

始源源不断地送入辽东的战争黑洞，各地连平定农民战争的军粮都无法保证，平叛的明军乏粮时，往往将附近的粮仓劫掠一空，加剧了救灾备荒制度的衰落。

电影《大明劫》里孙传庭潼关验粮的桥段不过是末日气象的一景，连军粮都难以保证，灾民受到赈济的范围和程度，自然可想而知。

与粮食仓储制度同样衰落和失效的，还有明朝的传染病防治制度。明代在地方设有医学和惠民药局，是主要的疫病防治机构，医学是负责培养医学人才的学校，而惠民药局是无偿或低价为瘟疫中的百姓提供救治服务和药物的机构。然而在许多地方，这两种机构形同虚设，甚至根本没有建立相关机构，在明中期的瘟疫中惠民药局就已经出现了"官无药饵，民多死亡"的现象。万历十五年，朱维藩上奏恢复各地惠民药局以应对瘟疫，神宗准奏，说明在那时，惠民药局已废弃不少。到明末时，还在正常发挥作用的惠民药局已经所剩无几，除药局废弃、医官逃亡外，有的惠民药局在瘟疫中全部工作人员都染病而亡，状况惨烈。这种情况下，平民百姓从官方得到的医疗救助完全取决于生活区域和运气，整体水平是很低的。

与地方上相比，京师的情况相对较好，但也不乐观，明代在中央设有太医院，负责为皇室提供医疗保健服务，当发生疫情时，也会参与社会救治。但这种"恩赐"式的救治，实际上能够有幸享受到的人也很少，以万历十五年大疫为例，神宗下令"太医院选委医官，多带药料，分头去五城开局，按病依方救药"，医治患者"一万六百九十九名"❶，那么受疫百姓有多少呢？"凡过疫者四十二县六十余万户""民死十分之四"，得到救治的患者不足百分之一，而这一万多幸运儿中有多少是真的被"治愈"的，则更加不得而知。

---

❶《明神宗实录》卷一百八十六，万历十五年五月丁酉，历史语言研究所，1962年。

明末官方救灾防疫制度全面失灵的背后，是大明朝的乏银困局。从1550年到1644年，从西属美洲经马尼拉输入的白银和日本白银累计超过1亿两（有学者认为达3亿两，此处取最低值），在帮助明朝完成"银钞易位"、促进经济繁荣的同时，"白银红利"的副产物——通货膨胀和投机活跃的作用也开始凸显。因为农业社会没有多少投资渠道，因此商人和地主得到白银后，仅将一小部分投入再生产，而将大部分用于置地和贵金属贮藏。尽管输入的白银已经超过了整个社会的总需求，但因为其缺乏真正的流动性，社会的总财富并未明显增加，用多得多的货币来追逐总量没有太大变化的实物，输入性通胀就不可避免，物价上涨最大的受害者，是社会底层——农民。农民的困苦和农业的残破，动摇了传统农业帝国的根本，使大明不得不耗费更多的白银去驱动不堪重负的战争机器，加上其糟糕的税收政策，大明尽管身处白银大海，却始终处于乏银的困局之中。本文开头提到的崇祯十六年京师大疫中，朝廷拨付给太医院用于防治瘟疫的钱只有"白银千两"❶，用于收殓掩埋死者尸体的也只有两万两。惠民药局无钱置药、无药可施的现象，只是乏银困局众多后果中最微小的一点罢了。

　　与难以指望的"官救"相比，民间自救反而显得更加可靠一些，这主要得益于频繁的瘟疫中，医生和百姓通过对瘟疫的观察，总结出的防控知识不断丰富。除了前文提到的大战、大灾、大疫三者之间的关系外，当时的人们对人口密度和疾病传染之间的关系认识也比较深刻。明人吴遵所著的《初仕录》中提出，救荒赈济时"须择宽敞洁净之所使辰入巳出、午入申出，一日两散，勿使过饱，亦不得令相枕籍

---

❶《崇祯实录》卷十六，崇祯十六年春正月庚申，历史语言研究所，1962年。

致生瘟疫"❶，"避瘟"成为一种社会共识，同时也影响官府，使官府在瘟疫期间疏散人群聚集地，有条件释放监狱里的囚犯，在一定程度上限制了疾病的传播。

因为官方救助的无力，官府往往鼓励民众出粮、出资，募捐到的物资为施药、煮粥、掩埋尸骨等救灾活动提供了部分甚至大部分的资金保障。这种方法在应对局部疫情时比较有效，当地富户本着慈善之心和乡亲之谊，相对比较积极，朝廷对做出贡献的富户赐予旌表，彰显其功德，也提了民间救灾治疫的积极性。在大户、富人救灾积极性不高、不够配合时，像《大明劫》里孙传庭那样使用威胁和强迫手段"借钱"的情况也为数不少。但是当瘟疫的范围扩大、烈度增加时，大户人家往往也难逃阖门染病、家门败落的命运，更无力援救他人了。

对大量瘟疫病例的细致观察，也提高了医生对传染病的认识和防治水平，如吴有性的《瘟疫论》在没有现代微生物学及病理生理学的基础上，指出瘟疫是由天地间的"杂气、异气、疠气"❷所致，不同的气导致的疾病不同，"各随其气为病"，"为病种种，而知气不一也"❸，不同的病原体感染的物种也不同，"牛病而羊不病，鸡病而鸭不病，人病而禽兽不病，究其所伤不同，因其气各异也"❹。

基于大量的临床经验，吴有性受时代认知水平所限，在对致病机

---

❶ 吴遵：《初仕录》之《户属·救灾荒》。

❷ 吴有性：《瘟疫论·卷下》，《景印文渊阁四库全书》子部第779册，台湾商务印书馆，1986年，第33页。

❸ 吴有性：《瘟疫论·卷下》，《景印文渊阁四库全书》子部第779册，台湾商务印书馆，1986年，第32页。

❹ 吴有性：《瘟疫论·卷下》，《景印文渊阁四库全书》子部第779册，台湾商务印书馆，1986年，第33页。

理认知错误的情况下，通过大量细致的观察总结出了许多接近正确结论的经验，对传染病的防治有很重要的意义，尤其是他对瘟疫传播方式的判断——"邪自口鼻而入"❶，指出传染途径有空气传播、饮食传播和接触传播，"有天受，有传染"❷则指出了瘟疫可以由自然界传染给人，也可以在人之间传播。并且，在隔离的基础上提出了防护的理念，与现代的传染病防治思想比较接近。

但是就像电影《大明劫》里表现的那样，吴有性（吴又可）这样的医生在当时不过是兵荒马乱中的沧海一粟，人命如草芥的乱世里，他既不能发挥扭转乾坤的作用，其真知灼见也不能被广泛地传播和推广。受到古代传统医学"辨证""同病异治""异病同治"等思想的影响，当时普遍认为同一种病症发生在南方和北方，则经验不能通用，发生在不同的人身上，也要有不同的治疗方法。类似《瘟疫论》中这些宝贵经验，并不能成为广泛的共识和防治基础。这种现象一直延续到近代，以1910年东北大鼠疫为例，之前1894年的广东大鼠疫中，岭南中医就写出了《鼠疫抉微》《鼠疫约编》《鼠疫汇编》等著作，其中不乏防控方面的真知灼见（比如吃猫对鼠疫毫无作用），但在1910年的东北鼠疫中，则完全看不到应用的影子，以至于参与防疫的中医牺牲半数，报纸却不领情地批评中医除了让患者吃猫胆外，拿不出任何有效的防治方法。

除了官救和自救之外，天救是所有获救方式里面最主要、最有效也最残酷的一种。所谓天救的方式无非三种：第一种是等待致病病原

---

❶ 吴有性：《瘟疫论·卷下》，《景印文渊阁四库全书》子部第779册，台湾商务印书馆，1986年，第33页。

❷ 吴有性：《瘟疫论·卷下》，《景印文渊阁四库全书》子部第779册，台湾商务印书馆，1986年，第32页。

体适宜传播的时节过去，患病个体或死亡或自愈，瘟疫自然消失，历史上绝大多数瘟疫都是以这种方式消失的；第二种是等待瘟疫造成大量人口死亡，当流行地区的人口密度降低到一定程度的时候，瘟疫流行的速度自然减缓直到消失；第三种就是个体在瘟疫中幸运地自愈，从而获得了某种免疫力。

天救的过程残酷如斯，却是乱世里大部分百姓的命运，许多人疑惑在1644年"明、清、闯"三方的战争中，为何明军和闯军都遭受当时北直隶大疫的重大打击，而清军受到的影响却较小，是因为没能注意到，满清入关时已是春夏之交，天气发生变化，瘟疫传播的气候条件变了，经过连年战争、灾害和瘟疫的蹂躏，京畿地区的人口已经减少了接近一半❶，人口密度降低使瘟疫的传播速度变慢。清军来自关外，对关内的瘟疫易感性高，而且满洲本部人口很少，战兵更少，经不起大的损失，因此非常敏感，一边驱使吴三桂为首的前明降军追击闯军，一边尽量在华北制造恐怖，进一步稀释人口密度。同时，清军将战殁者火葬、烧饭（将死者生前遗物焚烧）的习俗，也限制了瘟疫的传播。因此尽管清军也受到瘟疫影响，一些中、高级将领也染病而亡，但始终未受到重大打击。

三、无官、无兵、无人

尽管人们已经认识到隔离在瘟疫中的重要性，但官吏作为救灾防疫的主要负责人，却面临着救人和自救相互矛盾的两难局面。在没有防护条件的情况下，官员要履行职责，就不可避免地暴露在瘟疫之下。崇祯十四年北直隶大疫，顺德知府（北直隶顺德府）、长垣（北直

---

❶ 葛剑雄主编，曹树基著：《中国人口史》（明代卷），复旦大学出版社，2000年。

隶大名府)、大名(北直隶大名府)、曲周(北直隶广平府)、武强(北直隶真定府)、任县(北直隶顺德府)、武邑(北直隶真定府)七个县的知县病死,有的甚至阖门病死,无人收尸,"所在门庭昼掩,磷火夜青"❶,对其他官员的震撼可想而知。

除了染病身亡外,许多官员为了自救选择深居简出"避瘟",也导致当地行政效率低下和政府职能失控。从崇祯九年到崇祯十七年,连绵不断的大战大灾大疫动摇了明帝国在整个北方的统治基础和行政架构,后人往往不能理解清军入关后为何如此轻而易举地占领整个北方,事实是清军入关前,一些地方的行政机构已经瓦解,处于失控状态,根本不可能组织起有效的防御和抵抗。

崇祯八年,明朝将领尤世威对李自成作战时,因为军队长期在疫区露宿导致大疫,不仅作战失利主将重伤,军队也直接瓦解了,导致闯军直接越过卢氏,直趋永宁。经过1643年冬到1644年春的大疫,李自成兵临北京时,北京城防已经完全瓦解,行政系统一片混乱,上下指挥不灵,闯军已经入城,锦衣卫还在捉拿散布闯王入城"谣言"的"妖人",可谓是一片混乱,满目荒唐。

除了"无官可用,无兵可战"的绝境外,瘟疫对明王朝统治的合法性也造成了沉重的打击,关于灾疫是上天对人间统治者警示的观念根深蒂固,历代统治者也把向上天祈祷作为应对灾疫,以及加强自身合法性的一种手段。如果这种祈祷碰巧"奏效",则无疑作为"神迹"能够增强皇帝本身的威望,但是当祈祷无效甚至"起了反作用"时,民众心理在瘟疫中的微妙变化就会向着不利于统治的方向发展。正如本文开头描述的崇祯十六年(1643)大疫中,崇祯举办的法事最终没有起到任何作用,失去了民心,甚至让舆论把这次祈祷失败和1644年

---

❶ 万斯同:《明史稿》卷三十八《五行一·疾疫》。

发生的满清入关联系在一起，让人产生大明气数已尽、上天已经不再回应皇帝的请求、大清受命于天的错觉。这种"瘟疫心理学"对笃信天人感应的读书人最为有效，最终成为他们在王朝兴替中选择阵营的重要推手之一。

　　明末的瘟疫只是古代瘟疫的一个缩影，在古代，消灭瘟疫最有效的手段不是防治，而是天气、屠杀和烈火，《大明劫》里吴有性对孙传庭说："督师控制疫情的办法实在是比吴又可有效。"既是讽刺，也是无奈，更是事实。平民百姓只能命如草芥般，被投入时代的大洪水中随波逐流。

图书在版编目（CIP）数据

天亡之秋 / 刘鹤著 . -- 太原 : 山西人民出版社，
2024.7

ISBN 978-7-203-13455-8

Ⅰ . ①天… Ⅱ . ①刘… Ⅲ . ①中国历史—研究—晚明

Ⅳ . ① K248.07

中国国家版本馆 CIP 数据核字（2024）第 110262 号

天亡之秋

著　　者：刘　鹤

责任编辑：郭向南

复　　审：李　鑫

终　　审：梁晋华

装帧设计：陆红强

出 版 者：山西出版传媒集团·山西人民出版社

地　　址：太原市建设南路 21 号

邮　　编：030012

发行营销：0351-4922220　4955996　4956039　4922127（传真）

天猫官网：https://sxrmcbs.tmall.com　电话：0351-4922159

E - m a i l：sxskcb@163.com　发行部

　　　　　　sxskcb@126.com　总编室

网　　址：www.sxskcb.com

经 销 者：山西出版传媒集团·山西人民出版社

承 印 厂：鸿博昊天科技有限公司

开　　本：889mm×1194mm　1/32

印　　张：17

字　　数：450 千字

版　　次：2024 年 7 月　第 1 版

印　　次：2024 年 12 月　第 3 次印刷

书　　号：ISBN 978-7-203-13455-8

定　　价：78.00 元

如有印装质量问题请与本社联系调换